W0350412

Martin Metzger

Grundriß der Geschichte Israels

6., durchgesehene und ergänzte Auflage 1983

Neukirchener Verlag

Neukirchener Studienbücher, Band 2

CIP-Kurztitelaufnahme der Deutschen Bibliothek

Metzger, Martin:
Grundriß der Geschichte Israels / Martin
Metzger. – 6., durchges. u. erg. Aufl. –
Neukirchen-Vluyn: Neukirchener Verlag, 1983.
(Neukirchener Studienbücher; Bd. 2)
ISBN 3-7887-0463-2
NE: GT

© 1963 – 6., durchgesehene und ergänzte Auflage 1983
Neukirchener Verlag des Erziehungsvereins GmbH, Neukirchen-Vluyn
Alle Rechte vorbehalten
Umschlag- und Kartengestaltung: Kurt Wolff, Düsseldorf
Gesamtherstellung: Breklumer Druckerei Manfred Siegel
Printed in Germany – ISBN 3-7887-0463-2

Meinem Vater
zum 60. Geburtstag

Vorwort

Dieser Grundriß will einen Überblick über die Geschichte Israels und über die wichtigsten Ergebnisse wissenschaftlicher Forschung auf diesem Gebiet vermitteln. Bei der gebotenen Kürze der Darstellung war es nur an einigen Stellen, wie z. B. bei der Landnahme, möglich, wenigstens andeutungsweise den Weg aufzuzeigen, der zu diesen Ergebnissen führte. Die Literaturangaben wollen den Weg zu einem tieferen Eindringen in die Probleme weisen. Es wurde vor allem solche Literatur ausgewählt, die leicht zugänglich ist, der grundlegende Bedeutung zukommt oder die instruktiv über den jeweiligen Problemkreis informiert. Spezialliteratur zu Einzelproblemen ist nur gelegentlich — zumeist in den auf ein Mindestmaß beschränkten Fußnoten — genannt. Dabei wurden vor allem weiterführende Monographien und Aufsätze, die jüngeren Datums sind und darum in den bisher erschienenen Darstellungen der Geschichte Israels noch nicht verwertet werden konnten, berücksichtigt.
Die Bibelzitate sind in der Regel nach der Zürcher Übersetzung wiedergegeben.

Hamburg-Wandsbek, im August 1963 Martin Metzger

Vorwort zur zweiten Auflage

In der zweiten Auflage wurden Druckfehler berichtigt, ein Literaturnachtrag und zwei Register hinzugefügt. Im übrigen blieb der Text unverändert. Für die Anfertigung der Register bin ich Fräulein stud. päd. Anne-Sabine Henrichs sowie den Herren Wilhelm Gerwig, Heinz Griesser und Bernd Neumann, Studenten am theologischen Seminar des Bundes Evangelisch-Freikirchlicher Gemeinden in Hamburg-Horn, zu Dank verpflichtet. Fräulein Hildegard Thevs, Studienreferendarin in Hamburg, gilt mein Dank für freundliche Hilfe beim Korrekturlesen.

Hamburg-Wandsbek, im Juli 1967 Martin Metzger

Vorwort zur vierten Auflage

In dieser Auflage sind Erweiterungen und inhaltliche Veränderungen vor allem in den ersten drei Kapiteln (Die Zeit vor dem Seßhaftwerden, Die Landnahme, Israel in vorstaatlicher Zeit) zu verzeichnen. Beträchtlich erweitert und völlig neu gestaltet sind vor allem die ersten Abschnitte des dritten Kapitels, die die Frage nach dem Wesen Israels in vorstaatlicher Zeit behandeln. Dabei wird die Diskussion um die vor allem von M. Noth entwickelte Amphiktyoniehypothese aufgenommen, in ihren Grundzügen dargestellt und der Versuch unternommen, einen Beitrag zu dieser Diskussion zu liefern. — In den übrigen Kapiteln (vom Beginn des Königtums an) wurden, außer Erweiterungen in Literaturangaben, nur geringfügige Veränderungen vorgenommen.

Frau Sonja Schröer, Kiel, bin ich zu Dank verpflichtet für das Schreiben des Manuskripts, Frau cand. theol. Annegret Grund-Unger, Kiel, für die Anfertigung der Register. Beiden habe ich darüber hinaus für freundliche Hilfe beim Korrekturlesen zu danken.

Die Schreibung der Eigennamen sowie die Abkürzungen der biblischen Bücher erfolgen in der Regel nach dem »Ökumenischen Verzeichnis der biblischen Eigennamen nach den Loccumer Richtlinien« (1971).

Aus technischen Gründen mußte auf beiden Karten (S. 101. 161) die herkömmliche Schreibweise der Ortsnamen beibehalten werden.

Kiel/Alt Duvenstedt, im März 1977 Martin Metzger

Vorwort zur sechsten Auflage

Von geringfügigen Änderungen abgesehen, wurde in der sechsten Auflage der Text der vierten Auflage beibehalten. Die Literaturangaben sind auf den neuesten Stand gebracht. Aus satztechnischen Gründen erfolgten Literaturnachträge in der Regel jeweils am Ende eines Kapitels, wo in einigen Fällen auch Hinweise auf die neuere Diskussion um Probleme der Geschichte Israels gegeben wurden (S. 48.81.148).

Ich freue mich darüber, daß dieser Grundriß, der vor zwanzig Jahren zum 60. Geburtstag meines Vaters zum ersten Mal erschien, nunmehr zum 80. Geburtstag meines Vaters in sechster Auflage erscheinen kann.

Kiel / Flintbek, im Mai 1983 Martin Metzger

Inhalt

Einführung 11
1. Aufgabenstellung 11
2. Der Schauplatz der Geschichte Israels 13
3. Palästina-Syrien in der mittleren und späten Bronzezeit . . 15

1. Kapitel
Die Zeit vor dem Seßhaftwerden 18
1. Überlieferung und Geschichte 18
2. »Umherirrende Aramäer« 22
3. Die Erzväter 24
4. Das Sinaigeschehen 26
5. Die Errettung aus Ägypten 30

2. Kapitel
Die Landnahme 37

3. Kapitel
Israel in vorstaatlicher Zeit 49
1. Beziehungen der Stämme untereinander 49
a) Israelitischer Stämmeverband und altgriechische Amphiktyonie 49
b) Stämmeverzeichnisse und Stämmegemeinschaft . . . 52
2. Religion und Kultus, Heiligtümer und Feste im Alten Israel 56
3. Der altisraelitische Stämmeverband 67
4. Das Leben Israels im Kulturland 73
5. Kriegerische Auseinandersetzungen 77

4. Kapitel
Das frühe Königtum in Israel 82
1. Die Staatengründung unter Saul 82
2. Das Großreich Davids 86
3. Salomo 93
4. Das geistige Leben in davidisch-salomonischer Zeit . . . 98

5. Kapitel
Die selbständigen Kleinstaaten Israel und Juda 102
1. Die Staatentrennung und ihre Folgen 102
2. Von Jerobeam I. bis Omri 105
3. Die Zeit der Dynastie Omri 107

6. Kapitel
Die Vorherrschaft Assurs 113
1. Die Zeit der Dynastie Jehu 113
2. Die letzten Jahre des Staates Israel 119
3. Hiskija und seine Nachfolger 123
4. Joschija und die deuteronomische Reform 131

7. Kapitel
Unter der Macht Babylons 135
1. Das Ende des Staates Juda 135
2. Die Zeit des Exils 140

8. Kapitel
Die Herrschaft der Perser 149
1. Der Cyruserlaß und die Neugründung des Jerusalemer Heiligtums 149
2. Nehemia 153
3. Esra 155
4. Die jüdische Militärkolonie in Oberägypten 158

9. Kapitel
Die hellenistische Zeit 162
1. Die Herrschaft der Ptolemäer 162
2. Das samaritanische Schisma 165
3. Der Konflikt mit den Seleukiden 167
4. Das Königtum der Hasmonäer 174
5. Das geistige Leben in hellenistischer Zeit 179

10. Kapitel
Die römische Zeit 186
1. Unter römischer Herrschaft 186
2. Herodes 190
3. Die Nachfolger des Herodes 196
4. »Als die Zeit erfüllet ward« 199
5. Der erste jüdische Aufstand 201
6. Der Aufstand unter Hadrian 209

Das alte und das neue Gottesvolk 213

Abkürzungsverzeichnis 218
Register der Bibelstellen 219
Register der Namen und Sachen 229

Stammbäume und chronologische Übersichten

Übersicht über die Könige in Israel und Juda in der Zeit von Jerobeam I. bis Omri 105
Die Dynastie Omri und ihre Beziehungen zum judäischen Königshaus 111
Herrscher in Assur, Israel und Juda 130
Die letzten Könige Judas 136
Die Achämeniden; Übersicht über die persische Zeit 159
Die seleukidischen Herrscher in Palästina 174
Das Geschlecht der Hasmonäer 179
Herodes und seine Nachkommen 194

Landkarten

Palästina in altorientalischer Zeit 101
Palästina in hellenistisch-römischer Zeit 161

Quellennachweis der Abbildungen

Mit freundlicher Genehmigung der Verlage entnahmen wir die Abbildungen den nachstehenden Werken, die gleichzeitig zur Weiterarbeit empfohlen werden:
Abb. 13 und 28 aus dem Biblisch-Historischen Handwörterbuch (Vandenhoeck & Ruprecht, Göttingen und Zürich); Abb. 21 und 30 aus dem Biblischen Reallexikon (J. C. B. Mohr, Tübingen); Abb. 6, 12, 14, 17, 18, 26 und 29 aus André Parrot, Bibel und Archäologie, Bde. I, II, III, V (Verlag Delachaux & Niestlé S. A., Neuchâtel; deutsch: Evangelischer Verlag Zollikon); Abb. 2, 3, 8, 9, 10, 15, 22, 23, 24, 25 und 27 aus dem Calwer Bibellexikon (Calwer Verlag, Stuttgart); Abb. 4, 5, 7, 11, 16, 19 und 20 aus dem Lexikon zur Bibel (R. Brockhaus Verlag, Wuppertal).

Einführung

1. *Aufgabenstellung*

»Israel« — so wird im Alten Testament der sakrale Verband von Stämmen bezeichnet, die im Laufe des 13. Jahrhunderts v. Chr. in Palästina ansässig wurden und sich zu gemeinsamer Verehrung des Gottes Jahwe zusammenschlossen. Diese Gemeinschaft war im Laufe ihrer Geschichte mannigfachen Wandlungen in politischer, soziologischer, kultureller und religiöser Hinsicht unterworfen. Es gehört zur Aufgabe einer Geschichte Israels, diesen Wandlungen nachzugehen. Nach dem Zeugnis des Alten Testaments besteht nun die Besonderheit der Geschichte Israels darin, daß sich Gott in dieser Geschichte und durch diese Geschichte geoffenbart, daß er in ihr und durch sie geredet und gehandelt habe. Nur um dieses Zeugnisses vom Reden und Handeln Gottes willen gibt Israel Kunde von seiner Geschichte. Dieses Zeugnis, das uns in den verschiedenartigen Traditionen Israels erhalten ist, ist selbst eine historische Gegebenheit und will bei einer Behandlung der Geschichte Israels ernst genommen und in Betracht gezogen sein.

Nun kann es nicht die Aufgabe historischer Forschung sein, mit wissenschaftlichen Mitteln die Tatsächlichkeit des Redens und Handelns Gottes festzustellen oder zu »beweisen«. Bei einem solchen Unterfangen würde der Historiker die Grenzen seiner Möglichkeiten und seine Kompetenzen überschreiten. Es gehört aber mit zur Aufgabe einer Geschichte Israels, aufzuzeigen, wie sich das Handeln und Reden Gottes im Geschichtszeugnis Israels widerspiegelte und in den Traditionen Israels seinen Niederschlag fand und wie Israel vom Ruf Gottes her, der in der Geschichte erging, sich selbst und die verschiedenen Phasen seiner Geschichte verstand.

Nach dem Zeugnis des Alten Testaments ist Israel das Volk Gottes und steht unter der Führung seines Gottes. Das bedeutet nun aber nicht, daß Israel seiner Umwelt entnommen ist und seine Geschichte abseits von der Geschichte der Völker seiner Umwelt ablief. Israel ist sich vielmehr immer dessen bewußt gewesen, daß es mitten hineingestellt ist in die politischen, kulturellen, geographischen und religiösen Gegebenheiten seiner Umwelt und seine Geschichte tausendfältig verflochten ist mit der Geschichte der umliegenden Völker. Es gehört darum auch zur Aufgabe einer Geschichte Israels, den mannigfaltigen Beziehungen zwischen Israel und seiner Umwelt und der Verflochtenheit seiner Geschichte mit der Geschichte der umliegenden Völker nachzugehen. Die Archäologie und die durch sie erschlossenen literarischen Quellen des alten Orients leisten hierbei unschätzbare Hilfsdienste.

R. Kittel hat als erster in seiner »Geschichte der Hebräer«, 1888/92, (das Werk trug von der 2. Aufl. 1909/12 an den Titel: »Geschichte des Volkes Israel«) altorientalische Quellen und die Ergebnisse archäologischer Forschung für die Darstellung der Geschichte Israels verwertet. In neuerer Zeit wurde die »Geschichte Israels« von *M. Noth* epochemachend und wegweisend, da Noth nicht nur die Ergebnisse literarkritischer, orientalistischer und archäologischer Forschung, sondern auch die Ergebnisse formgeschichtlicher und traditionsgeschichtlicher Forschung, die von H. Gunkel eingeleitet und von A. Alt, G. v. Rad, M. Noth weitergeführt worden waren, für die Erforschung der Geschichte Israels fruchtbar machte. Daraus ergaben sich entscheidende Folgerungen vor allem für die Vor- und Frühgeschichte Israels. Noth wies darüber hinaus neue Wege zum Verständnis des Wesens und der Eigenart des Zwölfstämmeverbandes zwischen Landnahme und Staatenbildung. Die neueren Werke zur Geschichte Israels von *A. H. J. Gunneweg* (1972) und *S. Herrmann* (1973) arbeiten mit denselben Forschungsmethoden wie M. Noth, gehen z. T. die von M. Noth eingeschlagenen Wege weiter, setzen sich mit ihm kritisch auseinander und kommen vor allem für die Zeit vor dem Seßhaftwerden und für die vorstaatliche Zeit in mancher Hinsicht zu anderen Ergebnissen als M. Noth. S. Herrmann setzt sich dabei vor allem mit der Amphiktyonie-Hypothese Noths auseinander.

Literatur:

M. Noth, Geschichte Israels, 1950, 1967^{7}; *A. Alt*, Kleine Schriften zur Geschichte des Volkes Israel, I, 1953; II, 1953; III, 1959; *J. Bright*, A History of Israel, 1959, 1972^{2}; *R. de Vaux*, Histoire ancienne d'Israel, I, 1971; II, 1973; *A.H.J. Gunneweg*, Geschichte Israels bis Bar Kochba, 1972; 1976^{2}; *S. Herrmann*, Geschichte Israels in alttestamentlicher Zeit, 1973, 1980^{2}; *G. Fohrer*, Geschichte Israels, 1977, 1982^{3}; *J.H. Hayes, J.M. Miller* (Hrsg.), Israelite and Judaean History, 1977; *M. Avi-Yonah, Z. Baras, B. Mazar, E.A. Speiser* (Hrsg.), The World History of the Jewish People, I–VIII, 1964–1979.

Quellensammlungen:

H. Greßmann, Altorientalische Texte zum Alten Testament, 1976^{2}; *J.B. Pritchard*, Ancient Near Eastern Texts relating to the Old Testament, 1974^{3}; *K. Galling*, Textbuch zur Geschichte Israels, 1968^{2}; *H. Donner, W. Röllig*, Kanaanäische und aramäische Inschriften, I: Texte, 1971^{3}; II: Kommentar, 1973; III: Glossare und Indizes, 1969^{2}.

Zur Archäologie:

W.F. Albright, Archäologie in Palästina, 1962; *K. Kenyon*, Archäologie im Heiligen Land, 1967; *H. Bardtke*, Bibel, Spaten und Geschichte, 1969; *G.W. Wright*, Biblische Archäologie, 1962^2; *M. Noth*, Die Welt des Alten Testaments, 1962^4; *K.-H. Bernhardt*, Die Umwelt des Alten Testaments, I, 1967; *K. Galling*, Biblisches Reallexikon, 1937, 1977^2; *B. Reicke*, *L. Rost*, Biblisch-Historisches Handwörterbuch, I–III, 1962–1966; *A. Negev*, Archäologisches Lexikon zur Bibel, 1972; *Sh.M. Paul*, *W.G. Dever*, Biblical Archaeology, 1973; *M. Avi-Yonah*, *E. Stern* (Hrsg.), Encyclopedia of Archaeological Excavations in the Holy Land, I–IV, 1975–78; *O. Keel*, *M. Küchler*, Orte und Landschaften der Bibel, Bd. II, 1982.

Zur *Geschichte Ägyptens* und des *Vorderen Orients:*
The Cambridge Ancient History, I.II, 1970–75; III, 1929; Fischer Weltgeschichte, II–IV; Die altorientalischen Reiche, 1965–67; *A. Jepsen* (Hrsg.), Von Sinuhe bis Nebukadnezar, 1979^3.

Atlanten:
G.E. Wright, *F.V. Filson*, The Westminster Historical Atlas to the Bible, 1959; dies., Kleiner historischer Bibelatlas, 1968^4 (sehr preiswert!); *Y. Aharoni*, *M. Avi-Yonah*, The Macmillan Bible Atlas, 1968; *J.H. Negenmann*, Großer Bildatlas zur Bibel, 1969; *D. Baly*, *A.D. Tushingham*, Atlas of the Biblical World, 1971; *H.G. May*, Oxford Bible Atlas, 1974^2; Tübinger Atlas des Vorderen Orients (erscheint laufend).

Zur Theologie des Alten Testaments:
G. v. Rad, Theologie des Alten Testaments, I, 1969^6; II, 1968^5; *W. Eichrodt*, Theologie des Alten Testaments, I, 1974^9; II/III, 1974^7; *G. Fohrer*, Geschichte der israelitischen Religion, 1969; ders., Theologische Grundstrukturen des Alten Testaments, 1972; *W. Zimmerli*, Grundriß der alttestamentlichen Theologie, 1972; *W.H. Schmidt*, Alttestamentlicher Glaube in seiner Geschichte, 1982^4; *C. Westermann*, Theologie des Alten Testaments in Grundzügen, 1978.

Zur Einleitung in das Alte Testament:
O. Eißfeldt, Einleitung in das Alte Testament, 1964^3; *A. Weiser*, Einleitung in das Alte Testament, 1966^6; *K. Koch*, Das Buch der Bücher. Die Entstehungsgeschichte der Bibel (Verständl. Wissensch. 83), 1970^2; *G. Fohrer*, Einleitung in das Alte Testament, 1969; 1980^{12}; *O. Kaiser*, Einleitung in das Alte Testament, 1978^4; *R. Smend*, Die Entstehung des Alten Testaments, 1978; 1981^2; *R. Rendtorff*, Das Alte Testament. Eine Einführung, 1983.

2. *Der Schauplatz der Geschichte Israels*

Lit.: *M. Noth*, Die Welt des Alten Testaments, 1962^4, §§ 1–11; *G. Eichholz*, Landschaften der Bibel, 1963; *D. Baly*, Geographisches Handbuch zur Bibel, 1966; *Y. Aharoni*, Das Land der Bibel. Eine historische Geographie (engl. Ausg. 1979^2), 1983; *H. Donner*, Einführung in die biblische Landes- und Altertumskunde, 1974.

Das Land, in dessen Bereich sich die wesentlichen Ereignisse der Geschichte Israels zugetragen haben, wird im Alten Testament »Land Kanaan« oder auch »Land Israel« genannt. Wir pflegen es als Palästina zu bezeichnen. Dieses Land ist im Westen begrenzt durch das Mittelmeer, im Norden durch die Gebirgszüge des Libanon und Antilibanon, im Osten durch die syrisch-arabische Wüste und im Süden durch die Negebwüste. Ein tiefer geologischer Einbruch, die Jordansenke, die im Süden ins Tote Meer mündet, teilt das Land in zwei Gebiete, in das Ost- und Westjordanland. Durch Jarmuk, Jabbok und Arnon, die drei östlichen Nebenflüsse des Jordan, wird das Ostjordanland in verschiedene Teile gegliedert. Das Gebiet südlich des Arnon trägt heute den Namen el-kerak, das Gebiet zwischen Arnon und Jabbok die Bezeichnung el-belḳa. Zwischen Jabbok und Jarmuk liegt der ʿadschlūn, nördlich des Jarmuk der dschōlān. Die biblische Bezeichnung »Gilead« haftete ursprünglich am Gebiet unmittelbar südlich des Jabbok, ging dann auf den ʿadschlūn über und wurde schließlich auch zur Bezeichnung des gesamten Ostjordanlandes gebraucht. El-kerak und el-belḳa haben die Form einer ebenen Tafel. Nur im Norden der belḳa steigt das Gelände etwas an und wird hügelig. Der ʿadschlūn ist das waldreichste Gebiet Palästinas. Hier wachsen Kiefer, Terebinthe und Eiche. Das ganze Ostjordanland ist nach Westen hin durch Randgebirge begrenzt, die zum Jordangraben hin steil abfallen. Zwischen Kulturland und Wüste im Osten befindet sich ein schmaler Steppengürtel, der in der Regenzeit mit einem grünen Grasteppich bedeckt ist, in der Trockenzeit aber fast der Wüste gleicht und nur Dornbüsche aufweist.

Der Jordan entspringt in etwa 500 m Höhe in drei verschiedenen Quellgebieten im Hermongebirge, wie der Südausläufer des Antilibanon heißt. Er durchfließt zunächst den Hulesee, der etwa 2 m über dem Spiegel des Mittelmeeres liegt, fällt ab zum See Gennesaret, der auch Galiläisches Meer oder See von Tiberias heißt und bereits 200 m unter 0 liegt. Wasserundurchlässige Mergelbänke, die die Ufer des Jordan auf beiden Seiten säumen, verhindern es, daß der Fluß sein Wasser in die Ebene ergießt. Dadurch ist die ganze Jordansenke eine einzige unfruchtbare Wüste, die einige Oasen aufweist, u. a. die im Süden der Westseite gelegene Oase von Jericho, die reich an Palmen ist und auch sonst üppige Vegetation aufweist. Die Entfernung zwischen der Südspitze des Galiläischen und der Nordspitze des Toten Meeres beträgt 105 km. Das Tote Meer liegt 394 m unter dem Spiegel des Mittelmeeres und ist die tiefste Depression der Erdoberfläche. Der hohe Salzgehalt des Meeres (über 25%) macht jegliches Leben unmöglich.

Das Westjordanland ist seiner Formation nach ein Höhenrücken. Er zerfällt in verschiedene Höhenzüge, die fast unmerklich ineinander übergehen und im Altertum stark bewaldet waren. Im Süden, westlich des Toten Meeres, liegt das Gebirge Juda. Es ist im Durchschnitt 800 m hoch und erreicht bei Hebron mit 1000 m seine höchste Höhe. Nach Westen zu ist das »Hügelland« vorgelagert, das allmählich absinkt zur palästinischen Küstenebene. Nach Osten zu fällt das judäische Gebirge steil ab. Auf etwa 20 km hat es ein Gefälle von 1200 m. Küstenebene, Hügelland, der Westaufstieg und die Höhe des Gebirges sind regenbegünstigt und daher recht fruchtbar. Hier gedeihen vor

allem Weinstock und Feigenbaum. Der steile Ostabfall des Gebirges hingegen liegt im Regenschatten und ist daher ohne Vegetation. Er trägt die Bezeichnung »Wüste Juda«. Nach Norden hin geht das Gebirge Juda allmählich über in das Gebirge Efraim, das sich wiederum im samarischen Gebirge fortsetzt. Diese Teile des westjordanischen Gebirges sind etwas flacher, in ihrer Formation etwas sanfter als das judäische Gebirge und mit fruchtbaren Talmulden durchsetzt. Zwischen Ebal und Garizim wird das Gebirge von Osten nach Westen durchschnitten. Dieser wichtige Durchlaß wurde im Altertum von der Stadt Sichem bewacht. Im Norden gabelt sich das samarische Gebirge und läuft nach Nordwesten zu in das Karmelgebirge, nach Nordosten halbkreisförmig in die Gilboaberge aus. Von diesen nördlichen Ausläufern wird die sehr fruchtbare Jesreelebene eingefaßt, die nach Norden hin durch das galiläische Gebirge begrenzt wird. Die Jesreelebene, die Küstenebene und die Ebene von Bet-Schean, die vom oberen Jordangraben nach Westen zu ausbuchtet, sind die fruchtbarsten und darum begehrtesten und immer am meisten umkämpften Teile des Landes. Hier vor allem ist der Anbau von Getreide möglich. Im übrigen sind Weinstock (vor allem im Gebirge Juda), Feigenbaum, Olive (vor allem im Norden), Granatapfel und Melone die Segensgaben des vom Nomaden- und Steppenbewohner heiß begehrten Kulturlandes.
Klimatisch liegt Palästina in der subtropischen Zone. Der Wechsel von heißen, trockenen Sommern und meist regenreichen Wintern ist charakteristisch für dieses Gebiet. Fällt im Winter der Regen einmal nicht in genügender Menge oder bleibt er ganz aus, dann sind Mißernte und Hungersnot die unabwendbare Folge.
Palästina hat etwa die gleiche Fläche wie das Land Württemberg. Die Entfernung zwischen Dan, der am nördlichsten gelegenen Stadt, und Beerscheba ganz im Süden, am Rande der Wüste, beträgt in der Luftlinie 240 km, die Entfernung von Amman im Ostjordanland bis zur Mittelmeerküste 120 km. In diesem Lande sind auf engstem Gebiet größte Gegensätze vereint: fruchtbare Ebenen, vegetationslose Wüsten, waldreiche Gebirgszüge, kahle Höhen. Durch tief eingeschnittene Täler und aufsteigende Berge ist das Land reich gegliedert. Als Landbrücke und Verbindungsweg zwischen Ägypten und dem Zweistromland sowie zwischen Ägypten und Kleinasien spielt Palästina verkehrsgeographisch eine bedeutende Rolle und war daher dauernd dem Zugriff der Großmächte von beiden Seiten her ausgesetzt.

3. *Palästina-Syrien in der mittleren und späten Bronzezeit (2000—1200)*

Lit.: *M. Noth,* Geschichte Israels, 1959[4], § 3; *W. F. Albright,* Archäologie in Palästina, 1962, Kap. 4.5; *A. Malamat*, Syrien-Palästina in der zweiten Hälfte des 2. Jahrtausend (Fischer Weltgeschichte, Bd. 3, S. 177–203), 1966.

Als die Stämme Israels gegen Ende der späten Bronzezeit in Palästina einwanderten, stießen sie nicht in einen leeren Raum vor, sondern kamen in ein Land, das bereits eine bewegte Geschichte hinter sich hatte. In der *frühen Bronzezeit* (3. Jahrtausend v. Chr.) war in Palästina eine semitisch sprechende Bevölkerung ansässig. Wie Ausgrabungen zeigen, gab es gut gebaute Städte wie Megiddo, Bet-Schean, Jericho, Ai, Bet-Jera. In der Zeit der ägyptischen Pyramidenbauer (26. bis 23. Jh. v. Chr.) blühte auch in Palästina eine hohe Kultur. Es herrschte reger Kulturaustausch mit Ägypten.

Die erste Hälfte der *mittleren Bronzezeit* (2000–1800) ist charakterisiert durch Kämpfe der einander befehdenden palästinensischen Stämme. Viele Städte wurden zerstört, und die Besiedlungsdichte nahm ab. Im 19./18. Jh. setzte sich in Palästina eine neue, westsemitische Herrenschicht durch, die als 1. Dynastie von Babylon das altbabylonische Reich gegründet und sich das Zweistromland unterworfen hatte.

Der *zweite Teil der mittleren Bronzezeit* (18.–16. Jh.) war bestimmt durch die Herrschaft der *Hyksos* (ägyptisch: *ḥḳ' ch'śt*, »Beherrscher der Fremdländer«), westsemitischer und hurritischer Bevölkerungselemente, die im Verlaufe der 13. Dynastie in Ägypten eingewandert waren, dort zur Macht gelangten und in der 15. Dynastie eine Fremdherrschaft in Ägypten aufrichteten (Hauptstadt: Awaris im östlichen Nildelta). In das Herrschaftsgebiet der Hyksos war mindestens der Südteil von Palästina einbezogen. Westsemitische und hurrische Eigennamen sind für dieselbe Zeit bei Lokaldynasten in Syrien, mit denen die Hyksos Handelsbeziehungen pflegten, nachweisbar. Über die Eigenart der Hyksosherrschaft haben wir kaum unmittelbare Quellen, sie ist jedoch aus Erscheinungen der Folgezeit zu erschließen. Die Hyksos brachten eine neue Bewaffnungstechnik mit: Sichelschwert, Tüllenaxt, Schuppenpanzer und vor allem den pferdebespannten Kriegswagen, der wiederum eine neue Festungsbautechnik und veränderte soziologische Verhältnisse, nämlich eine Feudalordnung, zur Folge hatte. Ein freier Ritteradel mit Grundbesitz herrschte über eine zu Abgaben verpflichtete Untertanenbevölkerung. Die Städte wurden zu starken Festungen mit mächtigen, geböschten Mauern. Die Kriegswagentechnik bedingte breite Tordurchfahrten, die durch zwei oder drei Tordurchgänge und starke Türme besonders gesichert waren. Derartige Toranlagen hat man z.B. in Sichem und Megiddo aufgedeckt.

In der *späten Bronzezeit* (16.–13. Jh.) stand Palästina unter ägyptischer Herrschaft. Den Pharaonen der beginnenden 18. Dynastie (ab 1580) gelang es, die Hyksos mehr und mehr zurückzudrängen. In der Schlacht bei Megiddo (1479) brach Thutmoses III. endgültig die Herrschaft der Hyksos. Dadurch konnten die Ägypter ihr Herrschaftsgebiet über Palästina und Syrien bis zum Eufrat erweitern. Sie ließen das auf die Hyksos zurückgehende Feudalsystem bestehen und machten die Feudalherren, jetzt Stadtkönige, zu ihren Vasallen. Die Pharaonen des 14. Jahrhunderts, Amenophis III. (1411—1375) und Amenophis IV. (1373—1358), vermochten ihre Herrschaft über Palästina nur nominell aufrechtzuerhalten. Das 1887 in tell el-ʿàmärna, der Hauptstadt unter Amenophis IV., gefundene Tontafelarchiv, das die Korrespondenz der beiden Pharaonen mit Vasallenfürsten (Stadtkönigen) Palästinas in babylonischer Keilschrift, der damaligen Diplomatensprache, enthält[1], läßt deutlich werden, daß die Pharaonen ihre Herrschaftsansprüche nicht durchsetzen und Stadtkönige, die sich ihrer Vasallenpflicht entzogen, nicht zum Gehorsam zwingen und dem Streit der Stadtfürsten untereinander nicht Einhalt bieten konnten. So blieb der Hilferuf des Königs Abdi Chepa von Jerusalem, der sich durch Übergriffe der Dynastie Labaja von Sichem bedroht fühlte und sie des Abfalls von Ägypten bezichtigte, offenbar ohne Antwort. Pharaonen der 19. Dynastie, vor allem Sethos I. (1319—1301) und Ramses II. (1301—1234), gelang es noch einmal, die ägyptische Herrschaft über Palästina/Syrien durchzusetzen. Inzwischen waren jedoch die Hetiter aus Kleinasien nach Nordsyrien vorgestoßen. So kam es 1297 zur Schlacht bei Kadesch am Orontes, die unentschieden verlief. Die Expansion der Ägypter nach Norden und das Vordringen der Hetiter nach Süden kamen zum Stehen. 1280 schlossen Ramses II. und Hattusil einen Friedensvertrag, in dem Kadesch als »Ewige Grenze« zwischen Ägyptern und Hetitern festgelegt wurde. Als um 1200 die Macht Ägyptens zum Erliegen kam und damit die ägyptische Vorherrschaft über Palästina verlorenging, gab es in Palästina keinerlei zentrale Gewalt mehr. Das Land war aufgelöst in zahlreiche Stadtstaaten, deren Könige einander bekämpften. Jeder suchte sein begrenztes Gebiet auf Kosten des anderen zu erweitern. In dieser Situation erfolgte die Landnahme der Israeliten.

Abb. 1 Elfenbeintäfelchen von Megiddo, 13. Jahrh. v. Chr. Kanaanäischer Stadtkönig, links bei einem Bankett auf einem Sphingenthron sitzend, rechts bei einem Triumphzug auf einem Streitwagen, vor dem zwei gefesselte Kriegsgefangene herlaufen.

1 Eine Auswahl der Amarnabriefe in englischer Übersetzung findet sich in ANET S. 482–490, eine Auswahl in deutscher Übersetzung in TGI[1] Nr. 4–13; TGI[2] Nr. 7–10; AOT S. 371–379.

1. Kapitel

Die Zeit vor dem Seßhaftwerden

Quellen: Kleines geschichtliches Credo Dtn 6,21—23; 26,5—9; Jos 24,2—13; Pentateuch (Fünf Bücher Mose).

1. *Überlieferung und Geschichte*

Lit.: *G. v. Rad*, Das formgeschichtliche Problem des Hexateuch, 1938 (Ges. Stud.[2], S. 9—86); (Gegenposition: *L. Rost*, Das kleine geschichtliche Credo, in: Das kleine geschichtliche Credo und andere Studien zum Alten Testament, 1965, S. 11—25;) *M. Noth*, Überlieferungsgeschichte des Pentateuch, 1948; *R. Smend*, Elemente alttestamentlichen Geschichtsdenkens, 1968.

»Ein umherirrender Aramäer war mein Vater; er zog hinab mit wenig Leuten nach Ägypten und weilte daselbst als Fremdling und ward daselbst zu einem großen, starken und zahlreichen Volke. Aber die Ägypter mißhandelten uns und bedrückten uns und legten uns harte Arbeit auf. Da schrien wir zu Jahwe, dem Gott unserer Väter, und Jahwe erhörte uns und sah unser Elend, unsere Mühsal und Bedrükkung; und Jahwe führte uns heraus aus Ägypten mit starker Hand und ausgestrecktem Arm, unter großen Schrecknissen, unter Zeichen und Wundern, und brachte uns an diesen Ort und gab uns dieses Land, ein Land, das von Milch und Honig fließt« (Dtn 26,5—9). Dieses Bekenntnis, das auf alte Überlieferung zurückgeht, legte der Israelit ab, wenn er alljährlich die Gabe der Erstlingsfrüchte vor dem Altar niederlegte. Die Themen dieses Bekenntnisses — Väter, Herausführung aus Ägypten, Besitznahme des Kulturlandes — begegnen uns wieder in der Verkündigung Josuas auf dem Landtag zu Sichem (Jos 24,2—13) und in einigen Kultliedern Israels (Ps 105.106.135.136). Das Bekenntnis, die Verkündigung, der Lobpreis — das sind Formen, in denen man im alten Israel ursprünglich Zeugnis gab von den entscheidenden Ereignissen der Vorzeit. In ihnen ist der Grund gelegt für das Gottesverhältnis Israels. Nicht in zuschauerhafter Distanz, nicht in unbeteiligter »Objektivität«, sondern in unmittelbarem Betroffensein sprach Israel von seiner Vergangenheit. Für Israel gab es keine absolute Grenze zwischen vergangenem und gegenwärtigem Geschehen; denn der Gott, vor den sich Israel in der Gegenwart gestellt sah und der sich in der Gegenwart mächtig erwies, war derselbe, der sich einst den Vätern durch grundlegende Heilstaten geoffenbart hatte. Darum wußte sich die jeweils gegenwärtige Generation in jenes grundlegende Heilsgeschehen der Vergangenheit unmittelbar hineingenommen und konnte umgekehrt beim Weitererzählen jener Ereignisse die eigene Glaubenserfahrung in die Tradition mit einfließen lassen.

Die Form und die Art und Weise, in der man im alten Israel Geschichte erzählt, gestaltet, tradiert, bekannt und bezeugt hat, unterscheidet sich in vieler Hinsicht von der Art und Weise, in der man heute Geschichte darstellt. Wie andere Völker des Altertums, so kannte auch Israel in der Frühzeit nicht das Gesetz von der Ausschließlichkeit historischen Geschehens. Man konnte nicht von der Vergangenheit sprechen, ohne die Gegenwart mit einzubeziehen. Geschehnisse, Einrichtungen und Verhältnisse späterer Zeit konnte man unbefangen in die Vergangenheit zurückprojizieren. So wird z. B. das Kamel, das erst durch die Midianiter in der frühen Eisenzeit gezähmt wurde, als Reittier in der Patriarchenzeit vorausgesetzt. Die Philister, die etwa gleichzeitig mit den Israeliten in Palästina einwanderten, erscheinen als Zeitgenossen der Patriarchen (Gen 26,14ff).

Einzelpersonen erscheinen in alten Überlieferungen häufig als Repräsentanten der Gruppe, der sie zugehören. So spiegeln sich in einer bestimmten Schicht der Erzählung von Jakob und Esau (Gen 25, 27—34) Verhältnisse zwischen Israeliten und Edomitern wider (s. V. 30!). Hinter der Erzählung von der Schändung der Dina (Gen 34) stehen Auseinandersetzungen zwischen dem Stadtstaat Sichem, personifiziert in der Gestalt des Sichem, und den Stämmen Simeon und Levi, die in den Gestalten ihrer Stammväter Simeon und Levi erscheinen. Vereinbarungen zwischen Israeliten und Aramäern fanden ihren Niederschlag in der Erzählung vom Bund zwischen Jakob und Laban (Gen 31,44.51—54).

Umgekehrt können Ereignisse, die Teilgruppen einer größeren Gemeinschaft widerfuhren, im Laufe des Überlieferungsprozesses auf die übergreifende Gesamtheit ausgedehnt werden. In der Endfassung des Pentateuch erscheinen die zwölf Stämme Israels gemeinsam als Träger des Geschehens beim Auszug aus Ägypten, beim Sinaiereignis und bei der Landnahme. Viele Anzeichen weisen jedoch darauf hin, daß sich die Stämme Israels erst im Kulturland nach erfolgter Landnahme zu einem Verband zusammenschlossen, ja daß sich einige der Stämme erst nach dem Seßhaftwerden aus Sippenverbänden konsolidierten (Näheres s. u. S. 46). Das bedeutet aber, daß beim Auszug aus Ägypten und beim Sinaigeschehen nicht die Gesamtheit der zwölf Stämme, sondern jeweils nur Sippenverbände beteiligt gewesen sein können. Das Geschehen beim Auszug und am Sinai war aber für den Jahweglauben von so grundlegender Bedeutung, daß es später zum Bekenntnis aller Stämme Israels wurde. Der Zusammenschluß der Stämme zu einem übergreifenden Verband führte zu gemeinsamer Traditionsbildung und hatte zur Folge, daß alle Stämme, die sich im Kulturland zu einem Verband zusammenschlossen, in der israelitischen Überlieferung auch gemeinsam als Träger der Ereignisse aus Israels Vorzeit erscheinen.

Im alten Israel unterschied man nicht streng zwischen Tradierung und Interpretation. Überlieferungen aus der Vorzeit wurden bei der späteren Weitergabe nicht einfach unverändert reproduziert. Durch aktualisierende Umgestaltung und durch interpretierende Neufassung der alten Erzählungen stellte man den Bezug zur Gegenwart her und bezeugte die Gegenwartsbedeutung der alten Überlieferungen. Je gewichtiger eine Überlieferung für den Glauben Israels war, desto häufiger wurde sie umgestaltet, desto intensiver wurde an ihr gearbeitet.

Überlieferungen Israels, die Vorgänge aus der Zeit vor dem Seßhaftwerden zum Inhalt haben und Verhältnisse jener Zeit widerspiegeln, sind im Pentateuch, den sog. Fünf Büchern Mose, enthalten[1]. Der Pentateuch ist ein komplexes Gebilde, dessen überaus komplizierte Entstehungsgeschichte von der Frühzeit Israels bis in nachexilische Zeit reicht. Aufgabe literarkritischer, formgeschichtlicher und überlieferungsgeschichtlicher Forschung ist es, ausgehend von der Endgestalt des Pentateuch, in analytischen Arbeitsgängen die verschiedenen literarischen und überlieferungsgeschichtlichen Schichten des Pentateuch voneinander abzuheben und historisch einzuordnen und in synthetischen Arbeitsgängen die verschiedenen Stadien der Entstehung des Pentateuch von den Anfängen bis zur Endgestalt nachzuzeichnen. Literarkritische Forschung führte zu dem Ergebnis, daß im Pentateuch vor allem drei literarische Erzählungsfäden miteinander verwoben sind: der Jahwist aus der frühen Königszeit (10. Jh. v. Chr.), so genannt, weil er vornehmlich den Gottesnamen Jahwe verwendet (Näheres s. u. S. 100), der Elohist, etwa 9. Jh. v. Chr., der vornehmlich den Gottesnamen Elohim gebraucht (Näheres s. u. S. 112), und die aus Priesterkreisen stammende Priesterschrift aus exilisch-nachexilischer Zeit (6./5. Jh. v. Chr., Näheres s. u. S. 146f). Hinzu kommt das Deuteronomium, das sog. Fünfte Buch Mose, das im 7. Jh. v. Chr. entstanden und in exilischer Zeit überarbeitet worden ist. Die Priesterschrift fußt auf Überlieferungen aus vorexilischer Zeit[2], das Deuteronomium, der Jahwist und der Elohist gehen auf Überlieferungen aus vorstaatlicher

1 Zum folgenden s. die Abschnitte über den Pentateuch in den o. S. 13 genannten Werken zur Einleitung in das Alte Testament.

2 S. hierzu *K. Koch*, Die Priesterschrift von Exodus 25 bis Leviticus 16, 1959.

Zeit zurück. Überlieferungsgeschichtliche Forschung hat zum Ziel, hinter die schriftlich fixierten Quellen zurückzufragen, der mündlichen Vorgeschichte, dem Werden und Wachsen sowohl der Einzelüberlieferungen als auch größerer Überlieferungskomplexe nachzugehen[3].
Mit der Zuweisung von Quellenschichten oder Traditionsstücken des Pentateuch in jüngerer Zeit ist weder in historischer noch in theologischer Hinsicht eine Abwertung verbunden. Der theologische Wahrheitsgehalt einer Überlieferung ist nicht von deren Alter abhängig. Auch in jüngeren Überlieferungsschichten werden Erfahrungen von Wirklichkeit weitergegeben. Bei der aktualisierenden Neufassung alter Überlieferungen wurde das Zeitkolorit der jeweiligen Gegenwart in die alten Erzählungen eingezeichnet, wurden Gotteserfahrungen und Glaubensüberzeugungen der jeweiligen Tradentengeneration in die alten Erzählungen mit eingebracht[4]. Durch literarkritische und überlieferungsgeschichtliche Analyse werden die Schichten des Pentateuch in ihrer Vielgestaltigkeit entfaltet und in den historischen Kontext gestellt, in dem sie konzipiert und in den sie hineingesprochen wurden. Erst von diesem historischen Kontext her kommt das Aussageprofil einer Überlieferung ins Blickfeld und wird deren theologische Absicht verstehbar.
Bei der Darstellung eines bestimmten Zeitabschnittes der Geschichte Israels wird man vornehmlich die Schriftzeugnisse oder Überlieferungen zu Rate ziehen, die in der zu behandelnden Epoche entstanden sind oder ihr zeitlich am nächsten stehen. So ermöglicht z. B. die Priesterschrift Rückschlüsse auf die historische Situation der Exilszeit und gewährt Einblicke in die Glaubensvorstellungen der exilisch-nachexilischen Jerusalemer Gemeinde. Für die Zeit vor dem Seßhaftwerden der Stämme Israels wird man auf Überlieferungen aus vorstaatlicher Zeit zurückgreifen, die sich vor allem aus dem Jahwisten und dem Elohisten erschließen lassen. Hinzu kommen formgeschichtlich verschiedenartige Einzelüberlieferungen (Erzählungen, Listen, hymnische Stücke, formelhafte Wendungen) innerhalb und außerhalb des Pentateuch, deren Herkunft aus vorstaatlicher Zeit sich wahrscheinlich machen läßt.

3 Zur formgeschichtlichen und überlieferungsgeschichtlichen Methode s. außer der zu Beginn dieses Kapitels genannten Literatur: *K. Koch*, Was ist Formgeschichte?, 1981[4]; *A. H. J. Gunneweg*, Art. Traditionsgeschichtliche Forschung, BHH III, Sp. 2018–2020; *O. Kaiser*, Einführung in die exegetischen Methoden, 1975[5]; *G. Fohrer* u.a., Exegese des Alten Testaments, 1973; *H. Barth, O. H. Steck*, Exegese des Alten Testaments. Leitfaden der Methodik, 1980[9].
Zur neueren Diskussion um Probleme der Pentateuchforschung s.o. S.48!

4 *G. v. Rad*, Theologie des Alten Testaments I[6], S. 121–124; II[5], S. 41–57; ders., Offene Fragen im Umkreis einer Theologie des Alten Testaments, ThLZ 88, 1963, Sp. 401–416; *R. Rendtorff*, Geschichte und Überlieferung, 1961, in: Ges. Stud. z. AT, Theolog. Bücherei 57, S. 25–38.

2. »Umherirrende Aramäer«

»Ein umherirrender Aramäer war mein Vater«, dieser Eingangssatz des Bekenntnisses in Dtn 26,5–9 hält die Erinnerung an die soziologischen Verhältnisse der Vorfahren Israels und an deren Zugehörigkeit zur aramäischen Sprachfamilie fest. Daß die Vorfahren der Stämme Israels aramäischer Zunge waren, wird bestätigt durch die Eigenart der ältesten uns bekannten »israelitischen« Namen wie Jakob, Isaak, Dan, Gad, Laban, die auf die gleiche Art gebildet sind, wie das bei aramäischen Personennamen der Fall ist. Die späteren israelitischen Personennamen weisen kanaanäische Bildungsmerkmale auf. Das Wissen um die Verwandtschaft mit den Aramäern hat sich auch in den Erzvätererzählungen niedergeschlagen: Jakobs nächster Verwandter ist der »Aramäer Laban« (Gen 29,1–5; 31,20–24). Die Frauen Isaaks und Jakobs, also die Stammütter Israels, sind Aramäerinnen (Gen 24,10ff; 25,20; 28,2.5ff).

Die Vorfahren der Aramäer waren ursprünglich wahrscheinlich auf der arabischen Halbinsel beheimatet. In einer zweifachen Wanderwelle brachen aramäische Verbände in das Kulturland ein. In einer ersten Welle ergossen sie sich im 19./18. Jh. v. Chr. nach Norden und setzten sich im Zweistromland und Syrien an den Rändern des Kulturlandes fest und bildeten dort bald eine neue Oberschicht. Man hat diese Elemente als »Nordwestsemiten«, »Ostkanaanäer« oder auch (unzutreffend) als »Amoriter« bezeichnet. Noth hat mit guten Gründen die Bezeichnung »Protoaramäer« vorgeschlagen[5]. Das in akkadischer Schrift und Sprache gehaltene Briefarchiv der Königsstadt *Mari* am oberen Eufrat (18. Jh.) läßt erkennen, daß zwischen den Vorfahren Israels und den Mari-Leuten, die zu den »Protoaramäern« gehören, zahlreiche Parallelen bestehen in bezug auf Namengebung, Vokabular, Sprache, soziologische Struktur, Rechtsbräuche und kultische Einrichtungen. In einer zweiten aramäischen Wanderwelle im Verlauf des 14/13. Jahrhunderts v. Chr. drangen die Edomiter, Moabiter, Ammoniter und die Israeliten ins palästinensische Kulturland ein.

Ihrer soziologischen Zugehörigkeit nach waren die Vorfahren Israels weidewechselnde Halbnomaden. Sie waren Wanderhirten, Herdenbesitzer, die am Rande des Kulturlandes unter den gleichen Verhältnissen lebten wie Halbnomaden in heutiger Zeit. Während der Regenzeit fanden sie in der Steppe genügend Nahrung und Lebensmöglichkeit für sich und ihre Kleinviehherden. In der Trockenzeit, wenn die Steppe keine ausreichenden Lebensmöglichkeiten mehr bot, zogen sie in das

5 *M. Noth*, Die Ursprünge des alten Israel im Lichte neuer Quellen, 1961 (Arbeitsgemeinschaft für Forschung des Landes Nordrhein-Westfalen, 94). – Zu den Mari-Texten vergleiche ferner: *M. Noth*, Das alttestamentliche Bundesschließen im Lichte eines Mari-Textes, 1955; ders., Geschichte und Gotteswort im Alten Testament, 1949 (Ges. Stud.[2] S. 142–154. 230–247).

Kulturland, wo ihre genügsamen Kleinviehherden auf den abgeernteten Feldern noch ausreichend Nahrung fanden.
Diese Verhältnisse fanden ihren Niederschlag in den Erzvätererzählungen und in Überlieferungsstücken, die den Aufenthalt Israels in der Wüste zum Inhalt haben. Während des Wüstenaufenthaltes waren Zwischenstationen an Brunnen- und Quelloasen unerläßlich. Die Oasen Elim (Ex 15,27; 16,1), Horma (Num 14,45), Mara (Ex 15,23) und Kadesch (Num 13,36) im Bereich des Negeb und der Sinaiwüste werden in den Erzählungen von der Wüstenwanderung namentlich erwähnt. In der Wüste und in Oasen kam es zu Kontakten mit den Oasenbewohnern und mit nicht seßhaften Gruppen, so mit den Midianitern und den Kenitern. Dabei konnte es zu Streitigkeiten und Auseinandersetzungen kommen, besonders um das Brunnenbenutzungsrecht in Oasen. Derartige Auseinandersetzungen stehen wohl im Hintergrund der Erzählung vom Kampf mit den Amalekitern (Ex 17,8—16).
Als Wandergebiete während der Regenzeit kommen die Ränder der Syrisch-Arabischen Wüste, der Negebwüste und der Sinaiwüste in Frage. In der Trockenzeit konnte von der Syrisch-Arabischen Wüste aus der Weidewechsel nach Palästina, nach Syrien und ins nordwestliche Zweistromland erfolgen, was in den Jakoberzählungen vorausgesetzt ist, von der Negebwüste aus ins südliche Palästina, was sich in den Isaak- und Abrahamserzählungen widerspiegelt. Von der Sinaiwüste aus ergab sich die Möglichkeit zum Weidewechsel in das fruchtbare Nildelta. Hier ist der Hintergrund für den Ägyptenaufenthalt der Vorfahren Israels zu suchen.
Beim Wechsel von den Winter- zu den Sommerweiden im Frühjahr wurde der *Pascharitus* vollzogen[6]. In der Nacht vor dem Aufbruch zum Weidewechsel bestrich man die Eingangspfosten des Zeltes mit dem Blut eines Lammes, um die Herden, insbesondere die wertvollen Erstgeburten, vor dem »Verderber«, einem Wüstendämon, der die Herden gefährdet, zu schützen (Ex 12.13).
Nach dem Weidewechsel geschah die Nutzung des Weidelandes wohl weitgehend im Einvernehmen mit den Kulturlandbewohnern auf Grund von Verträgen. In den Erzvätererzählungen ist z. B. von vertraglicher Regelung des Brunnennutzungsrechts zwischen Landesbewohnern und Wanderhirten die Rede. Wo derartige Vereinbarungen nicht bestanden, konnte es leicht zum Streit um die Brunnennutzung kommen (Gen 26,18—35). Gelegentlich bestanden auch vertragliche Regelungen derart, daß die Landesbewohner den Halbnomaden den Durchzug durch das Land und die Nutzung der Brunnen gewährten

6 S. hierzu: *L. Rost,* Weidewechsel und altisraelitischer Festkalender, 1943 (= Das kleine Credo und andere Studien zum AT, 1965, S. 101—112); *E. Kutsch,* Art. Feste in RGG³, Sp. 911f.

unter der Bedingung, daß sie nicht von der Straße abwichen und die Ernte der Landesbewohner unangetastet ließen (Num 20,17.19).

3. Die Erzväter

Quellen: Erzvätererzählungen Gen 12–36.

Lit.: *A. Alt*, Der Gott der Väter, 1929 (Kl. Schr. I, S. 1–78); *H. Seebass*, Der Erzvater Israel, 1966; *O. Eißfeldt*, Jahwe, der Gott der Väter, ThLZ 88, 1969, Sp. 481ff; Kl. Schr. III, 1966, S. 386–397; IV, 1968, S. 79–98; V, 1973, S. 50–62; *H. Weidmann*, Die Patriarchen und ihre Religion im Licht der Forschung seit J. Wellhausen, 1968; *J. Scharbert*, Patriarchentradition und Patriarchenreligion. Ein Forschungs- und Literaturbericht, Verkündigung und Forschung 19, 1974, S. 2–22; *C. Westermann*, Genesis 12–50, Erträge der Forschung 48, 1975, S. 94–123.

Zu den weidewechselnden Halbnomaden gehörten auch die Erzväter, von denen die alttestamentliche Tradition ausdrücklich sagt, daß sie in Zelten wohnten (Gen 12,8). War man früher geneigt, die Erzväter als Personifikationen von Stämmen anzusehen, so hat die neuere Forschung gezeigt, daß die Erzväter historische Einzelgestalten waren. Die Namen Jakob, Isaak und wahrscheinlich auch Abraham sind in den Mari-Briefen (18.—17. Jh. v. Chr.) als Personennamen belegt, erscheinen aber nirgends als Stammesnamen[7].

Die Erzväter-Erzählungen ermöglichen auch Rückschlüsse auf die religiöse Welt der Vorfahren Israels. Aus der Eigenart von Gottesbezeichnungen, die in den Erzvätererzählungen vorkommen, und aus analog konstruierten Gottesbezeichnungen, die in nabatäischen und griechischen Inschriften vom 1. Jh. v. Chr. bis zum 4. Jh. n. Chr. aus den Randgebieten des syrisch-palästinensischen Kulturlandes, vor allem im Hauran, in Palmyra und Petra belegbar sind, erschloß A. Alt den religionsgeschichtlichen Typ des »Gottes der Väter«. Die Eigenart solcher Vätergottheiten besteht darin, daß sie nicht, wie etwa kanaanäische Gottheiten, näher bezeichnet werden durch den Kultort, an dem sie verehrt wurden (z. B.: El Bet-El, der Gott von Bet-El), sondern durch die Person, der sie sich zum ersten Mal offenbarten und die den Kult des betreffenden Gottes stiftete. So besagt z. B. die Bezeichnung »der Gott Abrahams«, daß der so bezeichnete Gott dem Abraham zum ersten Mal erschienen ist und daß Abraham als erster den Kult dieses Gottes pflegte. Die Gottesbezeichnungen pachad jizchak (»der Schrekken Isaaks« — Gen 31,42.53) und 'ābîr ja'aḳob (»der Starke, Gewaltige Jakobs« — Gen 49,24) lassen noch etwas ahnen von der Über-

7 *M. Noth*, Mari und Israel. Eine Personennamenstudie, 1953 (Geschichte und Altes Testament. Beiträge zur historischen Theologie 16).

macht der Gotteserscheinung, die den Vätern widerfuhr. Mit der Gottesoffenbarung wurde den Vätern die Verheißung von Kulturlandbesitz und zahlreicher Nachkommenschaft zuteil. Hierin lag die bleibende Bedeutung der Erzväter für die Israeliten.

A. Alts These fand Zustimmung und stieß auf Kritik, die sich u. a. dagegen richtete, daß die von Alt angeführten Parallelen aus dem nabatäischen Bereich zeitlich zu weit entfernt liegen. In der Diskussion um die Religion der Erzväter geht es u. a. um die überlieferungsgeschichtliche Einordnung, die Datierung, die religionsgeschichtliche Zuordnung und die rechte Interpretation der Gottesbezeichnungen in den Patriarchenerzählungen. Zu dieser Diskussion, die hier nicht entfaltet werden kann, s. d. o. g. Forschungsberichte von *Weidmann, Scharbert* und *Westermann*. In neueren Arbeiten werden assyrische Texte, in denen die Formel »der Gott meines (deines, eures) Vaters« auf Familien- und Schutzgottheiten bezogen ist, ausgewertet. Im Kontext dieser Parallelen erscheinen die Bindung an eine kleine Gruppe und die Zusage von Schutz und Beistand als die Wesensmerkmale der von den Vorfahren Israels verehrten Vätergottheiten (s. hierzu *H. Vorländer*, Mein Gott, AOAT 23, 1975, bes. S. 184–224, und die dort genannte Literatur!).

Als die Verehrer von Vätergottheiten in Palästina ansässig wurden, siedelten sich die Verehrer des Gottes Isaaks ganz im Süden am Rande des Kulturlandes, in der Nähe von Beerscheba, an. Die Gruppe, die den Gott Abrahams verehrte, ließ sich auf der Höhe des judäischen Gebirges in der Nähe von Hebron nieder. Die Verehrer des Gottes Jakobs besiedelten den Mittelteil des Ostjordanlandes und Teile des samarischen Gebirges. Die ansässig gewordenen Gruppen übernahmen kanaanäische Heiligtümer ihrer Siedlungsgebiete und identifizierten die dort verehrten Gottheiten mit den ihnen eigenen Vätergottheiten.
Die an den Heiligtümern tradierten Kulterzählungen wurden auf die Vätergottheiten übertragen und die Erzvätergestalten in diese Heiligtumserzählungen einbezogen. So kam es zur Verbindung von nomadischen Erzväterüberlieferungen mit Kultüberlieferungen von Kulturlandheiligtümern, an denen nunmehr die Erzvätertraditionen weitergegeben wurden. So wurde das Brunnenheiligtum von Beerscheba zum Haftpunkt der Isaaktradition (Gen 26,23–25). Am Baumheiligtum von Mamre bei Hebron (Gen 18.23) wurde die Abrahamsüberlieferung weitergegeben. Die Heiligtümer von Sichem (Gen 33,18–20) und Bet-El (Gen 28,10–22) in Mittelpalästina sowie die von Penuel (Gen 32,22–32) und Mahanajim (Gen 32,2f) im Ostjordanland wurden zu Zentren der Jakobtradition. Als die Gruppen, die einst Vätergottheiten verehrten, im Kulturland in Verbindung miteinander traten und sich schließlich zur Größe Israel zusammenschlossen, wuchsen auch die ursprünglich je für sich tradierten Erzväterüberlieferungen verschiedener Gruppen zusammen. Die Erzvätergestalten Abraham, Isaak und Jakob wurden genealogisch miteinander verknüpft und die ihnen zugehörigen Gottheiten unter der Bezeichnung »der Gott Abra-

hams, Isaaks und Jakobs« oder »der Gott der Väter« (Ex 3,6.16) ineinsgesetzt. In einem weiteren Überlieferungsstadium wurde die in Hebron behaftete Abrahamsgestalt auch mit Sichem und Bet-El in Verbindung gebracht (Gen 12,6—8). Als die Israeliten Jahweverehrer wurden, erkannten sie in Jahwe denselben Gott, der sich einst den Vätern geoffenbart und ihnen seine Verheißungen gegeben hatte. Die Besitznahme des Kulturlandes verstanden sie als Erfüllung der Landverheißung, die an die Väter ergangen war. In der Offenbarung des Gottes der Väter sahen sie eine Vorstufe der Jahweoffenbarung (Ex 6,3).

4. *Das Sinaigeschehen*

Quellen: Ex 19.20.24.

Lit.: *H. Seebass*, Mose und Aaron, Sinai und Gottesberg, 1962; *W. Beyerlin*, Herkunft und Geschichte der ältesten Sinaitradition, 1971; *J. M. Schmidt*, Erwägungen zum Verhältnis von Auszugs- und Sinaitradition, ZAW 82, 1970, S. 1—31; *E. Zenger*, Die Sinaitheophanie, 1971; *E. W. Nicholson*, Exodus and Sinai in History and Tradition, 1973.

In der Zeit vor dem Seßhaftwerden wurden Vorfahren der Israeliten mit dem Jahweglauben, der später das Wesen Israels von Grund auf bestimmen sollte, bekannt. Fragt man nach dem Ursprung der Jahweverehrung, so weist uns die altisraelitische Überlieferung auf den Sinai, einen heiligen Berg im Wüstengebiet südlich Palästinas. Die offenbar sehr altertümliche Gottesbezeichnung »Jahwe, (der Gott) vom Sinai« (Ri 5,5; Ps 68,9) und die Wendung »Jahwe kommt vom Sinai her« (Dtn 33,2; vgl. Hab 3,3) charakterisieren Jahwe durch seine Zuordnung zum Sinai und kennzeichnen den Sinai als den Wohnsitz Jahwes.

Die genaue Lage des Sinai läßt sich nicht mehr mit Sicherheit bestimmen.

Die Tradition, daß der Sinai im Südteil der heute so genannten »Sinaihalbinsel« gelegen habe, ist erst in byzantinischer Zeit (4. Jh. n. Chr.) nachweisbar. Felsinschriften aus dem 1. Jh. v. Chr. zeigen allerdings, daß sich dort ein nabatäisches Wallfahrtsheiligtum befand. Da Ex 19,18 an einen Vulkanausbruch erinnert, hat man erwogen, den Sinai östlich des Golfes von Akaba zu suchen, wo es, im Gegensatz zur traditionellen Sinaihalbinsel, tätige Vulkane gibt. Schließlich ist in Erwägung zu ziehen, daß Dtn 33,2; Ri 5,4f den Sinai in Parallele setzen zu Seïr, womit das Gebirgsland östlich des wādi el-ʿaraba zwischen Totem Meer und Golf von Akaba gemeint ist.

Die alttestamentliche Sinaitradition, die von einem längeren Aufenthalt der Stämme Israels am Sinai erzählt, nimmt in der Endgestalt des Pentateuch einen breiten Raum ein (Ex 18 — Num 10). Der größte Teil dieses umfangreichen Komplexes ist der Priesterschrift, der jüngsten literarischen Schicht des Pentateuch, zuzuschreiben, während der älteste Grundbestand der Sinaiüberlieferung in den älteren Quellenschriften (Jahwist und Elohist) auf Ex 19.24.34 beschränkt ist. Zu den ältesten Grundelementen der Sinaiüberlieferung dürften die Theophanie (Gotteserscheinung) am Sinai und ein anschließender Kultakt, der ein Gemeinschaftsverhältnis zwischen Jahwe und den Kultteilnehmern begründete, gehören. Beide Überlieferungselemente finden sich beim Jahwisten und beim Elohisten, werden aber in den beiden Quellenschriften je verschieden dargestellt.

Nach den *Jahwisten* geschah die Theophanie unter den Begleitumständen eines Vulkanausbruches: »Der Sinai aber war ganz in Rauch gehüllt, weil Jahwe im Feuer auf ihn herabgefahren war. Und der Rauch stieg von ihm auf wie von einem Schmelzofen und der ganze Berg erbebte stark« (Ex 19,19). Die Kulthandlung bestand dem Jahwisten zufolge in einem Blutritus am Fuße des Berges, wobei eine Hälfte vom Blut eines Opfertieres auf den Altar gegossen, die andere Hälfte auf die Kultteilnehmer gesprengt wurde (Ex 24,5.6.8). Ob die Deutung des Ritus als Bundesschluß (V. 8b) schon auf den Jahwisten zurückgeht oder als jüngerer Zusatz angesehen werden muß, ist umstritten.

Beim *Elohisten* signalisiert der Schall des Widderhornes die Theophanie, das Reden Gottes erfolgt im Donner: »Und der Schall des Widderhornes wurde immer stärker. Moses sprach und Gott antwortete im Donner« (Ex 19,19). Auf dem Berge findet eine Kultmahlzeit in der Gegenwart der Gottheit statt: »Und sie schauten den Gott Israels, und unter seinen Füßen war etwas wie das Gebilde eines Saphirziegels, wie der Himmel selbst an Klarheit. Und gegen die Edlen der Israeliten streckte Gott seine Hand nicht aus. Und sie schauten Gott und sie aßen und tranken« (Ex 24,10f).

Der Berg dieser Geschehnisse trägt beim Jahwisten die Bezeichnung »Berg (Gebirge) Sinai«, beim Elohisten heißt er »Gottesberg«.

Es ist möglich, daß Jahwist und Elohist denselben heiligen Berg in der Wüste meinen und das gleiche Geschehen im Auge haben und daß die Verschiedenartigkeit der Bezeichnung des Berges sowie die Verschiedenartigkeit der Darstellung der Geschehnisse lediglich der erzählerischen Eigenart der jeweiligen Quellenschrift zuzuschreiben sind. Die Möglichkeit ist jedoch nicht auszuschließen, daß die Verschiedenartigkeit von Jahwist und Elohist an dieser Stelle auf zwei verschiedene, ursprünglich eigenständige Überlieferungen von zwei verschiedenen heiligen Bergen, mit denen je verschiedene Kulthandlungen in Verbindung standen, zurückzuführen ist (so z. B. H. Seebass).

Fragt man nach dem historischen Hintergrund dieser Überlieferungen, so ist als sehr wahrscheinlich anzunehmen, daß Vorfahren der nachmaligen Israeliten, Gruppen von Halbnomaden, deren Wandergebiet im Bereich der Wüste südlich Palästinas zu suchen ist, an kultischen Begehungen auf oder an heiligen Bergen teilnahmen. Einer dieser Berge war der Sinai, der Wohnsitz des Gottes Jahwe. Durch Teilnahme am Sinaikult kamen präisraelitische Gruppen in Verbindung mit Jahwe, dem Gott vom Sinai. Falls das beim Jahwisten belegte Überlieferungselement der Vulkantheophanie zum Grundbestand der Sinaiüberlieferung gehörte, wäre das vielleicht ein Hinweis darauf, daß der Sinai ein (zeitweilig?) tätiger Vulkan war und mit Ri 5,4f in Seïr, einem Gebirgsland östlich der Araba, wo es in historischer Zeit tätige Vulkane gab, zu lokalisieren ist. Möglicherweise wurden Vorfahren der Israeliten bei einer Wallfahrt zum Sinai Zeugen eines Vulkanausbruches und erfuhren dabei die überwältigende Macht des hier verehrten Gottes Jahwe.

Falls die elohistische Version vom »Gottesberg« auf eine eigenständige, von der Sinaitradition zu unterscheidende Überlieferung zurückgeht, ist es nicht auszuschließen, daß es außer dem Sinai einen weiteren heiligen Berg, den »Gottesberg«, gab und daß präisraelitische Gruppen an Kultmahlzeiten auf diesem Gottesberg teilnahmen. Es ist denkbar, daß dieser Gottesberg, für den keine Vulkantätigkeit vorauszusetzen wäre, mit dem Gebirgsmassiv im Südteil der heute sogenannten Sinaihalbinsel zu identifizieren ist. Die Frage, ob es dieselben Gruppen waren, die sowohl am Sinaikult wie auch am Kult auf dem Gottesberg teilnahmen, oder ob wir mit je verschiedenen Gruppen des nachmaligen Israel zu rechnen haben, muß dabei offen bleiben.

Außer den Gruppen, die zu den Vorfahren Israels gehörten, und wahrscheinlich schon vor ihnen, waren auch andere nicht seßhafte Gruppen, deren Wanderbereich im Wüstengebiet südlich Palästinas zu suchen ist, Teilnehmer am Jahwekult. Einige Andeutungen in der alttestamentlichen Überlieferung weisen daraufhin, daß die Keniter (Ri 4,11) und die Midianiter (Ex 3,1; 18,12) Jahweverehrer waren[8]. In diesem Zusammenhang ist es von Bedeutung, daß in ägyptischen Inschriften aus der Zeit Amenophis' III. (14. Jh.) und Ramses' II. (13. Jh.) die Konsonanten des Gottesnamens Jahwe (JHW') in der Wortverbindung »Land der Schasu Jahwe« erscheinen[9]. Schasu ist die ägyptische Bezeichnung für nomadisierende Gruppen im Bereich südlich Palästinas. In den gleichen Texten werden diese Gruppen auch näher bezeichnet als »Schasu von Seïr« und als »Schasu von Edom«. Dieser Parallelsetzung von Schasu Jahwe, Schasu von Seïr und Schasu von Edom in ägyptischen Texten entspricht der Tatbestand, daß im Alten Testa-

8 *H. Heyde*, Kain, der erste Jahwe-Verehrer, 1965; *A. H. J. Gunneweg*, Mose in Midian, ZThK 61, 1964, S. 1–8.

9 *R. Giveon*, Les bédouins Shosou des documents égyptiens, 1971; *S. Herrmann*, Der alttestamentliche Gottesname, Ev. Theol. 26, 1966, S. 281–293.

ment Jahwes Kommen vom Sinai synonym zu seinem Kommen von Seïr steht (Dtn 33,2) und daß Seïr, wie in den genannten ägyptischen Texten, wiederum als Parallele zum »Gefilde Edoms« erscheint (Ri 5,4). Diese Parallelen in ägyptischen und alttestamentlichen Texten lassen erkennen, daß auch außerisraelitischen Nomaden der Jahwe-Name bekannt war, ja daß die Konsonanten des Jahwe-Namens geradezu zur Näherbestimmung einer solchen Gruppe dienen konnten. Dabei ist es auffällig, daß in ägyptischen Texten das Wandergebiet dieser durch den Jahwenamen näher charakterisierten Schasugruppen gerade dort zu suchen ist, wo sich nach Ri 5,4; Dtn 33,2 der Wohnsitz Jahwes befindet und wo der Sinai zu lokalisieren ist, nämlich im Gebirge Seïr, dem Gebiet der Edomiter. So sprechen auch diese ägyptischen Parallelen für eine Lokalisierung des Sinai im Gebiet östlich der Araba zwischen dem Golf von Akaba und dem Toten Meer.

Ob die Kultfeiern am Sinai ursprünglich mit der Verkündigung von Rechtssätzen verbunden waren, läßt sich nicht mehr mit Sicherheit erweisen.

Im jetzigen Bestand des Pentateuch nimmt die Verkündigung von Gesetzen einen breiten Raum im Rahmen der Sinaigeschehnisse ein. Die in den Pentateuch integrierten Rechtssammlungen setzen jedoch die Kulturlandsituation voraus und können daher nicht in die Zeit vor dem Seßhaftwerden zurückgehen. Darüber hinaus zerreißen die im Pentateuch enthaltenen Gesetzessammlungen die Erzählungszusammenhänge. Das ist ein Anzeichen dafür, daß sie nicht zum überlieferungsgeschichtlichen Grundbestand der Sinaiüberlieferung gehören, sondern erst auf literarischem Wege sekundär in die Quellenschriften des Pentateuch eingefügt worden sind, das Bundesbuch (Ex 20,22–23,33) und der »Kultische Dekalog« (Ex 34,14–28) in den Jahwisten, der Dekalog von Ex 20 in den Elohisten und das Heiligkeitsgesetz (Lev 17–26) in die Priesterschrift. Formgeschichtliche Erwägungen zu Psalm 15.24.50.81 und zum Deuteronomium führen zu dem Schluß, daß im Rahmen von Kultfeiern, die in Israel in späterer Zeit geübt wurden, Proklamationen von Rechtssätzen stattfanden. Der Einbau von Gesetzessammlungen in die Sinaiüberlieferung wird am ehesten verständlich bei der Annahme, daß Kulthandlungen, an denen Vorfahren Israels am Sinai teilgenommen hatten, auch nach der Landnahme im Kulturland geübt wurden, um das Sinaigeschehen zu vergegenwärtigen, und daß im Laufe der Kultgeschichte Rechtsproklamationen in diese Kulthandlungen einbezogen wurden.

Der Ursprung kultischer Rechtsverkündigung ist vielleicht im Oasenheiligtum von *Kadesch* zu suchen. Hierfür spricht die Gleichsetzung von Kadesch mit ʿEn Mischpat (»Quelle des Rechtes, der Rechtsprechung«) (Gen 14,7).

5. *Die Errettung aus Ägypten*

Quellen: Mirjamlied Ex 15,21; Auszugserzählungen Ex 1–14.

Lit.: *A. Lauha*, Das Schilfmeermotiv im Alten Testament, VT Suppl. 9, 1963, S. 32–46; *G. Fohrer*, Überlieferung und Geschichte des Exodus, 1964; *J. M. Schmidt*, Erwägungen zum Verhältnis von Auszugs- und Sinaitradition, ZAW 82, 1970, S. 1–31; *S. Herrmann*, Israels Aufenthalt in Ägypten, 1970.

In den Bekenntnissen Dtn 6.26 findet sich die Aussage, daß die Vorfahren Israels von den Ägyptern geknechtet und bedrückt wurden, daß Jahwe sie aber herausgeführt habe »mit starker Hand und ausgestrecktem Arm, unter großen Schrecknissen, unter Zeichen und Wundern«.

Aufenthalt und Bedrückung in Ägypten sind zu sehen im Rahmen der Lebensbedingungen weidewechselnder Wanderhirten. Wenn im Bereich Palästinas während des Winters die Regenfälle ausblieben, entstand eine Hungersnot, und das Land vermochte den aus der Wüste zuwandernden Halbnomaden in der Trockenheit keine Lebensmöglichkeiten zu bieten. Dann blieb nur der Ausweg in das vom Regen unabhängige, fruchtbare Niltal. Diese Situation ist an einigen Stellen

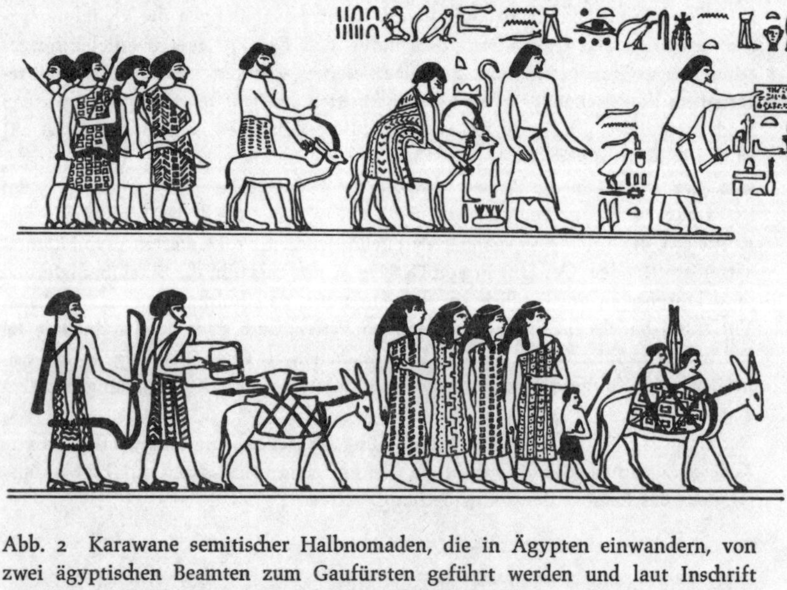

Abb. 2 Karawane semitischer Halbnomaden, die in Ägypten einwandern, von zwei ägyptischen Beamten zum Gaufürsten geführt werden und laut Inschrift Augenschminke als Gastgeschenk bringen. Sie tragen farbige Gewänder. Die Männer sind mit Pfeil und Bogen, Wurfholz und Speer bewaffnet. Der Laierspieler trägt einen Wasserschlauch aus einem Ziegenbalg auf dem Rücken. Auf dem Rücken der Esel u. a. ein Blasebalg für Metallarbeiten (Wandmalerei im Grab des Chnum-Hotep aus Beni-Hassan, 19. Jahrh. v. Chr.).

der Patriarchenerzählungen vorausgesetzt (Gen 12,20ff; 26,1ff; 42,1ff; 43,1ff; 46,1ff). Unter derartigen Umständen gelangten auch die Vorfahren Israels nach Ägypten.

Vorgänge ähnlicher Art sind auch aus ägyptischen Quellen belegbar. Eine Inschrift aus der Zeit um 1350 berichtet, daß eine Gruppe von Halbnomaden, »die nicht wußte, wo sie leben sollte, kam, um ein Heim in dem Gebiet des Pharao zu erbitten«. Um 1200 meldet ein ägyptischer Grenzbeamter seinem Vorgesetzten, daß er Beduinenstämme aus der Steppe die Grenzfestungen habe passieren lassen, »um sie und ihr Vieh auf der großen Besitzung des Pharao, der guten Sonne eines jeden Landes, am Leben zu erhalten« (TGI², Nr. 16).

Nun konnte es geschehen, daß Halbnomadengruppen, die in Ägypten vor einer Hungersnot Zuflucht suchten, von den Ägyptern zu Dienstleistungen herangezogen und wider ihren Willen als billige Arbeitskräfte festgehalten wurden. Dem entspricht die Tatsache, daß die in Ägypten Frondienste leistenden Vorfahren der Israeliten als »Hebräer« bezeichnet werden (Ex 2,11.13). Dieser Ausdruck »Hebräer«

Abb. 3 Herstellung von Lehmziegeln in Ägypten. Der Lehm wird gemischt, die Ziegel werden in Holzformen geformt, zum Trocknen in der Sonne ausgelegt und mit einem Joch zur Baustelle getragen (Wandmalerei im Grab des Rechmire zu Theben, 1460 v. Chr.).

begegnet in ägyptischen Texten in der Form ʿpr, in Urkunden des Zweistromlandes in der Form Ḫabiru, in ähnlicher Form kommt er in hetitischen und ugaritischen Texten vor. Er bezeichnet in all diesen Quellen keine nationale oder völkische, sondern in erster Linie eine soziologische Größe, nämlich nichtseßhafte Gruppen von Menschen minderen Rechtes, die für andere Dienste leisten müssen[10]. In einem

10 Freilich ist damit zu rechnen, daß die Bezeichnung Habiru/ʿpr, die in den o. g. Bereichen vom Beginn des 2. Jahrtausends bis zum 12. Jh. nachweisbar ist, mannigfaltige Bedeutungswandlungen erfuhr. S. hierzu *M. Grennberg*, The Hab/piru, 1955 (ausführliche Bibliographie, umfassende Bearbeitung der Quellen); *K. Koch*, Die Hebräer vom Auszug aus Ägypten bis zum Großreich Davids, VT 19, 1969, S. 37–81.

ägyptischen Brief aus dem 13. Jh. v. Chr. ist z. B. die Rede von Hebräern, »die für den großen Pylon von Ramses Miamun Steine ziehen« (TGI², Nr. 12).

Die konkreten Angaben in Ex 1,11, daß die Vorfahren der Israeliten zum Bau der Städte Pithom und Ramses herangezogen wurden, erlaubt den Schluß, daß Ramses II. (1301—1234) der Pharao der Unterdrückung war; denn archäologische Grabungen und literarische Nachrichten lassen erkennen, daß diese Städte zur Zeit Ramses' II. ausgebaut wurden, aber vor und nach dieser Zeit kaum besiedelt waren.

Es ist ein uralter, im Alten Testament häufig wiederkehrender Glaubenssatz, daß Jahwe Israel aus Ägypten befreit habe. Er ist z. B. in der bekannten Einführung des Dekalogs, der Zehn Gebote, enthalten: »Ich bin Jahwe, dein Gott, der ich dich aus dem Lande Ägypten, dem Sklavenhaus, herausgeführt habe« (Ex 20,2). Die drei Quellenschriften des Pentateuch stimmen in den Grundelementen der Erzählung überein, stellen aber im einzelnen das Geschehen verschieden dar. Die überlieferungsgeschichtlich älteste Version des Auszugsgeschehens wird in einer beiläufigen Notiz des Elohisten greifbar, derzufolge es den Vorfahren der Israeliten gelang, sich durch eine Flucht dem Frondienst der Ägypter zu entziehen (Ex 14,5a). Alle drei Quellenschriften des Pentateuch erzählen, daß die Davoneilenden von einer ägyptischen Streitwagenschar verfolgt wurden, »am Meer« in eine ausweglose Notlage gerieten und durch eine Wundertat Jahwes aus der Hand der Ägypter gerettet wurden. Diese Errettung am Meer ist der Inhalt des sog. Mirjamliedes, das zum ältesten hymnischen Gut und zu den ältesten Stücken des Alten Testaments überhaupt zählt:

»Singet Jahwe; denn hoch hat er sich erhoben,
das Roß und seinen Wagenlenker hat er ins Meer gestürzt« (Ex 15,21).

In den Pentateuchquellen wird der Hergang dieses Geschehens verschiedenartig ausgestaltet. Dem *Jahwisten* zufolge trat die Wolken- und Feuersäule schützend zwischen Israeliten und Ägypter. Über Nacht legte Jahwe das Meer durch einen starken Ostwind trocken, ließ am Morgen die Ägypter in Schrecken und Verwirrung geraten, so daß sie dem Meer entgegen flohen und in den zurückströmenden Fluten umkamen (Ex 14,9b.20.21a/b.24.25b.27b). Der *Elohist* erzählt, der Engel Gottes sei zwischen Ägypter und Israeliten getreten und die Ägypter seien auf rätselhafte Weise am Vorwärtskommen gehindert worden (Ex 14,19a.25a). Die Wunderhaftigkeit des Geschehens ist in der *Priesterschrift* am stärksten gesteigert. Gott habe das Meer gespalten, so daß die Wasser zu beiden Seiten wie Mauern feststanden. Die Israeliten zogen trockenen Fußes durch das Meer, während die Wasser über die nachjagenden Ägypter hereinbrachen (Ex 14,22.23.26.28.29). Die Verschiedenartigkeit der Erzählung macht deutlich, daß den Verfassern der Quellenschrift hierüber keine einheitliche Tradition vorlag.

Auf Grund der Quellenlage ist es nicht mehr möglich, den Hergang des historischen Geschehens im einzelnen nachzuzeichnen. Im Hintergrund stehen wahrscheinlich Naturereignisse, durch die eine Katastrophe über die ägyptische Streitwagenabteilung hereinbrach, während die flüchtigen Halbnomaden entkommen konnten. Auf Grund der jahwistischen Darstellung könnte man z. B. an ein Seebeben denken, das eine plötzlich hereinbrechende Flutwelle zur Folge hatte, auf Grund des elohistischen Erzählungsfragmentes an Sandverwehungen, die die ägyptischen Streitwagen am Vorwärtskommen hinderten.

Sehr schwierig ist die Frage nach der *Lokalisierung* des Meerwunders zu beantworten, da die Angaben der Quellen nicht einheitlich und nur sehr allgemein gehalten sind und wir nicht über die geographischen Verhältnisse der damaligen Zeit informiert sind. Mirjamlied und Jahwist sprechen einfach von »dem Meer« (Ex 15,21; 14,9). Beim Elohisten (Ex 13,18) und an anderen Stellen ist vom »Schilfmeer« die Rede (Dtn 2,1; Jos 4,23 u. ö.). Man hat an den Golf von Akaba gedacht, der z. B. 1Kön 9,26 als Schilfmeer genannt wird. Andere denken mit mehr Wahrscheinlichkeit an einen See im Bereich des heutigen Suezkanals, etwa an den Bittersee. Die genauen Angaben der – allerdings jungen – Priesterschrift (Ex 14,2) weisen in die Gegend des sirbonischen Sees (*O. Eißfeldt*, Baal Zaphon, Zeus Kasios und der Durchzug der Israeliten durchs Meer, 1932; *M. Noth*, Der Schauplatz des Meerwunders, in: Festschrift O. Eißfeldt zum 60. Geburtstag, 1947, 181–190).

Einige Wahrscheinlichkeit spricht dafür, daß die Gestalt des *Mose* in den Zusammenhang der Auszugsüberlieferung gehört[11].

Im Pentateuch erscheint Mose als die führende Persönlichkeit beim Auszug, am Sinai, während der Wüstenwanderung und bei der beginnenden Landnahme des Ostjordanlandes. Wenn es jedoch richtig ist, daß die verschiedenen Traditionskomplexe des Pentateuch (Auszugs-, Sinai-, Wüsten- und Landnahmeüberlieferungen) ursprünglich je eigenständige Überlieferungen waren, die getrennt voneinander von verschiedenen Überlieferungsträgern tradiert wurden und erst nachträglich, im Laufe des Überlieferungsprozesses, miteinander in Verbindung gebracht worden sind, dann kann Mose nicht in all diesen Überlieferungen ursprünglich verwurzelt gewesen sein. Es ist sehr wahrscheinlich, daß in den Sinaierzählungen »die Ältesten« (Ex 24,9.11) die ursprünglichen Träger des Geschehens waren, und daß erst sekundär Einzelgestalten (Mose und Aaron, Nadab und Abihu, Ex 24,1.9) in die Erzählung einbezogen wurden.

Für die Zuordnung der Mosegestalt zur Auszugsüberlieferung spricht der ägyptische Name. »Mose« ist die Kurzform eines zusammenge-

11 Literatur zu Mose: *R. Smend*, Das Mosebild von Heinrich Ewald bis Martin Noth, 1959; *E. Oßwald*, Das Bild des Mose in der kritischen alttestamentlichen Wissenschaft seit Julius Wellhausen, 1962; *K. Koch*, Der Tod des Religionsstifters, Kirche u. Dogma 8, 1962, S. 100–123; ders., Die Hebräer vom Auszug aus Ägypten bis zum Großreich Davids, VT 19, 1969, S. 37–81; *H. Schmid*, Mose, Überlieferung und Geschichte, 1968; *H. Seebass*, Mose und Aaron, Sinai und Gottesberg, 1962 (vertritt die Auffassung, daß Mose in der Sinaitradition ursprünglich verwurzelt sei).

setzten ägyptischen Namens und weist dieselbe Konsonantenfolge *(ms')* auf wie das ägyptische Wort für »Sohn«, das auch in den ägyptischen Namen Thutmose, Amose, Ramose und Ramses enthalten ist. Die alttestamentliche Überlieferung verweist ausdrücklich auf die ägyptische Herkunft des Mosenamens (Ex 2,10). Es ist sehr wahrscheinlich, daß Mose zu einer Gruppe vorisraelitischer Wanderhirten, die mit Ägypten in Berührung gekommen waren, gehörte. Der ägyptische Name könnte ein Hinweis darauf sein, daß Mose in ägyptischen Diensten stand; denn in ägyptischen Quellen ist belegt, daß Ausländer in ägyptische Dienste treten konnten und im Zusammenhang damit einen ägyptischen Namen erhielten. Der biblischen Überlieferung zufolge geriet Mose in Konflikt mit den Ägyptern, floh außer Landes in das Gebiet der Midianiter und heiratete dort die Tochter eines midianitischen Priesters (Ex 2). Auch für derartige Vorgänge gibt es Parallelen in ägyptischen Texten, so z. B. in der bekannten Erzählung von Sinuhe dem Ägypter, der infolge eines Konfliktes mit dem Pharao ins Ausland floh und sich dort verehelichte (TGI^2, Nr. 1). Die Überlieferung von der Verschwägerung Moses mit den Midianitern ist ganz sicher alt und fußt auf historischen Tatbeständen; denn in späterer Zeit, als ein äußerst gespanntes Verhältnis zwischen Israeliten und Midianitern bestand (s. z. B. Ri 6), hätte man familiäre Beziehungen zu den Midianitern sicher nicht einer Gestalt wie Mose, der der israelitischen Tradition eine so große Bedeutung beimaß, zugeschrieben. Nach alttestamentlicher Überlieferung wurde Mose im Bereich der Midianiter eine entscheidende Jahweoffenbarung zuteil (Ex 3,1ff). Mose kehrte nach Ägypten zurück und rief die frondienstleistenden Vorfahren der Israeliten im Namen Jahwes auf, sich der ägyptischen Oberherrschaft zu entziehen. Als die im Namen Jahwes vollzogene Flucht gelang und Israel am Meer die Rettung vor der Streitwagenmacht der Ägypter erfuhr, wurde die aus Ägypten befreite Gruppe von Halbnomaden zu Jahweverehrern (Ex 14,31). Wenn Mose bei der Vermittlung des Jahweglaubens an die Ägyptengruppen und beim Auszug aus Ägypten eine entscheidende Rolle spielte, dann wird es verständlich, daß im Laufe des Überlieferungsprozesses, als die ursprünglich selbständigen Pentateuchüberlieferungen miteinander verbunden wurden, die Gestalt des Mose auch in die übrigen Pentateuchüberlieferungen Eingang fand, und daß man ihm Leitungsfunktionen auch in der Sinaiüberlieferung und in den Überlieferungsstücken von der Wüstenwanderung Israels zuschrieb.

Die Frage, ob die Gruppen, die am Auszugsgeschehen beteiligt waren und Träger der Auszugstradition wurden, mit den Gruppen identisch sind, die am Sinaikult teilnahmen und die Sinaiüberlieferung ausformten, ist nicht eindeutig zu beantworten. Da es Anzeichen dafür gibt, daß Auszugstradition und Sinaitradition ursprünglich je eigenständige Überlieferungen waren und erst sekundär miteinander verbunden wurden, liegt der Schluß nahe, daß je verschiedene Gruppen des nachmaligen Israels Träger der Sinaiüberlieferung auf der einen und der Auszugstradition auf der anderen Seite waren. So ist es sehr wahrscheinlich, daß es Gruppen des nachmaligen Israels gab, die Teilnehmer am Sinaikult waren aber nicht zu der Gruppe gehörten, die beim Auszug aus Ägypten beteiligt waren. Dabei ist es jedoch nicht auszuschließen, daß die Auszugsgruppe schon vor dem Ägyptenaufenthalt oder vor dem Auszug Kontakte hatte zu anderen Gruppen des nachmaligen Israel, die Teilnehmer am Sinaikult waren und den Jahweglauben kannten. Es ist sogar wahrscheinlich, daß Jahwe für die Ägyptengruppe schon vor dem Auszug kein völlig unbekannter Gott war, denn sonst wäre es schwer verständlich, daß der Auszug aus Ägypten im Namen Jahwes erfolgen konnte und daß die Errettung am Meer als ein von Jahwe ausgehendes Wundergeschehen erlebt wurde. Es ist auch nicht undenkbar, daß die Ägyptengruppe nach dem Auszug und nach erfahrener Rettung eine Wallfahrt zum Sinai, dem Wohnsitz Jahwes, unternahm, wie es die Pentateuchüberlieferung voraussetzt. Bei dieser Gelegenheit konnte es auch zu Kontakten mit anderen Gruppen des nachmaligen Israel, die nicht am Auszug beteiligt, aber Jahweverehrer waren, kommen.

Zur Begegnung von verschiedenen Gruppen des späteren Israel kam es aller Wahrscheinlichkeit nach auch am Oasenheiligtum von *Kadesch* (der Name bedeutet »Heiligtum«), 80 km südwestlich von Beerscheba, das in Pentateuchüberlieferungen mehrfach als Aufenthaltsort von Israeliten in der Zeit vor dem Seßhaftwerden (Num 20,1.14.16. 22; 27,14; 33,36f) und als Ausgangspunkt der Landnahme von Gruppen, die in Südpalästina ansässig wurden (Num 13,26; 32,8), bezeugt ist.

Da manches dafür spricht, daß die Errettung am Meer in einer bei Gilgal gefeierten Kulthandlung vergegenwärtigt wurde (Jos 4,19–24), Gilgal aber zum Bereich der nachmals in Mittelpalästina ansässigen Rahel-Stämme gehört, ist es wahrscheinlich, daß die Rahelstämme Träger der Auszugsüberlieferung waren und daß Vorfahren dieser Stämme zu den Gruppen des Auszugs gehörten.

Das Auszugsgeschehen und die Errettung am Meer wurden von grundlegender Bedeutung für den Glauben und das Gottesverhältnis Israels. In diesem Geschehen erfuhren Vorfahren Israels in übermächtiger Weise das Heilshandeln Jahwes. In der Dynamik dieses Handelns eröffneten sich neue Aspekte für den Jahweglauben. In der Tatsache, daß Vorfahren Israels den Sieg Jahwes über die Mächte Ägyptens und sein Heilshandeln in einer geschichtlichen Tat erfuhren, liegen die Wurzeln für die Geschichtsbezogenheit des Jahweglaubens. In der Erfahrung, daß Jahwe über die Naturgewalten des Meeres verfügte und sie sich dienstbar machte, ist der Grund gelegt für den Glauben an die Herrschaft Jahwes über die »Naturkräfte«, was für die spätere Auseinandersetzung Israels mit der Baalreligion von Bedeutung wurde. Beim Auszugsgeschehen hatte sich Jahwe auf die Seite der versklavten »Hebräer« gestellt. Darum wurden später Gebote, die sich auf den sozialen Bereich beziehen, etwa das Verhalten gegenüber den Fremdlingen und gegenüber Menschen minderen Rechtes, mit diesem Heilshandeln Jahwes begründet (z. B. Ex 22,9; Dtn 5,15). Das Auszugsgeschehen wurde als so charakteristisch für das Handeln Jahwes angesehen, daß man in Israel Jahwe in einer fest geprägten liturgischen Formel kennzeichnete als den Gott, »der Israel aus Ägypten herausgeführt (befreit, errettet, erlöst) hat«. In der Herausführung aus Ägypten sah Israel den Ursprung seines Erwähltseins (2Sam 7,32) und den Beginn seiner Geschichte (2Sam 7,6).

Abb. 4 Ramses II. auf einem Streitwagen (Flachrelief am Ramesseum in Theben).

Neuere Literatur:

J. Sellnow (Hrsg.), Das Verhältnis von Bodenbauern und Viehzüchtern in historischer Sicht, 1968; *B. Mazar* (Hrsg.), The Patriarchs. The World History of the Jewish People, II, 1970; *P. Weimar, E. Zenger*, Exodus, Geschichten und Geschichte der Befreiung Israels, 1975; *J. van Seters*, Abraham in History and Tradition, 1975; *B. Zuber*, Vier Studien zu den Ursprüngen Israels. Die Sinaifrage und Probleme der Volks- und Traditionsbildung, 1976; *H. Engel*, Die Vorfahren Israels in Ägypten. Forschungsgeschichtlicher Überblick, 1979; *W.H. Schmidt*, Jahwe in Ägypten, Kairos 17, 1976, S. 43–45; ders., Exodus, Sinai und Mose (Erträge der Forschung), 1983.

2. Kapitel

Die Landnahme (13. Jahrhundert v. Chr.)

Quellen: Ri 1,17–36 (negatives Besitzverzeichnis); Num 13–14; 21; 32; 34; Landnahmetraditionen der Stämme Benjamin (Jos 2–9), Efraim (Jos 11) und Josef (Jos 17,14–18); System der Stammesgrenzen: Jos 13–21. Die Verzeichnisse Num 26, 5-51; 1,5–15; Gen 49; Dtn 33.

Lit.: *A. Alt*, Die Landnahme der Israeliten in Palästina, 1925; ders., Erwägungen über die Landnahme der Israeliten in Palästina, 1939 (Kl. Schr. I, S. 89–125; 126–175); *Y. Kaufmann*, The Biblical Account of the Conquest of Palestine, 1953; *G. E. Wright*, Biblische Archäologie, 1958, S. 62–78; *J. Bright*, Altisrael in der neueren Geschichtsschreibung, 1961; *G. E. Mendenhall*, The Hebrew Conquest of Palestine, Biblical Archaeologist 25, 1962, S. 66–87; *M. Weippert*, Die Landnahme der israelitischen Stämme in der neuen wissenschaftlichen Diskussion, 1967.

Die beiden Bekenntnisse in Dtn 6.26 laufen hinaus auf die Aussage, daß Jahwe Israel das Land Kanaan zum Besitz gegeben habe. Auf den ersten Blick will es so scheinen, als böte das Buch Josua eine zusammenhängende Darstellung der Besitznahme des Landes durch die Israeliten. Unter Führung Josuas nehmen die zwölf Stämme zunächst das Ostjordanland ein, überschreiten dann bei Gilgal den Jordan und erobern nach einem Vorstoß über Jericho, Ai, Bet-El und Gibeon zunächst das mittlere Westjordanland, sodann den Süden und schließlich den Norden des Landes. Zum Abschluß wird das ganze Land durch Los unter die zwölf Stämme Israels aufgeteilt.

Unterschiedliche Grundansätze bei der Interpretation des Buches Josua führten in der neueren Forschung zu verschiedenartigen Darstellungen der Ereignisse, die mit dem Seßhaftwerden der Israeliten zusammenhängen. Forscher, die von literarkritischer, überlieferungsgeschichtlicher und formgeschichtlicher Arbeitsweise absehen und darum weitgehend die Konzeption der Endgestalt des Buches Josua übernehmen, stellen dementsprechend das Vordringen der Israeliten ins Kulturland als einen geplanten Feldzug, als ein geschlossenes Unternehmen, das in relativ kurzer Zeit zum Abschluß kam, dar *(W. F. Albright, G. E. Wright, J. Bright, Y. Kaufmann)*. Eine literarkritische, überlieferungsgeschichtliche und formkritische Analyse des Buches Josua führt zu dem Ergebnis, daß die uns jetzt vorliegende Endgestalt in sich vielschichtig und das Ergebnis eines langen Traditions- und Redaktionsprozesses ist. Am Anfang des Prozesses standen Einzelerzählungen, die erst sekundär zu kleineren Erzählungskränzen aneinandergereiht und schließlich in größere, fortlaufende Erzählungszusammenhänge gebracht wurden. Während in der jüngeren Überlieferung die Gesamtheit der zwölf Stämme als Träger eines geschlossenen, zusammenhängenden Eroberungsvorganges erscheint, haben die älteren Einzelerzählungen des Josuabuches, Landnahmeerzählungen im Pentateuch (Num 13—14; 21; 32; 34) sowie Einzelüberlieferungen von Ri 1 jeweils nur Einzelepisoden der Landnahme je eines Stammes zum Inhalt. Die summarische Aussage, daß die Einnahme von Städten ausschließlich auf kriegerischem Wege erfolgt sei (Jos 11,19), gehört zu den literarisch jüngsten Schichten des Josuabuches und steht in Spannung zu älteren Einzelüberlieferungen im Buche Josua und in Ri 1, aus denen hervorgeht, daß die einwandernden und seßhaft gewordenen Stämme zunächst nicht der befestigten kanaanäischen Städte Herr werden konnten.

Albrecht Alt erschloß der Forschung neue Wege, indem er durch literarkritische, überlieferungsgeschichtliche und formgeschichtliche Analyse der alttestamentlichen Landnahmetraditionen, auf Grund siedlungsgeographischer, archäologischer und soziologischer Erwägungen und aus analogen Vorgängen beim Seßhaftwerden von halbnomadischen Gruppen ein Bild von der Landnahme Israels zu gewinnen suchte. Faßt man die territorialgeschichtlichen Verhältnisse vor und nach der Landnahme ins Auge, so lassen sich daraus Rückschlüsse auf den Landnahmevorgang ziehen. Aus ägyptischen Quellen der Spätbronzezeit (Palästinaliste Thutmosis' III., Amarnabriefe) und den Ergebnissen archäologischer Forschung geht hervor, daß in der Spätbronzezeit, also in der Zeit vor dem Seßhaftwerden der Israeliten, vornehmlich die fruchtbaren Ebenen Palästinas besiedelt und durch starke Festungen gesichert waren, während die weniger fruchtbaren und zum Teil bewaldeten Gebirgsteile des Landes nur schwach oder gar nicht besiedelt und kaum befestigt waren.

Zahlreiche Anzeichen sprechen nun dafür, daß sich die einwandernden Stämme Israels zunächst in den gebirgigen Teilen des Landes niederließen, während sie in den von Kanaanäern bewohnten, durch Festungen gesicherten Ebenen zunächst nicht Fuß fassen konnten. Das geht vor allem hervor aus dem »negativen Besitzverzeichnis« Ri 1,17—36, in dem kanaanäische Stadtstaaten genannt werden, deren sich die Israeliten nicht bemächtigen konnten. Dabei handelt es sich um befestigte Städte in der Jesreelebene (Megiddo, Taanach), in der Bucht von Bet-Schean, in der Küstenebene (Dor, Akko, Sidon) und in der leichten Senke zwischen judäischem und samarischem Gebirge westlich der Nordspitze des Toten Meeres (Geser, Ajalon, Schaalbim, Jerusalem).

S. Herrmann macht darauf aufmerksam, daß die Städte Dor, Megiddo, Taanach, Jibleam und Bet-Schean einen Festungsgürtel zwischen dem Samarischen und dem Galiläischen Gebirge bilden. Diesem nördlichen »Querriegel« entsprach ein südlicher (Geser, Ajalon, Schaalbim, Jerusalem), der sich zwischen das Samarische und das Judäische Gebirge schob. Diese Festungsgürtel folgen den natürlichen Formationen des Landes und verfestigen die von Natur vorgegebenen Gliederungen. Die meisten der Festungen, die im negativen Besitzverzeichnis von Ri 1 erwähnt werden, erscheinen bereits in der Palästinaliste Thutmosis III. Darüber hinaus werden dort weitere befestigte Städte genannt, die das in Ri 1 vermittelte Bild ergänzen, so im Bereich des nördlichen Quergürtels u. a. Schunem und Jokneam, im Bereich des südlichen Querriegels die Städte Jafo, Lidd, Ono, Afek, Socho, Jemna.

Da die Vorfahren der Israeliten Halbnomaden waren, ist auch deren Landnahme im Rahmen der Lebensbedingungen weidewechselnder Wanderhirten zu sehen und wird sich vornehmlich im Zuge des Weidewechsels vollzogen haben, auf ähnliche Weise, wie das bis heute geschieht, wenn Halbnomaden im Kulturland seßhaft werden. Beim Weidewechsel kann es geschehen, daß Wanderhirten, deren Kleinviehherden im Sommer auf den abgeernteten Feldern der Kulturlandbewohner weideten, in der Regenzeit nicht in die Steppe zurückgehen, sondern sich allmählich in den Teilen des Landes festsetzen, die bisher von den Kulturlandbewohnern nicht genutzt wurden. Verbunden damit ist ein allmählicher Übergang vom Hirtendasein zum Ackerbau, von der Kleinviehzucht zur Rinderzucht, was eine geringere Beweglichkeit zur Folge hat, vom Wohnen in Zelten zum Wohnen in festen Häusern. Dieser Prozeß wurde beim Seßhaftwerden der Israeliten dadurch vorangetrieben, daß Nomadenvölker (Amalekiter, Midianiter) von Süden her nachdrängten, sich mehr an den Rändern des Kulturlandes aufhielten als bisher und dadurch den israelitischen Wanderhirten nach der Sommerzeit die Rückkehr in die Steppe erschwerten. Der Vorgang der Landnahme Israels wird nicht immer ganz friedlich und nicht ganz ohne Komplikationen und Gewalt vor sich gegangen sein. Es war jedoch den israelitischen Stämmen anfangs nicht möglich, mit Waffengewalt den Stadtstaaten angestammte Gebiete streitig zu machen. Die biblische Tradition sagt mit aller Deutlichkeit, daß die Israeliten gegen die Streitwagenmacht der Stadtstaaten machtlos waren und es ihnen nicht gelang, in den Ebenen, wo sich befestigte Städte befanden und Streitwagen zum Einsatz kommen konnten, Fuß zu fassen. »Und Jahwe war mit Juda, und er nahm das Gebirge in Besitz; denn die Bewohner der Niederung trieb er nicht aus, weil sie eiserne Wagen hatten« (Ri 1,19; vgl. Jos 16,10; 17,12ff.16). In den gebirgigen Teilen des Landes, die spärlich besiedelt, kaum befestigt und von den Kanaanäern landwirtschaftlich wenig genutzt waren, konnten sich einwandernde Gruppen leichter ansiedeln, zumal hier das Gelände unübersichtlich und für den Einsatz von Streitwagen ungeeignet war. Erst in einem zweiten Stadium, nachdem die Israeliten schon

längere Zeit im Lande saßen und »erstarkt« waren (Jos 17,13), gelang es ihnen, befestigte Städte zu erobern und deren Gebiet zu annektieren. Weil diese Ereignisse besonders eindrücklich waren, wurden sie vornehmlich Gegenstand der Überlieferung.
Wenn im ersten Stadium der Landnahme die Einnahme befestigter Städte gelang, so geschah dies vor allem im Gebirge, wo die kanaanäischen Städte vereinzelt lagen und die gefürchteten Streitwagen nicht zum Einsatz kommen konnten, oder wurde durch Verrat der Einwohner oder durch eine Kriegslist ermöglicht. So konnten im judäischen Gebirge die Kalebiter die Stadt Hebron (Ri 1,10—15) und die Otniëliter die Stadt Debir einnehmen (Jos 15,15—17). Der Stamm Benjamin eroberte Ai durch eine Kriegslist (Jos 8). Durch Verrat fielen dem Hause Josef die Stadt Bet-El (Ri 1,22—26) und dem Stamme Benjamin die Stadt Jericho (Jos 2) in die Hände. Erst dem zweiten Stadium der Landnahme ist wohl die Eroberung der Stadt Heschbon im Ostjordanland durch den Stamm Gad, wovon das alte Siegeslied über den König Sihon von Heschbon kündet (Num 21,27—30), zuzurechnen. Das gleiche gilt für den Sieg des Stammes Naftali über den Stadtkönig Jabin am »Meromsee« und die Einnahme der Stadt Hazor (Jos 1, 1—15). Möglicherweise handelt es sich hier um eine Erzählungsdoublette zu Ri 4.5, wo wahrscheinlich vom gleichen Vorgang die Rede ist. Die Tatsache, daß Betlehem z. Z. der Amarnabriefe (14. Jh.) zum Gebiet des Stadtstaates Jerusalem gehörte und später zur Hauptstadt des Stammes Juda werden konnte, läßt wohl auf eine gewaltsame Inbesitznahme von Betlehem durch den Stamm Juda schließen.
Die Landnahme der Stämme war ein Prozeß, der sich über längere Zeit hinzog, verschiedene Phasen und Stadien durchlief und auf mannigfaltige Weise vonstatten ging. Bei einigen Stämmen kann man kaum etwas Sicheres über diesen Vorgang sagen, bei anderen Stämmen läßt sich Konkretes aus der biblischen Überlieferung entnehmen oder erschließen. Neben direkten Landnahmeüberlieferungen ist für den Rückschluß der siedlungsgeographische Teil des Josuabuches (Jos 13—19) wichtig, wo das Wohngebiet der einzelnen Stämme in der Form von Grenzfixpunkten umschrieben wird. Ferner sind Überlieferungsstücke heranzuziehen, in denen die zwölf Stämme Israels in bestimmter Reihenfolge aufgelistet werden: die Verzeichnisse Num 1, 5—15; 26,5—51, der »Jakobssegen« aus der frühen Königszeit (Gen 49), der verschiedenartige Sprüche zur Charakterisierung der Stämme enthält, und der ähnlich geartete, aus späterer Zeit stammende »Mosesegen« (Dtn 33) sowie die Erzählung von der Geburt der Stammesahnherren (Gen 29,31—30,24) und die Liste der Jakobsöhne (Gen 35, 22—26).

In den beiden letztgenannten Überlieferungsstücken werden Ruben, Simeon, Levi, Juda, Issachar und Sebulon der älteren Stammutter *Lea*, die Stammesahnherren

Josef und Benjamin der jüngeren *Rahel* zugeordnet. Zwei Stammesahnherren, Dan und Naftali, werden von *Bilha*, der Sklavin Rahels, und die beiden Stämme Gad und Ascher von *Silpa*, der Sklavin Leas, abgeleitet. Durch die Zuordnung bestimmter Gruppen von Stämmen zu einer jeweils gemeinsamen Stammutter kommen Beziehungen der Stämme zueinander zum Ausdruck, durch die Reihenfolge der Anordnung werden Prioritäten gesetzt. Da die hier vorausgesetzten Gewichtungen und Konstellationen in keiner Hinsicht denen der Königszeit entsprechen (s. u. S. 52f), dürften sich hier historische Gegebenheiten und Verhältnisse der vorstaatlichen Zeit widerspiegeln.

In Gen 29.30.35 sind die Lea-Söhne die älteren, die Rahel-Söhne die jüngeren Söhne Jakobs. Das läßt darauf schließen, daß die Lea-Stämme die historisch älteren, die Rahel-Stämme hingegen die historisch jüngeren waren. Manche Anzeichen sprechen dafür, daß die Landnahme der Lea-Stämme erfolgte, bevor die Rahel-Stämme ins Land kamen.

Ruben wird ausdrücklich als der Erstgeborene Jakobs bezeichnet (Gen 35,23; 49,3; Num 26,5) und steht in den Stammesverzeichnissen immer an der Spitze, es folgen zumeist Simeon, Levi und Juda. In auffälligem Gegensatz zu der Vorrangstellung, die damit diesen Stämmen zugesprochen wird, steht die Tatsache, daß die Stämme Ruben, Simeon und Levi in der späteren Geschichte der Stämme so gut wie überhaupt keine Rolle spielen (Ruben kommt nur noch im Deboralied vor, Ri 5,12f, Simeon nur im Zusammenhang mit Juda, Ri 1,2.17f), daß sie im Jakobssegen völlig negativ beurteilt werden und das Verzeichnis der Stammesgebiete (Jos 13—19) in seiner ursprünglichen Form für diese Stämme kein eigenes Wohngebiet nennt. Wenn diesen Stämmen trotz ihrer späteren Bedeutungslosigkeit in den Stammesverzeichnissen eine Vorrangstellung eingeräumt wird, dann ist das ein Anzeichen für die historische Priorität dieser Stämme.

Die Erzählung von der Schändung der Dina (Gen 34) setzt voraus, daß die Stämme *Simeon* und *Levi* ursprünglich einmal in Mittelpalästina im Umkreis von Sichem ansässig waren. Beide Stämme müssen jedoch aus diesen Wohngebieten verdrängt worden sein, denn dieser Bereich wurde später vom Hause Josef bewohnt und der Jakobssegen sagt ausdrücklich, daß Simeon und Levi »in Jakob zerteilt und in Israel zerstreut« wurden (Gen 49,7). Simeon wurde ganz in den Süden abgedrängt und ist im Stamme Juda aufgegangen (Ri 1,17ff, vgl. 1,3). Ein Bearbeiter des Josuabuches weist Simeon nachträglich einen Wohnbereich ganz im Süden zu, der ausdrücklich als zum Territorium von Juda gehörig bezeichnet wird (vgl. Jos 15,21—32 mit 19,2—8). Levi wird in den Verzeichnissen von Num 1.26 überhaupt nicht mehr genannt.

Möglicherweise ist die Katastrophe der Stämme Simeon und Levi mit einem Einfall der Ägypter in Mittelpalästina gegen Ende des 13. Jh. v. Chr. in Verbindung zu bringen. Auf einer Siegesstele rühmt sich der Pharao Merenptah (Merneptah): »Kanaan ist geplündert, mit allem Bösen überschüttet, weggeführt wird Askalon, genommen Geser, Jenoam ist zunichte gemacht, Israel ist verwüstet und hat keinen Samen mehr«. Diese Inschrift ist das einzige uns bekannte außerbiblische Schriftdokument aus dem 2. Jahrtausend, in dem der Name Israel erwähnt wird (TGI, 2. Aufl. S. 39f).

Auch der Stamm *Ruben* muß ursprünglich einmal im Westjordanland (Ri 5,15f), wahrscheinlich südlich von Jericho (Jos 15,6; 18,7), wohnhaft gewesen sein. Der Bearbeiter von Jos 13—19 hat den Südteil vom Territorium des Stammes Gad dem Stamme Ruben als Wohngebiet zugewiesen (Jos 13,15—23). Das weist daraufhin, daß auch der Stamm Ruben sein älteres Wohngebiet verlassen mußte und ins Ostjordanland abwanderte.

Da auch Juda, Issachar und Sebulon zur Lea-Gruppe gehörten, ist es sehr wahrscheinlich, daß sich auch diese Stämme im Verlauf der ersten Phase der Landnahme im Lande festsetzten.

Der Stamm *Juda*, dessen Landnahme aller Wahrscheinlichkeit nach von Süden her erfolgte, siedelte sich im nördlichen Teil des Gebirges Juda, das dem Stamm den Namen gab, an. Im Norden wurde das Gebiet begrenzt durch den Stadtstaat von Jerusalem, im Süden durch Hebron, im Westen durch Stadtstaaten des Hügellandes und im Osten durch die Wüste Juda bzw. das Tote Meer. Betlehem, das z. Z. der Amarnabriefe (14. Jh.) zum Gebiet des Stadtstaates Jerusalem gehörte, wurde zur Hauptstadt des Stammes Juda. Weiter südlich saßen die ursprünglich selbständigen, miteinander verwandten Sippen *Kaleb* und *Otniël*, die später im Stamm Juda aufgingen und deren Gebiet im System der Stammesgrenzen zu Juda gerechnet wird. Die Landnahme der Kalebiter erfolgte, wie sich aus Num 13.14; Dtn 1,22ff und Jos 14, 6—15 schließen läßt, von Süden her. Die Kalebiter saßen in und um Hebron, die Otniëliter in und um Debir (Kirjat-Sefer) Jos 15, 15—19.

Die besonderen Umstände, unter denen der Stamm *Issachar*, im Südteil des galiläischen Gebirges, Fuß fassen konnte, ergeben sich aus dem Namen des Stammes, der »Lastesel« bedeutet, und aus dem Jakobsegen Gen 49,14.15, der Issachar einem »knochigen Esel« vergleicht, weil er um der Ruhe und des lieblichen Landes willen »seinen Rücken zum Tragen beugte« und »ein fronender Knecht« wurde. Nun ergibt sich aus den Amarnatafeln, daß das Gebiet der Stadt Schunem, die im 14. Jahrhundert zerstört wurde und später zum Gebiet Issachars gehörte, in ägyptischem Auftrag unter der Aufsicht umliegender Stadtstaaten von fronpflichtigen Elementen bestellt wurde. So wurde den Angehörigen des Stammes Issachar offenbar um den Preis der Abhängigkeit von kanaanäischen Stadtstaaten das Gebiet um Schunem zuteil, von wo aus sie sich ausbreiteten. Ihr Wohngebiet war im

Westen begrenzt durch die Stadtstaaten der Jesreelebene, im Süden durch das Gebiet des Stadtstaats Bet-Schean und im Osten durch den Jordangraben.
Unter ähnlichen Umständen gelangten wohl auch der Stamm *Sebulon*, der sich nördlich der Jesreelebene, im Umkreis der Stadt Nazaret, ansiedelte (Jos 19,10–16), und der Stamm Ascher, ansässig am Westrand des untergaliläischen Gebirges östlich von Akko (Jos 19,24–31), in den Besitz ihrer Wohngebiete. Im Jakob- und Mosesegen werden das Wohlleben und der Reichtum dieser Stämme hervorgehoben (Gen 49,20; Dtn 33,19.24). Ferner spielen Gen 49,13 und Ri 5,17b darauf an, daß sie am Meer wohnen und mit Schiffen zu tun haben, obwohl das Gebiet dieser Stämme keineswegs direkt am Meer liegt. All das ist wohl so zu erklären, daß sich diese Stämme den Küstenstädten zu Dienstleistungen verpflichtet hatten und dafür Wohnrecht in dem von den Küstenstädten beherrschten Hinterland und Anteil an den Handelsgütern jener Städte erhielten (vgl. bes. die Wendung, daß Sebulon und Issachar »den Reichtum des Meeres einsaugen«, Dtn 33,19).
Der Stamm Naftali, wahrscheinlich benannt nach dem »Naftaligebirge« (Jos 20,7), saß am Ostrand des galiläischen Gebirges, westlich des galiläischen Meeres (Jos 19,32–39), und ist möglicherweise, nach der Lage seines Wohnsitzes zu urteilen, durch das nördliche Ostjordanland in sein Wohngebiet vorgedrungen.
In einer *zweiten Phase der Landnahme*, nach Abwanderung der Stämme Simeon und Levi aus Mittelpalästina, rückten die Stämme Benjamin, Efraim und Manasse in das Gebiet Mittelpalästinas ein. Die Zuordnung dieser Stämme zu einer gemeinsamen Stammutter läßt auf historische Gemeinsamkeiten schließen. In den Stammesverzeichnissen werden diese Stämme den Lea-Stämmen nachgeordnet. Ihre Stammesahnherren erscheinen in der Überlieferung als die jüngsten Jakobssöhne, ihre Mutter Rahel ist die jüngere Ehefrau Jakobs. Das läßt darauf schließen, daß die Rahel-Stämme historisch jünger sind als die Lea-Stämme.
Ereignisse bei der Landnahme des Stammes *Benjamin* bilden die Grundlage für eine Reihe von Erzählungen, die an den Orten Jericho, Gilgal, Ai und Gibeon im Wohnbereich dieses Stammes haften. Aus dem Ostjordanland kommend, überschritten die Sippen des späteren Stammes Benjamin die Jordanfurt bei Gilgal und setzten sich im unteren Jordangraben, vor allem im Bereich der Oase von Jericho, und auf der Höhe des westlich davon gelegenen Gebirges zwischen Ai und Gibeon fest (Jos 1–9). Durch Verrat der Einwohner fiel ihnen die Stadt Jericho in die Hand (Jos 2.6), durch eine Kriegslist konnten sie sich der Stadt Ai bemächtigen (Jos 9).

Am Beispiel der mit *Jericho* verbundenen Erzählungen läßt sich besonders gut der Überlieferungsprozeß verdeutlichen. 1) Das überlieferungsgeschichtlich älteste Stadium der Erzählung setzt offenbar voraus, daß Jericho durch Verrat in die Hand der Benjaminiten fiel; denn nur so erhält das Überlieferungselement von den Kundschaftern, denen die Hure Rahab Dienste leistet, einen Sinn (Jos 2). 2) Eine jüngere Fassung erzählt von einem Kampf, der außerhalb der Stadt stattfand und in dem die angreifenden Bewohner Jerichos den Israeliten von Jahwe in die Hand gegeben wurden (Jos 24,11). 3a) In einem weiteren Überlieferungsstadium schließlich ist überhaupt nicht mehr von einem Kampf um die Stadt die Rede. Die Israeliten umziehen die Stadt und erheben ein Kriegsgeschrei, woraufhin die Mauern einstürzen. 3b) In einer jüngeren Variante wird dieser Umzug um die Stadt als eine Prozession, an deren Spitze sieben Priester mit sieben Posaunen vor der Bundeslade hermarschieren, geschildert. Der Umzug erfolgt in der älteren Version einmal, in der jüngeren Version an sieben Tagen und am letzten Tag siebenmal. Offenbar steht im Hintergrund der jüngeren Überlieferungsschicht ein später in Israel geübter Sakralakt, bei dem man in einer Prozession die in Trümmer liegende Stadt umzog und die auf wunderhafte Weise erfolgte Einnahme der Stadt kultisch vergegenwärtigte und dabei Jahwe als den Geber des Kulturlandes feierte.

Ausgrabungen in Jericho ergaben, daß die Stadt in der jüngeren Bronzezeit nur spärlich besiedelt war. Während die Stadt in der Frühen Bronzezeit (3. Jahrtausend) und in der Mittleren Bronzezeit (19.–16. Jh.) mit starken Befestigungsmauern umgeben war, konnte für die Späte Bronzezeit keine Ummauerung nachgewiesen werden[1]. Das bedeutet, daß die Stadtmauern bereits in Trümmern lagen, als die Stadt den Benjaminiten in die Hand fiel.

Die jüngere Erzählung von den einstürzenden Mauern Jerichos ist eine »*Ätiologie*«, d. h. eine Erzählung, die die »Ursache« (griechisch: 'aitía) für bestehende Verhältnisse angeben will und gegenwärtige Vorfindlichkeiten mit Geschehnissen aus der Vergangenheit begründet.

Es ist interessant, daß M. Noth in seinem Josuakommentar (Handbuch zum Alten Testament, Bd. 7, 1953) schon vor Bekanntwerden der genannten Grabungsergebnisse auf Grund überlieferungsgeschichtlicher und formgeschichtlicher Erwägungen zu dem Ergebnis kam, daß die Besitznahme Jerichos durch die Benjaminiten nicht auf kriegerische Weise erfolgte.

Im Josuabuch sind weitere ätiologische Erzählungen enthalten, die die Frage nach Ursprung oder Herkunft gegenwärtiger Vorfindlichkeiten beantworten wollen: Herkunft von Steinhügeln in der Ebene Achor (Jos 7,26), vor dem Stadttor von Ai (8,29) und vor der Höhle von Makeda (10,27); Ursprung des Namens Gilgal (5,9); Begründung für das Überleben der Sippe Rahab (6,25); Ursache der Zerstörung der Stadt Ai (8,28); Begründung des Dienstverhältnisses der Gibeoniten (9,27).

Als die spätere Überlieferung die Landnahme als ein gemeinsames Unternehmen des gesamten Zwölfstämmeverbandes darstellte, nahm sie den Landnahmeweg des Stammes Benjamin zur Grundlage. Das war um so leichter möglich, als wohl ein großer Teil der Stämme tatsächlich diesen Weg gegangen ist. Das gilt für die ehemals in Mittelpalästina ansässig gewesenen Stämme Simeon und Levi, vor allem aber für den großen Sippenverband, der später in das Gebiet der beiden zerstreuten Stämme Simeon und Levi einrückte, im Alten Testa-

1 *K. Kenyon*, Digging up Jericho, 1957.

ment die Bezeichnung *Haus Josef* trägt und in der Geschichte Israels eine bedeutende Rolle spielen sollte. Nachdem sich das Haus Josef in Mittelpalästina festgesetzt hatte, konstituierte sich der auf dem »Efraimgebirge« zwischen Bet-El und Sichem ansässige Teil des Hauses Josef zu dem nach seinem Wohngebiet benannten Stamm *Efraim,* während der nördlich davon auf dem samarischen Gebirge zwischen Sichem und der Jesreelebene wohnende Teil ursprünglich den Namen *Machir* trug (Ri 5,14). Da das anbaufähige Land im stark bewaldeten Gebiet dieser beiden großen Stämme nur beschränkt war und die in den fruchtbaren Ebenen ansässigen Stadtstaaten eine Erweiterung des Siedlungsgebietes unmöglich machten, verschafften sich die Angehörigen des Hauses Josef durch Rodung und Urbarmachung von Waldgebieten zusätzliche Anbauflächen (Jos 17,14—18). Später wichen Teile des Hauses Josef in das Ostjordanland aus, und zwar ein Teil des Stammes Efraim in das Land »Gilead« südlich des Jabbok und ein Teil des Stammes Machir in das heute mit ʿadschlūn bezeichnete Gebiet nördlich des Jabbok (Num 32,39—42). Dieser Teil des Stammes war künftig der Träger des Namens Machir, während der im Westjordanland verbliebene Teil den Namen *Manasse* erhielt.

Daß die Besiedlung des Ostjordanlandes durch einen Teil des Hauses Josef vom Westjordanland aus erfolgte, ergibt sich aus der Tatsache, daß das alte System der Stammesgrenzen für das Haus Josef nur ein Gebiet in Mittelpalästina, aber noch nicht im Ostjordanland kennt (Jos 16,1—17,18) (17,1ff; 13,29—33 stammen vom späteren Bearbeiter des Systems), ferner daraus, daß die in Gilead ansässigen Sippen einmal »entlaufene Efraimiten« genannt werden (Ri 12,4).

Der südliche Nachbar der im Ostjordanland wohnenden Teile des Hauses Josef war der Stamm *Gad,* der im Gebiet zwischen Arnon und Jabbok ansässig wurde (Num 32,1ff; Jos 13,15ff).

Als letzter der Stämme Israels kam der Stamm *Dan* zu endgültiger Seßhaftigkeit. Dan versuchte zunächst vergeblich, im Westjordanland, und zwar im Nordteil des Hügellandes im Bereich der kanaanäischen Stadtstaaten Ajalon und Bet-Schemes, Fuß zu fassen (Ri 1,34f; 13—16; 18,2). Er wurde von den Kanaanäern, gegen die er sich nicht zu behaupten vermochte, verdrängt. Da das übrige, nicht von den Stadtstaaten beherrschte Gebiet bereits in den Besitz der anderen Stämme gekommen war, zog er ganz in den Norden, wo es ihm gelang, die an einer der Jordanquellen gelegene Stadt Lajisch durch einen Überraschungsangriff zu erobern (Ri 18). Die Daniten nannten diese Stadt in Dan um und drangen von hier aus später noch in das nördliche Ostjordanland vor.

Am Beispiel der Landnahme des Stammes Dan wird noch einmal deutlich, daß der Landnahmevorgang sich über eine längere Zeit erstreckte, daß die Landnahme kein geschlossenes Unternehmen des Zwölfstämmeverbandes war, sondern selbst in ihrem letzten Stadium durch den jeweils einzelnen Stamm erfolgte, ferner, daß die Stämme in der Regel eine kriegerische Auseinandersetzung mit den kanaanäischen Stadtstaaten nicht wagen konnten.

Von der Verheißung an die Erzväter her sah Israel das Land als eine Gabe Jahwes an und erlebte in der Besitznahme des Landes das Handeln Gottes. Das kommt in den Erzählungen zum Ausdruck, die das wunderhafte Eingreifen Gottes bei der Besitznahme des Landes bezeugen und den Gott, dessen Wirken Israel das Land zu verdanken hat, preisen wollen.

Bei einigen Stämmen ist es deutlich, daß ihre Namen ursprünglich Personennamen waren und einen Urahnen bezeichneten, nach dem der Stamm benannt wurde, so bei den Stämmen Simeon, Manasse, Ruben, Sebulon, Dan, Gad. Die Namen anderer Stämme hingegen sind ihrer Bildung nach keine Personennamen, sondern geographische Bezeichnungen. Diese Stämme wurden also nach den Wohngebieten benannt, in denen sie sich festsetzten, so der Stamm Juda nach dem Gebirge Juda, der Stamm Efraim nach dem Efraimgebirge und der Stamm Naftali wahrscheinlich nach dem Naftaligebirge. Der Name »Benjaminiten«, »die südlich Wohnenden«, bezeichnet den Wohnsitz jenes Stammes vom Blickpunkt der mittelpalästinischen Stämme her. Der Name Issachar schließlich spiegelt, wie wir sahen, die Verhältnisse wider, unter denen die Landnahme jenes Stammes erfolgte. All diese Namen konnten erst nach erfolgter Landnahme gegeben worden sein. Daraus geht hervor, daß zum mindesten diese Stämme vorher keine mit Namen benannten, geschlossenen Größen waren, sondern sich erst nach der Landnahme aus verschiedenen Sippen zu Stämmen zusammenschlossen.

Aus diesen Erwägungen und aus dem Gesamtvorgang der Landnahme ist ferner zu folgern, daß der Zwölfstämmeverband nicht gut in der Zeit vor dem Seßhaftwerden existiert haben kann, sondern sich erst nach der Landnahme konstituierte. Daraus ergibt sich aber mit Notwendigkeit die Konsequenz, daß beim Auszug aus Ägypten und beim Sinaigeschehen nicht der gesamte Zwölfstämmeverband, sondern nur einzelne Sippen und Gruppen beteiligt gewesen sein können. Im Laufe des Überlieferungsprozesses wurden Auszugs- und Sinaiüberlieferung miteinander verknüpft und das Geschehen, das einzelnen Gruppen widerfahren war, auf ganz Israel übertragen (s. hierzu o. S. 19f. 34f und u. S. 60f).

Die Landnahme muß im Laufe des 13. Jahrhunderts erfolgt sein; denn die Amarnabriefe lassen erkennen, daß im 14. Jahrhundert Betlehem, das später zur Hauptstadt Judas wurde, noch zum Gebiet des kanaanäischen Stadtstaates Jerusalem gehörte und daß erst im 14. Jahrhundert in Untergaliläa die Verhältnisse geschaffen wurden, die Voraussetzung für die Landnahme des Stammes Issachar waren. Andererseits muß der Vorgang allerspätestens 100 Jahre vor der Königserhebung Sauls (um 1000) zum Abschluß gekommen sein, da sonst nicht genügend Spielraum für die im Richterbuch berichteten Ereignisse der vorstaatlichen Zeit, vor allem für die Aufeinanderfolge der sog. kleinen Richter (Ri 10,1—5; 12,7—15), bliebe.

Die Landnahme der Israeliten war kein singulärer Vorgang. Etwa zur gleichen Zeit wie die Israeliten wurden andere Halbnomadengruppen, die mit den Israeliten verwandt waren und, wie die Israeliten, zur aramäischen Sprachfamilie gehörten, seßhaft und ließen sich an den Rändern des Kulturlandes nieder. Am weitesten südlich, nämlich südlich des Toten Meeres, wurden die *Edomiter* seßhaft. Etwas weiter nördlich, und zwar östlich des Toten Meeres, südlich des Arnon, setzten sich die *Moabiter* fest. Die *Ammoniter* siedelten sich am Oberlauf des Jabbok, im Umkreis des heutigen Amman, an, worin der Name der einstigen Ammoniterhauptstadt Rabbat Ammon weiterlebt.

Die Bezeichnung »*Aramäer*« erlitt in der Folgezeit eine Einengung und wurde auf die Gruppen der aramäischen Sprachfamilie beschränkt, die am weitesten nördlich, im Gebiet des heutigen Syrien, östlich des Antilibanon bis hin zum Euphrat, ansässig wurden und mehrere Staaten bildeten, von denen der Aramäerstaat von Damaskus als unmittelbarer Nachbar Israels in unserem Zusammenhang von besonderer Bedeutung ist. Während die Edomiter, Moabiter, Ammoniter und Israeliten nach der Landnahme ihre angestammte Sprache, das Aramäische, aufgaben und »die Sprache Kanaans«, d.h. die Sprache der im Lande ansässigen Bevölkerung, annahmen, behielten die in Syrien seßhaft gewordenen Gruppen das Aramäische bei und wurden darum auch als »Aramäer« im engeren Sinne bezeichnet.

Etwa gleichzeitig mit der Landnahme der Israeliten und der anderen aramäischen Gruppen erfolgte der Einbruch der *Seevölker* in den Vorderen Orient. Im Laufe des 13. Jahrhunderts stießen diese Seevölker im Zuge der ägäischen Wanderung vom Balkan oder der Ägäis her auf dem Seewege über Kreta (im Alten Testament Kaftor genannt, Gen 10,14; Dtn 2,23; Am 9,7) und auf dem Landwege über Kleinasien vor, zerstörten die kretisch-mykenische Kultur, zerschlugen das Großreich der Hetiter, zogen an der syrisch-palästinensischen Küste entlang nach Süden und bedrohten Ägypten. Nachdem sie Ramses III. zu Beginn des 12. Jahrhunderts in einer großen Land- und Seeschlacht besiegt hatte und ihnen damit der Weg nach Ägypten versperrt war, setzten sie sich an der palästinensischen Küstenebene fest. Ein Teil von ihnen, in ägyptischen Texten mit den Konsonanten tkr bezeichnet, wurde südlich des Karmelvorsprunges ansässig, eine andere Gruppe, die aus dem Alten Testament bekannten Philister, siedelte sich westlich des judäischen Gebirges an. Hier gründeten die Philister die Stadtstaaten Gaza, Aschkelon, Aschdod, Ekron und Gat. Das für den Orientalen Fremdartige dieser Völkergruppen kommt in der verächtlichen Bezeichnung »die Unbeschnittenen« zum Ausdruck, da die

Philister den im Alten Orient weitverbreiteten Brauch der Beschneidung nicht kannten. In der Folgezeit waren die Seevölker ständig bestrebt, ihren Landbesitz nach Osten hin zu erweitern. Dadurch wurden sie längere Zeit zur gefährlichsten Bedrohung für die Israeliten[1].

In der neueren Diskussion um die Landnahme der Israeliten wird neben dem »Modell« der kriegerischen Eroberung des Landes *(Albright)* und dem Modell der (vorwiegend friedlichen) Landnahme im Zuge des Weidewechsels *(Alt, Noth)* ein drittes Modell entworfen, wonach die Besitznahme des Landes (nicht allein und nicht vorwiegend durch [gewaltsamen oder friedlichen] Zustrom nomadischer oder halbnomadischer Gruppen von außerhalb erfolgte, sondern) vorwiegend das Ergebnis eines soziologischen Umschichtungsprozesses innerhalb des Landes gewesen sei. (Nicht der Gegensatz Wüste – Kulturland, sondern der Gegensatz von Land und Stadt, der Gegensatz zwischen abhängigen Landbewohnern und Feudalherren in den Städten sei bestimmend für den Antagonismus Israel – Kanaanäer.) Unfreie Landbewohner entzogen sich der Oberherrschaft der Städte und siedelten in den von den Stadtfürsten nicht beanspruchten gebirgigen und weniger fruchtbaren Teilen des Landes. Mit diesen »outlaws« innerhalb des Landes verband sich die ins Land einwandernde Exodusgruppe, die ägyptischer Vorherrschaft entronnen war. Sie gab den Impuls zur Revolte gegen die Stadtkönige und lieferte (so *Gottwald)* mit der Jahwereligion die »Ideologie« für die Revolte gegen die Oberherren und für eine Konföderation der Exodusgruppe mit Teilen der kanaanäischen Landbevölkerung, die von Baal zu Jahwe »konvertierten« und zusammen mit der Exodusgruppe eine »egalitäre« Gesellschaft bildeten.
Lit.: *G.E. Mendenhall*, The Hebrew Conquest of Palestine, Biblical Archaeologist 25, 1962, S. 66–87; *C.H.J. de Geus*, The Tribes of Israel, 1976, S. 164–171; *N.K. Gottwald*, The Tribes of Yahweh, 1979, S. 191–227.

Zu Problemen der Pentateuchforschung (zu S. 20f)
H.H. Schmid tritt für eine *Datierung des Jahwisten* in spätvorexilische Zeit ein, *H.C. Schmitt* (in Anlehnung an Vorgänger) für eine Aufteilung in J1 und J2 und für die Abfolge J1 – E – J2. Für Beibehaltung der Datierung des Jahwisten in die frühe Königszeit macht *W.H. Schmidt* gute Gründe geltend.
Lit.: *H.H. Schmid*, Der sogenannte Jahwist, 1976; *H.C. Schmitt*, Die nichtpriesterschriftliche Josephsgeschichte, 1980; *O. Kaiser*, Einleitung in das Alte Testament, 1978^4, S. 50ff; *W.H. Schmidt*, Ein Theologe in salomonischer Zeit? Plädoyer für den Jahwisten, Bibl. Zeitschr. 25, 1981, S. 82–102.
Von einem *konsequent überlieferungsgeschichtlichen Ansatz* her kommt *R. Rendtorff* zur *Bestreitung der Urkundenhypothese*. Der Pentateuch sei nicht durch Ineinanderarbeiten durchlaufender Quellenschriften entstanden, sondern die verschiedenen überlieferungsgeschichtlichen »größeren Einheiten« (Urgeschichte, Erzväter, Mosesagen, Sinai, Wüstenwanderung, Landnahme) seien bis in spätvorexilische Zeit hinein getrennt voneinander überliefert und in mehreren Schichten überarbeitet worden. Die Existenz von J und E stellt Rendtorff völlig in Abrede. P sei keine ursprünglich eigenständige Quellenschrift, sondern eine Bearbeitungsschicht, die nach dem Zusammenfügen der größeren Einheiten anzusetzen ist und der eine deuteronomisch-deuteronomistische Überarbeitung folgte.
Lit.: *R. Rendtorff*, Der »Jahwist« als Theologe, VT Suppl. 28, 1975, S. 158–166; ders., Das überlieferungsgeschichtliche Problem des Pentateuch, 1977; zur Auseinandersetzung mit Rendtorff und weitere Literatur: *E. Otto*, Stehen wir vor einem Umbruch in der Pentateuchkritik?, Verk. u. Forschung 22, 1977, S. 82–97; *W.H. Schmidt*, in *G. Strecker*, Theologie im 20. Jahrhundert, UTB 1238, 1983, S. 15–26. – Zu Rendtorff vgl. jetzt auch: ders., Das Alte Testament. Eine Einführung, 1983, bes. S. 166 ff.

1 *A. Strobel*, Der spätbronzezeitliche Seevölkersturm, 1976.

3. Kapitel

Israel in vorstaatlicher Zeit (etwa 1200-1000)

1. *Beziehungen der Stämme untereinander*

a) Israelitischer Stämmeverband und altgriechische Amphiktyonie

Lit.: *M. Noth*, Das System der zwölf Stämme Israels, 1930; *R. Smend*, Jahwekrieg und Stämmebund, 1963; *S. Herrmann*, Das Werden Israels, ThLZ 87, 1962, Sp. 561–574; *G. Fohrer*, Altes Testament – »Amphiktyonie« und Bund? ThLZ 91, 1966, Sp. 802–817. 894–904; *R. Smend*, Zur Frage der altisraelitischen Amphiktyonie, Ev. Theol. 31, 1971, S. 623–630.

Im siedlungsgeographischen Teil des Buches Josua (Jos 13–19), in der Erzählung von der Geburt der Stammesahnherren (Gen 29.30), im Jakobssegen (Gen 49), im Mosesegen (Dtn 33) und in den Verzeichnissen Num 1 und 26 ist vorausgesetzt, daß »Israel« ein Verband von zwölf Stämmen war. Auch für die Umwelt Israels setzt die alttestamentliche Überlieferung Zwölfergruppierungen voraus, so bei den Aramäern (Gen 22,20–24), bei den Ismaelitern (Gen 25,13–16) und den Edomitern (Gen 36,10–14).

Handelt es sich bei dieser Konzeption eines Zwölferverbandes um eine Fiktion, um eine Theorie, eine Idealvorstellung oder liegen ihr reale Gegebenheiten zugrunde? Dieser Frage ging *M. Noth* in seiner Arbeit über »Das System der zwölf Stämme Israels«, 1930, nach und stellte die These auf, daß das Zwölfersystem auf eine real funktionierende Institution schließen lasse, nämlich einen Sakralverband, vergleichbar den amphiktyonischen Bünden griechischer und altitalischer Stämme im westkleinasiatischen, griechischen und altitalisch-etruskischen Bereich im 8., 7. und 6. Jh. v. Chr. Unter einer *Amphiktyonie* versteht man einen freiwilligen, unpolitischen Zusammenschluß von zwölf oder sechs Stämmen zu einem Sakralverband. Wesentliche Elemente einer Amphiktyonie sind ein Zentralheiligtum als Mittelpunkt des Sakralverbandes, ein gemeinsames Sakralrecht, an das sich die Teilnehmer binden, gemeinsame Feste, zu denen die Stämme in regelmäßigen Abständen zusammenkommen, und gemeinsame Sakraltraditionen. Konstitutiv für eine Amphiktyonie ist die Zwölf- oder Sechszahl der Stämme, dadurch bedingt, daß in wechselndem Turnus jeweils ein Stamm für einen bzw., bei einer Sechseramphiktyonie, für je zwei Monate für die Bedienung und Pflege des Zentralheiligtums zu sorgen hatte.

Das Modell der griechischen Amphiktyonie diente Martin Noth als Analogie, um Aufschluß über das Wesen und die Grundkonzeption des altisraelitischen Stämmeverbandes zu gewinnen. Außer der Zwölfzahl der Stämme fand er weitere Parallelen zwischen griechischer Amphiktyonie und altisraelitischem Stämmeverband. Die Lade sei das Zentralheiligtum der israelitischen Amphiktyonie gewesen, der zentrale Kultort als Standort der Lade habe sich anfangs in Sichem (Jos 24) befunden und sei dann nach Bet-El (Gen 20f), Gilgal (Jos 4; 1Sam 11,15) und Schilo (1Sam 1—3; Jer 7) verlegt worden. In den apodiktisch formulierten Rechtssätzen des Alten Testamentes (Näheres hierzu u. S. 62) sei das amphiktyonische Recht, in den Pentateuchtraditionen seien die Sakralüberlieferungen der altisraelitischen Amphiktyonie gegeben. Die drei großen Feste (Ex 23,14—17), zu denen Abgeordnete der Stämme dreimal jährlich zusammenkamen, waren nach Noth der Sitz im Leben zur Proklamation des amphiktyonischen Rechtes und zur Verkündigung der mit dem Pentateuch gegebenen Sakralüberlieferungen. Die altisraelitische Amphiktyonie war um Jahwe, den Gott Israels, zentriert. Im Jahweglauben, in den vom Jahweglauben her geprägten Überlieferungen, die sich im Pentateuch niederschlugen, und im apodiktischen Recht sah Noth das unverwechselbare Proprium der altisraelitischen Amphiktyonie.

Die Amphiktyoniethese bietet die Möglichkeit, die mannigfaltigen Traditionen der Frühzeit Israels und die vielfältigen und disparaten Einzelerscheinungen der vorstaatlichen Zeit, die sonst beziehungslos nebeneinanderstehen, einem umgreifenden Ganzen sinnvoll einzuordnen. Hierin erwies sich die Evidenz dieser Hypothese, die zunächst weitgehend Zustimmung fand und lange Zeit das Feld der Forschung beherrschte. In neuerer Zeit wurde die Amphiktyoniethese jedoch modifiziert (R. Smend), angegriffen (S. Herrmann) und schließlich von G. Fohrer radikal in Frage gestellt.

Gegen die Amphiktyoniethese macht *S. Herrmann* geltend, daß das Zwölfersystem erst aus der frühen Königszeit stammen könne und ein künstliches Gebilde sei, dem keine Realität entsprach. Erst in der frühen Königszeit habe es eine übergeordnete Größe, die Nord-, Mittel- und Südstämme umfaßte, gegeben. Erst mit dem Jahwisten seien die Traditionen gesamtisraelitisch geworden und seien Traditionen der nördlichen und der mittleren Stämme miteinander verbunden worden. In vorstaatlicher Zeit sei eine real funktionierende, alle Stämme umfassende Amphiktyonie nicht möglich gewesen, da die Sperriegel kanaanäischer Festungsstädte die galiläischen Stämme von den mittelpalästinischen und die mittelpalästinischen von den südpalästinischen Stämmen isoliert hätten. Das Deboralied (Ri 5) setze die Einheit der Stämme nicht voraus, fordere sie vielmehr allererst. Nicht die Amphiktyonie sei die Voraussetzung für die Deboraschlacht gewesen, die Deboraschlacht habe vielmehr durch den Sieg über kanaanäische Städte in der Jesreelebene allererst die Voraussetzungen für die Kommunikation der nördlichen und der mittelpalästinischen Stämme geschaffen.

Fohrer wendet gegen die Amphiktyoniethese ein, daß das Alte Testament keine Bezeichnung für Amphiktyonie kenne. »Israel« komme zur Bezeichnung einer Jahwe-Amphiktyonie nicht in Betracht, da diese Bezeichnung den Namen des kanaanäischen Gottes El als Bildeelement enthalte. Die Analogie zu graecoitalischen Amphiktyonien sei nicht stichhaltig, da es auf Schwierigkeiten stoße, eine Vermittlung einer Institution aus dem indo-germanischen in den semitischen Bereich, aus dem Bereich seßhafter in den Bereich nomadischer Völker anzunehmen. Die Zwölfzahl von Stämmen sei noch kein Beweis für Amphiktyonie. Die Zwölfzahl als Grundzahl des Sexagesimalsystems solle einfach die angeführten Stämme als die Gesamtheit Israels charakterisieren. Das Zwölfersystem sei »eine genealogische Liste zur Feststellung der Abstammungs- und Verwandtschaftsverhältnisse . . . Dadurch ermöglichen sich das Zusammenleben mehrerer Stämme, die gemeinsame Benutzung eines Heiligtums und ein gelegentliches militärisches Bündnis«. In vorstaatlicher Zeit seien keinerlei gemeinsame Aktionen eines Zwölferverbandes belegbar. Es habe weder einen zentralen Kultort noch ein gemeinsames Zentralheiligtum gegeben. Die Lade sei lediglich dem Hause Josef zuzuordnen und sei erst gegen Ende der vorstaatlichen Zeit vorübergehend zum Symbol eines zeitlich begrenzten antiphilisteischen Bündnisses mittelpalästinischer Stämme geworden. Sichem, Bet-El, Gilgal und Schilo waren, nach Fohrer, nicht nacheinander amphiktyonischer Zentralkultort, sondern nebeneinander Lokalheiligtümer je eines Stammes, wobei Fohrer die Möglichkeit offenläßt, daß diese Kultorte gelegentlich von benachbarten Stämmen gemeinsam besucht wurden.

Hat es in vorstaatlicher Zeit eine stämmeübergreifende Größe »Israel«, einen real funktionierenden, wie auch immer gearteten, Stämmeverband gegeben? Bei der Behandlung dieses Problems werden wir zunächst der Frage nachzugehen haben, ob es sich beim Zwölfersystem um ein künstliches Gebilde, das erst in frühstaatlicher Zeit entstand, handelt, oder ob es auf Überlieferung aus vorstaatlicher Zeit zurückgeht und somit Rückschlüsse auf die Beziehungen der Stämme in vorstaatlicher Zeit zuläßt. Sodann werden wir uns der Frage nach Religion und Kultus der israelitischen Stämme zuzuwenden haben, insbesondere der Frage, welche Bedeutung Heiligtümer und Feste für das Zusammenleben der Stämme hatten und ob aus dem Überlieferungsbestand und dem dahinterstehenden Traditionsprozeß Rückschlüsse auf das Verhältnis der Stämme zueinander möglich sind.

b) Stämmeverzeichnisse und Stämmegemeinschaft

In verschiedenartigen Überlieferungsstücken des Alten Testaments, in denen die zwölf Stämme Israels aufgezählt werden (Jos 13—19; Gen 49; Dtn 33; Num 1.26), wird durch die Anordnung und die Reihenfolge der Aufzählung den Stämmen unterschiedliche Gewichtigkeit innerhalb der Stämmegemeinschaft zugemessen. In der Gruppierung der Stämme und in der Zuordnung zu verschiedenen Stammmüttern (Gen 29.30; 35,22—26) kommen unterschiedliche Beziehungen der Stämme zueinander zum Ausdruck.

Die in diesen Überlieferungsstücken vorausgesetzte stämmeübergreifende Größe Israel kann nicht in der Zeit vor der Landnahme existiert haben; denn erst im Lande formierten sich die eingewanderten Sippen zu Stämmen; erst nach dem Seßhaftwerden wurden einige der Stämme nach ihren Wohnsitzen (Juda, Efraim, vielleicht auch Naftali), nach der geographischen Lage ihrer Wohnsitze (Benjamin) oder nach den Umständen ihrer Landnahme (Issachar) benannt (s. o. S. 46). Andererseits entsprechen die Prioritäten und die Gruppierung der Stämme, die in den o. g. Überlieferungsstücken vorausgesetzt werden, weder den Machtverhältnissen der frühen Königszeit noch der Zuordnung der Stämme zu den beiden Staaten »Israel« (Nordstaat) und »Juda« (Südstaat). In der Erzählung von der Geburt der Stammesahnherren wird den Stämmen Ruben, Simeon und Levi Priorität zugesprochen, da sie an der Spitze der Verzeichnisse stehen und ihre Stammesahnherren die erstgeborenen Söhne Jakobs sind. In der Königszeit hingegen waren diese Stämme längst zur Bedeutungslosigkeit herabgesunken, während im Staate Sauls der Stamm Benjamin, im davidisch-salomonischen Großreich der Stamm Juda das Herrscherhaus stellte und eine führende Rolle unter den Stämmen spielte.

In der Königszeit gehörten u. a. die galiläischen Stämme Issachar und Sebulon zusammen mit den mittelpalästinischen Stämmen Efraim, Manasse und Benjamin zum Nordstaat, während die Stämme Juda und Simeon den Hauptbestandteil des Staates Juda bildeten. In der Erzählung von der Geburt der Stammesahnherren hingegen sind die ganz im Norden ansässigen Stämme Issachar und Sebulon u. a. mit den Südstämmen Juda und Simeon zur Gruppe der Lea-Stämme zusammengeschlossen. Wenn diese Genealogie in der Zeit nach der Staatenbildung konzipiert worden wäre, hätte es nahe gelegen, die Stämme Issachar und Sebulon, den bestehenden Verhältnissen entsprechend, den Stämmen Efraim, Benjamin und Manasse, mit denen sie in einen Staat eingegliedert waren, zuzuordnen, statt sie mit dem im Süden

ansässigen Stamm Juda, der einem anderen Staatsgebilde zugehörte, zusammenzuschließen, wie das in Gen 29.30 geschieht.
Da Anordnungen und Gruppierungen in den Stämmeverzeichnissen sowie in Gen 29.30 weder den Gegebenheiten der Zeit vor der Landnahme noch den Verhältnissen der Königszeit entsprechen, müssen sich hier Sachverhalte aus der Zeit zwischen der Landnahme und der Staatenbildung niedergeschlagen haben.
Die gattungsgeschichtlich verschiedenartigen Überlieferungsstücke, in denen die Stämme Israels aufgezählt werden, sind konstant in der Zwölfzahl, sie variieren geringfügig hinsichtlich der Zusammensetzung und der Reihenfolge der Stämme. In Gen 29/30.49; Dtn 33 ist der Stamm Levi an dritter Stelle genannt. In den Listen Num 1.26 hingegen fehlt der Stamm Levi ganz, stattdessen ist die Größe, die in den erstgenannten Überlieferungsstücken als »Haus Josef« bezeichnet wird, in Num 1.26 in die beiden Stämme Efraim und Manasse unterteilt. Die verschiedenen Fassungen variieren ferner in der Anordnung der kleinen nordpalästinischen Stämme Dan, Naftali und Ascher und des ostjordanischen Stammes Gad.

Dabei ist es besonders auffällig, daß der ostjordanische Stamm Gad in Gen 30 an zweitletzter, in Gen 49 an drittletzter, in Dtn 33 an viertletzter Stelle steht, in den jüngeren Listen Num 1.26 ganz nach vorne ruckt und hinter Ruben und Simeon an der dritten Stelle der Liste den Platz einnimmt, den in der älteren Fassung der inzwischen ausgeschiedene Stamm Levi innehatte. An dieser unterschiedlichen Stellung im Stammesverzeichnis wird die zunehmende Bedeutung des Stammes Gad im Laufe der Geschichte ablesbar.

Derartige Varianten lassen erkennen, daß die Beziehungen der Stämme untereinander wechselvoll waren und daß nicht immer die gleichen Stämme zur Größe Israel gehörten.

c) Fragt man nach Fixpunkten in der *Geschichte der Stammesbeziehungen,* so ist zunächst davon auszugehen, daß die sechs Stämme, die in Gen 29.30 der Stammutter Lea zugeordnet werden und als die älteren Söhne Jakobs erscheinen, aller Wahrscheinlichkeit nach vor den anderen Stämmen ins Land kamen (s. o. S. 41). Darüber hinaus ist es wahrscheinlich, daß diese Stämme einen Sechserverband bildeten, bevor die Landnahme der übrigen Stämme Israels erfolgte. Verbände, die aus sechs Stämmen bestehen, sind im näheren Umkreis Israels bei den Churritern (Gen 36,20—28) und im weiteren Umkreis in jüngerer Zeit im griechisch-etruskischen Bereich belegt. Innerhalb der Lea-Gruppe kam den ehemals in Mittelpalästina ansässigen Stämmen Ruben, Simeon und Levi offenbar das größte Gewicht zu, da die Ahnherren dieser Stämme in Gen 29 als die ältesten Söhne Jakobs erscheinen.

Wenn es richtig ist, daß die Ereignisse, auf die die Merneptah-Stele anspielt, zur Abwanderung der Stämme Simeon und Levi aus Mittelpalästina führten (s. o. S. 41f), dann bezieht sich die Bezeichnung »Israel« auf der Merneptah-Stele auf diese beiden mittelpalästinischen Stämme. Es ist jedoch wahrscheinlich, daß die Bezeichnung »Israel« nicht auf diese beiden mittelpalästinischen Stämme beschränkt war oder blieb, sondern eine größere Bedeutungsbreite hatte und vor der Einwanderung der Rahel-Stämme sich zum mindesten auf die mittel- und nordpalästinischen Lea-Stämme bezog, möglicherweise sogar zur Benennung des gesamten Sechserverbandes der Lea-Stämme diente. Hierauf weist die Entwicklung in der Folgezeit.

In der Folgezeit blieb der stämmeübergreifende Verband, der die Bezeichnung »Israel« trug, nicht auf Angehörige der Lea-Stämme beschränkt. Nach Abwanderung der Stämme Simeon und Levi aus Mittelpalästina, nach Einzug der Rahel-Stämme in dieses Gebiet und nach der Landnahme der kleineren Stämme Dan und Naftali, Gad und Ascher, die in Gen 29.30 den beiden Sklavinnen Bilha und Silpa zugeordnet werden, wurden die neu ins Land gekommenen Stämme in den bereits bestehenden stämmeübergreifenden Verband »Israel« eingegliedert. Das *Deboralied* (Ri 5), in dem der Sieg israelitischer Stämme über kanaanäische Stadtstaaten (etwa um 1100 v. Chr.) besungen wird (Näheres hierzu s. u. S. 79), ist der älteste Beleg dafür, daß sich die Bezeichnung Israel auf eine Stämmegemeinschaft, zu der nicht nur Angehörige der Lea-Gruppe gehören, bezieht. In diesem Lied werden insgesamt zehn Stämme ins Auge gefaßt, nämlich die Lea-Stämme Sebulon, Issachar und Ruben, die Rahel-Stämme Efraim, Machir und Benjamin, darüber hinaus die beiden Bilha-Stämme Naftali und Dan sowie der Silpa-Stamm Ascher und der ostjordanische Stamm Gilead. Nicht genannt werden die drei Lea-Stämme Simeon, Levi und Juda und der ostjordanische Silpa-Stamm Gad.

Zur Zeit des Deboraliedes ist die Teilung des »Hauses Josef« in die beiden Stämme Efraim und Machir erfolgt. Die Abwanderung eines Teiles des Hauses Josef ins Ostjordanland (Jos 17,14–18) hat bereits begonnen, ist jedoch noch nicht zum Abschluß gekommen. Die ins Ostjordanland abgewanderten Gruppen haben dort das Gebiet südlich des Jabbok, das die Bezeichnung »Gilead« trägt, besiedelt und werden im Deboralied nach diesem Siedlungsgebiet benannt. Später wanderte ein Teil des Stammes Machir ins nördliche Ostjordanland aus. Die im Westjordanland verbleibenden Teile des Stammes Machir trugen künftig den Namen Manasse, während die ins Ostjordanland abgewanderten Teile den Namen Machir beibehielten (Num 32,39–42). Da im Deboralied allein vom Stamm Gilead gesagt wird, daß er »jenseits des Jordan« wohne, ist anzunehmen, daß der Stamm Ruben noch im Westjordanland (im Bereich südlich von Jericho, Jos 15,6; 18,7) ansässig ist und noch nicht, wie das im siedlungsgeographischen Teil des Josuabuches vorausgesetzt wird, in den Südteil des Ostjordanlandes abgewandert war.

Die Frage, wie sich die Zehn-Zahl der Stämme im Deboralied zur Zwölf-Zahl in den Stämmeverzeichnissen verhalte, wird in der Forschung verschieden beantwortet.

Einige Forscher vertreten die Auffassung, daß der Zwölfstämmeverband älter sei als das Deboralied, wobei Noth annimmt, daß im Deboralied zehn Stämme mehr oder weniger nach Gutdünken ausgewählt worden seien, während nach Weiser im Deboralied nur die Stämme genannt sind, die an der Deboraschlacht teilnahmen (nach Ri 4,10 die Stämme Sebulon und Naftali) und darüber hinaus die Stämme, die später am Kult auf dem Tabor beteiligt waren. Andere Forscher sind der Meinung, daß z. Z. des Deboraliedes ein Zehnstämmeverband existiert habe, der als Vorläufer eines späteren Zwölfstämmeverbandes anzusehen sei (R. Smend, E. Otto). S. Herrmann schließlich stellt die These auf, daß vor der Deboraschlacht überhaupt kein Stämmeverband Israels existent war, daß vielmehr erst durch die im Deboralied genannten Ereignisse die Voraussetzungen für einen Zusammenschluß der Stämme geschaffen worden seien. Das Deboralied setze keinen Stämmeverband voraus, fordere ihn vielmehr allererst.

Einige Anzeichen sprechen dafür, daß es vor der Zeit des Deboraliedes und vor der Einwanderung der Rahel-Stämme eine übergreifende Stämmegemeinschaft, die sich aus den sechs Lea-Stämmen zusammensetzte und die den Namen »Israel« trug, gegeben hat und daß die später eingewanderten Rahel-, Silpa- und Bilha-Stämme in diesen bereits bestehenden Sechserverband eingegliedert wurden. Nur unter dieser Voraussetzung werden Anordnung und Gruppierung des Zwölfstämmesystems verständlich.

Wenn man in Abrede stellt, daß die Lea-Stämme vor den übrigen Stämmen ins Land kamen und schon vor der Landnahme der übrigen Stämme einen Sechserverband bildeten (Gunneweg, Herrmann), bleibt es völlig unerklärlich, warum in der Stämmegenealogie (Gen 29.30) die beiden nordpalästinischen Stämme Sebulon und Issachar den beiden südpalästinischen Stämmen Juda und Simeon zugeordnet werden und warum die Stämme Ruben, Simeon und Levi an der Spitze des Stammessystems stehen, obwohl ihnen schon zur Zeit des Deboraliedes keine Bedeutung mehr zukam. Wenn sich erst nach der Deboraschlacht ein übergeordneter Stämmeverband herausgebildet hätte, hätte es nahegelegen, die nordpalästinischen Stämme Dan, Sebulon, Ascher, Issachar und Naftali einander zuzuordnen. Eine Zuordnung der beiden nordpalästinischen Stämme Sebulon und Issachar zu den beiden südpalästinischen Stämme Juda und Simeon wäre unter diesen Voraussetzungen völlig unmotiviert. Wenn aber die sechs Stämme Ruben, Simeon, Levi, Juda, Issachar und Sebulon als erste ins Land kamen und schon vor der Landnahme der übrigen Stämme einen Sechserverband bildeten, wird es verständlich, daß diese sechs Stämme in der Stämmegenealogie einer gemeinsamen Stammutter zugeordnet werden und daß man diese Gruppierung in der Überlieferung beibehielt, obwohl sich nach der Landnahme der übrigen Stämme die Verhältnisse änderten und sich neue Gruppierungen bildeten. Nach Verdrängung der Stämme Simeon und Levi aus Mittelpalästina und nach der Ansiedlung der Rahel-Stämme in diesem Bereich wurden die im Norden ansässigen Stämme Sebulon und Issachar auch

weiterhin zu den Lea-Stämmen gerechnet, obwohl sie von den im Süden ansässigen Lea-Stämmen Juda und Simeon getrennt und den nunmehr in Mittelpalästina ansässigen Rahel-Stämmen Efraim, Manasse und vollends den übrigen nordpalästinischen Stämmen näher benachbart waren als den im Süden ansässigen Stämmen Juda und Simeon.
Wenn die Stämme Ruben, Simeon und Levi an der Spitze der Stämmegenealogien und -verzeichnisse stehen, obwohl ihnen innerhalb des Zwölfstämmeverbandes keinerlei Bedeutung mehr zukam, so wird diese Anordnung nur verständlich, wenn diesen Stämmen in der Frühzeit vor der Landnahme der Rahel-Stämme und vor der Vertreibung von Simeon und Levi aus Mittelpalästina innerhalb des Sechserverbandes eine Vorrangstellung zukam.

Die Tatsache, daß im Deboralied der Stamm *Juda* nicht erwähnt wird, führte zu der These, daß dieser Stamm in vorstaatlicher Zeit ein Eigendasein führte, da er durch den südlichen Querriegel kanaanäischer Festungsstädte von den mittelpalästinischen Stämmen getrennt war. Erst in frühstaatlicher Zeit habe er Anschluß an die Stämmegemeinschaft Israels gefunden (A. Zobel, S. Herrmann)[1]. Da jedoch der Stamm Juda schon vor der Landnahme der Rahel-Stämme zum Sechserverband der Lea-Stämme gehörte und die übrigen Stämme in diesen bereits bestehenden Verband eingegliedert wurden, ist es sehr unwahrscheinlich, daß nach Eingliederung der übrigen Stämme in diesen bereits bestehenden Verband die Kontakte zum Stamm Juda völlig abbrachen. Für eine Verbindung der mittelpalästinischen zu den südpalästinischen Stämmen spricht auch das Zustandekommen und der Bestand der altisraelitischen Überlieferungen (s. u. S. 69). Einige Anzeichen sprechen freilich dafür, daß die Verbindung der mittelpalästinischen zu den nordpalästinischen Stämmen zeitweilig intensiver war als die zu den Stämmen Südpalästinas.
Erwägungen zu Stämmeverzeichnissen und Stämmegenealogien sowie zum Deboralied ergaben, daß es in vorstaatlicher Zeit eine stämmeübergreifende Gemeinschaft, die die Bezeichnung Israel trug und die aus Angehörigen der Lea- und der Rahel-Stämme zusammengesetzt war, gab. Um Näheres über die Eigenart dieses Stämmeverbandes und über die konkrete Realisierung der Stämmegemeinschaft sagen zu können, wird es notwendig sein, zunächst einmal der Frage nach Religion und Kultus der Stämme Israels in der Frühzeit nachzugehen. Erste Anhaltspunkte hierfür liefert der Name »Israel«.

2. *Religion und Kultus, Heiligtümer und Feste im Alten Israel*

a) Das charakteristische Wesensmerkmal des Stämmeverbandes, der

1 *H.-J. Zobel,* Beiträge zur Geschichte Groß-Judas in früh- und vordavidischer Zeit, SVT 28, 1974, S. 253–277; *S. Herrmann,* Geschichte Israels, S. 160f.

die Bezeichnung »*Israel*« trug, muß die gemeinsame Verehrung einer Gottheit gewesen sein. Hierauf weist schon der Name »Israel«, der sich aus einer Verbalform im Imperfekt und aus dem Namen einer kanaanäischen Gottheit, nämlich des Gottes El, des obersten Gottes des kanaanäischen Pantheons, zusammensetzt und wahrscheinlich »El streitet« bedeutet. Die Tatsache, daß der Name Israel den Eigennamen des Gottes El enthält, führt zu dem Schluß, daß in einem Frühstadium der Geschichte Israels nicht Jahwe, sondern El der Gott dieses Stämmeverbandes war und daß die Stämme durch gemeinsame Verehrung dieses Gottes zusammengehalten wurden. Hierauf weist auch die charakteristische Wendung »*El, der Gott Israels*« (Gen 33,20). Hierfür spricht auch die Tatsache, daß israelitische Stämme nach der Landnahme kanaanäische Kultstätten, an denen El verehrt wurde und die den Namen dieses Gottes trugen (Bet-El, Penu-El), übernahmen. Der Gott der Väter, den diese Gruppen vor der Landnahme verehrten, wurde mit El, dem Gott dieser Heiligtümer, identifiziert, und die Heiligtumserzählungen dieser Kultstätten auf den Gott der Väter übertragen (Bet-El: Gen 28; Penu-El: Gen 32; vgl. hierzu auch die Gottesbezeichnung »El, der Gott deines Vaters«, Gen 46,3, in der die Identifikation von El mit einer Vätergottheit vollzogen ist). Vielleicht muß man auch mit der Möglichkeit rechnen, daß zeitweilig die El-Gottheiten neben den Vätergottheiten verehrt wurden und daß erst in einem zweiten Stadium die Identifikation der El-Gottheiten mit den Vätergottheiten erfolgte[2].

b) Der Bezeichnung »El, der Gott Israels,« steht die Gottesprädikation »*Jahwe, der Gott Israels,*« (Ri 5,3.5), der die Bezeichnung Israels als »Volk Jahwes« (Ri 5,11.13) entspricht, gegenüber. Während der Name »Israel« und die Gottesbezeichnung »El, der Gott Israels,« Anzeichen dafür bieten, daß es eine Zeit gab, in der El der Gott des israelitischen Stämmeverbandes war, besagen die Wortverbindungen »Jahwe, der Gott Israels,« und »*Israel, das Volk Jahwes,*« die sich nebeneinander erstmals im Deboralied finden, daß die Stämme Israels durch die gemeinsame Verehrung Jahwes zusammengeschlossen wurden und daß die Jahweverehrung das charakteristische Wesensmerkmal dieses Stämmeverbandes war. Die Erzählung vom »Landtag zu Sichem« (Jos 24) erzählt, daß der Efraimit Josua, der den ältesten bekannten jahwehaltigen Namen trägt, die Stämme Israels im Heiligtum zu Sichem zur Absage fremder Götter und zu alleiniger Jahweverehrung verpflichtet habe. Das läßt darauf schließen, daß die Rahel-Stämme bei der Durchsetzung des Jahweglaubens in Israel eine maßgebliche Rolle spielten. Wenn es richtig ist, daß Angehörige der Rahel-

2 *O. Eißfeldt*, El und Jahwe, Kl. Schr. III, 1966, S. 386–397; ders., Jahwe, der Gott der Väter, ThLZ 88, 1969, Sp. 481ff.

Stämme die Träger des Auszugsgeschehens waren, dann kann man voraussetzen, daß die Rahel-Stämme schon vor der Landnahme Jahweverehrer waren und bereits als Jahweverehrer ins Land kamen; denn der Auszug aus Ägypten und die Errettung am Meer waren Ereignisse, die als ein Heilshandeln Jahwes erfahren und bezeugt wurden. Als die Rahel-Stämme ins Land kamen, hatten Teile der Lea-Stämme, Simeon und Levi, eine vernichtende Niederlage erlitten und waren aus ihren Wohnsitzen in Mittelpalästina verdrängt worden (s. o. S. 41f). Diese Niederlage ist entweder auf einen ägyptischen Streifzug, von dem die Merenptha-Stele Kunde gibt, oder auf eine negativ ausgegangene Auseinandersetzung mit den Kanaanäern zurückzuführen. Es ist verständlich, daß in dieser Situation die Botschaft von Jahwe, der aus der Knechtschaft der Ägypter befreite und der eine Gruppe von Halbnomaden vor den Nachstellungen einer ägyptischen Streitwagenmacht errettete, Widerhall bei den Lea-Stämmen fand. Es war zu hoffen, daß der Gott, der eine ägyptische Streitwagenschar besiegte, auch gegen die übermächtigen Streitwagenmächte kanaanäischer Stadtstaaten Hilfe zu bieten vermochte. Dabei ist als wahrscheinlich anzunehmen, daß den Lea-Stämmen der Gott Jahwe schon vor der Verbindung mit den Rahel-Stämmen nicht unbekannt war und daß sie in der Zeit vor dem Seßhaftwerden mit Jahwe, dem Gott, der vom Sinai herkommt, in Berührung gekommen waren, vielleicht sogar an Wallfahrten zum Sinai teilgenommen hatten. Möglicherweise verehrten sie in der Zeit vor dem Seßhaftwerden neben dem Gott der Väter den Gott Jahwe und nach dem Seßhaftwerden neben El, der dem Verband Israel den Namen gab, auch weiterhin Jahwe und den Gott der Väter. Unter dieser Voraussetzung wäre es um so verständlicher, daß es nach der Landnahme der Rahel-Stämme zu einer Verbindung zwischen Lea- und Rahelstämmen kam. Was diese Stämme verband, unterschied sie zugleich von den Kanaanäern. Beide Gruppen waren, im Unterschied zu den Kanaanäern, durch halbnomadische Vergangenheit und durch Zugehörigkeit zur aramäischen Wanderbewegung verbunden. Darüber hinaus war ihnen, im Unterschied zu den übrigen aramäischen Völkern und zu den Kanaanäern, der Gott Jahwe bekannt. Nach dem Zusammenschluß der Rahel- und Lea-Stämme ging der Name Israel, der zunächst nur dem Verband der Lea-Stämme eignete, auf den Gesamtverband über. El, der Gott des Sechserverbandes, wurde mit Jahwe, dem Gott vom Sinai, der die Angehörigen der Rahel-Gruppe aus Ägypten herausgeführt hatte, identifiziert. Israel, das nunmehr aus Stämmen der Lea- und aus Stämmen der Rahel-Gruppe bestand, wurde zum »Volk Jahwes«, Jahwe wurde zum »Gott Israels«. Dieser Stand der Dinge ist im Deboralied bereits vorausgesetzt.

c) Wenn die Stämme Israels unter der Bezeichnung »*Volk*« zusammengefaßt werden, dann ist hier unter Volk sicher kein Staatsgebilde unter einheitlicher Führungsspitze zu verstehen. Die Näherbezeichnung »Volk Jahwes« besagt vielmehr, daß das wesentliche Merkmal dieser Stämmegemeinschaft die gemeinsame Verehrung des Gottes Jahwe und die gemeinsame Bindung an diese Gottheit ist. Für diese Gemeinschaft konnte der Name Israel beibehalten werden, da El und Jahwe miteinander identifiziert worden waren. Durch den gemeinsamen Jahweglauben erhielt der Stämmeverband Israel sein entscheidendes Gepräge.

d) Die *Etymologie des Namens Jahwe* ist nicht mehr mit Sicherheit zu klären. Israel hat den Namen Jahwe von dem hebräischen Verbum *haja* (aramäisch: *hawa*), sein, sich erweisen, gegenwärtig sein, abgeleitet und von daher dem Namen die Interpretation: »Ich, der Gegenwärtige, bin gegenwärtig (oder: werde gegenwärtig sein)« (Ex 3,14) gegeben. Das besagt, daß Jahwe in seiner Namenskundgabe Israel jetzt und für die Zukunft seine hilfreiche Gegenwart zugesagt hat. Die mit der Namenskundgebung verbundene gnädige Zuwendung Jahwes kommt in einer anderen Deutung des Jahwenamens, die Ex 34,19 zugrunde liegt, zum Ausdruck: »Ich, der ich mich erbarme, werde mich erbarmen.«

e) Unverwechselbare *Wesensmerkmale des Jahweglaubens*[3] in Israel sind die *Ausschließlichkeit* und *Bildlosigkeit* der Gottesverehrung sowie die *Geschichtsbezogenheit* und die Bezogenheit auf eine Gruppe. Die beiden Grundgebote des Jahweglaubens: »Du sollst keine anderen Götter haben neben mir!« (Ex 20,3) und »Du sollst dir kein Abbild machen!« (Ex 20,4) sind ohne jegliche Parallele in der gesamten Religionsgeschichte des Alten Orients[4]. Während in der Umwelt Israels die Verehrung mehrerer Götter als unabdingbar galt, da jede Gottheit nur für einen Teilbereich der Welt zuständig war, fordert Jahwe ungeteilte Verehrung, weil er sich Israel ganz zugewandt hat. In der Totalität seiner Zuwendung ist die Unabdingbarkeit seines Anspruches begründet. Das Ausschließlichkeitsgebot schließt im Grunde den Glauben an die Universalität Jahwes ein; denn eine ausschließliche Verehrung Jahwes war nur dann möglich, wenn Jahwe für alle Lebensbereiche zuständig war und wenn Jahwe allein Israel das zu

3 *W. H. Schmidt,* Alttestamentlicher Glaube in seiner Geschichte, 1975², § 6, Die Charakteristika des Jahweglaubens.

4 *R. Knierim,* Das erste Gebot, ZAW 77, 1965, S. 20–39; *W. H. Schmidt,* Das erste Gebot, 1969; *W. Zimmerli,* Das zweite Gebot, in: Gottes Offenbarung, 1963, S. 234–248; *K. H. Bernhardt,* Gott und Bild, 1956; *W. Zimmerli,* Das Bilderverbot in der Geschichte des alten Israel, in: Festschrift A. Jepsen, 1971, S. 86–96; *W. H. Schmidt,* Ausprägungen des Bilderverbots? in: Festschrift G. Friedrich, 1973, S. 25–34.

geben vermochte, was andere Völker von mehreren Göttern erhofften. Während in den Religionen der Umwelt Israels die Gegenwart der Gottheit im Kultbild manifest wurde, war in Israel die Anfertigung von Götterbildern verboten. Möglicherweise hat die Bildlosigkeit der Gottesverehrung ihren Ursprung bereits in der Nomadenzeit in der Verehrung der Vätergottheiten. Durch die Offenbarung seines Namens hat Jahwe Israel seine gnädige und hilfreiche Gegenwart zugesagt, durch das Bilderverbot und das Verbot des Namensmißbrauches (Ex 20,7) entzieht sich Jahwe der Verfügbarkeit, der Manipulierbarkeit und dem Zugriff des Menschen.

f) Ein charakteristisches Wesensmerkmal Jahwes ist seine Geschichtsmächtigkeit. Die *Geschichtsbezogenheit*[5] des Jahweglaubens findet schon darin Ausdruck, daß weite Teile der Überlieferung Israels das Wirken Jahwes in der Geschichte zum Inhalt haben. Die ältesten poetischen Überlieferungen Israels, das sogenannte Mirjamlied (Ex 15,20) und das Deboralied (Ri 5), sowie die erzählenden Überlieferungen, die Grundlage für die Pentateuchquellen wurden, nämlich die Erzväter-, die Auszugs- und die Landnahmeüberlieferungen, und schließlich die Erzählungen von den charismatischen Führern der vorstaatlichen Zeit, die sogenannten Richter-Erzählungen, geben Kunde von Jahwes hilfreichem Eingreifen für Israel in geschichtlichem Bereich.

g) In vorstaatlicher Zeit erfolgte eine erste Ausformung und Verknüpfung von *Überlieferungen*[6], die die Grundlage für den Jahweglauben und das Daseinsverständnis Israels bildeten. Im Laufe des Überlieferungsprozesses wurden Ereignisse, die ursprünglich einzelnen Gruppen des nachmaligen Israel widerfuhren, auf die Gesamtheit Israels übertragen. Die verschiedenen Traditionsblöcke, Erzväter-, Auszugs-, Sinai- und Landnahmeüberlieferungen, standen zunächst unverbunden nebeneinander und wurden getrennt voneinander, wahrscheinlich im Rahmen verschiedener kultischer Begehungen, tradiert und im Verlauf des Überlieferungsprozesses in verschiedenen Stadien miteinander verbunden. Als erste wurden wohl die Auszugs- und die Landnahmeüberlieferungen verknüpft. Dieses Überlieferungsstadium ist in dem Bekenntnis von Dtn 6,21—23 erhalten. Sodann erfolgte der Vorbau der Erzväterüberlieferungen. Dieser Stand der Dinge ist in Dtn 26,5—10; Jos 24,2—13; Ps 105 festgehalten. Schließlich wurde

5 *H. Gese*, Geschichtliches Denken im Alten Orient und im Alten Testament, ZThK 55, 1958, S. 127–145 (= Vom Sinai zum Zion, 1974, S. 81ff); *R. Smend*, Elemente alttestamentlichen Geschichtsdenkens, 1968; C. *Westermann*, Zum Geschichtsverständnis des Alten Testaments, in: Festschrift G. von Rad, 1971, S. 611–619; *M. Weippert*, Fragen des israelitischen Geschichtsbewußtseins, VT 23, 1973, S. 415–442.

6 S. hierzu die o. S. 13 zu Kapitel 1,1 genannte Literatur.

die Sinaiüberlieferung zwischen Auszugs- und Landnahmeüberlieferung eingebaut.

Diese Verknüpfung der Überlieferungen hatte weitreichende theologische Konsequenzen. Durch die Verbindung von Auszugs- und Landnahmetraditionen wurde die Landnahme das Ziel des Auszugs. Durch die Verbindung der Väterüberlieferungen mit den Auszugs- und Landnahmeüberlieferungen wurde der Gott der Väter zum Gott des Auszugs und der Landnahme und wurden das Auszugsgeschehen und die Landgabe unter den großen Spannungsbogen von Verheißung und Erfüllung gestellt. Der Auszug aus Ägypten und die Landnahme wurden zur Erfüllung von Verheißungen, die den Vätern gegeben worden waren. Der Einbau der Sinaitradition in die Auszugs- und Landnahmeüberlieferung hatte zur Folge, daß kultische Begehungen am Sinai zu einem »einmaligen Ereignis«, zu einem Geschehen auf dem Wege vom Auszug zur Landnahme wurden. Jahwe, der Gott vom Sinai, erhielt durch das Auszugsgeschehen geschichtliche Dimensionen. Durch die Verbindung mit den Väterüberlieferungen trat an die Stelle lokaler Bindung die Bindung an eine Gruppe von Menschen. Jahwe, der Gott vom Sinai, wurde zum Gott Israels.

h) Erst im Stadium der schriftlichen Überlieferung wurden *Rechtssammlungen*[7] größeren oder kleineren Umfangs sekundär in die Sinaierzählungen der Quellenschriften eingebaut, das »Bundesbuch« (Ex 20,22—23,19) und der »kultische Dekalog« (Ex 34,14—26) in den Jahwisten und der »ethische Dekalog« (Ex 20,1—17) in den Elohisten. Durch den Einbau in die Sinaitradition wird die Proklamation von Gesetzen eingebettet in die Heilstat Jahwes beim Auszug und bei der Landnahme. Das ist von Bedeutung für das Gesetzesverständnis im Alten Israel. Nicht das Halten von Vorschriften ist die Voraussetzung für die Zuwendung Jahwes, sondern die im Auszugsgeschehen vorangegangene Zuwendung Jahwes ist die Voraussetzung für die Gebote. Die Gesetze sollen kein Gottesverhältnis schaffen, sie sollen vielmehr ein bereits bestehendes Gottesverhältnis schützen.

Im *Bundesbuch (Ex* 20,22—23,19), der ältesten Rechtssammlung im Alten Testament, sind verschiedenartige Rechtsüberlieferungen, deren Ursprung in vorstaatliche Zeit Israels zurückgeht, zusammengestellt. Ein Teil der hier gesammelten Rechtssprüche ist im kasuistischen, ein Teil im apodiktischen Stil abgefaßt. Bei *kasuistisch* formulierten Rechtssätzen, die Grundlage der Rechtsprechung waren, ist in einem

7 *A. Alt,* Die Ursprünge des israelitischen Rechts, 1934 (Kl. Schr. I, S. 278–332); *M. Noth,* Die Gesetze im Pentateuch, 1940 (Ges. Stud.[2], S. 9—141); *E. Gerstenberger,* Wesen und Herkunft des »apodiktischen Rechts«, 1965; *G. Liedke,* Gestalt und Bezeichnung alttestamentlicher Rechtssätze, 1971; *J. J. Stamm,* Der Dekalog im Lichte der neueren Forschung, 1962[2]; *W. H. Schmidt,* VT Suppl. 22, 1972, S. 201–220; *W. Schottroff,* Zum alttestamentlichen Recht, Verk. u. Forschung 22, 1977, S. 3–29 (Lit.!).

mit »wenn ...« eingeleiteten Vordersatz ein Rechtsfall genannt und in einem mit »so ...« oder »dann ...« eingeleiteten Nachsatz die Rechtsfolge ausgesprochen, z. B.: »Wenn jemand ein Rind oder ein Schaf stiehlt und es schlachtet oder verkauft, so soll er fünf Rinder für das eine Rind und vier Schafe für das eine Schaf erstatten« (Ex 22,1). Das kasuistische Recht weist formal und inhaltlich zahlreiche Parallelen zu anderen altorientalischen Rechtssammlungen, z. B. zum bekannten Codex Hammurabbi, auf und wurde von den Stämmen Israels offenbar von den Kanaanäern entlehnt. Freilich fand in Israel an einigen Stellen eine charakteristische Umprägung des kasuistischen Rechts statt. Während zum Beispiel im außerisraelitischen Bereich für die durch das Feudalsystem bedingten verschiedenen Stände ein jeweils verschiedenes Recht geltend war, bestand in Israel Rechtsgleichheit für alle Glieder des Stämmeverbandes.

Das *»apodiktische Recht«* ist in der Form gebieterischer Verfügung in meist kurzen Verbotssätzen, sogenannten Prohibitiven, formuliert und in Reihen von gleichgebauten, zumeist kurzen Sätzen zusammengestellt, z. B.:

»Du sollst nicht töten!
Du sollst nicht ehebrechen!
Du sollst nicht stehlen!« (Ex 20,13–15).

Im *Dekalog*, den »Zehn Geboten« (Ex 20,1–11; Dtn 5,6–21), der als Ganzer wohl erst aus der späten vorexilischen Zeit stammt, sind Teile von älteren Reihen verschiedenartig konstruierter apodiktischer Rechtssätze zusammengestellt. Im apodiktischen Recht werden Vergehen abgewehrt, die mit dem Gemeinschaftsverhältnis Jahwes zu Israel unvereinbar sind, z. B. Fremdgötterverehrung, Bilderdienst, Mißbrauch des Jahwenamens, Sabbatbruch, Mord, Verfluchung der Eltern, Rechtsbruch, Ehebruch, Menschenraub, Meineid. Diese Verbote stekken den Raum ab, innerhalb dessen Leben mit Jahwe möglich ist. Sie markieren die Grenze, jenseits deren Israel in den Bereich des Fluches und des Todes gerät. Manche Anzeichen sprechen dafür, daß apodiktische Rechtsreihen im Heiligtum feierlich verkündigt wurden (Ps 50, 4–7; 81,9–11).

Der Einbau von Gesetzen in die Sinaiüberlieferung wird am ehesten verständlich unter der Annahme, daß in kultischen Begehungen, die das Sinaigeschehen vergegenwärtigten, Rechtsverkündigungen erfolgten.

Die *Fluchsprüche* von Dtn 27,15ff (ursprünglich zehn Sprüche, später auf zwölf erweitert, daher »Dodekalog«, »Zwölfergebot«, genannt) lassen auf eine liturgische Fluchzeremonie schließen, durch die bestimmte schwerwiegende Vergehen, die das Gemeinschaftsleben gefährden, unter Fluch gestellt werden, z. B.: »Verflucht ist, wer seinen Vater und seine Mutter verunehrt. Und alles Volk soll sprechen:

›Amen‹«. War eins der grundlegenden Gebote übertreten, so stand die gesamte Gemeinschaft unter dem Fluch und mußte den Täter durch Steinigung aus seiner Mitte stoßen. Darum werden in einer weiteren Reihe Vergehen, die im Dekalog abgewehrt und im Dodekalog mit Fluch belegt werden, unter Strafe gestellt (Ex 21,12.15–17; 22,18. Beispiel: »Wer seinen Vater oder seine Mutter verwünscht, soll zu Tode gebracht werden«).
Die Grundauffassung, daß eine schwerwiegende Freveltat die gesamte Gemeinschaft des Stämmeverbandes gefährdet und darum von der Gesamtheit geahndet werden muß, steht hinter der Erzählung von der *Schandtat zu Gibea*, Ri 19f, in der berichtet wird, wie die Frau eines Leviten, der sich auf Reisen befand, in der benjaminitischen Stadt Gibea von den Einwohnern der Stadt zu Tode geschändet wurde. Durch diese »Schandtat« ist ganz Israel gefährdet. Darum muß die nach Mizpa einberufene Stämmeversammlung den Tod der Täter fordern, »um das Böse aus Israel hinwegzuschaffen« (20,13). Als die Einwohner von Gibea die Herausgabe der Täter verweigerten und sich der Stamm Benjamin wiederum schützend vor die Stadt stellte und sich dadurch mitschuldig machte, erfolgte eine Strafexpedition aller Stämme gegen Benjamin, um auf diese Weise die Untat zu ahnden.

Man hat vermutet, daß hinter dieser Erzählung ursprünglich ein Konflikt zwischen den Stämmen Efraim und Benjamin stand[8], der in der Erzählung personifiziert wurde, und daß die Gesamtheit der zwölf Stämme (19,29; 20,2) erst sekundär in die Erzählung einbezogen wurde. Auch unter dieser Voraussetzung bleibt bestehen, daß sich in der Endgestalt der Erzählung die in Israel herrschende Vorstellung niederschlägt, daß eine schwere Freveltat eines Einzelnen die Gesamtheit, der er zugehört, gefährdet, und daß die Gemeinschaft zur Ahndung des Frevels aufgerufen ist, zunächst die Stadt, sodann der Stamm und schließlich die den Stamm übergreifende Gemeinschaft. Auch hinter der Erzählung von der Verletzung des Banngebotes durch Achan (Jos 7) steht die Vorstellung, daß die Gemeinschaft durch eine Freveltat eines einzelnen gefährdet ist und daß diese Gefährdung erst durch die Hinrichtung des Frevlers abgewendet wird.

i) Für das kultische Leben der Stämme und für die Tradierung von Überlieferungen waren die *Heiligtümer*[9] von besonderer Bedeutung. In der Frühzeit Israels hat es offenbar eine Vielzahl von lokalen Kultstätten gegeben. Einigen Heiligtümern kam wegen der dort geübten Kultbräuche und wegen der Überlieferungen, die mit ihnen verbunden waren und die an ihnen tradiert wurden, überregionale Bedeutung zu. Die mittelpalästinischen Heiligtümer von Sichem und Bet-El sowie

8 *O. Eißfeldt*, Der geschichtliche Hintergrund der Erzählung von Gibeas Schandtat, 1935 (Kl. Schr. III, S. 64–80); *K.-D. Schunk*, Benjamin, 1963, S. 57–79.
9 *H.-J. Kraus*, Gottesdienst in Israel, 1962^2, S. 149ff; *P. Welten*, Kulthöhe und Jahwetempel, ZDPV 88, 1972, S. 19–37; *W. H. Schmidt*, Alttestamentlicher Glaube in seiner Geschichte, 1975^2, § 9, Die Heiligtümer.

die ostjordanischen Kultstätten von Penuel und Mahanajim standen in Verbindung mit der Jakobtradition, das Baumheiligtum von Mamre bei Hebron war Haftpunkt der Abrahamstradition, das Brunnenheiligtum von Beerscheba Haftpunkt der Isaaktradition. Mit dem Heiligtum von Gilgal verbanden sich Landnahmeüberlieferungen. Hier wurde offenbar der Durchzug durch den Jordan und im Zusammenhang damit der Auszug aus Ägypten kultisch vergegenwärtigt. Das Deboralied läßt darauf schließen, daß die Stämme, die in diesem Lied genannt sind, auf dem Tabor zu regelmäßiger Kultfeier zusammenkamen, um jenen ersten Sieg über die kanaanäischen Streitwagenkräfte zu feiern und zu gegenwärtigen.

Die Ausstattung der Heiligtümer war sehr einfach. In jedem Fall wird ein Altar dazugehört haben. Nur für Schilo ist ein festes Gebäude bezeugt (1Sam 3,3.21; Jer 7,12). Bei den anderen Heiligtümern wird man anzunehmen haben, daß der Kult unter freiem Himmel, zumeist auf einer Anhöhe stattfand, daher die im Alten Testament häufig begegnende Bezeichnung »Höhenheiligtum« (1Sam 9,12ff; 10,13; 1Kön 3,4 u. ö.). Beerscheba war ein Brunnenheiligtum, Mamre und Sichem waren Terebinthenheiligtümer. In Bet-El befand sich eine Massebe, d. h. eine Steinstele, die in kanaanäischer Zeit ursprünglich als Repräsentant einer Gottheit, später als Sitz der Gottheit galt, in Israel als Denkzeichen für Jahwes Taten interpretiert wurde. Die Salbung dieses Steines gehörte offenbar zu den Kultbräuchen von Bet-El (Gen 28,18.22). Unter der Terebinthe von Sichem wurde der Kultbrauch der Vergrabung von Götterbildern und Kultgeräten geübt. Im kanaanäischen Bereich beinhaltete dieser Ritus entweder eine feierliche, rituelle Vergrabung von alt gewordenen Kultgegenständen oder eine Deponierung und Absicherung von Weihgaben durch Vergrabung. In Israel wurde dieser Brauch als Abtun fremder Götter, als eine Art Abrenunationsritus, verstanden (Gen 35,2.4).

j) Der Tempel von Schilo war der Standort der *Lade*[10], die von einer erblichen Priesterschaft, den Eliden, betreut wurde und deren Ursprung wohl im Kulturland zu suchen ist. Die Lade war ein mit Tragestangen versehener Kasten und ist wohl als tragbarer Untersatz eines unsichtbaren Gottesthrones zu verstehen. In Israel wirkte sich das Bilderverbot dahingehend aus, daß selbst der Gottesthron, der allzu leicht als Repräsentanz der Gottheit verstanden werden konnte, nicht abgebildet wurde. Psalm 132 und Psalm 24 lassen darauf schließen, daß die Lade als Prozessionsheiligtum Verwendung fand. Erst

10 *E. Kutsch*, Art. Lade Jahwes, RGG³ IV, Sp. 197–199; *J. Maier*, Das altisraelitische Ladeheiligtum, 1965; *R. Schmitt*, Zelt und Lade als Thema alttestamentlicher Wissenschaft, 1972; *M. Metzger*, Königsthron und Gottesthron, AOAT 15, §§ 56.57.

sekundär wurde in Israel mit der Lade die Gottesbezeichnung »Jahwe Zebaot« (1Sam 4,4; 2Sam 6,2) und damit der Gott »der Heerscharen«, der im Krieg für sein Volk eintritt (Ps 24,8–10), verbunden. Die in einem noch jüngeren Stadium auf die Lade übertragene Bezeichnung »Jahwe, der Cherubenthroner,« läßt erkennen, daß man sich den unsichtbar auf der Lade befindlichen Thron als einen Cherubenthron, dessen Sitzfläche von geflügelten Mischwesen mit Tierkörpern und Menschenantlitz getragen wurde, vorstellte.

Die alttestamentliche Tradition bringt die Lade, abgesehen von Schilo, auch noch mit den Heiligtümern von Sichem (Jos 8,30), Bet-El (Ri 20,27f) sowie Gilgal und Jericho (Jos 3ff) in Verbindung. Es ist umstritten, ob dieser Tatbestand darauf schließen läßt, daß die Lade im Laufe der Geschichte ihren Standort wechselte (M. Noth) oder ob man auf einen Kultgebrauch der Ladewanderung, wobei die Lade in regelmäßigem Turnus von Kultort zu Kultort wanderte, zu schließen habe (J. Dus), oder ob es je verschiedene Laden an je verschiedenen Kultorten gab (K. Koch, E. Otto), oder ob die Lade historisch überhaupt nur mit Schilo in Verbindung stand und die Verbindung der Lade mit anderen Kultorten erst sekundär im Laufe des Überlieferungsprozesses erfolgte (W. H. Schmidt)[11].

In jedem Fall ist es auffällig, daß sich Ladeüberlieferungen aus vorstaatlicher Zeit ausschließlich in Verbindung mit Kultorten im Bereich der Rahel-Stämme finden. Das läßt darauf schließen, daß die Lade ursprünglich ein Heiligtum der Rahel-Stämme war. Erst gegen Ende der vorstaatlichen Zeit, als es in den Philisterkriegen zu gemeinsamen Aktionen israelitischer Stämme kam, gewann die Lade, die mit Jahwe Zebaot, dem Gott, der im Krieg für sein Volk eintritt, verbunden worden war, überregionale, vielleicht sogar gesamtisraelitische Bedeutung.

k) Im Alten Israel war das Recht zum Vollzug kultischer Handlungen keineswegs dem *Priester*[12] vorbehalten. Die Richter-Erzählungen setzen voraus, daß der Vollzug des Opfers nicht an das Heiligtum gebunden war und jedem freien Mann, vor allem dem Familienvater, zustand (Ri 6,19; 13,19ff; 1Sam 2,13; 9,13). Aufgabe des Priesters war es, das Opfer zu segnen und die Entscheidung über die Gültigkeit des Opfers, über rein und unrein, zu fällen (Lev 1ff; 13,8–28; 19,7). Priester waren auch Hüter von Sakral- und Rechtstraditionen und hatten darum auch Weisung und Belehrung in Fragen des kultischen,

11 *Zur Frage der Lade:*
J. Dus, Der Brauch der Ladewanderung im alten Israel, ThZ 17, 1961, S. 1–16; s. a. VI 13, 1963, S. 126–132; *K. Koch,* Die Priesterschrift von Exodus 25 bis Leviticus 16, 1959, S. 16f. 97; *E. Otto,* Das Mazzotfest in Gilgal, 1975, S. 344–365; *W. H. Schmidt,* Alttestamentlicher Glaube in seiner Geschichte, 1975², S. 109.

12 *A. H. J. Gunneweg,* Leviten und Priester, 1965; *R. Rendtorff,* Studien zur Geschichte des Opfers im Alten Israel, 1967.

ethischen und juristischen Bereiches zu erteilen (Hos 4,1f). Bei unlösbaren Rechtsfällen führten sie ein Gottesurteil herbei (Dtn 17,8—13) oder wachten über den Vollzug der Zeremonien beim Reinigungseid (Num 5,12ff). Dem Hilfesuchenden, der am Heiligtum im Klagelied seine Not vor Jahwe ausbreitete und Jahwe um Hilfe anrief, gab der Priester die Erhörungszusage (1Sam 7,17). Aus 1Sam 2—4 ergibt sich, daß der Dienst am Heiligtum von Schilo von einer erblichen Priesterschaft verwaltet wurde.

l) Die Heiligtümer waren vor allem Ziel der drei großen *Wallfahrtsfeste*[13]. Der Festkalender (Ex 23,14—17, vgl. die jüngeren Fassungen in Dtn 16 und Lev 23) bestimmt, daß jeder männliche Israelit dreimal im Jahr »das Angesicht Jahwes sehen«, d. h. den Kultort aufsuchen solle. Regelmäßige Wallfahrten zum Heiligtum sind in 1Sam 1,3ff (s. a. Ri 21,19) vorausgesetzt. Die drei Wallfahrtsfeste sind kanaanäischen Ursprungs und waren ursprünglich Ackerbaufeste, die auch bei den Kanaanäern gefeiert wurden. So setzt Ri 9,27 ein Lesefest bei den Kanaanäern voraus. Zum Beginn der Gerstenernte im Frühjahr wurde das Massotfest (»Fest der ungesäuerten Brote«), in dessen Verlauf man ungesäuertes Brot aß, gefeiert. Beim »Fest der Schnitternte«, zum Ende der Getreideernte, brachte man die Erstlinge der Feldfrüchte dar. Höhepunkt und Abschluß des Jahres bildete das im Herbst am Ende der Oliven-, Feigen- und Weinernte gefeierte »Lesefest«.

Während in den alten Festkalendern Zeitangaben nur allgemein gehalten sind, werden die Festzeiten in den jüngeren, wohl erst nachexilischen Bestimmungen von Lev 23 und Num 28f genau festgelegt.

Während diese Feste bei den Kanaanäern reine Erntefeste waren, ist in Israel im Laufe der Kultgeschichte eine zunehmende »Historisierung« der Feste festzustellen. Im Zusammenhang mit den Festen feierte man nicht nur die wichtigsten Ereignisse aus dem Ernteleben, man vergegenwärtigte in ihnen darüber hinaus die großen heilsgeschichtlichen Ereignisse des Auszuges aus Ägypten und der Landnahme. Schon in einem Zusatz zum alten Kultkalender wird der Termin des Massotfestes damit begründet, daß Israel im Monat Abib aus Ägypten ausgezogen sei (Ex 23,15). Das Deuteronomium begründet das Massotessen damit, daß die Israeliten »in Eile« aus Ägypten ausgezogen seien (Dtn 16,3) und darum keine Zeit zum Säuern des Brotteiges hatten. Bei der Abgabe der Erstlingsfrüchte zum Schnittfest ist nach Dtn 26,5—9 ein Bekenntnis zu sprechen, das die Heilstaten Jahwes beim Auszug und bei der Landnahme zum Inhalt hat. Dadurch soll

13 *E. Kutsch*, Art. Feste, in RGG³ II, 1958, Sp. 910—917; *H.-J. Kraus*, Gottesdienst in Israel, 1962², S. 40ff; *W. H. Schmidt*, Alttestamentlicher Glaube in seiner Geschichte, 1975², Exkurs 4, Die Feste, S. 113—124.

zum Ausdruck gebracht werden, daß Jahwe, der das Land gegeben hat, auch der Geber der guten Gaben des Kulturlandes ist. Das Lesefest wird im deuteronomischen Festkalender als »Hüttenfest« bezeichnet (Dtn 16,13.16), und in Lev 23,42f wird die Bestimmung, an diesem Fest sieben Tage in Hütten zu wohnen, damit begründet, daß die Israeliten beim Auszug in Ägypten in Laubhütten wohnten.
Während die drei genannten Wallfahrtsfeste im Heiligtum gefeiert wurden und ihren Ursprung im Kulturland hatten, geht der in Israel geübte *Pascharitus*[14] in nomadische Zeit zurück (s. o. S. 23) und wurde nach der Landnahme innerhalb der Sippen in den Häusern begangen. Dabei wurde ein Lamm geschlachtet, das Blut des Tieres an Oberschwelle und Pfosten der Tür gestrichen und das Fleisch von den Kultteilnehmern verzehrt. Schon früh wurde auch dieses Ritual in Israel mit dem Auszugsgeschehen in Verbindung gebracht und als Schutzmaßnahme vor dem »Würgeengel«, der umging, um die Erstgeburt Ägyptens zu schlagen, gedeutet (Ex 12). Indem man Riten vollzog, die das Auszugsgeschehen vergegenwärtigten (Ex 12,13), stellte man sich in dieses Geschehen hinein. Im Rahmen der deuteronomischen Kultzentralisation wurde in der Zeit des Königs Joschija das Pascha mit dem Massotfest, dessen Termin mit dem des Pascha zusammenfiel, verbunden und zu einem am Zentralheiligtum gefeierten Wallfahrtsfest umgestaltet (Dtn 16,1—8).

3. *Der altisraelitische Stämmeverband*

Im Anschluß an die vorangehenden Abschnitte ist noch einmal die Frage nach der Möglichkeit, dem Wesen und der Eigenart einer übergreifenden Gemeinschaft israelitischer Stämme in vorstaatlicher Zeit zu stellen. Erwägt man zunächst noch einmal die Möglichkeit von Beziehungen zwischen israelitischer Stämmegemeinschaft und altgriechisch-altitalischen Amphiktyonien, so ist davon auszugehen, daß die räumliche Entfernung und der Zeitabstand zwischen altisraelitischem Stämmeverband und den Amphiktyonien im altgriechisch-italischen Bereich beträchtlich sind. Darum sind unmittelbare Kontinuität oder gar direkte Abhängigkeit der einen Größe von der anderen sicher auszuschließen. Dennoch ist es nicht von vornherein völlig abwegig, trotz zeitlicher und räumlicher Distanz indirekte Verbindungslinien für möglich zu halten. Im Alten Testament sind Zwölferverbände im pa-

14 *L. Rost*, Weidewechsel und altisraelitischer Festkalender, ZDPV 66, 1943, S. 205—215 (= Das kleine Credo und andere Studien zum AT, 1965, S. 101. 112); *E. Kutsch*, Erwägungen zur Geschichte der Passafeier und des Masotfestes, ZThK 55, 1958, S. 1—35; Art. Passah, RGG³ II, Sp. 911f.

lästinensisch-syrischen Raum (Gen 22,20—24; 36,10—14) und ein Sechserverband bei den Churritern (Gen 36,20—30) belegt. In hetitischen Texten aus dem 14./13. Jh. v. Chr. werden zwölf Stämme bei den Kaschkäern im nördlichen Zentralkleinasien erwähnt[15]. Da es nachweislich Beziehungen der Churriter sowohl nach Palästina und Syrien als auch nach Kleinasien gegeben hat, da im religiösen und kulturellen Bereich Einflüsse vom Vorderen Orient über Zentralkleinasien und Westkleinasien nach Griechenland erweisbar sind, muß man es nicht für völlig unmöglich halten, daß die Institution eines Zwölf-, bzw. Sechsstämmeverbandes aus dem Vorderen Orient über die Churriter, über Mittel- und Westkleinasien nach Griechenland und Italien gelangte. Dabei wird man angesichts des langen und weiten Überlieferungsweges mit mannigfaltigen Wandlungen zu rechnen haben, so daß bei einem evtl. Rückschluß von der griechischen Amphiktyonie auf den altisraelitischen Stämmeverband von vornherein Vorsicht und Zurückhaltung geboten sind.

Bei einem Vergleich zwischen israelitischer Stämmegemeinschaft und amphiktyonischen Bünden im altgriechisch-etruskischen Bereich sind auf der einen Seite Gemeinsamkeiten, auf der anderen Seite Unterschiede zwischen beiden Größen zu verzeichnen. Als gemeinsame Elemente sind die auffällige Zwölf- bzw. Sechszahl der beteiligten Stämme, der sakrale, unpolitische Charakter des Zusammenschlusses, die gemeinsame Bindung an eine Gottheit als konstitutives Element der Stämmegemeinschaft sowie Kultgemeinschaft an Heiligtümern zu nennen. Während jedoch die Stämme griechischer Amphiktyonien in regelmäßigem Turnus an einem gemeinsamen Zentralheiligtum zu gemeinsamen Festen des Gesamtverbandes zusammenkamen, ist es nicht mit Sicherheit nachweisbar, daß es in Israel in vorstaatlicher Zeit einen Zentralkultort mit einem allen Stämmen gemeinsamen Zentralheiligtum, an dem alle Stämme zu gemeinsamen Festen zusammenkamen, gab. Noths These, daß die Kultstätten von Sichem, Gilgal und Schilo nacheinander als zentraler Kultort der Amphiktyonie fungierten, gründete auf der Überlieferung, daß diese Orte zeitweilig Standort der Lade waren, und ging von der Voraussetzung aus, daß mit der Lade das Zentralheiligtum des Stämmeverbandes gegeben war. Es kann jedoch nicht mit Sicherheit nachgewiesen werden, daß die Lade das Zentralheiligtum des Zwölfstämmeverbandes war. Die Annahme liegt vielmehr näher, daß die Lade ursprünglich lediglich bei den mittelpalästinischen Rahel-Stämmen beheimatet war. Darum kann auch die Existenz eines zentralen, allen Stämmen gemeinsamen Kultortes nicht mit Sicherheit angenommen werden. Der alte Festkalender in Ex 20,14—17 läßt nichts davon erkennen, daß alle Stämme bei den Wallfahrtsfesten an einem zentralen Kultort zusammenka-

15 *E. v. Schuler*, Die Kaskäer, 1965, S. 71ff.

men. Die Forderung, daß jeder männliche Israelit »dreimal im Jahr das Angesicht Jahwes sehen« solle, läßt eher an Wallfahrten zu Lokalheiligtümern denken. Erst im deuteronomischen Festkalender (Dtn 16) wird die Zentralisation aller Feste an nur einem Heiligtum gefordert (Dtn 16,2.11.15.16).

Da manche Gemeinsamkeit zwischen altisraelitischer Stämmegemeinschaft und altgriechisch-etruskischen Amphiktyonien bestehen, bietet die Amphiktyonie nach wie vor, wenn auch in gewissen Grenzen, eine brauchbare Analogie zum Verständnis der altisraelitischen Stämmegemeinschaft. Auf der anderen Seite sind die Unterschiede zwischen griechisch-etruskischen Amphiktyonien und der Gemeinschaft der Stämme Israels sowie die zeitliche und räumliche Distanz zwischen beiden Größen so beträchtlich, daß es geraten erscheint, die Bezeichnung »Amphiktyonie« auf den griechisch-altitalischen Bereich zu beschränken und für Israel in vorstaatlicher Zeit die neutralere Bezeichnung Stämmeverband, Sakralverband, sakraler Stämmeverband zu gebrauchen.

Auf keinen Fall ist für die Frühzeit Israels mit einer straff durchorganisierten, zentral geleiteten Institution zu rechnen. Auf der anderen Seite müssen die Beziehungen der Stämme zueinander über nur gelegentliche, mehr oder weniger zufällige Kontakte hinausgegangen sein. Die Beziehungen untereinander müssen so intensiv gewesen sein, daß es zu einem gesamtisraelitischen Bewußtsein kam, daß man sich über den Stammesverband hinaus zu einer größeren Gemeinschaft, die den Namen Israel trug, verbunden wußte und daß es zu gemeinsamer Traditionsbildung kommen konnte, wobei Ereignisse, die nur einem Teil der Stämme widerfahren waren, auf die Gesamtheit übertragen und die Überlieferungen verschiedener Gruppen miteinander verbunden wurden. Dem Zusammenwachsen der Stämme entsprach das Zusammenwachsen der Überlieferungen, so daß sich im Überlieferungsprozeß der Vorgang der Gemeinschaftsbildung widerspiegelt und man nachträglich aus dem Überlieferungsbestand Rückschlüsse auf die Beziehungen der Stämme zueinander ziehen kann. Die Verbindung ostjordanischer und westjordanischer Jakobtraditionen setzt eine Kommunikation westjordanischer und ostjordanischer Stämme voraus. Die Verbindung südpalästinischer Erzväterüberlieferungen (Abraham- und Isaaküberlieferungen) mit der mittelpalästinischen Jakobüberlieferung war nur möglich, wenn es Beziehungen zwischen süd- und mittelpalästinischen Stämmen gab. Diese Beziehungen bilden auch die Voraussetzung für die Verknüpfung der Abraham-, Isaak- und Jakobtradition mit der mittelpalästinischen Auszugstradition der Rahel-Stämme. Darüber hinaus wurden Landnahmeüberlieferungen südpalästinischer (Num 13—14; 21,1—3), ostjordanischer (Num 21,10—33), mittelpalästinischer (Jos 2—10) und nordpalästinischer (Jos 11) Stämme miteinander verbunden und auf Gesamtisrael übertragen.

Für die vorstaatliche Zeit hat man zunächst nicht mit einer Kommunikation aller Stämme an einem Zentralheiligtum zu rechnen, sondern mit einem Zusammentreffen benachbarter Stämme an Heiligtümern, die in der Nähe von Berührungsstellen der Siedlungsgebiete benachbarter Stämme lagen. Das Deboralied (Ri 5) läßt auf einen gemeinsamen Kult nordpalästinischer, ostjordanischer und mittelpalästinischer Stämme auf dem Tabor schließen. Die Tatsache, daß die in Hebron in Südpalästina behaftete Abrahamgestalt sekundär mit den mittelpalästinischen Heiligtümern von Bet-El (Gen 13,3) und Sichem (Gen 12,6) verbunden wurde, läßt auf kultische Kontakte mittelpalästinischer und südpalästinischer Stämme an den genannten Kultorten schließen. Die in der Tradition erfolgte Verknüpfung von Abraham-, Isaak- und Jakobüberlieferungen mit Auszugs- und Landnahmeüberlieferungen macht es darüber hinaus wahrscheinlich, daß Angehörige südpalästinischer Stämme auch am Kult des in Grenznähe gelegenen Heiligtums von Gilgal, an dem das Auszugs- und das Landnahmegeschehen vergegenwärtigt wurde, teilnahmen. Die Querriegel kanaanäischer Festungsstädte im Norden und im Süden vermochten zwar gemeinsame kriegerische Aktionen der Stämme Israels zu verhindern; es ist jedoch nicht anzunehmen, daß sie in gleicher Weise die Kontakte israelitischer Stämme auf kultischem Gebiete zu unterbinden trachteten.
Die mittelpalästinischen Stämme hatten auf Grund der zentralen Lage ihrer Wohnsitze praktisch mit allen Stämmen Israels Gemeinschaft, so daß ihnen innerhalb übergreifender Stämmegemeinschaft integrierende Funktion zukam. Auf dem Tabor hatten sie kultischen Kontakt mit nordpalästinischen und ostjordanischen Stämmen, in Penuel, Mahanajim, Sichem und Bet-El mit ostjordanischen Stämmen, in Bet-El, Sichem und wahrscheinlich auch Gilgal mit den Stämmen Südpalästinas. Das Deboralied bezeugt gemeinsame kriegerische Aktionen der mittelpalästinischen Stämmen mit den ostjordanischen und den galiläischen Stämmen. In den Philisterkriegen kam es wahrscheinlich auch zu einem kriegerischen Bündnis mittel- und südpalästinischer Stämme (s. u. S. 83). Die stämmeverbindende Funktion der mittelpalästinischen Stämme trug entscheidend zum Integrationsprozeß der Stämme Israels bei und führte zu einer faktischen Vorrangstellung der Rahel-Stämme, die auch darin begründet war, daß die Rahel-Stämme einst entscheidend zur Durchsetzung der Jahwereligion in Israel beigetragen hatten und wichtige Überlieferungselemente einzubringen hatten. Die Vorrangstellung, die den Rahel-Stämmen in Israel zukam, läßt sich auch daran ablesen, daß vornehmlich Überlieferungen der Rahel-Stämme gesamtisraelitische Bedeutung erhielten. Hier ist in erster Linie die Auszugstradition zu nennen, die sich prägend auf den Jahweglauben und das Daseinsverständnis Israels auswirkte. Die Hauptelemente der Landnahmeüberlieferungen in Jos 2—10 stammen von den Stämmen Benjamin und Efraim. Am Ende des Überlieferungsvor-

ganges wurden die Landnahmestationen dieser Stämme zum Landnahmeweg aller westjordanischen Stämme, während die von Süden her erfolgte Landnahme südpalästinischer Stämme zu einem gescheiterten Versuch der Landnahme ganz Israels umgestaltet wurde (Num 13—14). Das Heiligtum der Rahel-Stämme, die Lade, erlangte gegen Ende der vorstaatlichen Zeit überregionale und spätestens in der frühen Königszeit, als der Judäer David die Lade in die Hauptstadt Jerusalem überführte, gesamtisraelitische Bedeutung. Auch die Institution des Jahwekrieges (Näheres hierzu s. u. S. 78) ist wahrscheinlich bei den Rahel-Stämmen beheimatet. Die Erzählung von der Geburt der Stammesahnherren (Gen 29.30) trägt zwar der historischen Priorität der Lea-Stämme Rechnung, indem sie deren Stammesahnherren als die älteren erscheinen läßt, der älteren Mutter zuschreibt und sie insofern den jüngeren Rahel-Söhnen vorordnet, die Erzählung verleiht gleichwohl den jüngeren Rahel-Söhnen größeres Gewicht, indem sie deren Mutter Rahel als Lieblingsfrau Jakobs und deren Söhne Josef und Benjamin als die Lieblingssöhne Jakobs erscheinen läßt. In der Josefsgeschichte schließlich fallen die älteren Brüder vor ihrem jüngeren Bruder Josef nieder (Gen 42,6). Die Söhne Josefs, Efraim und Manasse, erhalten einen besonderen Segen Jakobs (Gen 48).

Bei dieser Vorrangstellung der Rahel-Stämme ist es sicher kein Zufall, daß die Initiative zum Königtum in Israel von den Rahel-Stämmen ausging und daß der erste israelitische König, ein Benjaminit, den Rahel-Stämmen zugehörte. Diese Prävalenz der Rahel-Stämme macht es schließlich verständlich, daß bei der Staatengründung der Name Israel, der ursprünglich dem Sechserverband der Lea-Stämme eigen war, zur Bezeichnung eines Staates wurde, in dem Angehörige der Rahel-Stämme führend waren, während der Staat, der von Angehörigen der Lea-Stämme geführt wurde, die Bezeichnung Juda erhielt.

Es ist umstritten, ob für die Gemeinschaft Jahwes mit Israel und für die Vereinigung der Stämme untereinander bereits in vorstaatlicher Zeit die Bezeichnung *»Bund«* (hebr.: b^erit) verwendet wurde. *A. Alt, S. Mowinckel, G. von Rad* vertraten die Auffassung, daß bereits am Sinai ein Bundesschluß stattfand, und erschlossen aus dem Aufbau der Sinai-Perikope, der Erzählung von Jos 24 und vor allem aus dem Aufbau des Deuteronomiums, daß es in vorstaatlicher Zeit ein Bundesschlußfest gegeben habe, das alle sieben Jahre, vielleicht sogar jedes Jahr, zu Beginn des Jahres im Zusammenhang mit dem Herbstfest gefeiert, bei dem das Sinaigeschehen aktualisiert und Israel neu unter die Zusage aber auch unter die Verpflichtungen des Jahwebundes gestellt wurde. Entsprechend dem Aufbau des Deuteronomiums sei folgender Ablauf des Festes zu rekonstruieren: Selbstvorstellung Jahwes (»Ich bin Jahwe, euer Gott«), verkündigungsartiger Geschichtsrückblick, in dem die großen Taten Jahwes, die das Bundesverhältnis begründeten, rekapituliert und vergegenwärtigt wurden (Dtn 1—3), Paränese (Dtn 4—11), Gesetzesverkündigung (Dtn 12—26), Neuverpflichtung der Stämme auf Jahwe und das Bundesrecht, Ausrufung von Segen und Fluch (Dtn 27—31), wobei Israel für

den Fall der Bundestreue mit Segen belegt, für den Fall des Bundesbruches unter Fluch gestellt wird. – *G. E. Mendenhall* und *K. Baltzer* versuchten aufzuweisen, daß die Struktur des Bundes mit Israel Entsprechungen zu altorientalischen, vor allem zu hetitischen Staatsverträgen, aufweise.
In der neueren Forschung ist indessen das Alter der Bundesvorstellung in Israel umstritten. *R. Smend* zeigt auf, daß die »Bundesformel: »Ich will euer Gott sein – ihr sollt mein Volk sein« (Dtn 16,16–19; 29,11f; Lev 26,12; Jer 31,33), in der das Grundverhältnis zwischen Jahwe und Israel in kürzester Form zum Ausdruck gebracht ist, erst in deuteronomischer Form nachweisbar ist. – *L. Perlitt* schließlich weist mit Recht darauf hin, daß erst im Deuteronomium eine voll entfaltete, begrifflich konzipierte, systematisch durchgeführte Bundestheologie greifbar wird.
Es ist jedoch fraglich, ob man, wie Perlitt, daraus die weitergehende radikale Folgerung ziehen kann, daß das Verhältnis zwischen Jahwe und Israel erst in deuteronomischer Zeit als Bund verstanden wurde. Es ist vielmehr wahrscheinlich, daß die Konzeption des Bundes nicht erst vom Deuteronomium entworfen wurde, sondern daß das Deuteronomium bei der Entfaltung der Bundestheologie auf ältere Traditionen zurückgreift. Der Begriff »Bund« spielt bei den vordeuteronomischen Propheten zwar nur eine sehr geringe Rolle. In Hos 1,9 (»ihr seid nicht mein Volk, ich bin nicht für euch da«) klingt jedoch die »Bundesformel« bereits an (s. a. Hos 8,1). Die Absage »ihr seid nicht mein Volk, ich werde nicht für euch da sein«, setzt ein bestehendes Gottesverhältnis, das auf Grund des Abfalls Israels nunmehr aufgekündigt wird, voraus. Die Grundkonturen dieses Gottesverhältnisses sind bereits im Deboralied vorhanden: »Israel, das Volk Jahwes – Jahwe, der Gott Israels«. – Der Jahwist bezeichnet die Zusage Jahwes an Abraham als »Bund« und beschreibt in diesem Zusammenhang den Vorgang einer Bundesschlußzeremonie (Gen 15,6–11.17f). Der Blutritus am Sinai (s. o. S. 27) wird vielleicht schon vom Jahwisten, vielleicht erst von einem jüngeren Zusatz, als Bundesschluß interpretiert (Ex 24,6.8). Das vom Elohisten geschilderte Gemeinschaftsmahl auf dem Gottesberg (Ex 24,9–11) konnte als Bundesmahl verstanden werden, wenngleich der Begriff »Bund« beim Elohisten in diesem Zusammenhang nicht fällt. – Die in Verbindung mit Sichem belegten Gottesbezeichnungen »Baal-Berit« (»Herr des Bundes«) (Ri 8,3; 9,4) und »El-Berit« (Ri 9,46) lassen möglicherweise auf eine kanaanäische Vorform eines Bundes zwischen einer Gottheit und einer Menschengruppe schließen. – Neuerdings hat E. Otto auf Grund von Jos 3–6 auf ein in Gilgal im Zusammenhang mit dem Massotfest, das gegen Ende der vorstaatlichen Zeit entstand und einen zwischen Jahwe und den Stämmen geschlossenen Bund aktualisierte, geschlossen.

Lit.: *A. Alt*, Die Ursprünge des israelitischen Rechts, 1934 (Kl. Schr. I, S. 278–332); *S. Mowinckel*, Le Décalogue, 1927; *G. v. Rad*, Deuteronomiumstudien, 1947; ders., Das formgeschichtliche Problem des Hexateuch, 1938 (Ges. Stud.², S. 9–86); *G. E. Mendenhall*, Recht und Bund in Israel und dem Alten Vorderen Orient, 1960; *K. Baltzer*, Das Bundesformular, 1963; *R. Smend*, Die Bundesformel, 1963; *L. Perlitt*, Bundestheologie im Alten Testament, 1969; *E. Otto*, Das Mazzotfest in Gilgal, 1975.

4. *Das Leben Israels im Kulturland*

Lit.: *R. de Vaux,* Das Alte Testament und seine Lebensordnungen, I 1964²; II 1960.

Die Bevölkerungselemente, die in Palästina ansässig waren, bevor sich Israel im Land festsetzte, werden im Alten Testament vor allem als »Kanaanäer«, gelegentlich auch als »Amoriter« oder »Hetiter« bezeichnet. Auch nach der Landnahme der Israeliten blieb diese kanaanäische Bevölkerung im Land ansässig. Die Kanaanäer besaßen sogar die fruchtbaren Teile des Landes, etwa die Jesreelebene, Teile der Küstenebene und die Ebene von Bet-Schean, während die Israeliten vor allem in den weniger fruchtbaren, gebirgigen Teilen des Landes Wohn- und Lebensraum gefunden hatten (s. o. S. 38f).

Israel ist sich seiner Eigenart den Kanaanäern gegenüber stets bewußt gewesen und hat danach getrachtet, diese Eigenart zu wahren; das schließt aber nicht aus, daß sich mannigfaltige Beziehungen zwischen Israeliten und Kanaanäern anbahnten und Einflüsse auf allen Lebensgebieten von den Kanaanäern auf die Israeliten zukamen. Es war für Israel gar nicht möglich, sich auf die Dauer von den kanaanäischen Landesbewohnern völlig zu isolieren und zu distanzieren. In kultureller und wirtschaftlicher Hinsicht war Israel weitgehend auf die Zusammenarbeit mit den Kanaanäern angewiesen. Wie gewichtig das kanaanäische Bevölkerungselement im Land und wie umfangreich die Beziehungen Israels zu den Kanaanäern waren, geht schon daraus hervor, daß die Israeliten, die ursprünglich einen aramäischen Dialekt sprachen, nach dem Seßhaftwerden allmählich die Sprache der Landesbewohner, »die Sprache Kanaans«, annahmen. So bildete sich das Hebräische, das ein kanaanäischer Dialekt mit aramäischem Einschlag ist. Das zeigt auch, daß das Zusammenleben zwischen Israeliten und Kanaanäern in der Regel ein friedliches Nebeneinander, ein gegenseitiges Tolerieren war.

Gelegentlich bestanden vertragliche Regelungen, z. B. zwischen den Benjaminiten und den Städten Gibeon, Kefira, Beerot und Kirjat-Jearim (Jos 9) sowie zwischen dem Hause Josef und dem Stadtstaat Sichem. In beiden Fällen wurden die kanaanäischen Bewohner schließlich in den israelitischen Stammesverband eingegliedert (Sichem erscheint Num 26,31b als Sippe des Stammes Manasse). Die Stämme Issachar, Sebulon und Ascher standen anfangs in einem Dienstverhältnis zu den Küstenstädten und hatten dafür Anteil an fruchtbarem Land (s. o. S. 42f). Andererseits wird in der biblischen Überlieferung vorausgesetzt, daß kanaanäische Stadtstaaten, die lange Zeit ihr Eigenleben gegenüber Israel wahren konnten, im Laufe der Zeit, als Israel »erstarkte«, in ein Abhängigkeitsverhältnis zu den Israeliten gerieten. Freilich blieben auch Spannungen und Konflikte zwischen Israeliten und Kanaanäern nicht aus. So gelang es den Kanaanäern, die Daniten aus ihrem anfänglichen Siedlungsgebiet in der nördlichen Schefela (Hügelland) zu vertreiben; auf der anderen Seite vermochten die Israeliten, wahrscheinlich Benjaminiten und Efraimiten, einen Sieg über die Koalition kanaanäischer Stadtstaaten bei Gibeon zu erringen (Jos 10).

In Ri 9 wird ein Zwischenfall überliefert, der typisch ist als Versuch, die Spannung zwischen Israeliten und den in ihren Verband eingegliederten ehemaligen kanaanäischen Stadtstaaten politisch auszunutzen. Voraussetzung dieser Begebenheit ist die Eingliederung des Stadtstaates Sichem in den Verband des Stammes Manasse. Einem gewissen *Abimelech*, Sohn eines Manassiten Jerubbaal und einer Sichemitin, gelang es, die Einwohner des ehemaligen Stadtstaates von Sichem gegen die damals in Manasse führende und damit auch über Sichem herrschende Sippe Jerubbaal aufzuwiegeln. Mit Hilfe der Sichemiten tötete er die männlichen Angehörigen der Sippe Jerubbaal und ließ sich zum Stadtkönig von Sichem ausrufen. Als Abimelech, offenbar um sein Herrschaftsgebiet zu erweitern, seine Residenz nach Aruma, 10 km südöstlich von Sichem, verlegte, kam es zum Zerwürfnis zwischen Abimelech und den Sichemiten. Daraufhin ließ Abimelech Sichem erobern und zerstören. Bei einem Versuch, die Stadt Tebez (15 km nordöstlich von Sichem) einzunehmen, kam Abimelech ums Leben.

Das Seßhaftwerden im Kulturland bedeutete für Israel den Übergang vom Hirtendasein zum Ackerbau, vom Wanderleben in Zelten zum seßhaften Wohnen in Häusern und Siedlungen und damit den Beginn einer, wenn auch nur bescheidenen *Kultur*.

Archäologische Grabungen in Schilo, Bet-El, Ai, Mizpa, Gibea, Bet-Zur, Debir ergaben, daß die Häuser der Israeliten viel weniger sorgfältig gebaut waren als die der Kanaanäer in der späten Bronzezeit. Die Stadtmauern, soweit überhaupt vorhanden, wiesen nur geringe Stärke und Festigkeit auf. Die Keramik der Israeliten war aus grobem Material hergestellt und hatte wesentlich rohere Formen als die fein entwickelte Keramik der Bronzezeit. Die Städtekultur der Kanaanäer, die freilich gegenüber der Kultur der Bronzezeit schon eine Abwärtsentwicklung darstellte, und ihre Handelstätigkeit erschienen den Israeliten als etwas Fremdes, obwohl sich Israel gerade auf diesem Gebiet auf die Dauer kanaanäischen Einflüssen nicht entziehen konnte.

Die *Gesellschaftsordnung* der Israeliten wies, im Unterschied zur Feudalordnung der Kanaanäer, patriarchalische Struktur auf. Die kleinste soziologische Einheit, die Großfamilie, unterstand dem Familienoberhaupt, dem »Vater«. Die Oberhäupter der Großfamilien bildeten die Ältestenschaft der Sippe, die sich aus mehreren untereinander verwandten Großfamilien zusammensetzte. Mehrere Sippen wiederum waren in der größeren Gemeinschaft des Stammes zusammengeschlossen, der durch ein Ältestenkollegium geleitet wurde, das sich aus den Sippenältesten zusammensetzte.

In den Händen der Ältestenschaft eines Ortes lag auch die *Rechtsprechung* in Israel. Sie geschah auf Grund »kasuistisch« formulierter Rechtssätze, die in der Form »Wenn . . ., dann . . .« Anweisung für die Behandlung bestimmter Rechtsfälle geben (Näheres o. S. 61f).

Von besonderem Gewicht war die Auseinandersetzung Israels mit den Kanaanäern auf dem Gebiet des *Religiösen und Kultischen.* Denn die Eigenart Israels war gerade in seinem besonderen Gottesverhältnis begründet. Mit diesem Gottesverhältnis stand und fiel die Existenz Israels als Gottesvolk.

Die seit 1930 bei Ausgrabungen in rās schamra an der syrischen Nordküste, dem alten Ugarit, zutage gekommenen, in alphabetischer Keilschrift geschriebenen Tontafeltexte religiöser und mythologischer Art aus dem 14. Jh. v. Chr. gewähren einen guten Einblick in Religion und Kultus Kanaans[16]. — Die höchste der kanaanäischen Gottheiten war der als »König«, als Vater der Götter und Menschen bezeichnete Gott *El.* Eine größere Rolle aber spielte der als »Wolkenreiter« bezeichnete Himmelsgott *Baal,* der manche Züge des Gewittergottes *Hadad* annehmen konnte und so als Spender des Regens und der Vegetation galt. Nach dem ugaritischen Mythos wird Baal in der Trockenzeit von seinen Gegnern *Jam* und *Mot,* den mythischen Personifikationen des Meeres und des Todes, getötet und in der Unterwelt festgehalten, so daß alle Vegetation erstirbt. Zu Beginn der Regenzeit wird Baal mit Hilfe seiner Schwester und Gattin Anat zu neuem Leben erweckt und aus dem Totenreich befreit, so daß die Vegetation wieder aufblüht. Dabei wird die Feldbestellung als sympathetischer Zauber, der Baal zu Hilfe kommt, aufgefaßt. Die drei Hauptgöttinnen *Aschera* (die Gattin des Gottes El), *Anat* (Schwester und Gattin des Baal) und *Astarte* sind in ihren Funktionen nicht genau unterschieden. In ihnen vereinen sich Züge von Mutter-, Vegetations-, Fruchtbarkeits-, Liebes- und Kriegsgöttinnen. In ihren Heiligtümern spielt die kultische Prostitution eine wesentliche Rolle. Durch diesen Ritus soll die Vereinigung des Himmelsgottes Baal mit der Fruchtbarkeitsgöttin, die Vereinigung von Himmel und Erde,

16 Übersetzungen der wichtigsten Texte aus Ras Schamra (mit kurzer Einführung): *A. Jirku,* Kanaanäische Mythen und Epen aus Ras Schamra — Ugarit, 1962; *J. Aistleitner,* Die mythologischen und kultischen Texte aus Ras Schamra, 1964; *H. L. Ginsberg,* Ugaritic Myths, Epics, and Legends (ANET S. 129–155); *K.-H. Bernhardt,* Ugaritische Mythen, in: W. Beyerlin, Religionsgeschichtliches Textbuch zum AT, 1975, S. 205–243. — Zur kanaanäischen Religion: *H. Gese,* Die Religionen Altsyriens, in: Die Religionen der Menschheit X/2, 1970; *W. H. Schmidt,* Alttestamentlicher Glaube in seiner Geschichte, 1975², § 10, Die Bedeutung der kanaanäischen Götter im AT; s. a. die Artikel Baal, El, Anat, Aschera, Astarte in RGG³ und BHH.

nachvollzogen werden, um damit die Fruchtbarkeit von Mensch und Vieh zu garantieren und reiche Vegetation herbeizuführen.
Daß die Vegetationskulte des Baal und der Muttergöttin für Israel eine ständige Gefahr waren und die Ausschließlichkeit der Jahweverehrung sich erst allmählich in Israel durchsetzte, läßt das Alte Testament selbst erkennen. So setzt z. B. ein Sonderstück der Gideongeschichte (Ri 6,25—32) voraus, daß der Baal-Astarte-Kult an einigen Stellen in Israel illegitimerweise Fuß gefaßt hatte. Darauf lassen auch Baal-haltige Eigennamen in Israel (Jerub-Baal, Meri-Baal, Isch-Baal) schließen. Bei Ausgrabungen israelitischer Siedlungen kamen Tonfi-

Abb. 5 Baal-Stele aus rās schamra (Mitte 20. Jahrh. v. Chr.). Der Gott trägt eine gehörnte Kopfbedeckung, in der Rechten schwingt er eine Keule, die Linke faßt ein Blitzbündel, das nach unten in eine Speerspitze mündet. Vor ihm auf einem Podest ein Anbeter, wahrscheinlich der König von Ugarit.

gürchen der Muttergöttin, die als Amulette verwendet wurden, in großer Zahl zum Vorschein. Zahlreiche Verbote des apodiktischen Rechtes dienen der Abwehr kanaanäischer Fremdkulte; so wehrt das

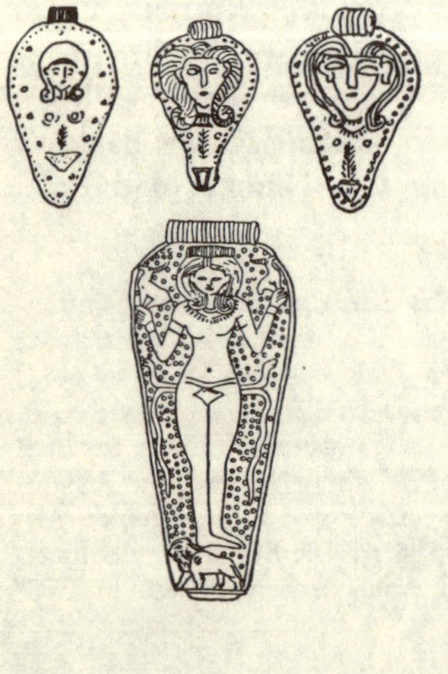

Abb. 6 Astarteamulette aus rās schamra. Die mit einer Öse versehenen Anhänger sind aus Goldblech hergestellt. Die Göttinnen tragen die Haartracht der ägyptischen Göttin Hathor (Ringellocken). Die Ganzdarstellung zeigt die unbekleidete Göttin auf sternenübersätem Hintergrund. Durch diese Art der Darstellung und durch die beiden Schlangen, die sich hinter ihrem Rücken kreuzen, ist sie als Fruchtbarkeitsgöttin gekennzeichnet, durch den schreitenden Löwen, auf dem sie, wie die ägyptische Göttin Kadesch, steht, als Kriegsgöttin, durch die Tiere in ihren Händen als Gebieterin über die Tiere. – Auf den kleineren Plaketten sind nur der Kopf der Göttin und die weiblichen Sexualmerkmale (Scham und Brüste) dargestellt.

Verbot, ein Böckchen in der Milch seiner Mutter zu kochen, einem kanaanäischen Milchzauber. Das Verbot des Genusses von Schweinefleisch geht darauf zurück, daß das Opfer des wilden Ebers Bestandteil des Adoniskultes war. Strikte Ablehnung fand im Gesetz Israels vor allem der Baal-Astarte-Kultus und die damit verbundene kultische Prostitution, die als »Greuel« empfunden wurde (Ex 23,19; Lev 11,7; Dtn 14,8; Lev 19,29; Dtn 23,17f).

Gerade in der Auseinandersetzung mit der kanaanäischen Religion prägte sich erst recht die Eigenart des Jahweglaubens und kam Israel deutlich zum Bewußtsein, daß Jahwe, der sich in Israel bisher vor allem auf dem Gebiet der Geschichte mächtig erwiesen hatte, der Geber all dessen ist, was man sich von Baal erhoffte: nämlich Regen, Fruchtbarkeit, blühende Vegetation.

Auf dem Gebiet des Kultischen sind, neben manchen Unterschieden und Gegensätzen, auch gewisse Gemeinsamkeiten festzustellen. Das Opferwesen in Israel entspricht weitgehend dem, was wir aus der Umwelt Israels kennen. Die Israeliten übernahmen ferner alte kanaanäische Heiligtümer, wie Bet-El, Beerscheba, Hebron, Sichem, Gilgal, und den Festkalender der Kulturlandtradition. Freilich fand hier eine charakteristische Umprägung des Sinngehaltes dieser Feste statt. Die Feste, die von Natur aus Ackerbaufeste waren, wurden »historisiert« und mit den großen Daten der Heilsgeschichte Israels, vor allem mit dem Auszugsgeschehen, in Verbindung gebracht (s. o. S. 66f).

Die Zeit der Landnahme Israels ist, kulturgeschichtlich, gekennzeichnet durch den Übergang von der späten Bronzezeit zur Eisenzeit, die wiederum in die Perioden Eisen I (vom Seßhaftwerden Israels bis zur Staatentrennung, etwa 1200 bis 900) und Eisen II (von der Staatentrennung bis zum Exil, 900 bis 600)[17] zerfällt. Die Verhüttung und Verwertung von Eisen gelang zunächst den Hetitern. Die Philister brachten die Kunst der Eisenverwertung nach Palästina und hielten hier längere Zeit das Monopol auf diesem Gebiet (1Sam 13,19–22).

5. *Kriegerische Auseinandersetzungen*

Quellen: Richtererzählungen.

Lit.: *G. v. Rad*, Der heilige Krieg im alten Israel, 1952; *R. Smend*, Jahwekrieg und Stämmebund, 1963, 1966²; *M. Weippert*, »Heiliger Krieg« in Israel und Assyrien, ZAW 84, 1972, S. 460–493.

17 Kürzlich hat man eine neue Bezeichnung und Unterteilung der bisher Eisen I und Eisen II bezeichneten Perioden vorgeschlagen: Israelitisch I (1200–1000), Israelitisch II (1000–840), Israelitisch III (840–587). Vgl. *Y. Aharoni, R. Amiran*, A New Scheme for the Sub-Division of the Iron Age in Palestine (Israel Exploration Journal 8, 1958, S. 171–184).

Der sakrale Zwölfstämmeverband Israels war keine politische Größe und hatte auch keine politische Führungsspitze. Daher war der einzelne Stamm in der Regel auf sich selbst gestellt, wenn es galt, Angriffe der Kanaanäer oder der Nachbarstaaten abzuwehren und den eigenen Lebensraum zu verteidigen. Das zeigt u. a. das Beispiel des Stammes Dan, als er aus seinem ursprünglichen Siedlungsgebiet verdrängt wurde und sich neuen Lebensraum verschaffen mußte. Der Zwölfstämmeverband als Ganzer trat, wenigstens in den ersten Jahrhunderten seines Bestehens, politisch und kriegerisch nicht in Aktion. Wenn allerdings die Existenz eines Stammes entscheidend gefährdet war, konnte es geschehen, daß sich mehrere benachbarte Stämme zu gemeinsamem Handeln zusammenschlossen.
Berufsmäßige Heerführer und Krieger waren dem alten Israel ebenso fremd wie ein stehendes Heer. Aus den wehrfähigen, freien Bauern der Stämme rekrutierte sich der Heerbann, der jeweils durch Posaunenruf aufgeboten wurde. Anführer des Heerbannes waren Charismatiker, die je und dann spontan »vom Geiste Jahwes ergriffen« und dadurch zu außerordentlichen kriegerischen Taten befähigt wurden. Ihre Legitimität und Autorität gründeten in der Berufung und Ausrüstung durch Jahwe. Die im Alten Testament belegte Bezeichnung *»Krieg Jahwes«* (Num 21,14; 1Sam 18,17; 25,28; s. a. Ex 17,16; 1Sam 17,47) kennzeichnet Jahwe als den eigentlichen Herrn dieses Krieges. Befragung Jahwes, Siegeszusage durch einen Gottessprecher (»Jahwe hat die Feinde in deine Hand gegeben«), Aufruf zur Furchtlosigkeit und Vertrauen auf Jahwe, sakrale Weihe und Enthaltsamkeit der Krieger gehörten zu den Vorbereitungen eines Jahwekrieges. Da Jahwe in einem solchen Krieg der eigentliche Kriegsherr war und den Krieg durch machtvolle Tat für sein Volk führte, gehörte ihm auch alle Beute und mußte »gebannt«, d. h. Jahwe übereignet werden, indem alles Lebende getötet und alle übrige Beute als Weihgabe dargebracht wurde. Die Entlassung des Heerbannes erfolgte mit dem Ruf: »Zu deinen Zelten, Israel!«.

Die charismatischen Führer der vorstaatlichen Zeit werden im Richterbuch als »Helden«, »Retter« oder *»Richter«* bezeichnet. Die Termini »richten, Recht, Gerechtigkeit, Richter« sind im Alten Testament keineswegs auf den juristischen Bereich beschränkt, beziehen sich nicht einmal in erster Linie auf diesen Bereich. Unter »Recht« (hebr. *mischpat*) ist eine heilvolle, lebenermöglichende, lebenerhaltende und -fördernde Ordnung zu verstehen. »Richten« meint jede Tätigkeit im politischen, juristischen, sozialen und militärischen Bereich, die eine solche heilvolle Ordnung zustande bringt, schafft, aufrichtet, erhält, fördert und allem wehrt, was diese heilvolle Lebensordnung gefährdet oder zerstört. Darum kann auch die Abwehr von Feinden, die die Lebensmöglichkeiten einer Gemeinschaft bedrohen, als »richten« und der Führer eines solchen kriegerischen Unternehmens als »Richter« bezeichnet werden.

Von diesen charismatischen Führern, den traditionell sogenannten »Großen Richtern«, sind die in der Liste der »*Kleinen Richter*« (Ri 10, 1–15; 12,7–15) überlieferten Amtsträger, die wahrscheinlich Funktionen innerhalb der Stämme ausübten, zu unterscheiden[18]. Während die charismatischen Führer jeweils nur zur Erfüllung einer konkreten Aufgabe in Aktion traten, hatten die »Kleinen Richter« offenbar ein dauerndes Amt inne. Dabei ist umstritten, ob es sich hierbei um ein stämmeübergreifendes oder gar gesamtisraelitisches Amt, dessen Träger in lückenloser Reihenfolge aufeinander folgten (so M. Noth), handelte, oder ob sich die Tätigkeit der Kleinen Richter auf jeweils einen Stamm oder auf ein Gebiet innerhalb eines Stammes beschränkte (so G. Fohrer, W. Richter, K. D. Schunck, S. Herrmann).

Im Zusammenleben zwischen Israeliten und Kanaanäern konnten auf die Dauer Spannungen und Konflikte nicht ausbleiben. Kleinere Auseinandersetzungen wird es ständig gegeben haben. Von einer entscheidenden, in ihrer Bedeutung weitreichenden Auseinandersetzung zwischen Israeliten und einem *kanaanäischen Stadtstaat* berichtet eine Prosaerzählung Ri 4 und ein Siegeslied Ri 5, das zu den ältesten Stükken im Alten Testament zählt. Als Hintergrund des Geschehens ist wohl die Abhängigkeit der Stämme Issachar, Sebulon und Ascher von kanaanäischen Stadtstaaten zu sehen. Durch Aufruf und Siegeszusage der Prophetin *Debora* veranlaßt, zieht *Barak*, aus dem Stamme Naftali, gegen *Sisera*, den König von Haroschet, im Nordwestausgang der Jesreelebene, zu Felde. Der Heerbann der Stämme Naftali und Sebulon (nach Ri 5 auch der Stämme Efraim, Benjamin, Machir und Issachar) versammelt sich bei Kedes. Vom Tabor herabkommend, stoßen die Israeliten in der Jesreelebene bei Taanach am Bach Kischon auf die Streitwagenmacht Siseras, der völlig geschlagen wird, zu Fuß fliehen muß, im Zelt eines Keniters Zuflucht sucht und dort ermordet wird. Im Siegeslied von Ri 5 legt Israel Zeugnis davon ab, daß dieser Sieg nur durch die Hilfe Jahwes, der sich schon in der Vorgeschichte Israels als mächtig erwiesen hatte, gelingen konnte. Dieses Ereignis ist deswegen von grundlegender Bedeutung, weil hier den Israeliten zum ersten Mal ein Sieg über die Streitwagenmacht eines kanaanäischen Stadtstaates in der Ebene gelingt. Damit war die Vorherrschaft der Kanaanäer in der Jesreelebene zum wenigsten geschwächt und wurde in der Folgezeit offenbar ganz gebrochen, bis schließlich die Stämme Israels im ganzen Lande noch in vorstaatlicher Zeit weitgehend die Vorherrschaft über die Kanaanäer erlangten.

18 *M. Noth*, Das Amt des »Richters Israels«, 1950 (Ges. Stud. II, S. 71–85); *W. Richter*, Zu den »Richtern Israels«, ZAW 77, 1965, S. 40–72; *G. Fohrer*, ThLZ 91, 1966, Sp. 902; *K.-D. Schunk*, Die Richter Israels und ihr Amt, VT Suppl. 15, 1966, S. 252–262; *S. Herrmann*, Geschichte Israels, S. 148–154.

In vorstaatlicher Zeit hatte sich Israel nicht nur gegen die kanaanäischen Mitbewohner des Landes zu behaupten, es kam auch zu ernsthaften *Auseinandersetzungen mit den Nachbarstaaten.* Das galt vor allem für die Völker, die sich etwa gleichzeitig mit der Landnahme der Israeliten am Rande der syrisch-arabischen Wüste im östlichen und südöstlichen Ostjordanland niedergelassen hatten und ihr Gebiet nach Westen hin auf Kosten Israels zu erweitern suchten.

Den südlich des Arnon ansässigen *Moabitern* war es gelungen, ihr Gebiet über den Arnon hinweg nach Norden zu erweitern, ja sogar den Jordan zu überschreiten, das Gebiet von Jericho zu annektieren und die umwohnenden Benjaminiten tributpflichtig zu machen. Beim Abliefern des Tributes ermordete der Benjaminit *Ehud* den Moabiterkönig Eglon, nutzte die Verwirrung der Moabiter und rief die Nachbarstämme zur Heeresfolge. Die Israeliten besetzten die Jordanfurten und rieben die westlich des Jordan stationierten moabitischen Truppen auf (Ri 3,12—30). Später konnten sie sogar die Moabiter wieder bis südlich des Arnon zurückdrängen.

Die *Ammoniter* saßen am Oberlauf des Jabbok. Sie griffen in das Siedlungsgebiet der Efraimiten südlich des Jabbokunterlaufes über und entrissen ihnen die Ortschaft Gilead. Die Efraimiten wandten sich in ihrer Not an *Jiftach* (Jephta), Sohn eines Efraimiten und einer Dirne, der eine Streifschar um sich gesammelt und in dem uns unbekannten Lande »Tob« Waffenerfahrung gesammelt hatte. Jiftach berief den Heerbann nach Mizpa in Gilead und schlug die Ammoniter mit Waffengewalt zurück (Ri 10,17—12,33).

Im Unterschied zu den soeben genannten seßhaften Völkern waren die *Midianiter* und *Amalekiter* Nomaden, die die syrisch-arabische Wüste durchzogen. Den Midianitern war im 12. Jahrhundert die Domestikation des Kamels gelungen. Das gab ihnen die Möglichkeit, sich weiträumig und schnell fortzubewegen und Raubüberfälle ins Kulturland zu unternehmen. In großen Scharen fielen sie im Frühjahr ins Kulturland ein, ließen ihre Kamele die aufkeimende Saat abweiden, raubten Vieh und Erntebestände und verschwanden ebenso schnell, wie sie gekommen waren. Sie wurden auch für Israel zu einer gefährlichen Plage und verbreiteten durch ihre Schnelligkeit und Fremdartigkeit lähmenden Schrecken. Als sie wieder einmal in die Jesreelebene eingefallen waren und sich nach erfolgreichem Beutezug an der Harodquelle am Nordwestabhang des Gilboagebirges lagerten, sammelte der Manassit *Gideon,* durch göttliche Berufung und Zusage des Sieges vergewissert, eine kleine Schar sorgfältig ausgewählter, furchtloser Männer um sich und führte bei Nacht durch geschicktes Manövrieren einen Überraschungsangriff auf das Lager der Midianiter, die kopflos die Flucht ergriffen und sich in die Wüste zurückzogen. Damit war offenbar die Midianitergefahr für immer gebannt (Ri 6—8).

Die bei weitem gefährlichste Bedrohung der Israeliten ging von den *Philistern* aus. Kleinere Auseinandersetzungen zwischen ihnen und dem benachbarten Stamm Dan sind in den Simsongeschichten vorausgesetzt (Ri 13—16). In der Gestalt des *Simson* stellt die Tradition im übrigen einen Charismatiker vor Augen, der die von Jahwe verliehene Gabe vertändelt und dem ihm gewiesenen Auftrag nicht gerecht wird. — Wahrscheinlich ist es nicht zuletzt auf den Druck der Philister zurückzuführen, daß der Stamm Dan seinen ursprünglichen Wohnsitz im judäischen Hügelland nicht behaupten konnte und nach Norden abwandern mußte. Es war ständig das Bestreben der Philister, ihr Gebiet nach Osten hin zu erweitern und die Vorherrschaft über Palästina zu erringen. Darum konnte eine entscheidende Auseinandersetzung zwischen Israeliten und Philistern auf die Dauer nicht ausbleiben.

Weitere Literatur zum Problem des Stammessystems und der Amphiktyonie:
Zur Forschungsgeschichte:
M. Metzger, Probleme der Frühgeschichte Israels, Verk. u. Forschung 22, 1977, S. 30–43; *O. Bächli*, Amphiktyonie im Alten Testament, 1977.
H.-J. Zobel, Stammesspruch und Geschichte, 1965; *H. Weippert*, Das geographische System der Stämme Israels, VT 23, 1973, S. 76–89; *K. Nakimi*, Reconsideration of the Twelve-Tribe System of Israel, Annual of the Japanese Biblical Institute 2, 1976, S. 29–59; *C.H.J. de Geus*, The Tribes of Israel, 1976; *H. Seebass*, Erwägungen zum altisraelitischen System der zwölf Stämme, ZAW 90, 1978, S. 196–200; *N.K. Gottwald*, The Tribes of Yahweh, 1979.
H. Weippert arbeitet heraus, daß das Stammessystem in Gen 29/30 genealogisch, das System in Num 34; Jos 21; Ri 1,1–35 hingegen geographisch geordnet ist. *De Geus* unterscheidet zwischen einem genealogischen System, in dem Joseph und Levi enthalten sind, und einem geographischen System, in dem Levi nicht vorkommt, Joseph in Ephraim und Manasse unterteilt ist. Das geographische System (mit Ephraim und Manasse) datiert er in die frühe Königszeit, das genealogische System in die Zeit der Restauration nach 722. Nach *Gottwald* erfüllte das geographische System (ohne Levi) in davidischer Zeit praktisch-politische Funktion und entsprach den Verwaltungsbezirken Davids, während das System mit Levi nach der Umorganisation der Verwaltung unter Salomo zu einem genealogischen System mit religiös-symbolischer Bedeutung wurde. Gottwald verfolgt mit seiner Darstellung das Ziel einer materialistischen Interpretation der Jahwe-Religion. – Die Datierung des Stammessystems in die frühe Königszeit scheitert m.E. daran, daß die Anordnung der Stämme im System weder den Machtverhältnissen der frühen Königszeit noch der Zuordnung der Stämme zu Nord- und Südreich entspricht (s.o. S. 52ff; s.a. *M. Metzger*, Verk. u. Forschung 22, 1977, S. 42f).
Literatur zur vorstaatlichen Zeit insgesamt:
B. Mazar (Hrsg.), Judges. The World History of the Jewish People, III, 1971; *W. Thiel*, Die soziale Entwicklung Israels in vorstaatlicher Zeit, 1980.

4. Kapitel

Das frühe Königtum in Israel

Lit.: *A. Malamat* (Hrsg.), The Age of the Monarchies. The World Jewish History, IV,1.2, 1979.

1. *Die Staatengründung unter Saul (Ende des 11. Jh. v. Chr.)*

Quellen: Ladeerzählung: 1Sam 4,1b–7,1; Saultradition: 1Sam 9,1–16,13; Geschichte vom Aufstieg Davids: 1Sam 16,14 – 2Sam 7.

Lit.: *A. Alt*, Die Staatenbildung der Israeliten in Palästina, 1930 (Kl. Schr. II, S. 1–65); *H. J. Boecker*, Die Beurteilung der Anfänge des Königtums in den deuteronomistischen Abschnitten des 1. Samuelisbuches, 1969; *J. A. Soggin*, Das Königtum in Israel, Ursprünge, Spannungen, Entwicklung, 1967; *A. Weiser*, Samuel – seine geschichtliche Aufgabe und religiöse Bedeutung, 1962; *H. Wildberger*, Samuel und die Entstehung des israelitischen Königtums, ThZ 13, 1957, S. 442–469; *H. Donner*, Herrschergestalten in Israel, 1970, S. 1ff.

Der sakrale, politisch nicht zusammengefaßte Zwölfstämmeverband war von Staatsgebilden verschiedener Prägung umgeben. Die Wohngebiete der Stämme waren von kanaanäischen Stadtstaaten durchsetzt, gekennzeichnet durch dynastisches, d. h. erbliches Königtum und feudalistische Staatsordnung, wobei ein zahlenmäßig geringer Ritteradel, in dessen Hand auch das Kriegshandwerk lag, über eine abhängige Untertanenbevölkerung herrschte. Im Südwesten Palästinas hatten die im 13. Jahrhundert eingewanderten Philister das Erbe der dortigen Stadtkönigtümer angetreten und deren Herrschaftsform übernommen. Während die kanaanäischen Stadtstaaten nur in bestimmten akuten Fällen politische Bündnisse untereinander eingingen, in der Regel aber getrennt voneinander lebten, ja nicht selten einander bekämpften, waren die philistäischen Stadtstaaten durch ein Bündnis politisch geeint, traten immer gemeinsam in Aktion und entwickelten dadurch eine große Stoßkraft. Ihr Heer bestand aus schwerbewaffneten Berufskriegern (vgl. die Beschreibung der Rüstung Goliats, 1Sam 17,5–7) und Söldnertruppen, deren Führer unter der Verpflichtung der Heeresfolge mit Land belehnt wurden (vgl. das Beispiel Davids, 1Sam 22,2; 27,1ff). Ganz anders geartet war das Königtum der mit den Israeliten verwandten Völker, die, wie diese, im Zuge der aramäischen Wanderung ins Land gekommen waren und sich im Osten und Südosten des Kulturlandes am Rande der syrisch-arabischen Wüste festgesetzt hatten. Schon bald nach ihrer Landnahme kam es bei diesen Völkern, den

Edomitern, Moabitern, Ammonitern und Aramäern, zur Gründung von Staaten auf nationaler Grundlage. Die Territorien dieser Staaten waren umfangreicher als die der philistäischen und erst recht der kanaanäischen Stadtstaaten. Im Unterschied zum dynastischen Königtum der Kanaanäer und Philister kannten sie kein erbliches Königtum (vgl. hierzu die edomitische Königsliste in Gen 36,31–39!).

Von diesen, den Israeliten verwandten Völkern gilt, was Gen 36,1 von den Edomitern ausdrücklich gesagt wird, daß es bei ihnen zur Staatenbildung kam, »ehe ein König in Israel war«. Das Königtum galt in Israel als etwas Heidnisches, dem Wesen Israels Fremdes. Daß es in Israel lange Zeit bei einem rein sakralen Bund der Stämme blieb und nicht zum staatlich-politischen Zusammenschluß mit monarchischer Spitze kam, liegt zutiefst in den Gegebenheiten begründet, die die Eigenart und das Wesen Israels ausmachten, nämlich im besonderen Verhältnis Jahwes zu Israel. Das kommt in knappster Formulierung in der Antwort zum Ausdruck, die nach Ri 8,22f Gideon gab, als man ihm nach seinem Midianitersieg das erbliche Herrscheramt über Israel antrug: »Ich will nicht über euch herrschen; Jahwe soll über euch herrschen.« Die Einrichtung eines Königtums nach heidnischem Muster widerspricht dem Herrschaftsanspruch Jahwes über Israel. Die Selbstsicherung Israels durch politischen Zusammenschluß der Stämme unter politischem Oberhaupt steht im Gegensatz zu der Forderung, daß es von seinem Gott abhängig sein und auf sein jeweiliges Eingreifen vertrauen sollte. Wie kam es dennoch zur Staatenbildung in Israel und damit zur Ablösung der alten Ordnung? Welcher Art war das Königtum in Israel in der Frühzeit der Staatengründung?

Den letzten Ausschlag zum politischen Zusammenschluß der Stämme unter einem staatlichen Oberhaupt gab eine politische Notlage, verursacht durch das Bestreben der *Philister*, ganz Palästina unter ihre Vorherrschaft zu bringen. Von Afek aus stießen sie in efraimitisches Gebiet vor und schlugen die Israeliten, die sich bei Eben Ezer gesammelt hatten. Nunmehr holten die Israeliten die Lade aus dem Tempel zu Schilo, um sich dadurch der Gegenwart Jahwes zu vergewissern. Auch beim zweiten Zusammenstoß blieben die Philister siegreich und schlugen den Heerbann der Israeliten vernichtend. Das Heiligtum der Lade geriet in die Hände der Philister, die Ladepriester kamen in der Schlacht um, und höchstwahrscheinlich erfolgte im Zusammenhang dieses Philistersieges auch die Zerstörung des Tempels zu Schilo, auf die Jer 7,12.14; 26,6.9 Bezug nimmt. Auch politisch zog der Sieg der Philister einschneidende Folgen für Israel nach sich: die Philister hatten ihr Ziel, nämlich die Oberhoheit über Palästina, nahezu erreicht. Das bedeutete zwar nicht, daß die Philister vom Gebiet der Israeliten Besitz ergriffen. Sie besetzten vielmehr bestimmte strategisch wichtige Punkte mit Besatzungsposten (z. B. Gibea 1Sam 13,3; Ziklag 27,5f; Betlehem 2Sam 23,14), zwangen die Israeliten zur Abgabe von Naturalien, die sie durch Streifscharen eintrieben (1Sam 13,16ff; 23,1), verfügten eine völlige Entwaffnung Israels und verboten den Israeliten daher auch das Schmiedehandwerk (1Sam 13,19ff). Es gelang ihnen aber offenbar nicht überall, durch eine wirksame Kontrolle ihre Forderungen durchzusetzen.

In dieser notvollen Lage entstand in Israel der Wunsch nach staatlichem Zusammenschluß aller Stämme unter ständigem politischem Oberhaupt, nach einem »König, wie es bei allen Völkern Brauch ist« (1Sam 8,5). Das Angewiesensein auf je und dann spontan auftretende Charismatiker erschien als zu unsicher. Gegenüber dem gutgerüsteten, kampfgeübten und jederzeit einsatzfähigen Berufsheer der Philister sah man sich mit dem schlecht ausgerüsteten, wenig geübten Heerbann der israelitischen Bauern, die zudem nur zeitweilig abkömmlich waren, im Nachteil.

Über das Zustandekommen des Königtums in Israel liegen verschiedene Traditionen vor, die den Hergang der Erhebung des ersten Königs in Israel im einzelnen verschieden darstellen. Sie stimmen aber darin überein, daß *Samuel* dabei eine wesentliche Rolle gespielt habe. In den verschiedenen Überlieferungen wird Samuel bald als Richter in Israel, bald als Nasiräer, bald als Prophet, Seher und Gottesmann dargestellt. Das zeigt, welche große Bedeutung ihm zukam. Die ersten Anfänge des Königtums in Israel bedeuteten keinen völligen Abbruch des Alten, man knüpfte vielmehr in mancher Hinsicht an die Einrichtung des charismatischen Führertums an. Wie dem Auftreten der charismatischen Führer eine Berufung vorausging, so wurde von Samuel der Benjaminit *Saul*, Sohn des Kisch, zum künftigen Herrscheramt designiert. Die Art seines ersten öffentlichen Auftretens bewegte sich ganz in den Bahnen eines charismatischen Führers: im Osten hatte der *Ammoniterkönig Nachasch* die durch die Philister verursachte Wehrlosigkeit der Israeliten ausgenutzt, das Land Gilead südlich des Jabbok besetzt, war in das israelitische Gebiet nördlich des Jabbok vorgedrungen und belagerte die Stadt Jabesch-Gilead, deren Einwohner sich in höchster Not hilfesuchend an die übrigen Stämme wandten. »Da kam der Geist Gottes über Saul, und sein Zorn entbrannte heftig« (11,6). In kürzester Zeit berief er auf drastische Weise den Heerbann aller Stämme ein, entsetzte Jabesch und trieb die Ammoniter zurück. Diesen von Jahwe berufenen, im Kampfe bewährten Charismatiker nun riefen die Stämme Israels im Heiligtum zu Gilgal, das zum kultischen Mittelpunkt der Stämme geworden war, zum König von Israel aus (1Sam 11). Damit war etwas Neues gegeben: neben die Berufung durch Jahwe trat die Akklamation des Volkes. Aus vorübergehender Führerschaft wurde ein dauerndes Herrscheramt. Die einzelnen Stämme, die bisher politisch unabhängig waren, unterstellten sich für dauernd einem gemeinsamen Herrscher. Aus einem sakralen Stämmeverband ohne politische Führung war ein nationales Königtum geworden. Dem König fiel in erster Linie die Aufgabe zu, ständiger Führer des Heerbannes zu sein und für eine wirksame Abwehr zu sorgen. »Unser König soll uns Recht verschaffen, er soll vor uns herziehen und unsere Kriege führen!« (1Sam 8,20b).

Die erste Aufgabe, die Saul in die Hand nahm, bestand darin, die Vorherrschaft der Philister über Israel zu brechen. Um jederzeit einsatzfähig zu sein, warb Saul eine kleine Schar von Berufskriegern (1Sam 14,52b), die ihm ständig zur Verfügung stand. Wahrscheinlich mit einer solchen Schar von Berufskriegern gelang es Jonatan, dem ältesten Sohn Sauls, durch einen Überraschungsangriff den philistäischen Besatzungsposten in Gibea zu vernichten. Schließlich konnte Saul sämtliche im Lande stationierten Besatzungstruppen, die sich bei Michmas gesammelt hatten, schlagen und aus dem Lande vertreiben (1Sam 13—14). Damit war vorläufig das Joch der Philister abgeschüttelt. Eine entscheidende Auseinandersetzung mit der gesamten Heeresmacht der Philister konnte jedoch auf die Dauer nicht ausbleiben. Dem Anfangserfolg im Kriege gegen die Philister konnte Saul noch einen Sieg über die *Amalekiter*, einem Nomadenverband aus der südlichen Wüste, hinzufügen (1Sam 15).

Das Königtum Sauls war ein Heerkönigtum auf nationaler Grundlage, in manchem vergleichbar den Königtümern der östlichen Nachbarn. Nach dem Vorbild der Philister hatte Saul eine kleine Truppe von Berufskriegern eingerichtet. Während die Teilnehmer des Heerbannes sich selbst zu verpflegen hatten (vgl. 1Sam 17,17ff), sorgte der König für den Unterhalt der Berufskrieger und belehnte sie mit Krongut (1Sam 22,7). Zum Feldhauptmann des Heerbannes setzte Saul seinen Vetter *Abner* ein (1Sam 14,50). Sein Schildknappe war David, Sohn des Isai (1Sam 16,14—23). In seiner Heimatstadt Gibea, 6 km nördlich von Jerusalem, richtete Saul seine Residenz ein. Hier konnten die Überreste einer bescheidenen Königsburg ausgegraben werden[1].

Sauls Kriege weisen typische Merkmale von Jahwekriegen auf: Vorbereitung durch Opfer (1Sam 13,9) und Gottesbefragung (14,18f. 36ff), Enthaltungsgelübde (14,24ff), Bannung der Beute (15,3.8). Auf die Dauer blieben jedoch Spannungen zwischen den hergebrachten Forderungen des Jahwekrieges und dem, was Saul von strategischen und politischen Gesichtspunkten her für notwendig hielt, nicht aus (Spannung zwischen auferlegter Wartepflicht und Notwendigkeit kriegerischen Handelns 13,8ff, vgl. 14,18ff; Übergriffe des Königs in Kulthandlungen; Nichtausführung des Banngebotes 15,9.20ff; vgl. ferner Jonatans Kritik an der Unzweckmäßigkeit des Enthaltungsgelübdes 14,29f). So kam es zum Bruch zwischen Saul und Samuel, dem Hüter der alten Sakraltraditionen, der verkündete, Jahwe habe Saul verwor-

1 Der Grundriß des Palastes zu Gibea findet sich zum Artikel »Gibea« im Biblischen Reallexikon und im Biblisch-Historischen Handwörterbuch.

fen (1Sam 15). Damit waren dem Königtum Sauls die entscheidenden Grundlagen entzogen. Die Tatsache, daß Saul »vom Geiste Jahwes verlassen« und »von einem bösen Geiste von Jahwe gequält« wurde (16,14), wirkte sich aus in Schwermut, Eifersucht und Mißtrauen.

Das Königtum Sauls ist nicht von langer Dauer gewesen. Die Krise von innen bot keine gute Voraussetzung für die Auseinandersetzung mit den Philistern, die mit ihrem Gegenschlag wohl nicht lange auf sich warten ließen. Von Afek aus zogen die Philister, wahrscheinlich im Bunde mit anderen südlich des Karmel ansässigen Seevölkerelementen, nach Norden, besetzten die Jesreelebene und lagerten sich bei Jesreel. Damit waren die Nordstämme Israels von den Mittel- und Südstämmen abgeschnitten, so daß Saul nicht seine gesamte Macht sammeln konnte. In tiefster Verzweiflung wandte sich Saul, da »Jahwe ihm nicht antwortete, weder durch Träume noch durch Los, noch durch Propheten«, um Weisung an eine Totenbeschwörerin, die ihm den Untergang ankündigte (1Sam 28). In der Schlacht »an der Quelle bei Jesreel«, wahrscheinlich der Harodquelle am Nordwesthang des Gilboaberges, wo einst Gideon seinen Midianitersieg erfochten hatte, schlugen die Philister die Israeliten vernichtend. Die meisten der Söhne Sauls fielen im Kampf, er selbst wurde verwundet und stürzte sich in sein Schwert. Die Philister nahmen Kopf und Waffen Sauls als Siegestrophäe mit sich, die Leichname Sauls und seiner Söhne hingen sie an der Stadtmauer von Bet-Schean auf. Die Einwohner von Jabesch-Gilead zeigten sich ihrem einstigen Retter dankbar, entfernten heimlich die Leichen und ließen ihnen ein ehrenvolles Begräbnis zuteil werden. Die Philister besetzten das ganze Land, ihre Vorherrschaft über Palästina war unbestritten.

2. *Das Großreich Davids (etwa 1. Hälfte des 10. Jh. v. Chr.)*

Quellen: Geschichte vom Aufstieg Davids: 1Sam 16,14 – 2Sam 7; Geschichte von der Thronnachfolge Davids: 2Sam 9–20; 1Kön 1.2.

Lit.: *L. Rost*, Die Überlieferung von der Thronnachfolge Davids, 1926; *A. Alt*, Das Großreich Davids, 1950 (Kl. Schr. II, S. 66–75); *H. Donner*, Herrschergestalten in Israel, 1970, S. 11ff; *W. Dietrich*, David in Überlieferung und Geschichte, Verk. u. Forschung 22, 1977, S. 44–46 (sehr umfangreiche Literaturangaben!).

Die Niederlage auf den Gilboabergen, die das Ende des ersten Königtums in Israel bedeutete, brachte für Israel einen bisher nicht gekannten Tiefpunkt der politischen Entwicklung. Diesem Tiefpunkt sollte jedoch ein ganz erstaunlicher Aufstieg folgen, der Israel in kürzester Zeit zu einer weder vorher noch nachher jemals erreichten politischen Höhe brachte. Dieser Aufstieg ist unlöslich verknüpft mit der Person

Davids. David, der jüngste von acht Söhnen eines gewissen Isai aus dem Stamme Juda, beheimatet in Betlehem (8 km südlich von Jerusalem), war ein Mann voll Tatkraft und Energie, mit politischem Instinkt und diplomatischer Fähigkeit begabt, der seine Ziele mit Geduld und Zähigkeit verfolgte, nichts überstürzte und den rechten Augenblick zur Verwirklichung seiner Ziele abzuwarten verstand. — Er trat zum ersten Mal öffentlich als Waffenträger Sauls in Erscheinung (1Sam 16,21), erwarb sich Verdienste als Berufskrieger, zog sich aber bald den Haß und die Eifersucht Sauls zu, der in ihm einen gefährlichen Konkurrenten fürchtete, da sich David in steigendem Maße die Sympathien des Heeres und des Volkes erwarb (1Sam 18,5.6.30) und einen Freundschaftsbund mit Jonatan, dem ältesten Sohn Sauls, schloß (18,1—4). Um den Nachstellungen Sauls zu entgehen, zog David in den Südteil des judäischen Gebirges und sammelte dort eine Streifschar aus z. T. zwielichtigen Elementen um sich (1Sam 22,2), führte dort ein Freibeuterleben (Beispiel: 1Sam 25) und trat schließlich mit seiner Schar als Söldnerführer in den Dienst des Philisterkönigs Achisch von Gat, der ihm, gegen Heeresnachfolge auf Abruf, den Ort Ziklag mit Ländereien zu Lehen gab (1Sam 27). Durch diese Umstände wäre David beinahe in die peinliche Lage geraten, bei der Entscheidungsschlacht zwischen Israel und den Philistern auf der Seite der Feinde seines Volkes kämpfen zu müssen. Durch das Mißtrauen der Philisterkönige, die, anders als sein Lehnsherr, Davids Verrat fürchteten und seine Teilnahme am Kampf zurückwiesen, entging er dieser Situation (1Sam 29).

Unmittelbar nach der Niederlage Sauls begab sich David mit seiner Söldnerschar nach Hebron, dem Zentrum der Kalebiter, auf der Höhe des judäischen Gebirges. Mit dem Stamm Juda und den ihm eingegliederten Sippenverbänden Kaleb, Otniël, Kaijn, Jerachmeel und Simeon verbanden ihn mancherlei Beziehungen. Er selbst war Judäer, seine beiden Frauen Ahinoam und Abigajil waren Keniterinnen (1Sam 25, 42.43). Während seines Aufenthaltes in Südpalästina hatte er der von den Philistern bedrängten Stadt Keïla Hilfe geleistet (1Sam 23,1—5). Als er Söldnerdienste bei den Philistern tat, schickte er aus den Erträgen von Beutezügen Geschenke an die Ältesten von Ortschaften der Südstämme, um die Verbindung mit ihnen aufrechtzuerhalten und sich, trotz seiner Söldnerschaft bei den Philistern, als einer der Ihren zu erweisen (1Sam 30,26—31). Offenbar bald nach der Übersiedlung Davids nach Hebron »kamen die Männer von Juda und salbten David dort zum König über das Haus Juda« (2Sam 2,4a). »Haus Juda« schließt hier höchstwahrscheinlich auch die dem Stamme Juda verbundenen bzw. eingegliederten Verbände ein. Man wird annehmen müssen, daß diese Handlung der Judäer nicht ohne Wissen und Billigung der Philister geschah, die ja die Oberhoheit im Lande hatten. Sie sahen offenbar auch weiterhin in David einen ihrer Lehnsmänner und sein Königtum als eine von ihnen abhängige Vasallenherrschaft an. Mit der Königserhebung Davids traten die Südstämme zum ersten Male politisch aktiv in Erscheinung. Die Südstämme, die innerhalb des Stämmeverbandes gegenüber den Rahelstämmen des Nordens immer eine gewisse Sonderstellung innehatten, waren nun zu einem gegenüber den Nordstämmen selbständigen Staatsgebilde geworden. Durch die Gründung des Staates Juda wurde das Sonderdasein der Südstämme, das z. T. geographisch bedingt war, politisch verfestigt. Auch dieser Tatbestand, der im weiteren Verlauf der Geschichte Israels nicht ohne Folgen bleiben sollte, konnte den Philistern nur lieb sein, da er eine politische Aufspaltung Israels bedeutete.

Die politische Trennung zwischen Nord- und Südstämmen wurde vertieft, als Sauls Heerbannführer Abner den einzigen noch lebenden Sohn Sauls, Eschbaal, einen offenbar schwachen und völlig von Abner abhängigen Mann, in Mahanajim im Ostjordanland zum »König über ganz Israel« ausrufen ließ (2Sam 2,8f). Durch diese Bezeichnung kam der Anspruch auf die Herrschaft über alle Stämme zum Ausdruck. Da sich aber die Südstämme unter David zu einem eigenen Staat, zum »Haus Juda«, zusammengeschlossen hatten, erstreckte sich Eschbaals Herrschaft nur über die Stämme Mittel-, Ost- und Nordpalästinas. Von jetzt an konnte der Begriff »Israel« in zwei verschiedenen Bedeutungen gebraucht werden: er bezeichnete entweder, wie bisher, den gesamten Zwölfstämmeverband, oder er bezog sich auf ein politisches Gebilde, nämlich den neu entstandenen Nordstaat ohne Juda. Bald kam es zu kleineren Grenzgefechten zwischen den Söldnertruppen beider Staaten. Bei einer solchen Gelegenheit wurde Asaël, ein Bruder Joabs, des Feldhauptmanns Davids, von Abner erschlagen (2Sam 2, 12—32).

Als es nach kurzer Zeit zum Zerwürfnis zwischen Eschbaal und Abner kam, nahm Abner Beziehungen zu David auf und erbot sich, David zur Herrschaft auch über den Nordstaat zu verhelfen. Abner kam zu Verhandlungen nach Hebron, wurde aber auf dem Rückweg von Joab ermordet, der damit die Blutrache an ihm vollzog, gleichzeitig aber einen Konkurrenten aus dem Wege räumte (2Sam 3). Kurze Zeit darauf fiel Eschbaal, dem die Grundlagen seiner Macht entzogen waren, einem Anschlag zweier Söldnerführer zum Opfer. David kam in eine peinliche Lage, als die Mörder Eschbaals, offenbar in der Hoffnung auf reiche Belohnung, in Hebron mit dem Haupte Eschbaals erschienen. David ließ die Mörder hinrichten und dem Haupt Eschbaals, wie zuvor schon dem Leichnam Abners, ein ehrenvolles Begräbnis zuteil werden. David konnte damit den — sicher unbegründeten — Verdacht abwehren, die Ermordung Abners und Eschbaals veranlaßt zu haben (2Sam 4). David wäre nie so töricht gewesen, sein Verhältnis zum Nordstaat und seinen weiteren Weg durch Meuchelmord zu belasten. Er hatte bisher alles getan, gute Beziehungen zu den Nordstämmen zu unterhalten. Nach dem Tode Sauls hatte er den Boten, der sich des Mordes an Saul rühmte, hinrichten lassen (2Sam 1), bewegte Klage über den Tod Sauls und seiner Söhne angestimmt und den Bewohnern von Jabesch sein Wohlgefallen an der ehrenvollen Bestattung Sauls zum Ausdruck bringen lassen (2,4b–7). Durch die Heirat mit Michal, der Tochter Sauls, stand er in verwandtschaftlichen Beziehungen zum ersten König Israels.

Nach dem Tode Eschbaals hatten die Stämme des Nordstaates offenbar keinen geeigneten Nachfolger aus ihren Reihen aufzuweisen. Merib-Baal (Mefiboschet), Sohn Jonatans und einziger männlicher Nachkomme aus dem Hause Sauls, war gelähmt und kam als Thronfolger nicht in Frage. Angesichts dieser Lage sahen die Nordstämme keinen anderen Weg, als David, der bei ihnen von früher her noch in guter Erinnerung stand und zudem durch die Heirat mit der Saulstochter Michal mit dem Hause Sauls verschwägert war, die Herrschaft auch über den Nordstaat anzutragen. So schlossen die Ältesten der Stämme des Nordstaates einen feierlichen, im Heiligtum sanktionierten Vertrag mit David und salbten ihn zum »König über Israel« (2Sam 5,1–3). Damit waren nicht etwa der Staat Juda und der Staat Israel zu einem einheitlichen Reich verschmolzen. Juda und Israel blieben vielmehr auch weiterhin als selbständige Staaten bestehen, waren jedoch durch Personalunion miteinander verbunden, indem David, der König von Juda, gleichzeitig König von Israel war. Beispiele für ähnliche Doppelherrschaften sind auch sonst im Vorderen Orient belegt.

Angesichts dieser Lage konnte David Hebron nicht auf die Dauer als Residenz aufrechterhalten, wenn er sich nicht das Mißtrauen des Nordstaates zuziehen wollte. Andererseits hätte es Schwierigkeiten mit dem Südstaat gegeben, wenn David die Residenz in das Nordreich, etwa in das zentral gelegene Sichem, verlegt hätte. Da unternahm David einen klugen und weitschauenden Schritt: er ließ von seiner Söldnerschar die auf der Höhe des judäischen Gebirges etwa 20 km westlich der Nordspitze des Toten Meeres gelegene Jebusiterstadt *Jerusalem* erobern (2Sam 5,6–9) und machte sie zur Residenz. Jerusalem gehörte weder zum Nordreich noch zum Südreich. Es war ein kanaanäischer Stadtstaat, der als Fremdkörper auf neutralem Gebiet genau auf der Grenze zwischen dem Stamm Juda und dem zum Nordreich gehörenden Stamm Benjamin lag. Mit der Eroberung von Jerusalem trat David in die Rechte des Stadtkönigs von Jerusalem ein, das Gebiet der Stadt wurde sein persönliches Eigentum, was er auch in der Namengebung »Davidstadt« zum Ausdruck brachte. Hier ließ er sich einen bescheidenen Palast bauen und seine Familie, seinen Hofstaat und seine Söldnertruppe unterbringen. Darüber hinaus ließ David die *Lade*, die sich zu jener Zeit in Kirjat-Jearim befand, nach Jerusalem holen und in einem Zelt aufstellen (2Sam 6). Die Lade war mit Jahwe

Zebaot, dem Gott, der im Krieg für Israel eintrat, verbunden (1Sam 4,1; 2Sam 6,2). Sie war ursprünglich bei den Rahel-Stämmen in Mittelpalästina beheimatet (s. o. S. 65) und spätestens in den Philisterkriegen zum gemeinsamen Heiligtum von mittel- und südpalästinischen Stämmen geworden. Durch Überführung der Lade nach Jerusalem bekannte sich David zu dem Gott, der im Jahwekrieg für Israel eintrat, festigte auch auf kultischem Gebiet die Beziehungen zu den mittelpalästinischen Stämmen, bei denen die Lade beheimatet war, und machte Jerusalem zum kultischen Mittelpunkt beider Staaten. Dadurch wurde der Grund gelegt für die überragende Bedeutung, die Jerusalem in der Folgezeit bekommen sollte[2].

Als Stadtkönig von Jerusalem war David auch Kultherr des Jerusalemer Heiligtums. Darum übten neben den Priestern Zadok und Abjatar auch seine Söhne kultische Dienste aus; darum gehörten die Ladepriester auch zu den staatlichen Hofbeamten Davids (2Sam 8,17f). Die Absicht Davids, in Jerusalem einen Tempel zur Unterbringung der Lade zu errichten, wurde vom Propheten Natan auf Grund eines Gottesspruches zurückgewiesen mit der Begründung, daß Jahwe »von dem Tage an, da er Israel aus Ägypten herausführte«, nicht in einem festen Hause, sondern in einem Zelt gewohnt habe. Nicht David solle Jahwe ein Haus bauen, Jahwe werde vielmehr David »ein beständiges Haus bauen«. Damit war der Dynastie David fortdauernder Bestand zugesagt. Der jeweilige Nachfolger auf dem Thron Davids solle Adoptivsohn Gottes sein (2Sam 7). — Diese sog. *»Natanweissagung«* war die grundlegende Legitimierung des davidischen Königtums. Ihr Inhalt wurde dem jeweiligen Nachfolger auf dem Throne Davids neu verkündigt (Ps 2.132).

In der Vereinigung der Herrschaft über beide Staaten in der Hand Davids sahen die *Philister* zu Recht eine Bedrohung ihrer Vorherrschaft über Palästina. Darum fielen sie in die westlich von Jerusalem gelegene Refaim-Ebene ein, um einen Keil zwischen Nord- und Südstaat zu treiben. In zwei Schlachten schlug David die Heeresmacht der Philister so entscheidend, daß damit die Vorherrschaft der Philister über Palästina endgültig gebrochen und die Philistergefahr für Israel abgewendet war (2Sam 5,17—25). Mit dem Sieg über die Philister trat David auch die Vorherrschaft über die von den Philistern zuvor beherrschten *kanaanäischen Stadtstaaten* an und gliederte sie dem Nordstaat ein (vgl. hierzu 2Sam 24,7, wo vorausgesetzt ist, daß die Kanaanäerstädte in die Volkszählung Davids mit einbezogen waren; ferner 1Kön 4,12, wo die ehemals kanaanäischen Städte Taanach, Megiddo, Bet-Schean unter den Verwaltungsbezirken Israels erscheinen). Durch die Eingliederung der kanaanäischen Stadtstaaten gewan-

2 *M. Noth*, Jerusalem und die israelitische Tradition, 1950 (Ges. Stud.², S. 172—187).

nen die Staaten Israel und Juda ein geschlossenes Territorium, verloren aber die Geschlossenheit der Bevölkerung, da jetzt die Kanaanäer zur Bevölkerung der israelitischen Staaten gehörten. Erhebliche Schwierigkeiten auf religiösem Gebiet konnten dabei auf die Dauer nicht ausbleiben.

Außer dem Sieg über die Philister gelang David die Unterwerfung aller Nachbarstaaten. Er machte sich zum König über *Ammon*, machte *Moab* zu einem Tribut zahlenden Vasallenstaat, setzte über die *Edomiter* und über die *aramäischen* Königtümer von Tob, Maacha, Bet-Rehob und Damaskus Statthalter ein und gliederte ihre Gebiete als Provinzen seinem Reiche ein. Der mächtige König Hadad-Eser von Zoba, der über die Aramäerstämme bis zum Eufrat gebot, mußte Davids Oberhoheit anerkennen und ihm schweren Tribut zahlen (2Sam 8; 10; 12,26—31). David gebot damit über ein Großreich, das aus den disparatesten Elementen zusammengesetzt war, vom Golf von Akaba bis an den Orontes reichte und nur durch eine starke Persönlichkeit zusammengehalten werden konnte. Er übte die Oberherrschaft über ganz Palästina und Syrien aus und trat damit für dieses Gebiet die Herrschaftsnachfolge der ägyptischen Pharaonen an. Da das Hetiterreich längst zerschlagen war und nur noch in Form von Kleinstaaten existierte, da Ägypten und Assur einen Tiefpunkt ihrer Entwicklung erreicht hatten, war das Großreich Davids die stärkste politische Macht seiner Zeit. Diplomatische Beziehungen verbanden David mit dem König von Hamat, dem nördlichen Nachbarn der von David abhängigen Aramäerstaaten, und mit den phönikischen Küstenstaaten, namentlich mit *Hiram von Tyrus*, der David Zedernholz lieferte und Facharbeiter für die Palastbauten stellte (2Sam 5,11).

Der Beamtenapparat Davids war, gemessen an der Größe seines Reiches, nicht sehr umfangreich. In den beiden Listen der obersten Beamten Davids (2Sam 8,16—18; 20,23—26) werden u. a. Joab, der Feldhauptmann des Heerbannes, und Benaja, der Führer der als »Kereter und Peleter« (»Kreti und Pleti«) bezeichneten Söldnertruppe Davids, genannt. In dieser Bezeichnung klingen die Namen Kreta und Philister an. Hieraus und aus den Angaben über die »30 Helden Davids« (2Sam 23,8—39) geht hervor, daß sich unter den Söldnern Davids neben Judäern und Israeliten auch Ausländer befanden, wie das ja auch sonst bei Söldnerheeren der Fall war. Diese gutausgerüstete, wohlgeübte Söldnerschar nach philistäischem Muster stand David persönlich zur Verfügung, sie bildete von Anfang an das Rückgrat seiner Macht und die Kerntruppe bei seinen kriegerischen Aktionen. Neben dieser Berufskriegergarde stand das Heerbannaufgebot, wie es seit alters in Israel üblich war. Die Kriege Davids trugen noch manche Merkmale von Jahwekriegen (Befragung Jahwes und Siegeszusage 2Sam 5,19; Rechnen mit Jahwes Hilfe 10,12; Mitnahme der Bundeslade, rituelle Enthaltungen 11,11). Spannungen zwischen Sakralordnungen des Jahwekrieges, die unter den Teilnehmern des Heerbannaufgebotes lebendig waren, und den »weltlichen« Maßnahmen eines Kriegsherrn von strategischen Gesichtspunkten her werden in der Erzählung von Davids Volkszählung sichtbar (2Sam 24). Das nüchterne Rechnen mit Zahlen, die Konskription der Heerbannpflichtigen widersprachen der bisherigen Freiwilligkeit der Heerbannfolge und dem völligen Vertrauen auf die Hilfe Jahwes.

Ein Großreich, das aus so verschiedenartigen Elementen zusammengesetzt war und nur in der Person des Königs zusammengehalten wurde, hatte nur dann Aussicht auf weiteren Bestand, wenn ein geeigneter Nachfolger vorhanden war. Die Wirren um die Thronnachfolge, die das Reich Davids in eine ernste Krise brachten, waren eng verknüpft mit tragischem Geschehen innerhalb der Familie Davids. Davids ältester Sohn Amnon, der wohl als Thronnachfolger galt, vergewaltigte seine Halbschwester Tamar und wurde darum von Abschalom, dem Vollbruder Tamars und drittältesten Sohn Davids, ermordet. Der Bruch, der dadurch zwischen David und Abschalom entstand, ist wohl, trotz offizieller Aussöhnung, nie ganz geheilt worden (2Sam 13—14). Abschalom machte schließlich den Versuch, David zu stürzen und die Herrschaft an sich zu reißen. Er ließ sich in Hebron zum König ausrufen und konnte einen großen Teil der Israeliten auf seine Seite ziehen (»Er stahl das Herz der Männer von Israel« 2Sam 15,6). Das zeigt, daß David mit der Zeit an Beliebtheit eingebüßt und bei einem großen Teil der Bevölkerung Mißfallen erregt hatte, sei es nun, daß man seine Großmachtspolitik und die damit dauernd verbundene Heerbannpflicht mißbilligte, sei es, daß man mit innenpolitischen Maßnahmen Davids unzufrieden war. Der Widerstand gegen David war so groß, daß er sich gezwungen sah, Jerusalem zu verlassen und mit seiner Söldnertruppe ins Ostjordanland zu fliehen. Hier kam es »im Walde Efraim« zur Entscheidungsschlacht zwischen den Revolutionstruppen Abschaloms und der Söldnertruppe Davids. Davids Söldner blieben siegreich, Abschalom wurde gegen den Willen Davids getötet. Nach dem Niederschlagen des Aufstandes unterlief David ein politischer Fehler: er ließ sich von den Ältesten des Stammes Juda feierlich zurückleiten und am Heiligtum zu Gilgal sein Königtum bestätigen. Offenbar war David gewiß, daß er bei seinen Stammesgenossen am ehesten Rückhalt zur Wiederherstellung seiner Macht finden würde. Durch diese Bevorzugung Judas fühlten sich die Angehörigen des Staates Israel zurückgesetzt. Die Erbitterung unter den Nordstämmen nutzte der Benjaminit *Scheba* und rief zum Aufstand gegen David auf. Mit dem Heerbann Judas und seiner Söldnertruppe gelang es David zwar schnell, den Aufstand Schebas niederzuwerfen. Dieser Vorfall zeigt jedoch, wie schnell der Gegensatz zwischen den Staaten Israel und Juda aufbrechen und ein Riß in den Fundamenten des davidischen Großreiches entstehen konnte (2Sam 15—20). David wurde schließlich zur Entscheidung in der Frage der Thronnachfolge gezwungen, als es zu Machtkämpfen zwischen *Adonija,* dem ältesten noch lebenden Sohn Davids, und *Salomo,* dem Sohn der Batseba, und dadurch zu Parteibildungen am Hof kam. Parteigänger Adonijas waren der Heerbannführer Joab und der Priester Abjatar, auf seiten Salomos standen seine Mutter Batseba, der Söldnerführer Benaja, der Priester Zadok und der Prophet Natan. Als sich Adonija eigenmächtig zum König ausrufen ließ, wurden Natan und Batscheba bei David vorstellig und erreichten, daß Salomo auf Geheiß Davids in aller Öffentlichkeit zum König gesalbt und damit zum Nachfolger Davids und noch zu Lebzeiten Davids zum Mitregenten bestimmt wurde (1Kön 1). Damit war die Frage der Nachfolge endgültig entschieden.

Davids historische Bedeutung reichte über seine eigene Zeit hinaus. Wenn auch das von ihm gegründete Großreich schon während der Regierungszeit seines Enkels zerfiel, so saß doch seine Dynastie vier Jahrhunderte auf dem Thron des Staates Juda. Damit vermochte sich seine Dynastie länger zu halten, als es je einer Dynastie der Völker des Alten Orients möglich war. Bei aller Wertschätzung, deren sich David in der Überlieferung und Geschichtsschreibung Israels erfreute, kam es doch nicht zu einer Apotheose Davids. Davids Fehler, Schwächen und Verfehlungen werden nicht verschwiegen (Ehebruch mit Batseba, heimtückischer Mord an ihrem Gatten 2Sam 11.12; Davids Nachgiebigkeit seinen Söhnen gegenüber und seine verhängnisvolle Unentschiedenheit bei der Regelung der Thronnachfolge). Der Überlieferung Israels ist viel daran gelegen, an entscheidenden Stellen zu bezeugen, daß Davids Erfolge nur gelangen, weil »Jahwe mit ihm war« (1Sam 18,14; 2Sam 5,10; 8,6.14) und die Dynastie Davids ihren Bestand der Zusage Gottes verdankt (2Sam 7). In der Natanweissagung, die der Dynastie Davids ewigen Bestand zusagt und dem jeweiligen Nachfolger auf dem Thron Davids neu verkündigt wurde (Ps 2.132), haben die messianischen Endzeiterwartungen, die man mit der Dynastie Davids verknüpfte, ihren Ursprung (Jes 8,23—9,6; 11, 1—6; Mich 5,1). So wurde die Gestalt Davids zum Leitbild der Könige Judas und schließlich zum Urbild des messianischen Königs der Endzeit (Jer 30,9; Ez 34,23ff; 37,24).

3. *Salomo*

Quellen: Buch der Salomogeschichten: 1Kön 6; 7; 8,1—13; 9,15—18; 10,11—29. — Amtliche Aufzeichnungen, Listen: 1Kön 4,1—5,8; Erzählungen: 1Kön 3,4—28; 5, 9—14 (Zählung nach Zürcher Übers.); Einzelüberlieferungen: 1Kön 11,14—28.40.

Lit.: *A. Parrot*, Der Tempel von Jerusalem, 1956 (Bibel und Archäologie II); *A. Alt*, Israels Gaue unter Salomo, 1913, Kl. Schr. II, S. 76—89; ders., Der Anteil des Königtums an der sozialen Entwicklung in den Reichen Israel und Juda, 1955, Kl. Schr. III, S. 348—372; *Th. A. Busink*, Der Tempel von Jerusalem, 1970; *H. Donner*, Herrschergestalten in Israel, 1970, S. 35ff.

Als Salomo um die Mitte des 10. Jahrhunderts das Großreich seines Vaters David als Erbe übernahm, wäre es seine Aufgabe gewesen, den Bestand dieses Reiches nach außen zu festigen und den Versuch zu unternehmen, nach innen einen Ausgleich zwischen den disparaten Elementen des Reiches herbeizuführen. Diese Aufgabe hat Salomo jedoch nicht erfüllt. Er genoß vielmehr die Früchte, die sein Vater mühsam erworben hatte. Die Zeit seiner Herrschaft ist gekennzeichnet durch Prachtentfaltung im Stile orientalischer Großkönige, intensive Bau- und Handelstätigkeit, regen Diplomatenverkehr und eine erste Blüte geistigen Lebens in Israel.
Nach dem Tode seines Vaters entledigte sich Salomo zunächst seiner politischen Gegner, durch deren Konkurrenz er sich bedroht fühlte. Seinen ältesten Bruder Adonija, der einst vor ihm Ansprüche auf den Thron geltend gemacht hatte, und dessen Parteigänger Joab sowie Schimi, den Gegner seines Vaters, ließ Salomo durch den Söldnerführer Benaja, den er zum Obersten des Heerbannes machte, umbringen. Den Priester Abjatar, der ebenfalls auf der Seite Adonijas gestanden hatte, schickte Salomo in die Verbannung (1Kön 2). Damit folgte Salomo dem Beispiel orientalischer Herrscher, die nach der Thronbesteigung ihre Macht auf solche Weise zu sichern suchten.

Einen Blick in Salomos kostspielige *Hofhaltung* erhalten wir durch Angaben über den erstaunlich hohen täglichen Verbrauch an Getreide und Fleisch an seinem Hof (1Kön 5,2—3). Das fällt um so mehr ins Gewicht, wenn man bedenkt, daß Fleisch für den Orientalen eine seltene Kostbarkeit ist, die normalerweise nur den Feiertagen vorbehalten bleibt. Für die hohen Aufwendungen der Hofhaltung Salomos hatte die Bevölkerung aufzukommen. Zu diesem Zwecke teilte Salomo, wie ein in 2Kön 4,7—19 erhaltenes Dokument deutlich werden läßt, den Nordstaat in 12 Verwaltungsbezirke (Gaue) ein. Jeder Gau hatte einen Monat lang für den Unterhalt des Hofes zu sorgen. In der Gauliste erscheinen kanaanäische Stadtstaaten unterschiedslos neben ehemals rein israelitischen Stämmen. Das zeigt, daß die ehemals selbständigen kanaanäischen Stadtstaaten dem Staat Israel völlig eingegliedert waren. Die Frage, ob uns nur durch Zufall lediglich die Verwaltungsbezirke des Staates Israel, aber nicht auch die des Staates Juda überliefert sind, oder ob nur der Nordstaat, nicht aber auch der Südstaat zu Abgaben herangezogen wurde, muß offenbleiben. Auf alle Fälle geht aus jener Gauliste eindeutig hervor, daß auch unter Salomo die beiden Staaten Israel und Juda nicht zu einer Einheit verschmolzen waren, sondern als zwei verschiedene Staaten, die je eigene Verwaltungseinheiten bildeten, existierten. Die Einteilung in Gaue und das vermehrte Abgabewesen bedeuteten natürlich einen erheblichen Eingriff in das Eigenleben und die Eigenverwaltung der Stämme.

Neben diese Neuerungen auf dem Gebiet der Verwaltung traten solche im Heerwesen. Während sich der alte Heerbann Israels und auch die Söldnertruppe Davids nur aus Fußtruppen zusammensetzte, führte Salomo den *pferdebespannten Streitwagen* in Israel ein. Diese Streitwagenabteilungen kamen bei Salomo jedoch nie zu kriegerischem Einsatz. Sie dienten vielmehr der Repräsentation seiner königlichen Macht und Würde. Zur Unterbringung seiner beträchtlichen Streitwagenkräfte ließ Salomo überall im Lande Garnisonstädte mit Stallungen und Kasernenbauten errichten. Überreste salomonischer Festungsbauten kamen bei Ausgrabungen in Megiddo, Hazor und Geser zutage (1Kön 5,6; 9,15.17–19).

Sein besonderes Augenmerk richtete Salomo aber auf den Ausbau von *Jerusalem.* Auf dem Nordosthügel von Jerusalem ließ er einen Palastkomplex anlegen, dessen Fläche mindestens den gleichen Umfang hatte wie die der alten Davidstadt, die auf dem Südosthügel zwischen Kidrontal und Stadttal lag. Die Palastbauten gruppierten sich um zwei Höfe. Um den ersten Hof lagen eine Torhalle, Kasernen für die königliche Garde, Stallungen, Arsenale und eine Audienzhalle, um den zweiten der eigentliche Wohnpalast für den König, seinen Harem und seinen Hofstaat (1Kön 7,1–12). Etwas höher und weiter im Norden ließ Salomo einen *Tempel* anlegen, vom Palastkomplex durch eine eigene Umfassungsmauer und einen weiteren Vorhof getrennt, mit ihm durch Zugänge verbunden. Der salomonische Tempel war dreiteilig und bestand aus Vorraum, Heiligtum und Allerheiligstem. Die Höhe des Tempelgebäudes betrug etwa 15 m, seine Breite etwa 10 m und seine Länge insgesamt etwa 40 m. Der Vorraum maß 5 x 10 m, das Heiligtum 20 x 10 m, das Adyton (Allerheiligste) war ein Kubus von 10 x 10 x 10 m, lag höher als das Heiligtum und war über dem heiligen Felsen errichtet, d. h. über der höchsten Stelle des Nordosthügels, wo sich höchstwahrscheinlich einst eine kanaanäische Kultstätte befunden und schon David einen Altar errichtet hatte (1Kön 6). Der salomonische Tempel übertraf an Größe die bronzezeitlichen und eisenzeitlichen Heiligtümer, die uns durch Ausgrabungen im palästinensisch-syrischen Raum bekannt sind. Sein Bautyp entspricht bis in Einzelheiten (zwei Säulen vor dem Eingang, Dreiteiligkeit, erhöhtes Adyton) einer eisenzeitlichen Tempelanlage, die kürzlich auf dem tell-tenat, ebenfalls in Verbindung mit einem Palastkomplex, in Nordsyrien ausgegraben wurde. Was wir über die Ausstattung des Tempels wissen, entspricht Parallelen aus dem phönizisch-syrischen Raum. Das nimmt nicht wunder, denn Salomo ließ seinen Tempel und Palast von phönizischen Baufacharbeitern errichten, während er selbst nur die Bauhilfsarbeiter stellte, da die Israeliten noch keine Erfahrung in der Errichtung von Großbauten hatten (1Kön 5,15ff). Die Bauzeit des Palastes betrug 13 Jahre, die des Tempels 7 Jahre. Der Jerusalemer Tempel ist als Staatsheiligtum erbaut worden, in dem der König Kultherr war. Das geht aus der baulichen Verbindung von Palast und Tempel hervor. Das kam auch darin zum Ausdruck, daß der König die Tempelweihe vollzog und Priester einsetzte. Aus dem Tempelweihspruch wird deutlich, daß der Jerusalemer Tempel zum Typ der »Wohntempel« gehörte:

»Die Sonne hat Jahwe an den Himmel gesetzt,
er selbst hat erklärt, er wolle im Dunkel wohnen.
So habe ich nun ein Haus gebaut, dir zur Wohnung,
eine Stätte, damit du dort thronest ewiglich« (1Kön 8,12f).

Dem Geschlecht des Priesters Zadok, der einst Salomo zum Thron verholfen hatte, übertrug Salomo den erblichen Priesterdienst am Jerusalemer Heiligtum. Im Unterschied zu Heiligtümern in der Umwelt Israels befand sich in der Zella des Jerusalemer Heiligtums kein Götterbild, da das Bilderverbot keine Anfertigung von Jahwebildern zuließ. Stattdessen ließ Salomo die Lade, die aus vorstaatlicher Zeit stammte und wahrscheinlich als tragbarer Untersatz eines unsichtbaren Gottesthrones verstanden wurde, im Adyton des Tempels unter den schützenden Flügeln zweier Kerubenfiguren aufstellen (1Kön 8,6–8).

Wie schon sein Vater, so unterhielt auch Salomo *Handelsbeziehungen* zu Hiram von Tyrus. Hiram stellte Salomo nicht nur Baufacharbeiter, er lieferte auch das nötige Bauholz aus den Zedernwäldern des Libanon gegen Getreide- und Öllieferungen Salomos (1Kön 5,24f). Den Zugang zum Golf von Akaba, der Salomo durch die Vorherrschaft über Edom offenstand, nutzte Salomo aus, indem er in Elat und Ezjon-Geber Häfen anlegen und mit Hilfe phönizischer Schiffsbauleute eine Handelsflotte bauen ließ. Mit dieser von phönizischen Schiffsleuten bemannten Flotte importierte er die Güter der Länder beiderseits des Roten Meeres, u. a. Gold, Elfenbein und Edelhölzer, vor allem aber Pferde und Wagen aus Ägypten, mit denen er einen ertragreichen Zwischenhandel trieb. Handelspartner waren die Könige der aramäischen und hetitischen Kleinstaaten in Nordsyrien (1Kön 9,26—28; 10, 11—22.28). Eine zweite Flotte befuhr das Mittelmeer bis nach Spanien (Tarschisch).

Ausgrabungen in Elat und Ezjon-Geber lassen erkennen, daß Salomo darüber hinaus die Kupferminen am Golf von Akaba ausbeuten, Bergwerke anlegen und das Kupfererz an Ort und Stelle verhütten ließ.

Die reichen Erträge aus dieser Handelstätigkeit, die vermutlich königliches Monopol war, gestatteten Salomo die Entfaltung von sagenhaftem Prunk und Glanz nach dem Vorbild orientalischer Großkönige

(1Kön 10,14–22). Einen Nachhall der Bewunderung, die Salomos Reichtum allenthalben fand, stellt die Erzählung vom Staatsbesuch der Königin von Saba dar (1Kön 10,1–3). In dieser Erzählung werden außerdem die ausgedehnten diplomatischen Beziehungen Salomos exemplarisch veranschaulicht. Diplomatische Beziehungen und politische Gründe waren sicher auch ausschlaggebend dafür, daß Salomo Frauen aus den Nachbarstaaten, u. a. auch eine ägyptische Prinzessin, in seinen Harem aufnahm und den Kult ausländischer Gottheiten auf dem Südausläufer des Ölberges gestattete (1Kön 11,1–8).

Bei aller Bewunderung für den Glanz, der von Salomos Königtum ausging, bei allem Stolz, mit dem man noch in späteren Zeiten vom Reichtum Salomos zu berichten wußte, hat es doch in Israel nicht an Kritik am Königtum Salomos gefehlt, höchstwahrscheinlich schon zu seiner Zeit, sicher aber in der späteren Tradition. Der Gegensatz zwischen dem Luxusleben am Hof und dem Alltag der Bevölkerung wurde immer krasser, und damit war der Grund zu späterer unguter Entwicklung gelegt. Erhöhte Abgaben der Bevölkerung, Dienstleistungen für den König, erhebliche Eingriffe in das Eigenleben und die Selbstverwaltung der Stämme waren die Kehrseite der salomonischen Prachtentfaltung. Die ausgedehnte Handelstätigkeit Salomos brachte Geldwirtschaft und das Entstehen eines Kaufmannsstandes mit sich. Damit war aber der Grund zu Klassenunterschieden gelegt, die sich in der Folgezeit vertiefen sollten. »Sein Herz gehörte nicht mehr so ungeteilt Jahwe, seinem Gott, wie das Herz seines Vaters David« (1Kön 11,4b), so urteilt Jahrhunderte später der Verfasser der Königsbücher und knüpft damit sicher an das Urteil der älteren Tradition an.

Aller Luxus und Glanz des salomonischen Königtums kann nicht darüber hinwegtäuschen, daß das Großreich Davids bereits unter Salomo abzubröckeln begann, da Salomo offenbar wenig zur Festigung seiner Macht nach außen tat. Gleich zu Beginn der Regierungszeit Salomos ließ sich der edomitische Prinz Hadad, der sich s. Z. dem Zugriff Davids hatte entziehen können und nach Ägypten geflohen war, zum König über Edom ausrufen, gewann offenbar einen Teil des Gebietes von Edom zurück und unternahm Störaktionen gegen Salomo (1Kön 11,14–22). Eine noch größere Gefahr für Israel kam auf, als der Aramäer Reson eine Söldnerschar um sich sammelte, Damaskus einnahm und sich zum König von Damaskus machte. Damit ging Salomo der wichtigste Teil der aramäischen Provinz verloren, sein Einfluß auf die übrigen Aramäerstaaten war damit gewiß geschwächt oder, das gilt vor allem für Aram-Zoba im Norden, ganz unterbunden. Das damit gegründete Königreich Damaskus sollte in der Folgezeit zeitweilig zum gefährlichsten Gegner des Nordreiches werden (1Kön 11,23–25). Auch im Inneren des Reiches kam es zu einem bedrohlichen Zwischenfall, als sich der Efraimit *Jerobeam*, den Salomo mit einem hohen Amt im Nordreich betraut hatte, gegen Salomo erhob. Salomo konnte dieses Aufstandes zwar Herr werden, Jerobeam entkam aber nach Ägypten und sollte nach dem Tode Salomos noch eine entscheidende Rolle an einem Wendepunkt der Geschichte Israels spielen (1Kön 11, 26—28.40). Der Aufstand Jerobeams macht deutlich, daß im Nordreich gewisse Unzufriedenheiten mit der Regierung Salomos und Tendenzen zur Abspaltung von der Dynastie Davids vorhanden gewesen sein müssen.

4. *Das geistige Leben in davidisch-salomonischer Zeit*

Lit.: *G. v. Rad*, Theologie des Alten Testaments I, 1961[3], Der neue Geist (S. 56—65), Die Erfahrungsweisheit Israels (S. 415—439); ders., Der Anfang der Geschichtsschreibung im alten Israel, 1944 (Ges. Stud.[2], S. 148—188); ders., Josephsgeschichte und ältere Chokma, 1953 (Ges. Stud.[2], S. 272—280); ders., Die Josephsgeschichte, 1959[3] (Biblische Studien 5); *A. Alt*, Die Weisheit Salomos, 1951 (Kl. Schr. II, S. 90—99); *R. Rendtorff*, Beobachtungen zur altisraelitischen Geschichtsschreibung anhand der Geschichte vom Aufstieg Davids, in: Festschrift G. v. Rad zum 70. Geburtstag, 1971, S. 428ff; *A. Weiser*, Die Legitimation des Königs David, VT 16, 1966, S. 325—354; *L. Rost*, Die Überlieferung von der Thronnachfolge Davids, 1926 (= Das kleine Credo und andere Studien zum AT, S. 119—253); *E. Würthwein*, Die Erzählung von der Thronfolge Davids — theologische oder politische Geschichtsschreibung?, 1974; *M. L. Henry*, Jahwist und Priesterschrift, 1960; *H. W. Wolff*, Das Kerygma des Jahwisten, 1964 (Ges. Stud. S. 345—373).

Durch den wirtschaftlichen Aufschwung der salomonischen Ära waren die äußeren Voraussetzungen für die Entstehung einer Bildungsschicht in Israel gegeben. Hand in Hand damit ging ein Erwachen geistigen Lebens, eine erste Blüte literarischer Tätigkeit. Man hat vom »salomonischen Humanismus«, von »salomonischer Aufklärung« gesprochen. In der späteren Tradition gilt Salomo als der Urtyp des »Weisen«. Das liegt in der Tatsache begründet, daß der Königshof Salomos, wie andere Königshöfe des Vorderen Orients, eine Pflegestätte der »Weisheit« war. Durch den Diplomatenverkehr kam man mit der internationalen Weisheit Ägyptens, Arabiens und des Zweistromlandes in Verbindung. Ein Betätigungsfeld der Weisheit war der Versuch, die mannigfaltigen Erscheinungen der Natur zu ordnen und in Beziehung zueinander zu setzen. Salomo selbst hat sich in dieser Art von Weisheit geübt (1Kön 5,9—14). Während sich die Naturweisheit Ägyptens darin erschöpfte, die Dinge der Welt listenmäßig zu ordnen, ging Salomo darüber hinaus, indem er die Erscheinungen der Natur in Sprüchen und Liedern zu erfassen suchte, wohl ähnlich den Zahlensprüchen in Spr 30,18—19.24—31. In einem anderen Zweig der Weisheit ging es darum, Lebenserfahrungen zu sammeln, in Sprüche zu fassen und weiterzugeben. Schließlich war es Aufgabe der

Weisheit, einen prägenden Einfluß auf junge Menschen auszuüben, die zum Dienst am Hof bestimmt waren. Kunstverständnis, Bildung, Selbstbeherrschung, gute Manieren, gepflegte Rede, Gottesfurcht gehörten zum Bildungsideal der höfischen Weisheit. In der Beschreibung des jungen David (»er versteht sich aufs Saitenspiel, er ist Grundbesitzer, kriegsgeübt, redegewandt, schön von Gestalt und Jahwe ist mit ihm« 1Sam 16,18) und in der Gestalt des Josef werden junge Menschen, die diesem Bildungsideal entsprechen, vor Augen gestellt.

Wie an anderen Königshöfen des Vorderen Orients, so wurden auch am davidisch-salomonischen Hof Königsannalen von einem eigens hierzu bestimmten, mit »Schreiber« bezeichneten Beamten geführt. In der Liste der Hofbeamten Davids wird ein solcher »Schreiber« genannt, am Hofe Salomos gab es deren zwei (2Sam 8,17; 20,25; 1Kön 4,3). Der Verfasser des Geschichtswerkes, zu dem die Samuelis- und Königsbücher gehören, hat u. a. jene Königsannalen Salomos als Quelle benutzt. Die summarische Zusammenstellung der kriegerischen Taten Davids in 2Sam 8 ist wohl diesem Annalenwerk entnommen. In 1Kön 11,41 zitiert der Verfasser selbst das von ihm als Quelle benutzte »Buch der Salomogeschichten«.

Der Aufbruch einer neuen Geistigkeit in davidisch-salomonischer Zeit zeigt sich aber vor allem in den Ansätzen zur *Geschichtsschreibung*, die über die bloße Annalistik hinausgeht. Die Gestalt Davids steht im Mittelpunkt zweier Werke dieser Art. Das eine Geschichtswerk behandelt *Davids Aufstieg* (1Sam 16,14 — 2Sam 7), das andere hat die *Thronnachfolge Davids* zum Thema (2Sam 9—20; 1Kön 1; 2). Die Verfasser dieser Werke begnügen sich nicht mit statistischer Aneinanderreihung von Einzelereignissen, wie es bei den Annalen der Fall ist, es werden auch nicht nur Einzelepisoden ohne Zusammenhang dargestellt, wie das ursprünglich in der alten, volkstümlichen Überlieferung geschah; es gelingt ihnen vielmehr, unter einem übergreifenden Gesichtspunkt Zusammenhänge zu erkennen und darzustellen. Sie beherrschen meisterhaft die Kunst der Erzählung. Sie verstehen es, im Ablauf der Einzelereignisse und im Aufriß der Gesamtdarstellung Spannung zu erzeugen und den Ereignissen Farbe zu verleihen. Die behandelten Personen treten als Charaktere plastisch hervor. Bei aller Bewunderung für David werden doch nicht nur seine Vorzüge, sondern auch seine Charakterschwächen und groben Verfehlungen ins Licht gestellt.

Wie die alte, volkstümliche, mündlich weitergegebene Überlieferung Israels und die Sakraltradition des Zwölfstämmeverbandes, will auch die frühe Geschichtsschreibung Israels vom Handeln Gottes in der Geschichte Zeugnis ablegen. Die Verfasser der frühen Geschichtswerke reden jedoch viel indirekter von Gott. Während die alten Überlieferungen das Handeln Gottes bezeugen, indem sie einzelne, ins Auge fallende Wundertaten erzählen, sieht die frühe Geschichtsschreibung

Israels das Handeln Gottes vornehmlich in einer kaum merklichen, darum aber nicht weniger realen und wirksamen Lenkung Gottes, die vor und hinter allem Geschehen steht, die sich in der Fügung der Ereignisse und in der Leitung menschlicher Entschlüsse auswirkt. Der Verfasser der Geschichte von Davids Aufstieg bringt das zum Ausdruck, indem er am Anfang und am Ende seines Werkes bemerkt, daß »Jahwe mit David war« (1Sam 16,18; 18,14; 2Sam 5,10). Der Verfasser der Thronnachfolge Davids weist an entscheidender Stelle darauf hin, Jahwe habe es so gefügt, daß der kluge Rat Ahitofels zunichte wurde, um das Unheil über Abschalom kommen zu lassen und damit David die Rettung zu bringen (2Sam 17,14). Es ist eine erstaunliche Tatsache, daß es in Israel weit früher als bei den Völkern seiner Umgebung zur Geschichtsschreibung kam. Das hat seine Ursache darin, daß Israel von Anfang an das Wirken seines Gottes vornehmlich in geschichtlichen Taten erlebte.

In davidisch-salomonischer Zeit entsteht auch die älteste der Quellenschriften des Pentateuch, der *Jahwist*, so genannt, weil er vornehmlich den Gottesnamen Jahwe verwendet. Der Jahwist, ein erzählerisches Meisterwerk, fixiert die alten Überlieferungen aus der Frühzeit Israels, die bisher vor allem mündlich weitergegeben worden waren, schriftlich und gestaltet sie unter den übergreifenden theologischen Gesichtspunkten Gott und Mensch, Israel und die Völker, Sünde, Gericht und Gnade, Fluch und Segen. Durch Vorbau der Urgeschichte vor die Erzvätererzählungen stellt der Jahwist die Geschichte Israels unter universalen Aspekt. Die in Sünde verfallene, gegen Gott rebellierende Menschheit hat keinen Anspruch auf Gottes Gaben. Sie verdankt ihre Existenz einzig und allein der unableitbaren, unergründlichen Gnade Gottes. Auch die Patriarchen, auch Israel machen davon keine Ausnahme. Die Berufung der Patriarchen und damit die Berufung Israels erfolgt nicht auf Grund irgendwelcher Vorzüge oder Verdienste, sondern weil Jahwe durch Hinwendung zu Israel der ganzen Menschheit Segen zuwenden will (Gen 12,1ff). Der Jahwist schreibt in einer Zeit, in der Israel den Höhepunkt politischer Machtentfaltung und wirtschaftlichen Aufschwungs erreicht hat und der Gefahr der Selbstüberhebung und Selbstüberschätzung ausgesetzt ist. Dieser Gefahr setzt der Jahwist die Botschaft entgegen, daß alle Erfolge Israels nicht eigenem Verdienst entspringen, sondern unverdientes Geschenk göttlicher Gnade sind. Jahwe hat Israel nicht berufen, um ihm die Herrschaft über die Völker zu verleihen, sondern um den Völkern durch Israel seinen Segen zukommen zu lassen.

Neuere Literatur:

Zum Jahwisten: s.o. S. 48!

Zu Jerusalem: E. Otto, Jerusalem – Die Geschichte der Heiligen Stadt, Urban-Taschenbücher 308, 1980.

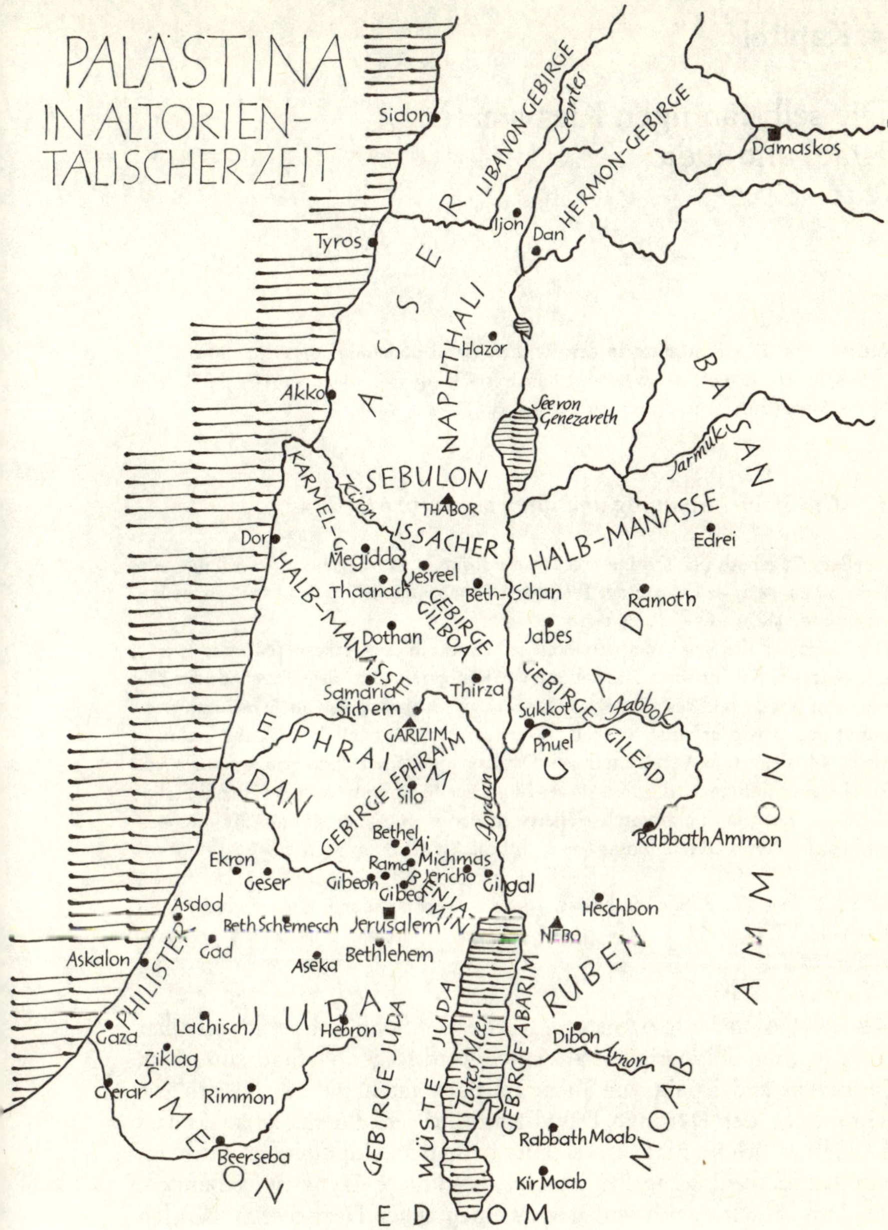
PALÄSTINA
IN ALTORIENTALISCHER ZEIT
Sidon
Tyros
Akko
Dor
Ijon
Dan
Damaskos
Hazor
LIBANON GEBIRGE
Leontes
HERMON-GEBIRGE
ASSER
NAPHTHALI
BASAN
See von Genezareth
Jarmuk
SEBULON
THABOR
Kison
KARMEL-G.
ISSACHER
HALB-MANASSE
Edrei
Megiddo
Jesreel
Thaanach
Beth-Schan
Ramoth
GEBIRGE GILBOA
Dothan
Jabes
GAD
Samaria
Thirza
GEBIRGE GILEAD
Sichem
Sukkot
Jabbok
GARIZIM
Pnuel
EPHRAIM
DAN
GEBIRGE EPHRAIM
Silo
Jordan
Rabbath Ammon
AMMON
Bethel
Ai
Ekron
Rama
Michmas
Geser
Gibeon
Jericho
Gilgal
Gibea
BENJAMIN
Asdod
Heschbon
Beth Schemesch
Jerusalem
NEBO
Gad
Bethlehem
Askalon
Aseka
RUBEN
PHILISTER
GEBIRGE ABARIM
JUDA
Gaza
Lachisch
Hebron
Dibon
Ziklag
Arnon
Totes Meer
MOAB
Gerar
Rimmon
GEBIRGE JUDA
WÜSTE JUDA
SIMEON
Beerseba
Rabbath Moab
Kir Moab
EDOM

5. Kapitel

Die selbständigen Kleinstaaten Israel und Juda (926–841)

Lit.: *A. Alt*, Das Königtum in den Reichen Israel und Juda, 1951 (Kl. Schr. II, S. 116–134); *H. Donner*, Herrschergestalten in Israel, 1970; *A. Malamat* (Hrsg.), The Age of the Monarchies. The World Jewish History, IV, 1.2, 1979.

1. *Die Staatentrennung und ihre Folgen (926)*

Quellen: Tagebuch der Könige von Israel: 1Kön 15,25; Tagebuch der Könige von Juda: 1Kön 14,25–28; Liste der Festungen Rehabeams: 2Chr 11,5–12; Prophetenerzählung: 1Kön 12,1–31; 14,1–18.

Der Verfasser des sog. »deuteronomistischen Geschichtswerkes« (Näheres hierzu s. u. S. 143ff) hat für seine Darstellung der Königszeit u. a. das »Tagebuch der Könige von Israel« und das »Tagebuch der Könige von Juda« als Quelle benutzt, worauf er immer wieder hinweist (z. B. 1Kön 14,19.29). Es handelt sich dabei um offizielle, annalenartige Aufzeichnungen. Darüber hinaus hat der Verfasser vor allem Prophetenerzählungen, die ihm in geschlossener Sammlung oder in Einzelüberlieferungen vorlagen, verarbeitet. Näheres in den o. S. 13 genannten Einleitungen und bei *M. Noth*, Überlieferungsgeschichtliche Studien, 1957^2, S. 72–87.

Lit.: *J. Debus*, Die Sünde Jerobeams, 1967; *H. Seebass*, Zur Königserhebung Jerobeams I., VT 17, 1967, S. 325–333; *M. Weippert*, Gott und Stier, ZDPV 77, 1961, S. 93–117.

Als Salomo im Jahre 926 starb, wurde sein Sohn Rehabeam offenbar ohne jegliche Schwierigkeit zu seinem Nachfolger als Stadtkönig von Jerusalem und König von Juda. Im Südstaat hatte sich die erbliche Thronfolge der Dynastie David unumstritten durchgesetzt. Anders verhielt es sich im Staat Israel. Hier hatte man sich offenbar nicht von vornherein bedingungslos an eine bestimmte Dynastie gebunden, sondern behielt es sich vor, jeweils einen neuen Herrscher zu berufen und sich durch vertragliche Regelung ihm zu unterstellen. Man war nicht abgeneigt, Rehabeam als König von Israel anzuerkennen, man wollte jedoch durch vertragliche Regelung bestimmte Mißstände abgestellt sehen. Als Rehabeam nach Sichem kam, um die Akklamation des Volkes entgegenzunehmen, wollte man mit ihm verhandeln und war nur unter der Bedingung, daß die unter Salomo unerträglich gewordenen Abgabe- und Frondienstpflichten gelockert würden, bereit, Rehabeam als König anzuerkennen. Gegen den Rat erfahrener Ratgeber wies Rehabeam die Israeliten schroff ab und ließ sich auf keinerlei Verhandlungen ein. Daraufhin sagten sich die Stämme des Nordreiches vom Hause Davids los. Der Bruch wurde unheilbar, als die Israeliten den Fronvogt Adoniram, durch den Rehabeam die Unterwerfung der Israeliten erzwingen wollte, steinigten. Rehabeam, der sich noch auf dem Gebiet des Nordreiches befand, floh nach Jerusalem, um sich dort in Sicherheit zu bringen. Daraufhin machten die Israeliten *Jerobeam,* der einst gegen Salomo rebelliert hatte, vom Propheten Ahija von Schilo zum Nagid (Thronanwärter) designiert worden, nach Ägypten geflohen und nach dem Tode Salomos zurückgekehrt war, zum König von Israel.

Dieser Schritt, der letztlich auf die Torheit und Unnachgiebigkeit Rehabeams zurückzuführen ist, hatte unabsehbare Folgen für beide Staaten. Die Verbindung beider Staaten durch Personalunion war endgültig aufgehoben. Das aus verschiedenen Elementen zusammengesetzte Großreich Davids zerfiel in seine Teile. Israel und Juda existierten hinfort als zwei Kleinstaaten ohne entscheidendes politisches Gewicht unter den Großmächten des Vorderen Orients. Die Vorherrschaft über Damaskus war schon unter Salomo verlorengegangen. Das Königtum der Davididen über Ammon konnte sicher nicht mehr aufrechterhalten werden, da Gebiete des Staates Israel zwischen dem Gebiet der Ammoniter und dem der Könige von Juda lag. Noch eine Zeitlang konnten die Könige von Israel die Vorherrschaft über Moab und die Könige von Juda die Vormachtstellung über einen Teil von Edom aufrechterhalten.

Jerusalem blieb weiterhin Residenz der Davididen, war aber hinfort nicht mehr Zentrum eines Großreiches, sondern nur noch Hauptstadt eines Kleinstaates. Jerobeam machte zunächst für kurze Zeit Sichem zu seiner Residenz, verlegte sie dann nach Penuel (am Unterlauf des Jabbok im Ostjordanland) und schließlich nach Tirza (etwa 15 km nordöstlich von Sichem), das einige Jahrzehnte lang Hauptstadt des Nordstaates blieb.

Nach der Staatentrennung fanden auch von Angehörigen des Nordstaates weiterhin Wallfahrten zum Tempel von Jerusalem statt, den man trotz der politischen Trennung als gemeinsames kultisches Zentrum ansah, da sich ja hier die Bundeslade, das Zentralheiligtum der zwölf Stämme, befand. Aber die Trennung auf politischem Gebiet hatte auch einschneidende religiöse Folgen. Um das Nordreich auch kultisch auf eigene Füße zu stellen und der kultischen Abhängigkeit vom Jerusalemer Tempel, der ja gleichzeitig Staatsheiligtum der Davididen war, zu entgehen, ließ Jerobeam die alten Heiligtümer von Bet-El und Dan zu Staatsheiligtümern erklären und hier je ein goldenes Stierbild aufstellen, das ursprünglich wohl als Postament des unsichtbar darauf thronenden Jahwe gedacht war. Im Volksglauben hat man diese Stierbilder bald als Kultbilder Jahwes verstanden. Diese Maßnahme, die für Jerobeam eine politische Notwendigkeit und nur eine konsequente Folgerung aus der Staatstrennung war, fand heftige Kritik bei Kreisen des Nordreiches, deren Exponent der Prophet Ahija von Schilo war, der ehemals Jerobeam designiert hatte. Man stimmte zwar der politischen Eigenständigkeit der Nordstämme zu, mißbilligte aber die Aufhebung der Kultgemeinschaft mit den Stämmen des Südreiches (1Kön 12.13). Der Verfasser der Königbücher sah in der Aufstellung der Stierbilder in Dan und Bet-El groben Götzendienst und Abfall von Jahwe. Sämtliche Könige des Nordreiches werden daher ungünstig beurteilt, weil sie »in der Sünde Jerobeams wandelten«.

In den ersten Jahrzehnten nach der Staatentrennung kam es dauernd zu Grenzstreitigkeiten zwischen Juda und Israel. Dabei ging es den Königen von Juda vornehmlich darum, Vorgelände für ihre Hauptstadt Jerusalem zu gewinnen, die David um ihrer Lage auf der Grenze zwischen Nord- und Südstaat willen zur Hauptstadt gewählt hatte, die jetzt aber eben wegen ihrer Grenzlage äußerst gefährdet war.

Zur Sicherung seiner Grenzen ließ Rehabeam sein Staatsgebiet mit einem Festungsgürtel umgeben. In der Liste der Festungsbauten Rehabeams (2Chr 11,5—12) wird Jerusalem als Grenzfestung im Norden genannt. Besonders stark befestigt war die durch die Philister bedrohte Westgrenze. Unter den Westfestungen erscheint auch Gat, das zu Beginn der Regierungszeit Salomos noch Philisterstadt war (1Kön 2,29f) und folglich unter Salomo oder Rehabeam zu Juda gekommen sein muß.

Die durch die Staatentrennung verursachte Schwäche Israels und Judas nutzte Pharao Schoschenk I., Gründer der 22. Dynastie. Er unternahm 922/21 einen Raubzug nach Palästina, plünderte und verwüstete den Negeb, das Edomiterland und das Gebiet von Israel, wie aus einer Tempelinschrift Schoschenks zu Karnak hervorgeht. Jerusalem und Juda entgingen diesem Schicksal dadurch, daß Rehabeam aus dem Tempel- und Palastschatz schweren Tribut zahlte (1Kön 14, 25—28).

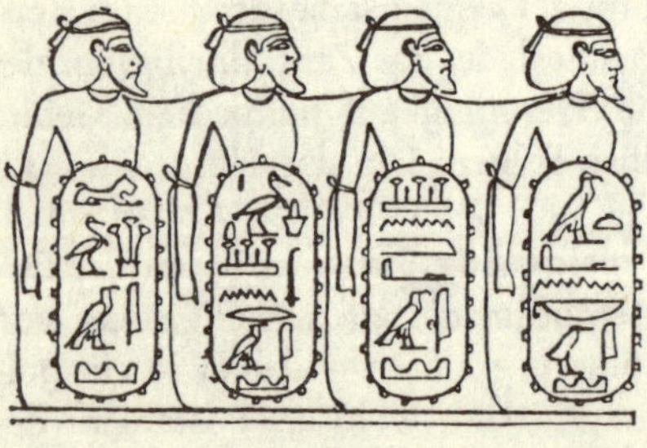

Abb. 7 Detail aus der Siegesstele Schoschenks I. am großen Tempel zu Karnak. Auf der Stele sind 165 palästinensische Städte als Gefangene dargestellt, die der Gott Amon und seine Gemahlin dem Pharao an Stricken zuführen. Die Inschriften in den Kartuschen auf Abb. 7 bezeichnen die Städte Rehob, Bet-Schean, Schunem, Taanach.

2. *Von Jerobeam I. bis Omri (926/25–822/21)*

Quellen: Tagebuch der Könige von Israel: 1Kön 15,27.28; 16,9–12.15–18.21.22. Tagebuch der Könige von Juda: 1Kön 15,12.13.16–22.

Im Staat Juda blieb auch in der Folgezeit die Herrschaft der Dynastie David unangefochten. Die Frage der Thronnachfolge war durch das Prinzip des erblichen Königtums ein für alle Mal entschieden. Im Nordstaat hingegen kam es jahrzehntelang zu keiner Dynastiebildung. Mit der Königserhebung Jerobeams hatte man in gewisser Weise an das Prinzip des Wahlkönigtums angeknüpft, wobei ein von einem Propheten Designierter durch Akklamation des Volkes zum König erhoben wurde, wie das einst bei Saul der Fall war. Auch in der Folgezeit ist das Prinzip des Wahlkönigtums, bei dem die Frage der

Übersicht über die Könige in Israel und Juda in der Zeit von Jerobeam I. bis Omri[1]:

	Juda		*Israel*
Rehabeam	926/25–910/09	Jerobeam I.	926/25–907/06
Abija	910/09–908/07		
Asa	908/07–868/67		
		Nadab	907/06–906/05
		Bascha	906/05–883/82
		Ela	883/82–882/81
		Simri	882/81
Joschafat	868/67–851/50	Omri	882/81–871/70

Nachfolge zunächst offenblieb, nie ganz in Vergessenheit geraten. Die Festigkeit des Königtums in Israel litt darunter, daß das Prinzip des

1 Eine kurze Zusammenfassung der schwierigen Probleme, die mit der Chronologie der Könige Israels und Judas zusammenhängen, findet sich in »Die Religion in Geschichte und Gegenwart«, 3. Aufl., Sp. 942–944. Daselbst auch weitere Literatur. Wir übernehmen die Zahlen der dort abgedruckten Tabelle, die wiederum auf Arbeiten von Begrich und Jepsen fußt. Näheres bei: *A. Jepsen / R. Hanhart*, Untersuchungen zur israelitisch-jüdischen Chronologie, 1964; *A. Jepsen*, Noch einmal zur israelitisch-jüdischen Chronologie, VT 18, 1968, S. 31–46; ders., Ein neuer Fixpunkt für die Chronologie der israelitischen Könige?, VT 20, 1970, S. 359–361.

S. Herrmann folgt in seiner Geschichte Israels der Chronologie von *K. T. Andersen*, der z. T. von anderen Voraussetzungen ausgeht als Jepsen und an einigen Stellen zu anderen Ergebnissen kommt. S. hierzu *K. T. Andersen*, Die Chronologie der Könige von Israel und Juda, in: Studia Theologica 23, 1969, S. 69–114. Eine geraffte Darstellung der Probleme bietet *S. Herrmann*, Geschichte Israels, S. 235f.

Wahlkönigtums und das des erblichen Königtums ständig im Widerstreit miteinander standen. Die Könige waren immer bestrebt, ihre Hausmacht durch Dynastiebildung zu befestigen. Es geschah aber immer wieder, daß ein Prophet, der zu den religiösen und politischen Gegnern des Königs zählte, einen anderen Mann zum künftigen Herrscher designierte. Da der regierende König und seine Nachkommen gewiß nicht gutwillig auf ihre Thronrechte verzichteten, bemächtigten sich die Designierten jeweils gewaltsam der Herrschaft und rotteten die gesamte Verwandtschaft des regierenden Königs aus, um ihre eigene Herrschaft zu sichern. Schließlich kam es dazu, daß auch nicht designierte ehrgeizige Männer auf eigene Faust den Thron usurpierten und ihren Vorgänger durch Mord beseitigten.

Die Labilität des Königtums in Israel wird schon daran deutlich, daß von den 19 Königen des Nordreiches insgesamt 8 ermordet wurden. Nur zwei Königen, Omri und Jehu, gelang es, eine über die nächste Generation hinausgehende Dynastie zu gründen.

Jerobeam regierte 22 Jahre. Er überlebte Rehabeam von Juda, der 17 Jahre regierte, und dessen Sohn Abija, der nach zweijähriger Regierungszeit starb, und erlebte noch den Beginn der Regierung Asas von Juda. Jerobeams Sohn *Nadab* wurde bereits im zweiten Regierungsjahr von *Bascha,* der zuvor vom Propheten Jehu designiert worden war, ermordet. Bascha, der sämtliche Nachkommen Jerobeams ums Leben brachte, regierte 23 Jahre. Auch sein Sohn *Ela* wurde nach kurzer Regierungszeit (883/82—882/81) während eines Krieges gegen die Philister bei einem Gastmahl im Rausch von *Simri,* dem Befehlshaber der halben Streitwagenmacht, ermordet. Simri, der nicht designiert worden und dessen Handlung reiner Willkürakt war, fand jedoch keine Anerkennung in Israel. Ein Teil des Volkes rief *Omri,* den Obersten des Heerbannes, zum König aus, ein kleinerer Teil hielt sich zu *Tibni,* dem Sohn Ginats. Als Simri, der sich auf eigene Faust zum König gemacht hatte, von Omri in Tirza belagert wurde, gab er seine Sache verloren und beging, nach siebentägiger Regierungszeit, Selbstmord. Omris Herrschaft war jedoch erst nach dem Tode seines Rivalen Tibni endgültig gefestigt. Damit fanden die Thronwirren ein vorläufiges Ende. Omri gelang es als erstem, eine über die nächste Generation hinausgehende Dynastie zu gründen (1Kön 15,25—16,22).

Das Königtum in Juda wies dagegen viel festere Formen auf. Rehabeam regierte 17 Jahre. Sein Sohn *Abija* starb schon nach knapp zweijähriger Regierungszeit. Dessen Sohn *Asa* saß die erstaunlich lange Zeit von 41 Jahren auf dem Thron. Er trat seine Regierung im vorletzten Regierungsjahr Jerobeams an, war ein Zeitgenosse Nadabs, Baschas, Elas und Simris und erlebte noch die ersten Regierungsjahre Omris.

In den ersten 40 Jahren nach der Staatentrennung, also in der ganzen Zeit vor Omri, standen sich die beiden Staaten Israel und Juda feindlich gegenüber (1Kön 15,7.16). Bei den immer wieder aufflackernden Grenzkämpfen kam es unter Asa von Juda und Bascha von Israel zu einem bemerkenswerten Zwischenfall: Bascha, der mit den Aramäern verbündet war und sich darum stark fühlte, begann, die Stadt Rama (9 km nördlich von Jerusalem) zur Festung auszubauen, um einem Vordringen des Südstaates nach Norden einen Riegel vorzuschieben. In dieser Lage wandte sich Asa mit reichen Geschenken an den Aramäerkönig Ben-Hadad I. von Damaskus. Ben-Hadad löste daraufhin das Bündnis mit Bascha und fiel von Norden in das Gebiet seines ehemaligen Verbündeten ein. Bascha mußte den Ausbau von Rama aufgeben und alle Kräfte aufbieten, um sich dem Aramäer entgegenzustellen. Diese Schwäche nutzte Asa und fiel von Süden in das Gebiet von Benjamin ein. Das Baumaterial von Rama ließ er nach Geba-Benjamin (10 km nordöstlich von Jerusalem) und Mizpa (12 km nördlich von Jerusalem) bringen, um diese Städte als Grenzfestungen auszubauen. Damit hatte Asa nicht nur verhindert, daß eine feindliche Festung unmittelbar vor den Toren seiner Hauptstadt errichtet wurde, er hatte darüber hinaus gutbefestigtes Vorgelände für Jerusalem gewonnen und den größten Teil des Stammes Benjamin seinem Stamme eingegliedert. Dabei ist es dann auch in der Folgezeit geblieben. Die Streitigkeiten zwischen Israel und Juda kamen zu einem vorläufigen Ende unter Omri, der gutes Einvernehmen mit Juda suchte. Während der ganzen Dauer seiner Dynastie herrschte Friede zwischen Israel und Juda.

3. *Die Zeit der Dynastie Omri (882–845)*

Quellen: Tagebuch der Könige von Israel: 1Kön 16,15–18.21.22.24.31.34; 22,39. – Tagebuch der Könige von Juda: 1Kön 22,48–50; 2Kön 8,20–22; 11,1–20; 12,5–19. 21.22. – Elijaerzählungen: 1Kön 17–19.21; 2Kön 1,1–17. – Elischaerzählungen: 2Kön 2; 3,4–17; 4,1–8,15; 13,14–21. – Prophetenerzählung: 2Kön 9,1–10,27. – Inschriften Salmanassars III.: TGI² Nr. 19.20; Inschrift des Königs Mescha von Moab: TGI² Nr. 21.

Lit.: *A. Parrot*, Samaria, die Hauptstadt des Reiches Israel (Bibel und Archäologie III), 1957; *A. Alt*, Der Stadtstaat Samaria, 1954 (Kl. Schr. III, S. 258–303); ders., Archäologische Fragen zur Baugeschichte von Jerusalem und Samaria in der israelitischen Königszeit, 1955/56 (ebenda S. 303–325); *H. Donner*, Herrschergestalten in Israel, 1970; *G. Fohrer*, Elia, 1957; *O. H. Steck*, Überlieferung und Zeitgeschichte in den Elia-Erzählungen, 1968; *St. Timm*, Die Dynastie Omri, 1982.

Die Dynastie Omri währte über 30 Jahre. Nach dem Tode Omris saßen sein Sohn Ahab und später seine Enkel Ahasja und Joram auf dem Thron. Der Name Omri ist wahrscheinlich kein israelitischer

Personenname. Möglicherweise war Omri ein ausländischer Söldnerführer, der dann zum Heerbannobersten wurde. Er und seine Nachfolger erstrebten einen Ausgleich zwischen den israelitischen und kanaanäischen Elementen der Bevölkerung. Das war wohl auch einer der Gründe, die Omri zur Verlegung der Hauptstadt bewegten. Nach sechsjähriger Regierungszeit in Tirza kaufte Omri, wahrscheinlich von einem kanaanäischen Besitzer, einen am Rande eines fruchtbaren Talkessels verkehrsgünstig gelegenen Berg und ließ hier eine Stadt anlegen. Diese Neugründung, *Samaria,* war damit königliches Eigentum und somit dem Dualismus zwischen Kanaanäern und Israeliten entzogen, ähnlich wie Jerusalem Eigentum der Davididen war und jenseits des Dualismus zwischen Juda und Israel stand. Bei Ausgrabungen in Samaria traten Teile der aus Quadersteinen gutgebauten Umfassungsmauern des Palastbezirkes und des Palastes selbst zutage. Neben Samaria besaß Omri eine zweite Residenz in Jesreel.

Zu Omris Politik des Ausgleiches zwischen Kanaanäern und Israeliten gehörte es, daß Omri kanaanäische Kulte im Lande duldete, ja sogar förderte und in seiner Stadt Samaria Heiligtümer errichten ließ, die kanaanäischen Gottheiten geweiht waren. Andererseits baute er in Samaria ein Jahweheiligtum und ließ hier, wie einst Jerobeam I. in Dan und Bet-El, ein Stierbild aufstellen (Hos 8,5.6). Der Verfasser der Königsbücher übt deswegen scharfe Kritik an Omri. Er beurteilt ihn dabei nicht von politischen, sondern von religiösen Gesichtspunkten aus, verweist aber kurz auf Omris kriegerische Erfolge. Es kann kein Zweifel darüber bestehen, daß Omri eine der kraftvollsten Persönlichkeiten auf dem Thron Israels war, der sich über die Grenzen Israels hinaus Respekt zu verschaffen vermochte. Das geht vor allem daraus hervor, daß in assyrischen Königsinschriften der Staat Israel und Palästina mit »Land des Hauses Omri« bezeichnet wird, auch längst nach dem Untergang der Dynastie Omri, ja selbst nach dem Ende des Staates Israel. Auf die Vorherrschaft Omris über Moab weist die Stele des Königs Mescha von Moab hin. Zu den phönizischen Küstenstädten suchte Omri gute Beziehungen. Er verheiratete deshalb seinen Sohn und Thronfolger Ahab mit der phönizischen Prinzessin Isebel, Tochter des Königs Ittobaal von Tyrus (1Kön 16, 23—28).

Ahab setzte in jeder Beziehung die Politik seines Vaters fort und stand ihm an Bedeutung in nichts nach. Den Palast in Samaria ließ er renovieren und erweitern und, wie die Elfenbeinfunde von Samaria zeigen, künstlerisch ausgestalten (1Kön 22,39). Wie einst Salomo seinen ausländischen Frauen Heiligtümer für ihre Fremdkulte auf dem Ölberg errichten ließ, so ließ Ahab seiner phönizischen Gemahlin Isebel in Samaria ein Heiligtum für den Kult des tyrischen Gottes Melkart (im Alten Testament als »Baal« bezeichnet) errichten. Gleich seinem Vater tolerierte Ahab um der kanaanäischen Bewohner willen auch kanaanäische Kulte und nahm selbst an ihnen teil. Diese Maßnahmen mußten dem religiösen Synkretismus innerhalb der israelitischen Bevölkerung, der durch die Eingliederung der kanaanäischen Stadtstaaten zu einer ständigen Gefahr geworden war, Vorschub leisten. Das stieß auf heftigen Widerstand jahwetreuer Kreise, deren Exponent der Prophet *Elija* war. Als man bei einer großen Dürre Hilfe beim kanaanäischen Wettergott Baal suchte, verkündigte Elija, daß die Dürre eine Folge davon sei, daß man neben Jahwe, der keine anderen Götter neben sich dulde, auch Baal verehre. Nicht Baal, sondern Jahwe sei der Spender des Regens und der Herr des Kulturlandes und erhebe den Anspruch auf alleinige Verehrung. Elija setzte es durch, daß das Baalheiligtum auf dem Karmel, der im Bereich überwiegend kanaanäischer Bevölkerung lag, in ein Jahweheiligtum verwandelt wurde. Zu einem schweren Zusammenstoß zwischen Ahab und Elija, bei dem Elija den Sturz des Hauses Omri ankündigte, kam es, als Ahab an Nabot, einem Grundbesitzer in Jesreel, Justizmord verübte. Nabot hatte sich unter Berufung auf das israelitische Bodenrecht geweigert, seinen inmitten der königlichen Ländereien gelegenen Weinberg an Ahab zu verkaufen. Da der Grundbesitz hingerichteter Verbrecher der Krone zufiel, konnte Ahab nach dem Justizmord an Nabot den königlichen Besitz in Jesreel abrunden. Indem Elija die Willkürhandlung Ahabs verurteilte, wandte er sich gleichzeitig gegen

Abb. 8 Elfenbeinverzierung (stilisierte Palmen) aus dem Königspalast zu Samaria (9. Jahrh. v. Chr.).

den Versuch, in Israel das bei anderen Völkern übliche absolute Königtum durchzusetzen. In Israel ist auch der König an das Gottesrecht, vor dem es keine Standesunterschiede gibt, gebunden (1Kön 18.21).

Auch gegenüber dem Staat Juda setzte Ahab die Friedenspolitik seines Vaters fort und schloß ein Bündnis mit *Joschafat* von Juda, das dadurch bekräftigt wurde, daß Ahab seine Tochter *Atalja* mit dem judäischen Kronprinzen Joram, Joschafats Sohn, verheiratete (2Kön 8,18). – Die Bündnisse der Omriden mit Juda und den phönizischen Küstenstädten haben nicht zuletzt ihren Grund in einer außenpolitischen Gefahr, die für Israel in dem mächtig gewordenen *Aramäerstaat* von *Damaskus* lag. Die Prophetenerzählungen von Elija und Elischa wissen zu berichten von wechselvollen Kämpfen zwischen

Israel und den Aramäern zur Zeit der Omriden, wobei es hauptsächlich um den Besitz der ehemaligen Kanaanäerstädte des Ostjordanlandes ging. Einmal kam es zu einer gefährlichen Belagerung Samarias durch die Aramäer. Eine gründliche Niederlage erfuhren die Israeliten in einer Schlacht um den Besitz der Stadt Ramot in Gilead (1Kön 20,20; 2Kön 6—7.13).

Die Kriege zwischen Israel und Aram kamen vorläufig zu einem Stillstand, und die ehemaligen Gegner wurden zu Verbündeten, als die Kleinstaaten Palästina-Syriens bedroht wurden durch die Aggressionspolitik des *Neuassyrischen Reiches*, das im Laufe des 9. Jahrhunderts zur stärksten Macht im Vorderen Orient aufgestiegen war. Im Jahre 853 stellten sich 11 verbündete Kleinstaaten Palästina-Syriens in der Schlacht bei Karkar am Orontes den nach Syrien vorstoßenden Truppen Salmanassars III. entgegen. Unter den Verbündeten befanden sich die Könige von Hamat, Damaskus und Israel. Ahab, der in einer Inschrift Salmanassars namentlich genannt wird, stellte nach den Angaben Salmanassars mit 2000 Streitwagen und 10 000 Mann den stärksten Truppenanteil. Salmanassar rühmt sich eines großen Sieges. Die Verbündeten konnten immerhin zunächst einmal das weitere Vordringen Salmanassars abwehren, ohne damit freilich die Assyrergefahr für immer zu bannen.

Ahabs Sohn und Nachfolger *Ahasja* regierte nur ein Jahr. Er stürzte vom Obergemach des Palastes und siechte dahin. Daß er in seiner Krankheit nicht bei Jahwe, sondern bei dem Gott Baal-Sebul von Ekron Heilung suchte, ist charakteristisch für die synkretistische Haltung der Omriden (2Kön 1). — Da Ahasja kinderlos starb, folgte ihm sein Bruder Joram von Israel, Zeitgenosse der judäischen Könige Joschafat, Joram und Ahasja, auf dem Thron. Unter Joram ging die Vorherrschaft Israels über Moab verloren. Der Moabiterkönig *Mescha*, der in Dibon regierte, rühmt sich in seiner berühmten Steleninschrift, es sei ihm gelungen, sich der Herrschaft Israels zu entziehen und darüber hinaus das Gebiet bis zur Höhe der Nordspitze des Toten Meeres zu annektieren. Ein Versuch Jorams, im Bündnis mit Joschafat von Juda die verlorengegangenen Gebiete zurückzugewinnen, scheiterte (2Kön 3). Zur Zeit Joschafats konnte Juda noch die Vorherrschaft über Edom aufrechterhalten. Auf alle Fälle hatte Joschafat noch Zugang zum Golf von Akaba und versuchte, wie einst Salomo, durch den Bau einer Flotte den Silberhandel wieder ins Leben zu rufen. Die Schiffe kenterten jedoch unmittelbar nach dem Auslaufen (1Kön 20,41—51). Unter *Joram* von Juda, Joschafats Nachfolger, Gemahl Ataljas und Schwager Jorams von Israel, ging die Vorherrschaft Judas über Edom und damit der letzte Außenposten, der noch vom Großreich Davids übrig war, verloren (2Kön 8,20).

Zur Zeit Jorams von Israel kam es wieder zu Auseinandersetzungen zwischen Aram und dem mit Juda verbündeten Israel.

Die Dynastie Omri und ihre Beziehungen zum judäischen Königshaus:

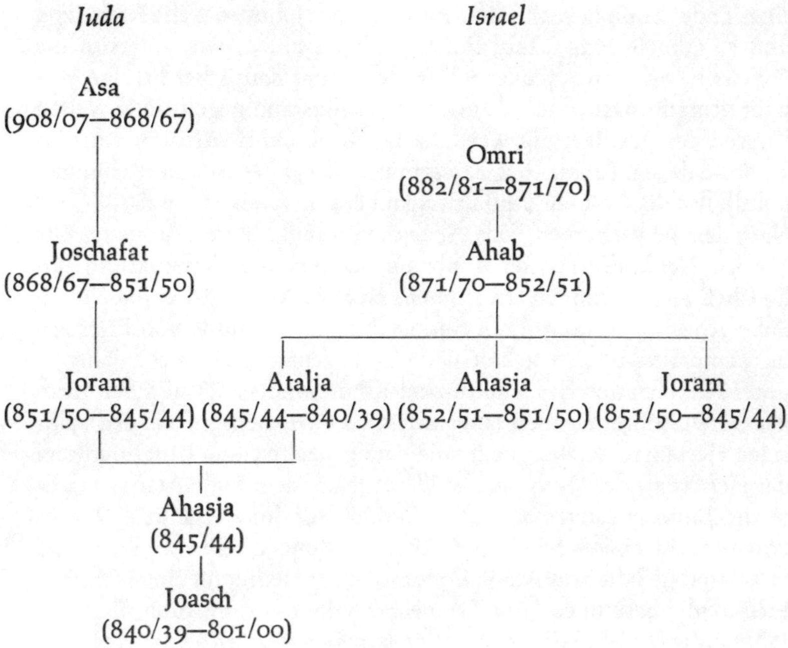

Beim Kampf um Ramot in Gilead wurde Joram verwundet und ließ sich nach Jesreel, der Nebenresidenz der Könige Israels, bringen. Hier besuchte ihn sein Bundesgenosse *Ahasja* von Juda (Sohn Jorams und Ataljas, also Enkel Ahabs und Neffe Jorams von Israel). Inzwischen hatte Jehu, ein Offizier des Heeres, eine Verschwörung gegen die Omriden angezettelt. Er fand dabei die Unterstützung jahwetreuer Kreise. Auf seine Seite traten der Prophet Elija und die Rekabiten, eine ordensartige Verbindung. Sie hielten die nomadische Lebensführung für die dem Jahweglauben allein angemessene und sahen im Kulturlandleben mit all seinen Verlockungen eine ständige Gefahr für den Jahweglauben (Jer 35,1–19; 2Kön 10,15ff). Jehu wurde von Elischa zum Herrscher designiert und vom Heerbann in Ramot zum König ausgerufen. Daraufhin zog er mit seinen Anhängern nach Jesreel und tötete dort Joram und Ahasja, der als Verbündeter Jorams und Enkel Ahabs für Jehu hätte gefährlich werden können. Die hochbetagte Isebel, die verhaßte phönizische Gemahlin Ahabs, wurde auf Geheiß Jehus aus dem Fenster ihres Palastes gestürzt und von Pferden zertreten.

Nachdem sich Jehu der Ergebenheit maßgebender Kreise in Samaria versichert hatte, ließ er sämtliche Nachkommen Ahabs, unter ihnen zwei Brüder Ahasjas von Juda, die sich gerade im Machtbereich Jehus befanden, ums Leben bringen. Damit fand die Dynastie Omri ein blutiges Ende (2Kön 8—10). Daß die Revolution Jehus so weite Kreise zog und so schnell zum Erfolg führte, läßt erkennen, wie sehr sich die Dynastie Omri trotz großer militärischer und politischer Erfolge verhaßt gemacht hatte und wie groß der Widerstand gegen sie in weiten Kreisen der Bevölkerung war. Die Dynastie Omri scheiterte letztlich daran, daß absolutistisches Königtum und synkretistische Religionspolitik mit dem Wesen des Jahweglaubens unvereinbar sind.

Nach dem gewaltsamen Tode Ahasjas von Juda riß in Jerusalem seine Mutter *Atalja,* die Tochter Ahabs und Isebels, die Herrschaft an sich und ließ alle Davididen umbringen. Nur der kleine Prinz *Joasch,* ein Sohn Ahasjas, entging ihren Nachstellungen. Er wurde von Priestern im Tempel verborgen gehalten und erzogen und als Siebenjähriger unter Akklamation des Volkes zum König erhoben. Atalja fiel durch das Schwert ihrer eigenen Leibgarde. Das Zwischenspiel der sechsjährigen Herrschaft Ataljas stellte die einzige, zeitweilige Unterbrechung der Herrschaft der Dynastie David dar. Nach dem Tode Ataljas machte die Jahwepriesterschaft ihren Einfluß auf Joasch geltend. Joasch erneuerte in einem feierlichen Akt den Bund zwischen Jahwe und Israel und ließ die von Atalja im Jerusalemer Heiligtum eingerichteten Fremdkulte beseitigen. Am Tempelgebäude, das nun schon über 100 Jahre alt war, nahm er Restaurationsarbeiten vor (2Kön 11—12).

Im Verlauf des 9. Jh., und damit im historischen Kontext der Dynastie Omri, entstand im Nordreich aller Wahrscheinlichkeit nach der »*Elohist*«, die zweitälteste der Quellenschriften des Pentateuch, die uns nur fragmentarisch erhalten ist. »Gottesfurcht« ist ein Stichwort, das beim Elohisten häufig wiederkehrt (Gen 20,8; 22,14; 42,18; 46,3f; Ex 1,21). Der Elohist gestaltet die alten Überlieferungen von den Patriarchen bis zur Landnahme neu unter dem leitenden Gesichtspunkt, daß Menschen und Völker unter der führenden Hand Gottes stehen (Gen 15,13—16; 50,20), und verfolgt dabei die Absicht, der Überfremdung des Jahweglaubens durch kanaanäische Kulte zu wehren. Mit dieser Absicht überliefert er z. B. die Erzählung von der Vergrabung fremder Götter unter der Terebinthe von Sichem (Gen 35,5). Masseben, aufgerichtete Steine, die im kanaanäischen Kult zur Repräsentanz von Gottheiten dienten und auch an israelitischen Kultstätten zu finden waren, werden vom Elohisten als »Denksteine« für Heilstaten Gottes (Gen 28,18.22; 31,13; 35,14), als Grenzsteine und Bundeszeichen (Gen 31,45) sowie als Grabstelen (Gen 35,20) gedeutet.

Lit.: *H. W. Wolff,* Zur Thematik der elohistischen Fragmente im Pentateuch, Ev. Theol. 1969, S. 59—72.

6. Kapitel

Die Vorherrschaft Assurs (841–612)

1. *Die Zeit der Dynastie Jehu (845–747)*

Quellen: Tagebuch der Könige von Israel: 2Kön 14,25; 15,10; Tagebuch der Könige von Juda: 2Kön 14,7–14.19–22; 15,5; Alte Quelle über Wehrbauten: 2Chr 26,9; 27,4; Prophetenerzählung: 2Kön 9,1–10,27; Amos; Hosea 1; 2,4–17; 3,1–5; 4,1–5,7; Jesaja 6,1–11; 1,2–3.10–31; 2,6–22; 3,1–9; 3,12–4,1; 5,1–23; 10,1–4. – Inschriften Salmanassars III. über seine Feldzüge gegen Damaskus: TGI² Nr. 20; AOT S. 342–344.

Lit. zur Geschichte und Kultur des Neuassyrischen Reiches: *A. Scharff, A. Moortgat*, Ägypten und Vorderasien im Altertum, 1959², S. 397–431; *H. Schmökel*, Ur, Assur und Babylon, 1955 (Große Kulturen der Frühzeit); *M. A. Beek*, Bildatlas der assyrisch-babylonischen Kultur, 1961; *H. A. Parrot*, Ninive und das AT (Bibel und Archäologie I), 1955; *W. v. Soden*, Herrscher im alten Orient, 1954 (S. 90–93 zu Tiglatpileser III.); *A. Alt*, Das System der assyrischen Provinzen auf dem Boden des Reiches Israel, Kl. Schr. II, S. 188–205; ders., Tiglatpilesers III. erster Feldzug nach Palästina, a. a. O. S. 150–162; *H. Donner*, Israel unter den Völkern, 1964; ders., Herrschergestalten in Israel, 1970, S. 55ff.

Jehu hatte seine Revolution gegen das Haus Omri im Namen der reinen, ungeteilten Jahweverehrung gegen den religiösen Synkretismus der Omriden geführt. Unmittelbar nach seinem Regierungsantritt ließ Jehu die Heiligtümer kanaanäischer und phönizischer Gottheiten in Samaria zerstören, deren Kulte unterbinden und das Kultpersonal töten. Er löste das Bündnis mit den Phönizern und gab die Ausgleichspolitik gegenüber der kanaanäischen Minderheit auf. – Außenpolitisch mußte Jehu manche Niederlage hinnehmen. Er hat sich offenbar nicht mehr, wie einst Ahab, an antiassyrischen Koalitionen beteiligt. Im Jahre 841 zog Salmanassar III. zum vierten Male nach Syrien. Er schloß Damaskus ein, konnte es aber nicht erobern. Wie die phönizischen Städte, so entrichtete auch Jehu dem assyrischen König Tribut. Auf dem in Kalah (heute nimrud) gefundenen »schwarzen Obelisken« wird die Darbringung des Tributes durch Jehu ausdrücklich berichtet und bildlich dargestellt, übrigens die einzige uns bekannte altorientalische Darstellung eines israelitischen Königs. – In der Zeit der Syrienfeldzüge Salmanassars blieb Israel vor Übergriffen der Aramäer verschont. Als aber nach Salmanassars fünftem und letztem Feldzug nach Syrien (838) die Assyrer für einige Jahrzehnte von Vorstößen nach dem Westen absahen, richteten die

Abb. 9 Jehu von Israel unterwirft sich Salmanassar III. In der Mitte oben die geflügelte Sonnenscheibe und der Stern der Ischtar. Die Darstellung trägt die Beischrift: »Tribut Jehus vom Hause Omri: Silber, Gold, eine Schale aus Gold, Näpfe aus Gold, Becher aus Gold, Eimer aus Gold, Bleistücke, Zepter für den König und Balsamodendronhölzer empfing ich von ihm« (Detail aus dem schwarzen Obelisken Salmanassars III. zu Kalah/Nimrud).

Aramäer ihr Augenmerk wieder auf Israel. In Damaskus war, etwa zur Zeit der Königserhebung Jehus, *Hasael* durch Ermordung seines Vorgängers Ben-Hadad I. auf den Thron gekommen. Hasael wurde zu einem äußerst gefährlichen Gegner für Jehu und seine beiden Nachfolger Joahas und Joasch. Durch grausame Kriegführung (2Kön 8,12; Amos 1,3) verwüstete er das Ostjordanland und brachte eine Reihe von israelitischen Städten in seinen Besitz. Die Schwäche Israels veranlaßte die Ammoniter zu Überfällen auf das Gebiet südlich des Jabbok (Amos 1,13).

Die ständige Bedrohung Israels durch die Aramäer fand ein Ende, als im Jahre 800 v. Chr. der Assyrerkönig *Adadnirari III.* nach Westen vordrang, Damaskus einschloß, die Unterwerfung erzwang und damit die Macht des Aramäerreiches brach[1]. Bereits Joasch konnte einige der von Hasael eroberten Städte zurückgewinnen. Durch die Entmachtung der Aramäer kam es unter *Jerobeam II.*, der die lange Zeit von 41 Jahren regierte, zu einer letzten Scheinblüte des Staates Israel im Schatten der Politik Assurs. Jerobeam gelang es, das Gebiet von Israel wie-

1 Aus einer 1967 gefundenen Stele geht hervor, daß, außer den Städten Damaskus, Tyrus und Sidon, auch der namentlich genannte »Joasch von Samaria« Tribut an Adadnirari III. zu zahlen hatte. S. hierzu *H. Donner*, Adadnirari III. und die Vasallen des Westens, in: Archäologie und Altes Testament, Festschrift Galling, 1970, S. 49–59.

derherzustellen von Lebo-Hamat bis zum Toten Meer (2Kön 14,25), d. h., er gewann offenbar die von den Aramäern, Ammonitern und Moabitern entwendeten Gebiete wieder zurück. Auch wirtschaftlich nahm das Land einen Aufschwung. Handel und Gewerbe blühten. Es bildete sich eine begüterte Oberschicht, deren luxuriöse Lebenshaltung der Prophet Amos anschaulich schildert.
Die Ostraka von Samaria (Begleitschreiben zu Naturallieferungen aus den Krongütern) lassen einen Blick in die königliche Verwaltung und die reichen Einnahmen tun, die dem König aus seinen Ländereien zuflossen[2].

Abb. 10 Stempelsiegel aus Megiddo. Es trägt die Inschrift: »Dem Schema (gehörig), Diener (= Minister) des Jerobeam« (es handelt sich um Jerobeam II.).

Die Dynastie Jehu, die fast 100 Jahre lang die Herrschaft in Israel behauptete und damit das am längsten regierende Herrschergeschlecht in Israel war, nahm ein plötzliches Ende, als *Sacharja*, der Sohn Jerobeams, nach kurzer Regierungszeit im Jahre 745 von Schallum ermordet wurde. Mit dem Ende des Hauses Jehu war die letzte Glanzzeit Israels endgültig erloschen. Es standen Ereignisse vor der Tür, die eine grundlegende Änderung der Lage für Israel und Juda bringen sollten: Dieselbe Großmacht Assur, durch deren Druck auf Damaskus dem Staat Israel eine letzte Zeit des Aufatmens vergönnt worden war, wurde bald zur lebensgefährlichen Bedrohung für Israel.
Zur Zeit der Dynastie Jehu herrschten in *Juda* die Könige *Joasch* (840—801), *Amazja* (801—773) und *Asarja* (= Usija, 773—735). Joasch und Amazja wurden aus uns unbekannten Gründen ermordet. Möglicherweise waren die Gegner der beiden Könige nicht mit deren Politik einverstanden. Während im Nordstaat durch die Ermordung eines Königs jeweils ein Dynastiewechsel herbeigeführt wurde, blieb in Juda auch bei einem Königsmord die Herrschaft der Dynastie David unangefochten. — Auch der Staat Juda bekam, indirekt und direkt, die Macht der Aramäer zu verspüren. Unter der Rückendeckung der Aramäer unternahmen die Philister Überfälle auf judäische, vielleicht auch auf israelitische Dörfer und verkauften deren Bewohner in die

2 Näheres hierzu s. bei *M. Noth*, Die Welt des Alten Testaments, 1962[4], S. 90. 198, Abb. 9. *A. Parrot*, Samaria, 1957, S. 57–61, ANET S. 321; *M. Noth*, Das Krongut der israelitischen Könige und seine Verwaltung, 1927 (Aufsätze zur biblischen Landes- und Altertumskunde I, S. 159–182).

Sklaverei (Amos 1,6—8). Hasael von Damaskus eroberte, wahrscheinlich als Bundesgenosse der Philister, in den Tagen Joasch' von Juda die damals in judäischer Hand befindliche ehemalige Philisterstadt Gat und bedrohte sogar Jerusalem. Nur durch eine Tributleistung aus dem Tempel- und Palastschatz konnte Joasch die Gefahr abwenden (2Kön 12,17f).

Während der Herrschaft der Omriden bestanden freundschaftliche, seit Ahab sogar verwandtschaftliche Beziehungen zwischen dem israelitischen und dem judäischen Königshaus. Da Atalja, die Gemahlin Jorams von Juda und Mutter Ahasjas, eine Tochter Ahabs war, saßen seit Ahasja direkte Nachkommen Ahabs auf dem Thron Judas. Von daher ist es verständlich, daß der Revolution Jehus, die sich gegen die Omriden richtete, auch Angehörige des judäischen Königshauses zum Opfer fielen und während der Herrschaft der Dynastie Jehu das Bündnisverhältnis zwischen Israel und Juda aufgehoben war, wenngleich man sich nicht feindlich gegenüberstand. Nur einmal kam es zu einem Zwischenfall: Durch einen Kriegserfolg gegen die Edomiter ermutigt, forderte Amazja von Juda den König Joasch von Israel heraus. In der Schlacht bei Bet-Schemes in Juda siegte Joasch. Er nahm Amazja gefangen, eroberte sogar Jerusalem, plünderte Tempel und Palast und ließ eine Bresche in den Nordteil der Stadtmauer reißen, wo Jerusalem am meisten gefährdet war. Nach dem Tode Joaschs regierte Amazja bis zu seiner Ermordung weitere 15 Jahre in Jerusalem (2Kön 14,8—20).

Der judäische Zeitgenosse Jerobeams II. war *Asarja* (Usija), 773—735. Auch dem Staat Juda war in dieser Zeit eine Periode friedlicher Entwicklung vergönnt. Nachdem schon Amazja kriegerische Erfolge gegen die Edomiter beschieden waren (2Kön 14,7), gelang es Asarja, wieder Zugang zum Golf von Akaba zu erlangen und Elat zu befestigen (2Kön 14,22). Ob diese Erfolge von Dauer waren, ist nicht bekannt. Asarja starb an Aussatz. Sein Sohn Jotam wurde schon zu Lebzeiten Asarjas als Mitregent eingesetzt.

In dieser Zeit der Prosperität hat es nicht an Mahnern gefehlt, die die Unsicherheit der Lage erkannten, die religiösen, sozialen und politischen Schäden schonungslos aufdeckten und das nahende Verderben ankündigten. Gemeint sind die *Propheten*[3], die, durch ein Berufungs-

3 Näheres zur Prophetie in Israel: *G. v. Rad*, Theologie des Alten Testaments II, 1965[4]; *H. W. Wolff*, Haupt-Probleme alttestamentlicher Prophetie, 1955 (Ges. Stud. S. 206—231); *G. Fohrer*, Studien zur alttestamentlichen Prophetie, 1967; *W. Zimmerli*, Grundriß der alttestamentlichen Theologie, 1972, S. 84ff. 159ff; *W. H. Schmidt*, Alttestamentlicher Glaube in seiner Geschichte, 1975[2], § 14, Die Prophetie. — Zur Sozialkritik der Propheten: *O. H. Steck*, Prophetische Kritik der Gesellschaft, 1969 (in: Christentum und Gesellschaft, hg. W. Lohff, B. Lohse); *K. Koch*, Die Entstehung der sozialen Kritik bei den Profeten, 1971 (in: Probleme biblischer Theologie, G. v. Rad zum 70. Geburtstag, hg. H. W. Wolff, S. 236—257).

erlebnis in Dienst gestellt, als Boten Gottes den Menschen ihrer Zeit eine von Jahwe vernommene Botschaft verkündeten. *Amos*, der älteste der »klassischen Propheten«, stammte aus dem Südstaat Juda, trat aber im Nordstaat auf. Durch seine Verkündigung gewinnen wir u. a. einen instruktiven Einblick in die sozialen und religiösen Verhältnisse des Nordreiches zur Zeit Jerobeams II.: Die Angehörigen der begüterten Oberschicht leben in luxuriös ausgestatteten Häusern von Quadersteinen, sie besitzen Sommer- und Winterhäuser, feiern üppige Gelage mit auserlesenen Speisen (6,1–6). Die Kehrseite des Wirtschaftsaufschwungs sind krasse Standesunterschiede, Verarmung eines großen Teiles der Bevölkerung, soziale Ungerechtigkeit, mitleidlose Unterdrückung und Ausnutzung der Armen, betrügerische Geschäftsführung (2,6ff; 8,4–6), korrupte Rechtsprechung.

»Sie verwandeln das Recht in Wermut und werfen die Gerechtigkeit zu Boden. Sie hassen den, der im Tor für das Recht eintritt, und verabscheuen den, der Wahrheit redet. Sie bedrängen den Unschuldigen, nehmen Bestechungsgelder an und unterdrücken den Armen im Tor« (5,7.10.12).

Daß auch im Staat Juda die Wirtschaftsblüte unter Usija von Mißständen aller Art begleitet war, lassen die Propheten *Micha* und *Jesaja* erkennen:

»Wehe denen, die Arges sinnen auf ihren Lagern
und, wenn der Morgen tagt, es vollbringen,
weil es in ihrer Macht steht;
die nach Äckern gieren und sie rauben,
nach Häusern, und sie wegnehmen;
die Gewalt üben an dem Mann und seinem Haus,
an dem Besitzer und seinem Erbgut!« (Micha 2,1–2)
»Wehe denen, die Haus an Haus reihen
und Acker an Acker rücken,
bis kein Platz mehr ist
und ihr allein Besitzer seid mitten im Lande!« (Jes 5,8; vgl. 5,18–23).

Bei alledem ist man von einem übersteigerten religiösen Erwählungsbewußtsein erfüllt, berauscht sich an glänzenden kultischen Festen, verweigert aber im Alltag Jahwe den Gehorsam und wiegt sich obendrein in trügerischen Endzeithoffnungen. Demgegenüber verkündigt Amos, daß der »Tag Jahwes« ein unentrinnbares Vernichtungsgericht für Israel bringe, das die Gnadenzuwendung Jahwes mißbraucht. Ein Kultus, der nur dazu dient, religiöses Hochgefühl zu erzeugen, dessen Teilnehmer sich aber im übrigen dem Anspruch Jahwes entziehen, ist Jahwe ein Greuel. Jahwe fordert statt dessen soziale Gerechtigkeit und gerechte Rechtsprechung, wie es im Gottesrecht Israels verkündigt wird:

»Ich hasse, ich verschmähe eure Feste
und mag nicht riechen eure Feiern.
An euren Opfergaben hab ich keinen Gefallen,
und das Opfer eurer Mastkälber sehe ich nicht an.
Hinweg von mir mit dem Lärm deiner Lieder!
Das Spiel deiner Harfen mag ich nicht hören!
Aber es ströme wie Wasser das Recht
und die Gerechtigkeit wie ein unversieglicher Bach!« (Amos 5,21–24).

Auch im Staat Juda sind schwerste Korruption unter den führenden Kreisen des Volkes und religiöse Sicherheit miteinander verbunden. *Micha* deckt diesen Selbstbetrug auf und kündigt ein Gericht an, das selbst vor der heiligen Stadt Jerusalem und vor dem Tempel, mit dem man so falsche Hoffnungen verbindet, nicht Halt macht:

»Höret doch dieses, ihr Häupter des Hauses Jakob,
ihr Fürsten des Hauses Israel,
die ihr das Recht verabscheut und alles Gerade krumm macht,
die ihr Zion mit Blut baut und Jerusalem mit Unrecht!
Seine Häupter sprechen Recht um Bestechung,
seine Priester geben Weisung um Lohn,
und seine Propheten wahrsagen um Geld –
und dabei verlassen sie sich auf Jahwe und sprechen:
›Ist nicht Jahwe in unserer Mitte?
Es kann kein Unglück über uns kommen!‹
Darum wird Zion um euretwillen zum Feld umgepflügt,
Jerusalem wird zum Trümmerhaufen
und der Tempelberg zur Waldeshöhe!« (Micha 3,9–12).

Als Amos am Staatsheiligtum in Bet-El auftrat und dem König den Untergang ankündigte, wurde er auf Befehl des Königs vom Oberpriester des Heiligtums des Landes verwiesen.
Während sich Amos gegen eine Entartung des legitimen Jahwekultes wendet, geißelt *Hosea* den Abfall von Jahwe zu kanaanäischen Gottheiten. Seine Botschaft deckt auf, in welch erschreckendem Maße der kanaanäische Fruchtbarkeitskult in Israel an Boden gewonnen oder sich mit dem Jahwekult vermischt hatte. Von der Teilnahme an kultischer Prostitution und an Sexualriten des kanaanäischen Baal-Astarte-Kultes erhoffte man sich Fruchtbarkeit für Mensch und Vieh und gesteigerten Ertrag der Felder. Die Güter des Kulturlandes, die ein Geschenk Jahwes waren, schrieb man der Wirksamkeit kanaanäischer Gottheiten zu. Israel »hat nicht erkannt, daß ich es bin, der das Korn und den Wein und das Öl gegeben und der Silber in Menge geschenkt und Gold, das sie zum Baalsbild gemacht haben« (2,8). Hosea, der für den Bund zwischen Jahwe und Israel als erster das Bild von der Ehe gebraucht, bezeichnet den Abfall von Jahwe und die Teilnahme am kanaanäischen Fruchtbarkeitskult als Ehebruch, als Hurerei. »Das

Land treibt beständig Hurerei von Jahwe hinweg« (1,2). Weil sich Israel durch sein Verhalten von Jahwe geschieden hat, erklärt Jahwe seinerseits den Bund für aufgehoben: »Ihr seid nicht mein Volk, und ich bin nicht euer Gott« (1,9). Das Verderben sitzt so tief, daß die Priester, von Jahwe beauftragt, dem Volk Weisung zu erteilen, geradezu zum Baalskult verführen (4—5). — Dem Abfall von Jahwe auf kultischem Gebiete entspricht Israels Eigenmächtigkeit im politischen Handeln. Die dauernden Königsmorde sind eine Folge davon, daß Israel seine Politik ohne Gott gemacht hat, und ein Zeichen dafür, daß Israel bereits unter dem Gericht Gottes steht. »Sie haben Könige eingesetzt, doch ohne meinen Willen, haben sich Fürsten gewählt, doch ohne mein Wissen« (8,4). »Ich gebe dir einen König in meinem Zorn, und ich nehme ihn wieder in meinem Grimm« (13,11). Weil Israel nicht auf seinen Gott vertraut, schwankt es unschlüssig zwischen Ägypten und Assur. »Efraim ist geworden wie eine einfältige Taube, ohne Verstand. Sie haben die Ägypter hergerufen, zu den Assyrern sind sie gegangen. Während sie hingehen, spanne ich mein Netz über sie aus, hole sie herunter wie Vögel des Himmels und züchtige sie wegen ihrer Bosheit. Wehe ihnen, daß sie von mir gewichen! Verderben über sie, daß sie von mir abgefallen sind!« (7,11—13; vgl. 5,13; 7,9; 8,9; 12,2). In schockierenden Bildern kündet Hosea das hereinbrechende Verderben als ein Gerichtshandeln Jahwes, dem sich Israel auch nicht durch Verträge mit den Großmächten entziehen kann:

»Ich aber bin wie die Motte für Ephraim
und wie Wurmfraß für das Haus Juda.
Und Ephraim sah seine Krankheit
Und Juda sein Geschwür.
Da ging Ephraim zu Assur
und sandte zum Großkönig.
Der aber kann euch nicht heilen,
und das Geschwür wird nicht von euch weichen.
Denn ich bin wie ein Löwe gegen Ephraim
und wie ein Jungleu gegen das Haus Juda:
Ich, ich zerreiße und gehe davon,
ich trage hinweg, und niemand rettet« (5,12–24; vgl. 13,7.8).

2. *Die letzten Jahre des Staates Israel (747—721)*

Quellen: Tagebuch der Könige von Israel: 2Kön 15,14.16.19.20.25.29.30a; 17,3.4; Tagebuch der Könige von Juda: 2Kön 15,35b; 16,5–18; 17,5.6.24.29–31; 18,9–11. – Der Prophet Hosea (Zeit des syrisch-efraimitischen Krieges: Hos 5–8; vor und nach dem Tode Tiglat-Pilesers III.: Hos 9–12; kurz vor dem Fall Samarias: Hos

13–14). – Jes 7,1–9,6; 9,7–20+5,25–30; 17,1–6; 28,1–4. – Inschriften Tiglat-Pilesers III. und Sargons II. über Feldzüge nach Syrien/Palästina: TGI² Nr. 26–30; AOT S. 345–349.

Nach der Ermordung Sacharjas, des letzten Vertreters der Dynastie Jehu, der nur sechs Monate regiert hatte, kam es in Israel zu keiner Dynastiebildung mehr. Von den fünf Königen, die innerhalb von 20 Jahren auf Sacharja folgten, wurden allein drei ermordet. *Schallum* (747/46), der Mörder Sacharjas, fiel bereits nach einem Monat der Verschwörung eines gewissen *Menahem* (746/45–737/36) zum Opfer. Menahems Sohn *Pekachja* (736/35–735/34) wurde nach zweijähriger Regierungszeit von *Pekach* (734/33–733/32), einem Offizier des Heeres, ermordet. Pekach wiederum erlag dem Anschlag *Hoscheas* (732/31–724/23), unter dessen Herrschaft der Staat Israel ein Ende fand.

Abb. 11 Assyrisches Feldzeichen mit dem Reichsgott Assur.

Im Jahre 745, also etwa gleichzeitig mit dem Sturz der Dynastie Jehu, kam in Assyrien *Tiglat-Pileser III.* auf den Thron. Damit begann eine neue Periode in der Expansionspolitik Assurs. Salmanassar III. hatte sich damit zufriedengegeben, in mehreren Zügen nach Palästina-Syrien Tribut einzufordern, ohne selbst in diesen Ländern dauernd Fuß zu fassen. Tiglat-Pileser III. hingegen verfolgte das Ziel, den gesamten Vorderen Orient seiner Herrschaft zu unterwerfen. Hinter dem Eroberungsstreben der Assyrer stand das weitgesteckte religiöse Ziel, die gesamte Welt ihrem Reichsgott Assur, der ihnen als der Beherrscher der Welt galt, zu unterwerfen. Darum mußten Könige, die sich den Assyrern als Vasallen unterwarfen, in ihren Staatsheiligtümern neben ihren angestammten Kulten dem assyrischen Staatskult, der dem Gott Assur geweiht war, den Hauptplatz einräumen. Syrien und Palästina als Landbrücke nach Südostkleinasien und Ägypten mußten Tiglat-Pileser zuerst zum Opfer fallen. 740 fiel er in Nordsyrien ein, unterwarf 738 den Staat Hamat und machte mehrere Kleinstaaten tributpflichtig. Auch Menahem von Israel unterwarf sich rechtzeitig und entging damit der Besetzung seines Landes. Er erhoffte sich außerdem eine Stärkung seiner Macht von seiten des Assyrers. Die enorme Tributleistung von 1000 Talenten Silber (über 1000 Zentner) brachte er durch Besteuerung der heerbannpflichtigen Grundbesitzer auf (2Kön 15,17–20). 734 drang Tiglat-Pileser bis in den Südwesten Palästinas vor und unterwarf dabei den Philisterstaat Gaza. In dieser Lage verbündete sich im Jahre 733 eine Reihe von syrisch-palästinensischen Kleinstaaten unter Führung des Königs Rezin von Damaskus und des Königs Pekach von Israel, um sich gegen Tiglat-Pileser zu erheben. Als sich Ahas von Juda weigerte, der antiassyrischen Koalition beizutreten, kam es zum sog. »syrisch-efraimitischen Krieg«. In der Absicht, Juda zum Bündnis zu zwingen, Ahas abzusetzen und einen Aramäer auf den Thron von Juda zu erheben, zogen Rezin und Pekach gegen Juda und bedrohten Jerusalem. Gegen den Rat des Propheten Jesaja, der Ahas zum Stillhalten und Vertrauen auf das Eingreifen Jahwes aufrief, unterwarf sich daraufhin Ahas dem Assyrerkönig freiwillig, sandte ihm Tribut und bat ihn, gegen Israel und Damaskus einzuschreiten, was wahrscheinlich ohnehin im Plane Tiglat-Pilesers lag (2Kön 15,37; 16,5–9; Jes 7,1–17). Noch im selben Jahr ging Tiglat-Pileser III. gegen Israel vor und eroberte ganz Galiläa und das Ostjordanland. Es gehörte zur Praxis assyrischer Eroberungspolitik, die politische, geistige und wirtschaftliche Oberschicht eroberter Gebiete zu deportieren und an deren Stelle eine fremde Oberschicht aus weit entfernten Gebieten des assyrischen Großreiches zu setzen, um dadurch die Eigenprägung der eingegliederten Gebiete weitgehend aufzuheben und die Möglichkeit von Aufständen gegen die assyrische Zentralgewalt zu erschweren. So verfuhr Tiglat-Pileser auch mit den eroberten Teilen Israels. Er teilte das Gebiet in die drei Provinzen »Dor«, »Megiddo« und »Gilead« und unterstellte sie assyrischen Statthaltern (2Kön 15,29). Die von den Assyrern geschaffene Provinzeinteilung blieb auch während der babylonischen und persischen Zeit bestehen. Dem König von Israel verblieben nur noch das Gebirge Efraim und der Stadtstaat Samaria. Nach seiner Niederlage wurde Pekach von *Hoschea* ermordet, der sich sofort Tiglat-Pileser unterwarf, Tribut zahlte und vom Assyrer als Vasallenkönig anerkannt wurde. – 732 eroberte Tiglat-Pileser Damaskus und machte das ganze Aramäergebiet zu assyrischen Provinzen. – Ahas von Juda war damit von seinen Gegnern befreit, aber selbst zum abhängigen Vasallen des Assyrerkönigs geworden. Das hatte auch kultische Folgen: der König von Assyrien war nun Kultherr des Staatsheiligtums zu Jerusalem geworden. Das kam u. a. dadurch zum Ausdruck, daß der Privatzu-

Abb. 12 Deportierte unterwegs (Relief Assurbanipals, Ninive).

gang des Königs von Juda, des bisherigen Kultherren, zum Tempel zugemauert werden mußte. Der assyrische Staatskult hielt damit Einzug im Jerusalemer Tempel. Ein der assyrischen Hauptgottheit Assur geweihter Altar trat an die Stelle des Jahwealtars, der als Nebenaltar beiseite gerückt wurde (2Kön 16,10–18).

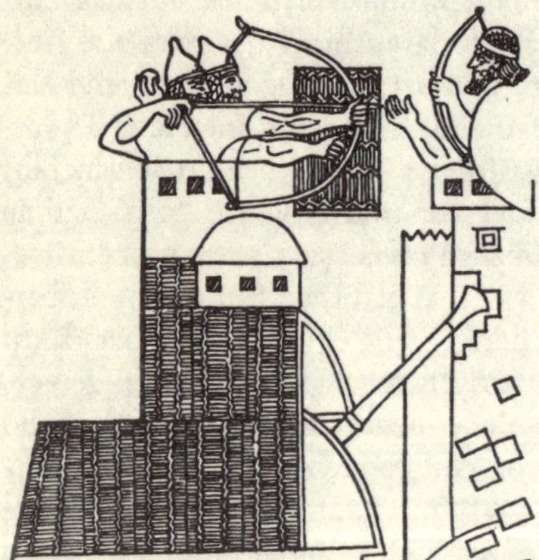

Abb. 13 Assyrischer Belagerungsturm (Relief Assurbanipals, Ninive).

Tiglat-Pileser III. beherrschte nunmehr das gesamte Gebiet von Syrien-Palästina, dessen Staaten entweder, wie z. B. Damaskus und der Nordteil von Israel, als Provinzen seinem Reiche eingegliedert oder, wie Juda und der Reststaat Israel, als tributzahlende Vasallenstaaten von ihm abhängig waren.

Unter Salmanassar V. (727–722), dem Nachfolger Tiglat-Pilesers III., knüpfte Hoschea Beziehungen zu Ägypten an und wagte es, 724 die Tributzahlungen an Assur einzustellen und damit das Vasallenverhältnis zu kündigen. Salmanassar V. zog sofort gegen Israel zu Felde, setzte Hoschea gefangen, bemächtigte sich seines gesamten Gebietes und belagerte Samaria, das nach dreijähriger Belagerung unter Sargon II., Salmanassars V. Nachfolger, erobert wurde (721)[4]. Auch dieses Mal wanderte die Oberschicht in die Verbannung, und zwar nach Mesopotamien und Medien. Damit war der Staat Israel endgültig aus der Geschichte ausgelöscht. Sargon berichtet darüber in seinen Annalen: »Am Anfang meiner Regierung, in meinem ersten Regierungsjahre, belagerte und eroberte ich Samaria. 27 290 Leute, die in ihr wohnten, führte ich weg. 50 Wagen als Streitmacht meines Königtums hob ich unter ihnen aus . . . Meine Beamten setzte ich als Statthalter über sie, und Abgabe und Tribut, wie den assyrischen, legte ich ihnen auf« (TGI[1] Nr. 28). An Stelle der nach Medien deportierten Oberschicht trat eine Oberschicht, die Sargon aus Hamat, Babylon und anderen Orten hierher verpflanzte. Die Angehörigen dieser neuen Oberschicht brachten ihre eigenen Kulte mit, nahmen daneben aber auch den Jahwekult an. Im Laufe der Zeit gingen die fremden Bevölkerungselemente in der ansässigen Bevölkerung auf (2Kön 17).

Abb. 14 Sargon II. (Relief aus dem Palast Sargons zu Chorsabad). Sargon trägt die kegelförmige Königsmütze und ein kreuzförmiges Ohrgehänge. Der Bart und das lange Haupthaar sind gelockt. Die Gesichtszüge, in denen Energie und Tatkraft, aber auch rücksichtslose Entschlossenheit trefflich zum Ausdruck kommen, sind mit außergewöhnlicher Sorgfalt herausgearbeitet.

3. *Hiskija und seine Nachfolger (725–640)*

Quellen: Tagebuch der Könige von Juda: 2Kön 18,4b.13–16; 20,20; 21,23.24. – Alte Quelle über Wehrbauten: 2Chr 32,30 (vgl. V. 4f); 33,14. – Jesajaerzählung: 2Kön 18,13–20,19 (= Jes 36–39). – Der Prophet Jesaja: Zeit der ersten Erhebung gegen Assur, 713: Jes 14,28–32; 18,1–7; 20,1–6; 28,7–22; 29,1–14; 30,8–17; Zeit der Erhebung Hiskijas gegen Sanherib, 705–701: 10,5–15,27b–32; 14,24–27; 22, 1–19; 28,23–29; 29,15–16; 30,1–7.27–33; 31,1–9; 1,4–9; 32,9–14. – Micha 1,

4 Auf Grund von Inschriften Sargons II. erfolgte die Zerstörung Samarias im 1. Regierungsjahr Sargons II. (TGI[1] Nr. 28.29). Die »Babylonische Chronik« hingegen führt die Zerstörung Samarias auf Salmanassar V. zurück (AOT, S. 359f; TGI[2], Nr. 29). Es ist umstritten, ob sich Sargon zu Unrecht die Eroberung Samarias zugeschrieben habe, oder ob die Aussagen der babylonischen Chronik auf Fehlinformation beruhe.

2–16. – Tonprisma Sanheribs über seinen Feldzug gegen Jerusalem (701): TGI[1] Nr. 31; AOT S. 352–354. – Assyrische Inschriften aus der Zeit Sargons II. (TGI[2] Nr. 33–36) und Sanheribs (TGI[2] Nr. 39.40).

Lit.: *B. S. Childs*, Isaiah and the Assyrian Crisis, 1967; *W. v. Soden*, Herrscher im Alten Orient, 1954, S. 94–118 (Sargon II. und Sanherib); *H. Donner*, Herrschergestalten in Israel, 1970, S. 74ff.

Als König Hoschea von Israel sich der Vorherrschaft der Assyrer zu entziehen versuchte, beteiligte sich der Staat Juda, der sich 733 unter Ahas Assur unterworfen hatte, nicht an dieser Abfallbewegung. Darum hatte der Untergang des Staates Israel keine unmittelbaren Folgen für Juda. *Hiskija* (725/24–697/96), der Sohn und Nachfolger Ahas', hielt zunächst dem Assyrer die Treue. Als sich aber im Jahre 713, wie aus assyrischen Quellen hervorgeht, eine Reihe von Kleinstaaten, u. a. Edom und Moab, unter Führung des Philisterstaates Aschdod gegen Assur erhob, nahm Hiskija Verbindung zu den Aufständischen auf, denen Pharao *Schabaka*, Gründer der 25., äthiopischen, Dynastie in Ägypten, seine Unterstützung zusagte. Auf eine äthiopische Gesandtschaft in Jerusalem spielt Jes 18,1–6 an. Jesaja, der wieder, wie einst in den Tagen Ahas', zum Vertrauen auf die Hilfe Jahwes aufrief und vor einem Vertrauen auf die Hilfe Ägyptens warnte (Jes 20,1–6), sollte recht behalten; denn als Sargon 711 den Aufstand niedergeworfen hatte, lieferten die Ägypter den König von Aschdod, der bei ihnen Zuflucht gesucht hatte, an den Assyrer aus. Das Gebiet von Aschdod wurde zu einer assyrischen Provinz gemacht. Diesem Schicksal entging Juda dadurch, daß es sich, wie Edom und Moab, schnell dem Assyrer unterwarf.

Nach Sargons Tod (705) kam es überall im assyrischen Reich zu Aufstandsbewegungen. Unter Merodoch-Baladan (Marduk-aplaiddin)

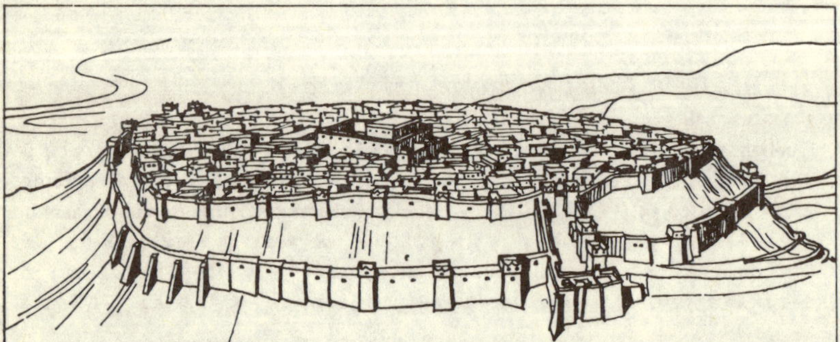

Abb. 15 Lachisch im 8./7. Jahrh. v. Chr. (Rekonstruktion auf Grund von Grabungsergebnissen). Die Stadt war durch einen doppelten Mauerring und eine stark befestigte Toranlage geschützt. Auf der Höhe der Siedlung lag der Gouverneurspalast.

machte sich Babylon von Assur selbständig. Dadurch war *Sanherib*, der Nachfolger Sargons, zunächst vor die Aufgabe gestellt, seine Herrschaft im Osten zu befestigen. Angesichts dieser Lage kündigte Hiskija das Vasallenverhältnis und stellte die Tributzahlungen ein. Dazu gehörte auch, daß er den assyrischen Staatskult, den Ahas im Heiligtum zu Jerusalem hatte einrichten müssen, beseitigte. Im Zuge dieser Maßnahmen stellte Hiskija auch andere kultische Mißstände, so z. B. die Verehrung des Schlangenidols »Nehustan«, ab und ließ die kanaanäischen Lokalheiligtümer entweihen. Dafür erhielt er vom Verfasser der Königsbücher uneingeschränktes Lob.

Hiskija knüpfte Verbindungen nach Babylon und Ägypten an und wurde zum Haupt eines antiassyrischen Bündnisses südpalästinischer Kleinstaaten, zu denen auch die Philisterstaaten Aschkelon und Ekron gehörten. Wieder warnte Jesaja eindringlich vor dem Vertrauen auf ägyptische Hilfe (Jes 30,1—5; 31,1—3). Hiskija ließ die Befestigungsanlagen in Jerusalem verstärken und im Zusammenhang damit den Schiloachkanal, der noch heute vorhanden ist und dessen Bauinschrift 1880 entdeckt wurde, anlegen, um das Wasser der Gihonquelle auf geschütztem Wege in die Stadt zu leiten[5]. Nachdem Sanherib der Aufstände im Osten Herr geworden war und nunmehr freie Hand hatte, zog er im Jahre 701 gegen die Aufständischen in Palästina-Syrien. Er unterwarf die phönizischen Küstenstädte und wandte sich dann dem Süden zu. Aschdod, Moab, Ammon und Edom unterwarfen sich sofort. Ein ägyptisches Heer, das den Verbündeten zu Hilfe kommen wollte, schlug Sanherib bei Elteke zurück. Ohne Schwierigkeiten bezwang er nunmehr Aschkelon und Ekron, besetzte das gesamte Gebiet des Staates Juda und eroberte hier 46 Städte, unter ihnen auch Lachisch, die damals größte und stärkste Festung Judas, und schloß Jerusalem ein. Er berichtet darüber in seinen Annalen: »Und Hiskija, vom Lande Juda, der sich meinem Joch nicht gebeugt hatte, 46 seiner befestigten Städte, mit Mauern versehene, und die kleinen Städte in ihrer Umgebung, ohne Zahl, durch Niedertreten mit Bohlenbahnen und durch Ansturm mit Belagerungsmaschinen, durch Kampf der Fußtruppen, durch Einbruchstellen, Breschen und Mauerbrecher, belagerte und eroberte ich sie ... Ihn selbst, wie einen Käfigvogel, inmitten der Stadt Jerusalem, der Stadt seines Königtums, schloß ich ihn ein« (Galling, TGI² Nr. 39). Um der völligen Vernichtung zu entgehen, mußte sich Hiskija unterwerfen und schwersten Tribut zahlen. Sanherib entzog Hiskija die Herrschaft über Juda, das er in mehrere Bezirke aufteilte

5 Auf den Bau des Schiloachkanals bezieht sich Jes 22,9b. Näheres über Schiloachkanal und -inschrift: *J. Simons*, Jerusalem in the Old Testament, 1952, 157ff; *G. E. Wright*, Biblische Archäologie, 1958, S. 167—170; Text der Inschrift in Übersetzung: AOT, S. 445; ANET, S. 321; TGI² Nr. 58; mit Abbildungen: *Grollenberg*, Bildatlas zur Bibel, 1959³, S. 84.

und der Herrschaft philistäischer Könige, die Assur treu geblieben waren, unterstellte. Hiskija selbst verblieb nur die Herrschaft über den Stadtstaat Jerusalem, das Eigentum der Davididen[6].
Treffend umreißt Jesaja die notvolle Situation jener Zeit: »Euer Land liegt wüst, eure Städte sind verbrannt; die Frucht des Ackers vor euren Augen verzehren Fremde. Eine Wüste ist es, wie das zerstörte Sodom. Nur die Tochter Zion ist übriggeblieben wie ein Häuslein im Weinberg, wie eine Nachthütte im Gurkenfeld, wie ein Turm zur Wacht. Wenn nicht der Herr der Heerscharen von uns einen Rest gelassen, fast wären wir wie Sodom geworden und gleich wie Gomorrha« (Jes 1,7–9). Mit Bestürzung und Trauer nimmt Jesaja wahr, wie die Bewohner Jerusalems nach dem Abzug Sanheribs von einem maßlosen Freudentaumel hingerissen werden (22,1–14).

Abb. 16 Assyrischer Schleuderer (Lachisch-Relief Sanheribs, Ninive).

Später, entweder noch unter Hiskija oder unter seinen Nachfolgern, ist auf uns unbekannte Weise den Davididen die Herrschaft über Juda wieder zuteil geworden. Unter Sanheribs Nachfolger Assarhaddon gelang Assur die zeitweilige Unterwerfung Ägyptens. Damit hatte das assyrische Reich seine weiteste Ausdehnung erreicht. Bis zum Fall des assyrischen Reiches, also über sieben Jahrzehnte, blieb Juda als abhängiger Vasallenstaat unter der Vorherrschaft Assurs. Damit war Juda jegliche eigenständige politische Betätigung genommen. Die Nachfolger Hiskijas, *Manasse* (696/95–642/41) und *Amon* (641/40–640/39), mußten daher auch den assyrischen Staatskult, den Hiskija bei seiner Erhebung 705 beseitigt hatte, wieder einführen. Daneben hielten der kanaanäische Fruchtbarkeitskult und Kulte von Astralgottheiten Einzug im Zentralheiligtum. Auch auf dem Lande blühten die kanaanäischen Kulte an den Heiligtümern, die Hiskija

6 Sanherib ließ die Eroberung von Lachisch auf einer Reihe von Reliefs an den Wänden des Palastes von Ninive darstellen. S. hierzu: ANEP Nr. 371–374; *R. D. Barnett, W. Forman*, Assyrische Palastreliefs (o. J.), Abb. 44–49.

hatte unterbinden lassen, wieder auf. Wie Ahas, so brachte auch Manasse einen Sohn als Molochopfer dar. Religiöser Synkretismus drohte den Jahweglauben zu zersetzen und zu überfremden (2Kön 21). Doch gab es auch Kräfte, die dem allgemeinen Zerfall auf religiösem Gebiet entgegenwirkten. Hier sind vor allem die *Leviten* zu nennen, die Priester an den Jahweheiligtümern auf dem Lande. Sie waren die Hüter der alten Sakraltraditionen, vor allem der Rechtstraditionen, des Stämmeverbandes. Überall auf dem Lande verkündigten sie das alte Gottesrecht und legten es aus. Sie fanden vor allem Widerhall in den Kreisen der freien Grundbesitzer (hebr. ʿam hāʾāräz, »Landvolk«). Im Kreise der Leviten ist das deuteronomische Gesetz entstanden, das bei der Kultreform Joschijas eine große Rolle spielen sollte.
In die Zeit vom Tode Usijas (735) bis zur Belagerung Jerusalems durch Sanherib (701) fällt die Wirksamkeit des Propheten *Jesaja*. Er nimmt in seiner Botschaft direkt Bezug auf den syrisch-efraimitischen Krieg (7,1—9,7), auf den Tod Ahas' (14,28—32), die Eroberung von Damaskus (17,1ff) und Samaria (28,1—4), die äthiopische Gesandtschaft in Jerusalem (18,1—3) und die Bedrohung durch Sanherib (1, 7—9; 22,1—14). Von seiner Berufungsvision an (6,1—11) bis in die letzte Zeit seines Wirkens (30,8—11) steht die Heiligkeit Jahwes im Zentrum seiner Botschaft. Die Heiligkeit Jahwes schließt seine Unnahbarkeit, Unvereinbarkeit mit jeglicher Sünde, seine Hoheit, Erhabenheit und Majestät, seine königliche Herrschaft, die sich auf die ganze Welt erstreckt, und darum auch seine Geschichtsmächtigkeit in sich. Die Prägung »der Heilige Israels«, die auf Jesaja zurückgeht, besagt, daß dieser heilige und mächtige Gott sich Israel zugewendet hat, für Israel da ist und für sein Volk eintritt.
Die Sünde und Entartung Israels besteht darin, daß es die Heiligkeit und die gnädige Zuwendung Jahwes gleichermaßen mißachtet. Das zeigt sich in Selbstsicherheit und Hochmut (2,11; 3,16; 5,19; 32, 9—14), in entleertem Kultus (1,10—17; 29,13) und in mannigfacher Übertretung des alten Gottesrechtes, durch das Handlungen ausgegrenzt werden, die mit der Heiligkeit Gottes unvereinbar sind, wie Rechtsbruch und Unrecht auf sozialem Gebiet (1,21—23; 5,8—23). Auf der anderen Seite traut Israel der Zusage Jahwes nicht und weist die Hilfe, die er seinem Volk in politischer Notlage anbietet, von sich. Als Jesaja in der Bedrängnis des syrisch-efraimitischen Krieges und der Bedrohung durch Sanherib die Hilfe Jahwes zusagte und zum Vertrauen auf Jahwe, zum Stillesein und Warten auf sein Eingreifen aufrief, griff er auf die Traditionen vom heiligen Krieg und von der Erwählung des Zion zurück. Der Aufruf zur Furchtlosigkeit und zum Glauben, das Angebot eines Zeichens, die Zusage des Sieges durch ein plötzliches Eingreifen Gottes, all diese Elemente des heiligen Krieges nimmt Jesaja in seine Botschaft auf. »Hüte dich und bleibe ruhig! Fürchte dich nicht, und dein Herz verzage nicht!« »Glaubt ihr nicht, so

bleibt ihr nicht!« (7,4–9). Wie sich ein Traumbild beim Anbruch des Tages in Nichts auflöst, so wird die Ohnmacht der gegen den Zion anstürmenden Feinde offenbar werden (29,7f; 17,12–14). Wie ein Löwe seine Beute festhält, so schützt Jahwe den Zion (31,4–9). Da aber Israel von seinem falschen Wege nicht umkehrt, Jahwe den Glauben verweigert und zur Selbstsicherung durch politische Bündnisse (17,10; 30,1–14), durch verstärkte Rüstung und Festigung der Wehranlagen (22,8–11) greift, zieht es sich selbst das Verderben zu und verfällt dem Gericht.

»Wehe denen, die nach Ägypten hinabziehen um Hilfe,
die sich auf Rosse verlassen
und auf Streitwagen vertrauen, weil ihrer viele sind,
und auf Reiter, weil sie zahlreich sind,
aber auf den Heiligen Israels nicht schauen
und Jahwe nicht befragen« (31,1).
»Denn so spricht der Herr, Jahwe, der Heilige Israels:
In Umkehr und Ruhe liegt euer Heil;
in Stillehalten und Vertrauen besteht eure Stärke.
Doch ihr habt nicht gewollt!
Ihr spracht: ›Nein, auf Rossen wollen wir rasen!‹
Darum sollt ihr davonrasen (d. i.: vor den Feinden).
›Auf Rennern wollen wir reiten!‹
Darum werden rennen eure Verfolger.
Tausend werden fliehen vor dem Dräuen eines einzigen.
Vor dem Dräuen von fünf werdet ihr fliehen,
bis ihr ein Rest seid wie ein Heerzeichen hoch auf dem Berge
und wie ein Panier auf dem Hügel« (30,15–17).

Jahwe hatte angeboten, den Krieg für Israel gegen die Feindmächte zu führen – nun führt Jahwe Krieg gegen Israel und bedient sich der Feinde als Werkzeug. Im Ansturm der Assyrer überfällt Israel darum kein neutrales Geschehen, noch viel weniger wird darin die Überlegenheit des Gottes Assur offenbar. Jahwe treibt vielmehr sein »Werk«, sein »Ratschluß« geht in Erfüllung (5,12.19; 28,21), *er* führt das Unheil herbei (31,2). Wie Axt und Säge in der Hand des Holzfällers, wie das Schermesser in der Hand des Barbiers, so muß die assyrische Großmacht Jahwe dienstbar sein (7,20; 10,15). Er »pfeift« die assyrischen Heere von den Enden der Erde herbei wie Fliegen und Bienen (5,26; 7,18), er benutzt sie als Stock und Zuchtrute (10,5), um das Gericht an Israel, dem widerspenstigen, hoffärtigen, selbstsicheren, ungehorsamen Volk zu vollziehen. Aber Assur überschreitet seine Befugnisse. Statt Züchtigung hat es Vernichtung Israels im Sinn. Weil es seine Erfolge der eigenen Kraft zuschreibt und dem Hochmut verfällt, wird auch Assur das Gericht treffen (10, 5–19).

In einer Zeit geistlichen Zerfalls und politischen Niederganges setzt Jesaja seine ganze Hoffnung auf den Heiligen Israels (8,16f), der allein für Israel noch Möglichkeiten jenseits des Gerichtes hat. Jesaja verkündigt ihn als den Gott, dessen Machtbereich die ganze Erde umspannt (6,3), der in Gelassenheit dem Treiben der Völker zuschaut (18,4–6) und bei aller Wirrnis der Ereignisse sich als der Herr des Geschehens erweist.

»Wie ich mir's vorgenommen, so geschieht es,
und was ich beschlossen, das kommt zustande . . .
Das ist der Ratschluß, der über die ganze Erde beschlossen,
und das die Hand, die über alle Völker ausgestreckt ist.
Denn Jahwe der Heerscharen hat es beschlossen;
wer will's zunichte machen?
Seine Hand ist ausgestreckt; wer will sie zurückbringen?« (14,24–27).

Herrscher in Assur, Israel und Juda:

Juda	*Israel*	*Assur*
Atalja	Jehu	*Salmanassar III.*
845/44–840/39	845/44–818/17	858–824
Joasch		
840/39–801/00		
	Joahas	Samsi-Adad V.
	818/17–802/01	823–810
Amazja	Joasch	Adadnirari III.
801/00–773	802/01–787/86	809–782
	Jerobeam II.	
	787/86–747/46	
Asarja (Usija)		Salmanassar IV.
773/72–735/34		781–772
Jotam		Assurdan III.
757/56–742/41	Sacharja	771–754
	747/46	Assurnirari
	Schallum	753–746
Ahas	747/46	
742/41–726/25	Menahem	
	746/45–737/36	*Tiglat-Pileser III.*
		745–727
	Pekachja	
	736/35–735/34	
	Pekach	
	734/33–733/32	
	Hoschea	
	732/31–724/23	
		Salmanassar V.
Hiskija		726–722
725/24–697/96	(Samaria erobert)	
	722/21	
		Sargon II.
		721–705
		Sanherib
		704–681
Manasse		Assarhaddon
696/95–642/41		680–669
		Assurbanipal
		668–626
Amon		
641/40–640/39		
Joschija		
639/38–609/08		Assur-etil-ilani
		625–621
		Sin-sar-iskun
		620–612
		Assur-uballit II.
		611–606
Joahas		
609		
Jojakim		
608/07–598/97		

4. *Joschija und die deuteronomische Reform (639/38—609/08)*

Quellen: Tagebuch der Könige von Juda: 2Kön 23,4—20.29.30.33—35; Denkschrift überAuffindung des deuteronomischen Gesetzes: 2Kön 22,3—23,3; Jeremia 1—6 (Zeit Joschias); 7—20 (Zeit Jojakims). – Babylonische Chronik (über den Fall Ninives): TGI[1] Nr. 33.

Lit.: *G. v. Rad*, Theologie des AT I, 1969[6], Die restaurativen Bemühungen (S. 82—97); ders., Das Deuteronomium (S. 232—244); ders., Deuteronomiumstudien, 1948[2]; *M. Noth*, Die Gesetze im Pentateuch, 1940 (Ges. Stud., bes. S. 58—67, Der Bundesschluß unter Josia); *H. Donner*, Herrschergestalten in Israel, 1970, S. 86ff (Josia); *A. Alt*, Judas Gaue unter Josia, 1925, Kl. Schr. II, S. 276—288; *S. Herrmann*, Die konstruktive Restauration, Das Deuteronomium als Mitte biblischer Theologie, in: Probleme biblischer Theologie (Festschrift G. v. Rad), 1971, S. 155—170.

Durch den Niedergang der Macht Assurs in der zweiten Hälfte des 7. Jahrhunderts sollte dem Staate Juda noch einmal eine kurze, vorübergehende Periode der Eigenständigkeit beschieden sein. Der Nachfolger Assarhaddons, *Assurbanipal* (669—626), trat nicht mehr, wie seine Vorgänger, durch kriegerische Taten hervor. Er hatte vor allem künstlerische und geistige Interessen. Er ließ seinen Palast in Ninive mit prächtigen Jagdreliefs schmücken[7] und ist vor allem durch seine großangelegte Keilschriftbibliothek bekannt geworden, der umfangreichsten Sammlung akkadischer Literatur. In den Jahren 650—648 hatte Assurbanipal den Aufstand seines Bruders Šamaš-šum-ukīn, des Vizekönigs von Babylon, niederzuschlagen. Unter Assurbanipals Nachfolgern Aššur-etil-ilāni und Sin-šar-iškun ging das assyrische Reich schnell seinem Ende entgegen. 625 entzog sich Babylon unter dem Chaldäer *Nabopolassar* (Nabū-apal-uṣur), der sich zum König von Babylon gemacht hatte und damit zum Begründer des neubabylonischen Reiches geworden war, endgültig der Vorherrschaft Assurs. Die wechselvollen Kämpfe der folgenden Jahre endeten damit, daß 612 die assyrische Hauptstadt Ninive der vereinten Macht der Meder und Skythen erlag, wobei Sin-šar-iškun getötet wurde.

Der Niedergang Assurs ermöglichte, wie schon gesagt, Juda noch einmal eine kurze Zeit der Eigenständigkeit. Im Jahre 640/39 wurde *Amon*, der Sohn Manasses, aus uns unbekannten Gründen von einem Verschwörerkreis ermordet. Um weitere Folgen der Verschwörung zu verhindern, griff der Landadel ein und erhob *Joschija*, den Sohn Amons, als Achtjährigen zum König von Juda. Sobald er mündig geworden war, nutzte Joschija die Ohnmacht Assurs, sich Zug um Zug seiner Macht zu entziehen und die Selbständigkeit Judas zurück-

7 Eine Anzahl dieser Reliefs ist abgebildet bei *Grollenberg*, Bildatlas zur Bibel, 1959[3], Nr. 234, 236—244; *R. D. Barnett, W. Forman*, Assyrische Palastreliefs (o. J.), Abb. 54—136.

zugewinnen. Ein entscheidender Schritt in dieser Richtung bestand in der Maßnahme, den assyrischen Staatskult, den Joschijas Vorgänger als Vasallen Assurs hatten einführen müssen, aus dem Jerusalemer Heiligtum zu verbannen. Im Zusammenhang damit beseitigte Joschija auch Kulte astraler Gottheiten, die im Tempel einen Platz gefunden hatten. In 2Kön 22,3—23,3 wird erzählt, daß zur Zeit des Königs Joschija bei Restaurationsarbeiten im Tempel von Jerusalem ein Gesetzbuch gefunden worden sei, und daß Joschija seine Reform auf Grund dieses Gesetzes durchgeführt habe. Alle Anzeichen sprechen dafür, daß mit diesem Gesetzbuch das »deuteronomische Gesetz«, das den Grundbestand des 5. Buches Mose bildet, gemeint ist. Es ist wenig wahrscheinlich, daß dieser »Auffindungsbericht« einer alten Quelle entstammt. Er ist aus stilistischen und inhaltlichen Gründen dem »Deuteronomisten«, dem Verfasser eines Geschichtswerkes, das in exilischer Zeit entstand und die Königsbücher einschließt (Näheres s. u. S. 143f), zuzuschreiben. Der historische Gehalt dieser Erzählung dürfte darin bestehen, daß das deuteronomische Gesetz im Laufe des 7. Jh. entstanden und nicht ohne Einfluß auf kultische Maßnahmen Joschijas geblieben ist.

Das deuteronomische Gesetz enthält alte Gesetze und Gesetzesreihen aus vorstaatlicher Zeit. Diese alten Rechtsordnungen wurden im Verlauf des 7. Jahrhunderts von den Leviten, den Priestern der Jahweheiligtümer auf dem Lande, gesammelt und mit predigtartigen Erläuterungen und Rahmenstücken versehen. In diesen aktualisierenden Erläuterungen und Rahmenstücken und der Art der Anordnung kommt das Anliegen der Redakteure des Deuteronomiums zum Ausdruck. Das deuteronomische Gesetz ist als Moserede stilisiert und spiegelt in seinem Aufbau den Ablauf eines Bundesschlußfestes wider. Dadurch soll Israel wieder in die Sinaitradition versetzt (s. vor allem Dtn 5,3!) und in die Entscheidung für oder gegen Jahwe gestellt werden. »Das Leben und den Tod habe ich euch vorgelegt, den Segen und den Fluch. So wähle das Leben, auf daß du lebst!« (Dtn 30,19).

Durch die Konfrontation mit den alten Gesetzen sollen alte Ordnungen wiederhergestellt werden. In einer Zeit, in der Israel der Gefahr des Synkretismus zu erliegen drohte, legt das deuteronomische Gesetz vor allem den Ton auf die Pflicht zur alleinigen Jahweverehrung (Dtn 6,4). Darum fordert es auch die Zentralisation des Kultes und die Verehrung Jahwes an nur einer Kultstätte (Dtn 12), da die vielen lokalen Kultstätten einer pluralistischen Auffassung von Jahwe Vorschub leisten und zudem die Gefahr in sich bergen, daß sich die Verehrung Jahwes mit der Verehrung anderer Gottheiten, vor allem der kanaanäischen Lokalnumina, vermischt.

In einem feierlichen Bundesschlußakt verpflichtet sich Joschija, dem dieses neu gefundene Gesetz vorgelegt worden war, und zugleich das Volk, die Bestimmungen dieses Gesetzes zu erfüllen. Joschija setzte staatliche Machtmittel ein, um dem deuteronomischen Gesetz Geltung zu verschaffen. Außer dem assyrischen Staatskult beseitigte er andere Fremdkulte, die einen Platz im Jerusalemer Heiligtum gefunden hatten. Er ließ ferner die Kultstätten zerstören, die einst Salomo auf dem Ölberg für die Götter seiner ausländischen Frauen hatte errichten lassen. Darüber hinaus ließ er, der Grundforderung des deuteronomischen Gesetzes folgend, den Jahwekult der Lokalheiligtümer des Landes einstellen. Die Priester der Lokalheiligtümer wurden nach Jerusalem gezogen. Dort durften sie zwar auch weiterhin Abgaben entgegennehmen, aber entgegen den Bestimmungen des deuteronomischen Gesetzes und wahrscheinlich auf Betreiben der Jerusalemer Priesterschaft keinen vollen Kultdienst ausüben, sondern bildeten eine Art clerus minor.

Durch die deuteronomische Reform ist die Bedeutung Jerusalems und des Jerusalemer Heiligtums beträchtlich gestiegen. Jerusalem, das seit David zentrale Kultstätte war, war nun zur alleinigen legitimen Kultstätte Israels geworden. Das sollte auch in der Folgezeit so bleiben. Aus Jer 22,15f kann man schließen, daß Joschija bemüht war, nicht nur den kultischen, sondern auch den sozialen Forderungen des deuteronomischen Gesetzes Geltung zu verschaffen, allerdings mit weniger nachhaltigem Erfolg.

Über die Restauration im Inneren heraus erstrebte Joschija das Ziel, die Ansprüche der Davididen auf das Gebiet des ehemaligen Staates Israel geltend zu machen und die Grenzen des alten davidischen Reiches wiederherzustellen. Zu einem Teil hat er dieses Ziel auch erreicht. Es gelang ihm zunächst, die Grenze ein Stück weit nach Norden, Westen und Osten vorzuschieben. Das geht aus den Ortslisten hervor, die in Jos 13.15.18.19 verarbeitet sind und, wie A. Alt gezeigt hat, nur aus der Zeit Joschijas stammen können[8]. In diesen Ortslisten erscheinen die Städte Bet-El, Ofra und Jericho, die einst zum Gebiet des Nordstaates und dann zur assyrischen Provinz Samaria gehörten, ferner der ehemalige Philisterstaat Ekron mit einem Teil seines Territoriums und ehemals israelitische Teile des Ostjordanlandes als Teile von judäischen Gauen. Dieser Stand der Dinge muß bereits zur Zeit der Kultreform Joschijas erreicht worden sein, da Joschija im Zuge seiner Kultreform das ehemalige Staatsheiligtum von Bet-El beseitigen ließ (2Kön 23,15ff). Später konnte Joschija die Provinz Samaria (2Kön 23,19) und schließlich auch die Provinz Megiddo (Galiläa mit Jesreelebene) annektieren. Damit verfügte zum ersten Mal seit Salomo wieder ein Davidide über das Gebiet des ehemaligen Staates Israel. Es war Joschija nicht allein gelungen, seinen eigenen Staat Juda der Vorherrschaft Assurs zu entziehen, er hatte darüber hinaus Provinzen, die Teile des assyrischen Großreiches waren, seinem Herr-

8 *A. Alt*, Judas Gaue unter Josia, 1925 (Kl. Schr. II, S. 276–288).

schaftsgebiet hinzugefügt. Das war nur möglich durch die völlige Ohnmacht und schließlich den Zusammenbruch des assyrischen Reiches. Jede Macht, die dem gefallenen assyrischen Reich wieder emporzuhelfen trachtete, mußte daher von vornherein zum Feinde Joschijas werden.

Nach dem Fall von Ninive 612 und dem Tode des Königs Sinšariškum machte sich in Harran ein gewisser *Aššur-uballit* zum König von Assyrien, wurde aber 610 von den Babyloniern und Skythen, die Harran erobert hatten, vertrieben. Bei dem Versuch, Harran zurückzugewinnen, fand Aššur-uballit die Unterstützung des Pharao *Necho*, eines Herrschers der 26., saïtischen, Dynastie, der die Übermacht Babylons fürchtete und darum sich anschickte, Assur zu Hilfe zu kommen. Damit wurde er zum Gegner Joschijas, der kein Wiederaufleben der assyrischen Macht wünschen konnte. Joschija trat der heranrückenden Macht Ägyptens bei Megiddo entgegen, um ihr den Weg nach Syrien, wo Necho sich mit Aššur-uballit vereinigen wollte, zu verstellen. Dieses Unternehmen scheiterte jedoch, und Joschija fand dabei den Tod. Der Versuch Nechos, Harran für Aššur-uballit zurückzugewinnen, blieb ebenfalls ohne Erfolg. Als Necho von jenem gescheiterten Unternehmen zurückkehrte, erhob er den Anspruch, die Nachfolge der assyrischen Vorherrschaft über Palästina-Syrien anzutreten. In Jerusalem hatte inzwischen der Landadel Joahas, den Sohn Joschija, auf den Thron erhoben. Necho setzte Joahas, der offenbar gewillt war, die Politik seines Vaters fortzusetzen, nach dreimonatiger Regierungszeit ab und ließ ihn gefangen nach Ägypten führen, wo Joahas später gestorben ist. An seiner Stelle setzte Necho einen anderen Sohn Joschijas, *Eljakim*, ein und gab ihm den Namen *Jojakim*, wodurch die Vormundschaft des Pharao über den König von Juda zum Ausdruck kommen sollte. Dem Land legte Necho eine schwere Tributzahlung auf, die durch Umlage auf die Bevölkerung aufgebracht werden mußte. Damit fand die kurze Episode der Unabhängigkeit und der Machtentfaltung Judas unter Joschija ein schnelles und gewaltsames Ende. Juda stand wiederum unter der Vorherrschaft einer Großmacht. Nach kurzer Zeit politischer Eigenständigkeit hatte es die Abhängigkeit von Assur eingetauscht gegen die Abhängigkeit von Ägypten.

Neuere Literatur:

Zur Geschichte: H. Spieckermann, Juda unter Assur in der Sargonidenzeit, 1982.

Zum Deuteronomium: H.D. Preuß, Deuteronomium (Erträge der Forschung 164), 1982.

Zur Prophetie: H.A. Neumann (Hrsg.), Das Prophetenverständnis in der deutschsprachigen Forschung seit H. Ewald (Wege der Forschung 307), 1979; *J.M. Schmidt*, Ausgangspunkt und Ziel prophetischer Verkündigung im 8. Jh., Verk. u. Forschung 22, 1977, S. 65–82; *W.H. Schmidt*, Die Prophetie, in: *G. Strecker*, Theologie im 20. Jahrhundert, UTB 1238, 1983, S. 31–47.

7. Kapitel

Unter der Macht Babylons

1. *Das Ende des Staates Juda (605—587)*

Quellen: Tagebuch der Könige Judas: 2Kön 24,1.2a.10—17; Notizen aus eigener Kenntnis des Deuteronomisten: 25,18—21.27—30; die »Baruchbiographie«: Jer 26. 36.27—29.37—45; 2Kön 25,1—12.22—26 geben einen Auszug aus der Baruchbiographie. — Der Prophet Ezechiel (Kap. 1—32 zumeist zwischen 593 und 587, ab Kap. 33,21ff zumeist nach 587); die Klagelieder. — Die Lachischbriefe: ANET S. 321—322; TGI² Nr. 45; Auszüge aus der babylonischen Chronik: TGI² Nr. 44, und aus babylonischen Listen: TGI² Nr. 46.

Lit.: *E. Janssen*, Juda in der Exilszeit, 1956; *A. Parrot*, Babylon und das Alte Testament, 1957 (Bibel und Archäologie III); *H. Donner*, Herrschergestalten in Israel, 1970, S. 96ff; *A. Malamat*, The Last Kings of Judah and the Fall of Jerusalem, IEJ 18, 1968, S. 137—156; *M. Noth*, Die Katastrophe von Jerusalem im Jahre 587 v. Chr., 1958 (Aufsätze zur biblischen Landes- und Altertumskunde I, S. 111—132).

Die Vorherrschaft Ägyptens über Palästina-Syrien war nur von kurzer Dauer. Nachdem Aššur-uballits Versuch, Harran zurückzugewinnen, gescheitert war und damit die Assyrer endgültig aufgehört hatten, eine Rolle in der Politik der Großmächte zu spielen, einigten sich die Babylonier und Meder, die die Nachfolge des assyrischen Reiches antraten, über die Abgrenzung ihrer Einflußsphären. Den Medern wurde Ostkleinasien und das iranisch-armenische Hochland zugesprochen, den Babyloniern das ganze Zweistromland und die Vorherrschaft über Palästina-Syrien. Das mußte zu einer Auseinandersetzung zwischen Babyloniern und Ägyptern führen, da beide die Herrschaft über Palästina-Syrien beanspruchten. Die Entscheidung fiel im Frühsommer des Jahres 605, als die Ägypter bei Karkemisch am Eufrat von *Nebukadnezzar*, dem Kronprinzen von Babylon, der die Truppen an Stelle seines erkrankten Vaters führte, geschlagen und in der Provinz Hamat völlig aufgerieben wurden. Damit kam Palästina-Syrien unter babylonische Herrschaft. Jojakim von Juda wurde zum Vasallen Nebukadnezzars, der nach dem Tode seines Vaters am 15./16. August 605 den Thron bestieg und in den folgenden Jahren in verschiedenen kleineren Feldzügen damit beschäftigt war, seine Herrschaft in Syrien zu festigen. Nach drei Jahren kündigte Jojakim Nebukadnezzar die Vasallentreue, wahrscheinlich nach einer zweiten Schlacht zwischen Ägyptern und Babyloniern, die im Jahre 601/600 vor den Toren Ägyptens stattfand und unentschieden verlief. Nebukadnezzar unternahm zunächst keine entscheidenden Schritte gegen Juda, er entbot lediglich babylonische, aramäische, moabitische und ammonitische Streifscharen zu geringfügigeren Störaktionen. Erst im Dezember 598/97, offenbar als die Nachricht vom Tode Jojakims eintraf, setzte Nebukadnezzar seine Truppen in Marsch mit dem Ziel, Jojachin, den Sohn und Nachfolger Jojakims, der die Politik der Unabhängigkeit von Babylon fortzusetzen gewillt war, abzusetzen, ehe er seine Herrschaft konsolidieren konnte. Nach kurzer Belagerungszeit und ohne nennenswerten Widerstand kapitulierte Jerusalem am 16. März 597[1].

Um die Verhältnisse in Juda neu zu ordnen und ein Aufflackern des Widerstandes gegen Babylon zu verhindern, setzte Nebukadnezzar Jojachin ab und ließ ihn samt Familie und Hofstaat sowie die obersten Beamten, den Adel, die Facharbeiter (vor allem wohl Festungs-

Die letzten Könige Judas:

Joschija
639/38–609/08

Joahas	Jojakim	Zidikija
609	(Eljakim)	(Mattanja)
	608/07–598/97	(597/96–587)

Jojakim → Jojachin
(598/97)

handwerker) und die wehrfähigen Männer Jerusalems – nach Jer 52,28 insgesamt 3023 Personen – nach Babylon deportieren, erhob schweren Tribut aus dem Tempel- und Palastschatz und setzte Mattanja, den Onkel Jojachins, einen Sohn Joschijas, als König ein. Als

1 In der »Babylonischen Chronik« findet sich über dieses Ereignis folgende Notiz: »Im 7. Jahre im Monat Kislew bot der König von Akkad seine Truppen auf und zog in das Ḫattu-Land (= Palästina/Syrien). Gegen die Stadt von Juda (= Jerusalem) schlug er sein Lager auf, und im Monat Adar am 2. Tage nahm er die Stadt ein. Er nahm den König gefangen. Einen König nach seinem Herzen setzte er in ihr ein. Ihren schweren Tribut nahm er entgegen und ließ ihn nach Babylon bringen« (vgl. 2Kön 24,10–17; 2Chr 36,10). Näheres zur Interpretation und Bedeutung dieser Notiz: *M. Noth*, Die Einnahme von Jerusalem im Jahre 597 v. Chr. (Zeitschrift des Deutschen Palästinavereins 74, 1958, S. 133–157; = Aufsätze I, S. 111–132).

Zeichen seines Verfügungsrechtes über den neu eingesetzten König änderte Nebukadnezzar den Namen Mattanja in *Zidikija.* Das alles bedeutet, daß Nebukadnezzar Juda zunächst nicht als Provinz dem Babylonischen Reich eingliederte, sondern als Vasallenstaat unter einem eigenen König bestehen ließ.
Zidikija hielt einige Jahre die Vasallentreue. Bald aber gewannen Kreise auf ihn Einfluß, die eine schnelle Wendung der Lage zugunsten Judas erhofften. Der Prophet Jeremia wurde als Verräter gebrandmarkt, als er vor einem Abfall von Babylon warnte und zur Unterwerfung unter den Willen Gottes und damit zur Treue gegenüber dem von Gott als Werkzeug benutzten König von Babylon aufrief (Jer 27—29). Unter dem Druck der öffentlichen Meinung und dem Einfluß seiner Ratgeber beging schließlich Zidikija, offenbar im Vertrauen auf ägyptische Hilfe, die Torheit, das Vasallenverhältnis zum König von Babylon zu kündigen. Nebukadnezzar beantwortete diesen Abfall durch einen Feldzug gegen Juda, der im 9. Regierungsjahr Zidikijas (589) begonnen wurde. Ohne auf nennenswerten Widerstand zu stoßen, besetzten die babylonischen Truppen in kurzer Zeit das gesamte Gebiet Judas. Dabei wurden, wie Ausgrabungen erkennen ließen, zahlreiche Siedlungen zerstört und Festungsanlagen geschleift. Außer Jerusalem vermochten die beiden Festungen Lachisch und Aseka den Angreifern am längsten zu trotzen (Jer 34,7). In einem der Tortürme von Lachisch wurden auf Tonscherben geschriebene Meldungen von Außenposten an den Festungskommandanten von Lachisch gefunden. Eine dieser Meldungen gibt Nachricht vom Fall der Festung Aseka: »Wir achten auf die Signalzeichen von Lachisch ... die (Zeichen) von Aseka sehen wir nicht (mehr).« Im Verlauf des Jahres 588 v. Chr. wurde Lachisch erobert und, wie der Ausgrabungsbefund zeigt, durch Brand zerstört.

Abb. 17 Ostrakon 2 von Lachisch. Der Text lautet: »An meinen Herrn Ja'osch. Es möge hören lassen Jahwe meinen Herrn Friedensnachrichten Tag für Tag! Was ist dein Diener (wenn nicht) ein Hund, daß sich erinnerte mein Herrn seines Dienstes? Daß Jahwe offenbare dem ... eine Angelegenheit, die ich nicht kenne.«

Nur für kurze Zeit mußte Nebukadnezzar die Belagerung Jerusalems unterbrechen, um ein ägyptisches Heer, das Zidikija zu Hilfe eilte, zurückzuschlagen (Jer 37). Nach anderthalbjähriger Belagerung, als die Besatzung durch Hunger und Seuchen geschwächt war, gelang es den Babyloniern, am 29. Juli 587 eine Bresche in die Festungsmauer zu schlagen und in die Stadt einzudringen. Zidikija machte den Versuch, in das Ostjordanland zu entkommen, wurde aber von den Babyloniern bei Jericho gefangengenommen und nach Ribla in Syrien, wo sich Nebukadnezzar aufhielt, gebracht. Vor den Augen Zidikijas ließ Nebukadnezzar dessen Söhne hinrichten, Zidikija ließ er blenden und gefangen nach Babylon führen. Etwa einen Monat nach der Eroberung Jerusalems zerstörten die Babylonier, offenbar auf Befehl Nebukadnezzars, den Königspalast und andere Großbauten Jerusalems durch Brand und schleiften die Befestigungsanlagen. Beim Brand des Tempels wurde höchstwahrscheinlich auch die Bundeslade, das alte Heiligtum des Zwölfstämmeverbandes, vernichtet. Auf alle Fälle wird sie später nie mehr erwähnt. Mit der Zerstörung des Tempels wollte Nebukadnezzar alle Hoffnungen, die sich an das Heiligtum hätten knüpfen und zu neuen Aufständen führen können, zunichte machen.

Unter der Bevölkerung nahmen die Babylonier eine soziale Umschichtung vor. Die Angehörigen der Oberschicht und des Adels, die nach der Deportation von 597 noch im Lande verblieben waren (nach Jer 52,29 handelt es sich dabei um 832 Personen), wurden nach Babylon verbannt. Eine weitere Deportation von 745 Personen erfolgte im Jahre 582 (Jer 52,30), so daß die Zahl der nach Babylon Deportierten insgesamt 4600 betrug. Im Lande verblieben vor allem die unteren Schichten der Landbevölkerung. Dabei ist anzunehmen, daß die Babylonier die Bevölkerung, die keinen Grundbesitz hatte, mit dem Besitztum des deportierten Landadels belehnten. Die Deportation der Oberschicht bedeutete für Juda zweifellos einen empfindlichen Verlust. Zahlenmäßig handelte es sich dabei jedoch nur um einen kleinen Prozentsatz der Bevölkerung. Die große Masse des Volkes, vor allem die unteren Schichten der Landbevölkerung, verblieb im Lande. Eine Anzahl von Priestern, Offizieren und Hofbeamten sowie 60 Angehörige des Landadels ließ Nebukadnezzar in Ribla hinrichten, weil er in diesem Personenkreis offenbar die treibenden Kräfte einer Unabhängigkeitsbewegung Judas und somit die Hauptverantwortlichen für den Abfall Judas von Babylon sah. All diese Maßnahmen ergriff Nebukadnezzar, um ein Wiederaufflackern des Aufstandes gegen Babylon in Juda künftig unmöglich zu machen.

Aus Sach 7,2 und 8,19 geht hervor, daß man in der Exilszeit mehrere Male im Jahr an bestimmten Terminen zu Klagefeiern zusammenkam. Sie waren mit Fasten verbunden und fanden aller Wahrscheinlichkeit nach vor den Trümmern des zerstörten Heiligtums statt. Einen erschütternden Einblick in die Verhältnisse unmittelbar nach der Katastrophe von 587 bieten die Klagelieder, in denen uns die Liturgie jener Klagefeiern erhalten ist: Das Land hat schwer gelitten. Der Krieg forderte zahlreiche Tote (1,20c; 2,21), entsetzlicher Hunger wütete bei der Belagerung (1,11; 2,11.20; 4,4.10; 5,10), Frauen wurden geschändet (5,11). Die Festungen sind zerstört (1,2; 2,8f). Dadurch ist das Land den streifenden Beduinenhorden schutzlos preisgegeben, so daß die Ernte nur unter Lebensgefahr eingebracht werden kann (5,9). Die Bevölkerung wird zu Frondiensten herangezogen (5,13). Eine Steuer liegt auf Wasser und Holz (5,4). Die Rechtsprechung liegt im argen (3,35f).

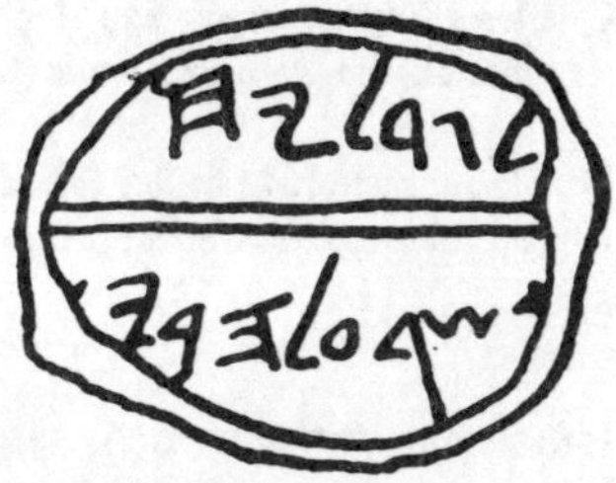

Abb. 18 Stempelsiegel aus Lachisch. Die Inschrift lautet: »Dem Gedalja, der über das Haus ist.« Dieser Titel bedeutet »Hausverwalter, Hausminister« und findet sich 1Kön 4,6; 16,9; 2Kön 10,5; 19,2; Jes 22,15 u. ö.

Nebukadnezzar machte der Eigenstaatlichkeit Judas endgültig ein Ende und gliederte es als Provinz ins babylonische Reich ein. Er ließ jedoch nicht, wie das einst die Assyrer in dem zur assyrischen Provinz gemachten ehemaligen Nordstaat getan hatten, eine fremde Oberschichte in Juda ansiedeln, er setzte vielmehr einen Judäer zum Statthalter ein, nämlich *Gedalja,* den Sohn eines hohen Beamten mit Namen Ahikam, der einst unter Jojakim den Propheten Jeremia geschützt hatte (Jer 26,24, vgl. 2Kön 22,12.14). Gedalja residierte nicht in Jerusalem, sondern in Mizpa (tell en-nasbe) im Norden der Provinz Juda, entweder, weil Jerusalem zu stark zerstört war, um als Statthaltersitz in Frage zu kommen, oder weil Nebukadnezzar bewußt alle Hoffnungen, die sich mit der alten Königsstadt hätten verbinden können, zerstören wollte. Gedalja war nach allem, was wir wissen, ein besonnener Mann. Er verfolgte die Politik der Unterwerfung unter die Babylonier. Nach kurzer Regierungszeit wurde er von einem gewissen Ismael aus uns unbekannten Gründen ermordet. Im Zusammenhang mit der Ermordung Gedaljas ließ Ismael 80 Pilger aus dem Gebiet des ehemaligen Staates Israel, die auf dem Wege nach Jerusalem waren, um dort Opfer darzubringen, und in Mizpa Station machten, ermorden, wahrscheinlich, weil er ein schnelles Bekanntwerden der Ermordung Gedaljas verhindern wollte. Aus Furcht vor der Rache Nebukadnezzars flüchteten die Mörder Gedaljas zu den Ammonitern und die Einwohner von Mizpa nach Ägypten. Sie zwangen dabei Jeremia, der vor der Flucht nach Ägypten gewarnt hatte, mit ihnen den Weg nach Ägypten anzutreten. Wir haben keine Nachricht darüber, wie Nebukadnezzar auf die Ermordung seines Statthalters reagierte, ob er als Nachfolger Gedaljas wiederum einen Judäer oder einen Angehörigen eines fremden Volkes einsetzte oder aber Juda zu einem Teil der Provinz Samaria machte, wie das zu Beginn der persischen Zeit der Fall war (2Kön 25; Jer 39–44).

2. *Die Zeit des Exils (6. Jahrhundert v. Chr.)*

Quellen: Klagelieder; Ps 137; Jer 29; Ezechiel; Deuterojesaja (Jes 40–55); das deuteronomistische Geschichtswerk (Dtn, Jos, Ri, Sam, Kön); die Priesterschrift.

Lit.: *E. Janssen,* Juda in der Exilszeit, 1956; *M. Noth,* Die Katastrophe von Jerusalem im Jahre 587 v. Chr. und ihre Bedeutung für Israel, 1953 (Ges. Stud.², S. 346–371).

Israel war von seinen Anfängen bis zum Exil mannigfaltigen Wandlungen unterworfen. Etwa 200 Jahre lang hatte Israel als unpolitischer, sakraler Zwölfstämmeverband existiert, der unter Saul zu einem Staatsgebilde wurde. Das davidisch-salomonische Großreich währte nur zwei Generationen. Die beiden getrennten Staaten Israel und Juda konnten ihre politische Selbständigkeit nur ein knappes Jahrhundert behaupten, dann wurden sie zu Vasallenstaaten von Großmächten, um schließlich die Eigenstaatlichkeit vollends zu verlieren und zu Provinzen des assyrischen bzw. babylonischen Großreiches zu werden. Die Oberschichten beider Staaten wurden deportiert. Während aber die Assyrer eine fremde Oberschicht im Gebiet des ehemaligen Nordreiches ansiedelten, ergriffen die Babylonier keine derartigen Maßnahmen. Die von den Assyrern deportierte Oberschicht des Nordreiches ist offenbar bald unter der Bevölkerung der Länder, in die sie deportiert wurden, aufgegangen, so daß sie als gesonderte Gruppe in der Geschichte keine Rolle mehr spielten. Anders verhielt es sich mit den nach Ägypten abgewanderten und den nach Babylon deportierten Judäern. Die nach Babylon Deportierten lebten nicht als Sklaven, sondern als Halbfreie[2]. Sie konnten sich frei bewegen, mußten aber Dienstleistungen verschiedener Art auf Anweisung der Babylonier verrichten. Sie wurden in geschlossenen Siedlungen am Flusse Kebar (Ez 1,1.3), in Tell Abib (Ez 3,15) und an anderen Orten angesiedelt (Ez 2,59). Es war ihnen erlaubt, sich zu versammeln (Ez 33,30f) und Älteste einzusetzen (Ez 8,1; 14,1; 20,1). Sie hatten die Möglichkeit,

2 Als Gefangener im eigentlichen Sinn lebte nur der 597 deportierte König Jojachin, der aber unter Nebukadnezzars Nachfolger Awil-Marduk (im Alten Testament Evil-Merodach genannt) begnadigt und an den Hof gezogen wurde (2Kön 25, 27–30). In vier Auslieferungslisten der königlichen Magazinverwaltung aus der Zeit Nebukadnezzars werden Zuteilungen von Öl »an Ja'ukinu (Jojakin), den König des Landes Juda«, an seine Söhne und an »acht Judäer« erwähnt (TGI² Nr. 46).

Häuser zu bauen, Gärten anzulegen und Familien zu gründen (Jer 29,5f). Der Brief Jeremias an die Deportierten zeigt, daß man in der Heimat um das Ergehen der Deportierten wußte, wie umgekehrt aus der Botschaft Ezechiels hervorgeht, daß die Deportierten über Vorgänge in der Heimat unterrichtet waren. Im großen und ganzen müssen die Lebensbedingungen für die Deportierten erträglich, später sogar günstig gewesen sein. Das geht aus der Tatsache hervor, daß ein Teil der Deportierten in Babylon verblieb, als die Perser die Rückkehr nach Jerusalem gestatteten. Das ergibt sich ferner aus Geschäftsurkunden aus dem 5. Jahrhundert, die in Nippur gefunden wurden. Sie enthalten judäische Namen und lassen erkennen, daß einige der Judäer in späterer Zeit unter der Bevölkerung aufgegangen waren und die Möglichkeit hatten, Handel zu treiben und Bankgeschäfte zu führen. Die Mehrheit der Deportierten jedoch war sich ihrer Andersartigkeit gegenüber den Babyloniern bewußt. Babylon war ihnen ein fremdes Land. Sie wurden zusammengehalten durch die Sehnsucht nach der Heimkehr und vor allem durch den gemeinsamen Jahweglauben. Ps 137 legt ein ergreifendes Zeugnis von der Trauer über die Trennung vom Heiligtum und von der brennenden Sehnsucht nach Rückkehr ab.

Da in einem »unreinen« Land, fern von Jerusalem, der einzig legitimen Kultstätte, keine Opfer dargebracht werden konnten, gewannen jetzt die Elemente des Jahweglaubens an Bedeutung, deren Einhaltung nicht an den Kultort gebunden war, nämlich der Sabbat und die Beschneidung. Diese Bräuche hatte man schon in vorexilischer Zeit geübt. Jetzt aber wurden sie in besonderem Maße zum Zeichen der Zugehörigkeit zum Jahweglauben, zum »Bundeszeichen« (Ez 20,12.20; Gen 17,11). Hinzu kam das Gebet mit der Blickrichtung nach Jerusalem (1Kön 8,48; Dan 6,10). Formgeschichtliche Beobachtungen am Buch Deuterojesaja lassen darauf schließen, daß die Deportierten in Babylon zu Klagefeiern zusammenkamen. Aus den predigtartigen Rahmenstücken des Deuteronomiums geht hervor, daß bereits in vorexilischer Zeit die Predigt eine bestimmte Rolle spielte. Da Predigt und Gesetzesauslegung nicht an einen Kultort gebunden sind, wird man annehmen dürfen, daß im Exil auch die Predigt an Bedeutung gewann. Die Berufungsvision des Propheten *Ezechiel*, der zu den 597 deportierten Priestern gehörte, wurde zur entscheidenden Hilfe für die Deportierten. Auf dem Thronwagen erschien Jahwe in seiner Herrlichkeit. Das bedeutete, daß Jahwe nicht an den Thron der Lade in Jerusalem gebunden, sondern auch unter den Deportierten gegenwärtig war und nicht aufhörte, sich zu offenbaren (Ez 1).

Die Katastrophe von 587 hatte nicht nur einschneidende Folgen auf politischem Gebiet, sie wirkte sich auch tiefgehend im geistigen und religiösen Bereich aus. Das Ende des davidischen Königtums bedeutete für Israel mehr als den völligen Verlust politischer Eigenständigkeit; mit dem Jerusalemer Heiligtum wurde mehr als ein prachtvolles Bauwerk zerstört. Juda wurde durch diese Ereignisse in eine schwere Glaubenskrise gestürzt. Hatte nicht Jahwe in der Natanweissagung dem davidischen Königtum ewigen Bestand zugesichert? War nicht der Tempel zu Jerusalem der Wohnsitz Gottes (1Kön 8,13), der Ort, den Jahwe erwählt hatte, »um daselbst seinen Namen wohnen zu lassen« (Dtn 12,5)? Die deuteronomische Reform mit der Zentralisation des Kultes in Jerusalem hatte die Bedeutung Jerusalems erhöht. Die Verschonung Jerusalems im syrisch-efraimitischen Krieg (733/32), bei der Belagerung durch Sanherib (701) und beim ersten Feldzug Nebukadnezzars gegen Juda (597) steigerten die Gewißheit: Jerusalem ist uneinnehmbar, der Tempel unzerstörbar; denn Jahwe hat den Zion erwählt. Jahwe ist in unserer Mitte, darum wird uns kein Unglück treffen; denn Jahwe wird seinen Wohnsitz schützen (Mich 3,11; Jer 7,4.10). Als der letzte davidische König ins Exil wanderte und der Tempel in Flammen aufging, mußte daher die Zweifelsfrage auftauchen: Steht Jahwe etwa nicht zu seiner Verheißung? Oder hat er nicht die Macht, seinen Wohnsitz zu schützen und seine Verheißung zu erfüllen? War etwa Marduk, der Gott Babylons, mächtiger als Jahwe? Der Zweifel an Jahwes Macht hatte zur Folge, daß hier und da in Juda Kulte fremder Gottheiten, die durch die deuteronomische Reform beseitigt worden waren, wieder auflebten. Die nach der Ermordung Gedaljas nach Ägypten abgewanderte Gruppe sah die Ursache der gegenwärtigen Not darin, daß man den Kult der Himmelsgöttin beseitigt hatte, und nahm diesen Kult wieder auf (Jer 44,17—19).

Unter den jahwetreuen Kreisen führte die Katastrophe von 587 zu einer Neubesinnung und Neuorientierung. Ihre Antwort auf die quälenden Fragen, die mit der Zerstörung des Tempels und der Beseitigung des davidischen Königtums gestellt waren, findet sich in den Klageliedern und im deuteronomistischen Geschichtswerk. In den *Klageliedern* kommt die Überzeugung zum Ausdruck: Auch bei der über Juda hereingebrochenen Katastrophe hat sich Jahwe als der Herr des Geschehens erwiesen. *Er* hat das Unheil bewirkt als ein Gericht über die Sünde und den Abfall Israels (Klgl 2,6ff; 4,17; vgl. Ps 89, 39—46). Von Jahwe allein ist darum eine Änderung zu erwarten. Die Voraussetzung dafür aber ist die Umkehr zu ihm. Darum sind Bekenntnis der Schuld und Ruf zur Buße wesentliche Bestandteile der im zerstörten Heiligtum gefeierten Klageliturgie (Klgl 4,6; 5,7.16; Jes 64,6ff; Mich 7,9):

»Jahwe allein ist im Recht;
denn seinem Worte habe ich getrotzt (Klgl 1,18).
Jahwe hat vollbracht, was er beschlossen,
hat ausgeführt, was er gedroht,
was er seit der Vorzeit befohlen,

hat niedergerissen ohne Erbarmen,
den Feind über dich frohlocken lassen,
das Horn deiner Dränger erhoben (2,17).
Kommt nicht vom Munde des Höchsten
so Glück wie Unglück?
Worüber soll klagen der Mensch, der da lebt?
Ein jeder über seine Sünde!
Laßt uns prüfen und erforschen unsre Wege
und umkehren zu Jahwe.
Unser Herz, nicht unsere Hände,
laßt uns erheben zu Gott im Himmel.
Wir sind abtrünnig und widerspenstig gewesen;
darum hast du nicht vergeben,
hast dich in Zorn gehüllt und uns verfolgt,
hast getötet und nicht geschont,
hast dich in Gewölk gehüllt,
daß das Gebet nicht durchdrang« (3,38–44).

Ein gewichtiges, aus der Exilszeit stammendes Glaubenszeugnis, gleichzeitig eine beachtliche geistige Leistung, ist das *deuteronomistische Geschichtswerk*, so genannt, weil der Verfasser Kreisen angehörte, für die das Deuteronomium richtungweisend war[3]. Es umfaßt die Bücher Josua, Richter, Samuelis und Könige, wobei der Verfasser dem Ganzen das mit Rahmenstücken versehene Deuteronomische Gesetz (5. Buch Mose) als Leitgedanken vorausstellte. Durch einen Rückblick in die Vergangenheit sucht der Deuteronomist Orientierung für die Gegenwart und Wegweisung für die Zukunft. Er gibt eine Darstellung des Weges Israels von der Mosezeit bis zum Exil. Dabei verarbeitet er verschiedenartige alte Quellen und teilt das Geschehen in verschiedene Perioden. Die Schnittpunkte zwischen den einzelnen Perioden werden durch eingeschaltete Reden oder Rückblicke markiert, in denen das eigentliche theologische Anliegen und die theologischen Leitgedanken des Deuteronomisten zum Ausdruck kommen:

Rückblick auf die Mose-Zeit: Dtn 1–3.
Abschiedsrede Josuas: Jos 23.
Leitgedanke der Richterzeit: Ri 2,6–19.
Abschiedsrede Samuels (Ende der Richterzeit, Beginn der Königszeit): 1Sam 8.12.
Salomos Tempelweihgebet (Ende der glücklichen Königszeit, Beginn des Niedergangs): 1Kön 8.
Rückblick über die Geschichte des Nordstaates: 2Kön 17.

3 *M. Noth*, Überlieferungsgeschichtliche Studien, 1957², Kap. I, Das deuteronomistische Werk, S. 3–109. *G. v. Rad*, Die deuteronomistische Geschichtstheologie in den Königsbüchern, 1947 (Ges. Stud.², S. 189–204). *H. W. Wolff*, Das Kerygma des deuteronomistischen Geschichtswerkes (Zeitschrift für die Alttestamentliche Wissenschaft, 1961, S. 171ff). Weitere Literatur u. S. 148.

Die ganze Geschichte Israels ist eine Geschichte der Treue Jahwes und der Untreue Israels, so bezeugt das deuteronomistische Werk. Jahwe hat Israel zum Eigentumsvolk erwählt und ihm im Laufe der Geschichte mannigfaltige Erweise seiner Macht und Zeichen seiner Treue geliefert, so in der Besitzgabe des Landes, in der Befreiung von Feinden, in der Gabe der Richter, des davidischen Königtums, des Tempels und der Propheten. Im Gesetz hat Jahwe die Grenze markiert, innerhalb deren Israel Heil und Leben zuteil wird und jenseits deren es dem Tod und dem Gericht verfällt. Die Ausschließlichkeit der Jahweverehrung und der Opferdienst an nur einem, nämlich dem von Jahwe erwählten, Ort ist die Grundforderung des Gesetzes. Mit diesem Maßstab mißt der Deuteronomist die gesamte Geschichte Israels und beurteilt von daher alle Könige. Diese Geschichte ist eine Geschichte wiederholten Abfalls, dauernder Untreue und ständigen Ungehorsams. Mit der Zerstörung des Tempels, dem Ende des Königtums und der Eigenstaatlichkeit Judas hat Israel ein letztes, schweres Gericht Gottes getroffen, durch das die Existenz Israels als Gottesvolk ernstlich in Frage gestellt ist.

Das deuteronomistische Geschichtswerk ist somit ein Bekenntnis zur Macht, zur Treue und Geduld Jahwes, es ist gleichzeitig ein Bekenntnis der eigenen Schuld, die Generalbeichte Israels, es ist aber auch ein Ruf zur Buße und Umkehr. Damit klingt, wenn auch in verhüllter Form, Hoffnung auf. Wenn Israel im Laufe seiner Geschichte von Jahwe abfiel und sich fremden Göttern zuwandte, verfiel es dem Gericht und wurde fremden Völkern preisgegeben. Wenn es aber in solchen Situationen umkehrte und an Jahwe festhielt, erfuhr es wieder Gottes gnädige Zuwendung. Von daher darf Israel vielleicht auch in der verzweiflungsvollen Lage der Exilzeit hoffen, daß Jahwe helfend und gnädig eingreift, wenn es Buße tut und mit ganzem Herzen zu ihm umkehrt. Hoffnung und Wegweisung für die Exilzeit kommen besonders deutlich zum Ausdruck im Tempelweihgebet Salomos:

»Wenn sie sich an dir versündigen – denn es ist kein Mensch, der nicht sündigt – und du wirst zornig über sie und gibst sie dem Feinde preis, daß ihre Bezwinger sie gefangen führen in Feindesland, fern oder nahe, und sie gehen in sich in dem Lande ihrer Gefangenschaft und sprechen: ›Wir haben gesündigt und uns vergangen, sind gottlos gewesen‹, und sie bekehren sich zu dir von ganzem Herzen und von ganzer Seele in dem Lande ihrer Feinde, die sie weggeführt haben, und beten zu dir, nach ihrem Lande gewandt, das du ihren Vätern gegeben, nach der Stadt, die du erwählt hast, und nach dem Hause, das ich deinem Namen gebaut habe, so wollest du im Himmel, der Stätte, da du thronst, ihr Gebet und Flehen hören und ihnen Recht schaffen und wollest deinem Volke vergeben, was sie an dir gesündigt, und alle Übertretungen, die sie wider dich begangen haben, und sie Erbarmen finden lassen bei denen, die sie gefangen halten, daß sie sich ihrer erbarmen; denn sie sind dein Volk und Eigentum, das du aus Ägypten, aus dem Schmelzofen, herausgeführt hast« (1Kön 8,46–51).

In den bedrängenden Fragen, die die Katastrophe mit sich gebracht hatte, fand Israel auch Hilfe bei den vorexilischen *Propheten*[4]. Diese Propheten hatten ja angekündigt, daß das Gericht über Israel kommen würde. Was einst Unheilsbotschaft war, konnte jetzt zur Hilfe werden, die Glaubenskrise zu überwinden. Der Sieg der Feinde offenbarte nicht die Unterlegenheit Jahwes unter andere Götter, sondern Jahwe war der Herr des Geschehens, er bediente sich der Großmächte als Werkzeug, um seine Drohungen zu erfüllen und das Gericht an Israel zu vollziehen. Auch und gerade in der Niederlage hat es Israel mit seinem Gott zu tun. »Nur dich allein habe ich erwählt aus allen Völkern — darum suche ich an dir heim all deine Übertretungen« (Am 3,2). »Schick dich an, deinem Gott zu begegnen« (4,12) — so hatte Amos im Blick auf die kommende Katastrophe gesagt. Wie das Schermesser in der Hand des Barbiers, wie die Axt in der Hand des Holzfällers, so muß die Weltmacht den Plänen Jahwes dienstbar sein (Jes 7,20; 10,15). *Micha* hatte als erster die Zerstörung Jerusalems und des Tempels geweissagt (3,12).

Jeremia hatte eindringlich vor dem Abfall von Babylon und einem selbstsicheren, fast magischen Vertrauen auf den Tempel gewarnt und dem Tempel von Jerusalem das gleiche Schicksal wie dem Heiligtum von Schilo angekündigt (Jer 7). *Ezechiel* hatte die Zerstörung Jerusalems, die Exulierung seiner Bevölkerung und ein totales Ende für das störrische, im Widerspruch gegen Jahwe verharrende Israel angedroht. »Das Ende kommt, es kommt das Ende!« (Ez 7).

Als die von den Propheten angekündigten Gerichte eintrafen, gewannen die Propheten, denen man zuvor kein Gehör geschenkt, ja die man um ihrer Botschaft willen angefeindet hatte, nicht nur erhöhte Autorität — ihr Wort trug jetzt in der Stunde des Gerichtes entscheidend dazu bei, die Krise zu überwinden. Schon indem man das Unheil als ein gerechtes Gericht Jahwes anerkannte und auf sich nahm, war der Weg zur Überwindung des Zweifels gewiesen. Darüber hinaus wurden die Propheten wegweisend für die Zukunft. In ihren Heilsweissagungen war der Grund zu neuer Hoffnung gelegt.

Hosea hatte von Jahwes nie versiegender Liebe, die einen Neubeginn erhoffen ließ, gesprochen:

»Ich verlobe dich mir auf ewig.
Ich verlobe dich mir in Recht und Gerechtigkeit,
in Güte und Erbarmen.
Ich verlobe dich mir in Treue,
so daß du Jahwe erkennst« (Hos 2,19.20).

4 *S. Herrmann*, Prophetie und Wirklichkeit in der Epoche des babylonischen Exils, 1967.

Amos und *Jesaja* sprachen die Hoffnung aus, daß Jahwe dem »Rest«, der das Gericht überstehen und zur Umkehr kommen würde, gnädig sein werde (Am 5,15; Jes 7,16; 10,20—27).
Jeremia hatte nicht nur den Zerbruch des Alten Bundes angekündigt, sondern einen neuen Bund verheißen (Jer 31,31ff). *Ezechiel*[5] wurde in einer Vision die Botschaft zuteil: Israel gleicht einem Feld mit Totengebeinen, für die es vom Menschen aus keine Hoffnung und keine Zukunft mehr gibt. Dennoch schenkt Jahwe Israel einen Neubeginn, der dem Wunder einer Wiederbelebung von Totengebeinen gleichkommt (Ez 37). In einer großangelegten Visionsschilderung entwirft Ezechiel das Bild vom neuen Gottesvolk und vom neuen Tempel, in den Jahwe mit seiner Herrlichkeit wieder einzieht (Ez 40—48).
Von besonderer Bedeutung wurde ein im Exil wirkender Prophet, dessen Name uns nicht überliefert, dessen Botschaft aber erhalten und schon früh als Anhang dem Propheten Jesaja angefügt wurde (Jes 40—55). Man pflegt ihn daher *Deuterojesaja* zu nennen[6]. Trost und Heilszusage ist der Grundton seiner Botschaft. Dabei setzt auch Deuterojesaja voraus, daß das Exil ein Gericht Jahwes über die Sünde Israels sei. Aber Jahwe wird ein Neues wirken. Wie die Gerichtsdrohungen eingetroffen sind, so werden sich auch die Verheißungen erfüllen. Jahwe hat seinem Volk vergeben und seine Sünden getilgt. Der Heilige, der Schöpfer Himmels und der Erden, der alleinige und lebendige Gott, wird sein Volk erlösen und es in einer triumphalen Prozession heimgeleiten. Ein zweiter Exodus wird stattfinden, der den Auszug aus Ägypten überbieten wird (Jes 52,1—12). Babylon wird fallen, Jerusalem und der Tempel werden wieder aufgebaut werden. Dabei wird der Perserkönig Cyrus, den Deuterojesaja als »Knecht« und »Gesalbten Jahwes« bezeichnet, das Werkzeug göttlichen Handelns sein (Jes 44,28; 45,1ff).
In der Zeit des Exils oder zu Beginn der nachexilischen Zeit entstand schließlich die jüngste der Quellenschriften des Pentateuch, die *Priesterschrift*[7], so genannt, weil sie in Priesterkreisen abgefaßt und entstanden ist. Die Priesterschrift gibt einen Aufriß der Heilsgeschichte von der Schöpfung bis zum Sinaiereignis. Neben altem Erzählungsgut verarbeitet sie z. T. sehr altes priesterliches Material, wie Listen, Rituale, Genealogien, Kultverordnungen. Sie ist charakterisiert durch einen ganz eigentümlichen Stil, einen festen Wortschatz und bestimmte theologische Leitgedanken. Auf dem Hintergrund eines chronolo-

5 *W. Zimmerli*, Ezechiel, ein Zeuge der Gerechtigkeit Gottes, in: Das Alte Testament als Anrede, 1956, S. 62—88; ders., Ezechiel, Gestalt und Botschaft, 1972.
6 *W. Zimmerli*, Der »neue Exodus« in der Verkündigung der beiden großen Exilspropheten (Gottes Offenbarung, Ges. Stud.², 1969², S. 192—204).
7 *M. L. Henry*, Jahwist und Priesterschrift, 1960 (Arbeiten zur Theologie 3); *W. Zimmerli*, Sinaibund und Abrahambund, 1960 (Gottes Offenbarung, Ges. Aufsätze. S. 205–216). Neuere Literatur u. S. 148.

gischen Gerüstes teilt sie das Geschehen in vier Perioden (Schöpfung — Noach — Abraham — Mose), denen vier verschiedene Stufen der Offenbarung Gottes entsprechen. Die Auseinandersetzung mit dem babylonischen Mythos, die schon früher eine Rolle gespielt hatte, in der Zeit des Exils aber besondere Aktualität gewann, kam in der Schöpfungsgeschichte (Gen 1,1—2,4a) und der Fluterzählung der Priesterschrift (Gen 6—9) zum Abschluß. In der Ur- und Vätergeschichte wird die Priesterschrift da ausführlich, wo es sich darum handelt, kultische Institutionen, die in exilischer Zeit besondere Bedeutung gewannen, nämlich Sabbat, Schächten und Beschneidung, in der Geschichte als göttliche Setzung zu verankern (Gen 2,1ff; 9; 17).

Das eigentliche Ziel der Priesterschrift aber ist das Sinaigeschehen (Ex 19,1ff; 24,15—18; 25—31; Lev 8—10; Num 1—4; 7—10). Sie sieht im Sinaiereignis eine Erfüllung des Abrahambundes. Das Wesen des Sinaigeschehens sieht die Priesterschrift nicht in der Proklamation von Gesetzen, sondern in der göttlichen Stiftung des Kultes. Erst am Sinai beginnt nach der Priesterschrift der legitime Opferkult. Die Heiligkeit, die Herrlichkeit und Transzendenz Gottes sind der Hintergrund des kultischen Geschehens. Die Priesterschrift faßt, im Unterschied zu vorexilischen Vorstellungen, das Heiligtum nicht als ständigen, festen Wohnsitz Gottes auf, sondern als den Ort, an dem Jahwe je und dann »seine Herrlichkeit erscheinen läßt«, von dem aus er redet und an dem er Israel begegnet. Hinter allen Kultverordnungen steht die Freude über die Gegenwart Jahwes im Kultus, gleichzeitig aber auch die Furcht, die Heiligkeit Jahwes zu verletzen und sich dadurch den Zorn Jahwes zuzuziehen. Darum ist der gesamte Opferdienst den Laien völlig entzogen und darf nur von Priestern im Schutze von Sicherheitsmaßnahmen und genau einzuhaltenden Riten vollzogen werden. Es ist eine Eigenart der Priesterschrift, daß sie den gesamten Opferkult als Sühnehandlung interpretiert. Nur durch den Vollzug von Sühnehandlungen ist es möglich, in der Gegenwart eines heiligen Gottes zu leben. Der Vollzug der Sühne soll verhindern, daß Israel wieder wie in den Katastrophen des 7. und 6. Jahrhunderts vom Zorn Gottes getroffen werde. Der Priesterschrift ging es einmal darum, die kultischen Traditionen Israels zu sammeln und sie als göttliche Setzung in der Geschichte zu begründen, um dadurch mit dazu beizutragen, daß Israel nicht von einer fremden Umgebung aufgesogen wurde und im Synkretismus sein Wesen verlor. Zum anderen ist die Priesterschrift als eine Programmschrift zu verstehen, die wegweisend sein wollte für die Zukunft, um Israel die tragfähigen Grundlagen aufzuzeigen, durch die allein Leben vor Gott möglich ist. So kam denn der Priesterschrift bei der Neugründung der nachexilischen Gemeinde entscheidende Bedeutung zu.

Das deuteronomistische Geschichtswerk, die Klagelieder, die exilischen Propheten und die Priesterschrift sind Zeugen dafür, daß es in der

Heimat und unter den Deportierten Kräfte gab, die sich der Resignation, dem Zweifel und der Hoffnungslosigkeit entgegenstellten und die Krise zu überwinden halfen. In einer Zeit, in der die Weltmächte und die fremden Götter zu triumphieren schienen, bezeugten sie die Geschichtsmächtigkeit Jahwes. In einer Umwelt, die jährlich in rauschenden Festen den Sieg des babylonischen Gottes Marduk über die Chaoswasser feierte, machten sie es dem Volk neu deutlich, was es heißt, daß Jahwe, der Gott der Heilsgeschichte, auch der Schöpfer ist (Jes 40,26.28). Im Angesicht der vielgestaltigen, imponierenden Götterwelt Babylons verkündigten sie Jahwe als den einzigen, allmächtigen, heiligen, universalen Gott, demgegenüber die Götter der Heiden nur ohnmächtige Götzen sind. »Vor mir ward kein Gott gebildet, und nach mir wird keiner sein. Ich, ich bin Jahwe, und außer mir ist kein Retter.« »Gibt es einen Gott außer mir? Und es gibt keinen Fels, ich weiß keinen« (Jes 43,10; 44,8b). Bei dieser Botschaft ging es den Propheten und Priestern nicht darum, eine abstrakte Gottestheorie zu entwickeln, sie wollten vielmehr Hilfe in der Not und Verlassenheit des Exils bieten.

Trotz aller Anfechtungen der Exilzeit verfiel Israel nicht dem Synkretismus, sondern hielt an seinem Gott fest und wahrte seine Traditionen. Dieser Tatsache ist es zu verdanken, daß Israel Israel blieb, d. h., daß es trotz Verlust der politischen Selbständigkeit und trotz der Deportation seiner politischen und geistigen Oberschicht seine Eigenart wahrte und nicht, wie andere Völker in gleicher Lage, z. B. die Moabiter und Ammoniter, zu einer gleichförmigen Untertanenmasse eingeschmolzen wurde.

Zum deuteronomistischen Geschichtswerk (zu S. 143f)

In neueren Untersuchungen wird die These vertreten, daß das deuteronomistische Geschichtswerk nicht auf nur einen Verfasser zurückzuführen, sondern daß hier eine deuteronomistische Schule am Werk gewesen sei und daß man mit drei Bearbeitungen zu rechnen habe. Die Grundkonzeption stamme von einem »Historiographen«, der auf geschichtliche Überlieferungen zurückgriff und sie zusammenfügte (DtrH), ein erster Bearbeiter habe Prophetenerzählungen eingefügt und das Werk in prophetischem Geist überarbeitet (DtrP), ein zweiter Bearbeiter schließlich habe das Werk im Geiste des »Gesetzes« überarbeitet (DtrN, »nomistischer« Deuteronomist).

Lit.: *W. Dietrich*, Prophetie und Geschichte. Eine redaktionsgeschichtliche Untersuchung zum dtr. Geschichtswerk, 1972; *R. Smend*, Die Entstehung des Alten Testaments, 1978, S. 111–139; *N. Lohfink*, Kerygmata des Deuteronomistischen Geschichtswerkes, in: Die Botschaft und die Boten, Festschr. H.W. Wolff, 1981, S. 87–100.

Neuere Literatur zur Priesterschrift: (zu S. 146f)

W. Brueggemann, The Kerygma of the Priestly Writer, ZAW 84, 1972, S. 397–414; *E. Kutsch*, »Ich will euer Gott sein«, ZThK 71, 1974, S. 361–388; *N. Lohfink*, Die Priesterschrift und ihre Geschichte, VT Suppl. 29, 1978, S. 189–225; *R.W. Klein*, The Message of P, Festschr. H.W. Wolff, 1981, S. 57–66.

8. Kapitel

Die Herrschaft der Perser (539–332)

1. *Der Cyruserlaß und die Neugründung des Jerusalemer Heiligtums (538–515)*

Quellen: Das Cyrusedikt: Esr 6,3–5; Briefwechsel zwischen dem Satrapen Tattenai und Darius I.: Esr 6,6–12; Briefwechsel zwischen samarischen Beamten und Artaxerxes I.: Esr 4,7–22; Hag; Sach 1–8. – Tonzylinderinschrift des Cyrus über die Eroberung Babylons: TGI[1] Nr. 41; AOT S. 268–370; Babylonische und persische Texte zur Einnahme Babylons durch Cyrus: AOT, S. 367f; ANET, S. 306; TGI[1] Nr. 41; TGI[2] Nr. 49.50.

Lit.: *L. Rost*, Erwägungen zum Kyroserlaß (Verbannung und Heimkehr, Festschrift W. Rudolph, 1961, S. 301–307); *K. Galling*, Studien zur Geschichte Israels in persischer Zeit, 1964; *O. H. Steck*, Das Problem theologischer Strömungen in nachexilischer Zeit, ET 28, 1968, S. 445–458; Lit. zur Geschichte und Kultur des Perserreiches: *A. Scharff, A. Moortgat*, Ägypten und Vorderasien im Altertum, 1959[2] (S. 456–468: Das persische Weltreich der Achämeniden); *H. H. van der Osten*, Die Welt der Perser, 1956.

Der Niedergang des babylonischen Reiches, der mit dem Tode Nebukadnezzars (562) einsetzte, und das Aufkommen der persischen Macht unter dem Achämeniden *Cyrus* bilden den historischen Hintergrund der Botschaft Deuterojesajas. Um die Mitte des 6. Jahrhunderts standen die Perser unter der Vorherrschaft der Meder. Der Perserfürst Cyrus stürzte den medischen König Astyages und ließ sich zum König von Medien und Persien erheben. Damit wurde er zum Herrn des medischen Reiches, das den ganzen Iran, einen Teil Obermesopotamiens, Armenien und Kleinasien bis zum Halys umfaßte. Nach dem Sieg über Kroisos von Lydien (546) unterlag auch Westkleinasien der Herrschaft des Cyrus. Im Jahre 539 griff Cyrus das babylonische Reich an und besiegte Nabonid, den letzten neubabylonischen König. Damit trat Cyrus die Herrschaft über das neubabylonische Reich an, zu dem auch Palästina-Syrien gehörte. Seinem Sohn und Nachfolger *Kambyses* gelang es 525, auch Ägypten unter seine Herrschaft zu bringen. Damit war der gesamte Vordere Orient (der Iran, ganz Mesopotamien, Kleinasien, Palästina-Syrien, Ägypten) zum ersten Mal in der Geschichte der Herrschaft eines Großkönigs unterworfen. Dem persischen Großreich sollte ein Bestehen von fast 200 Jahren beschieden sein.

Die Stabilität des persischen Großreiches ist nicht zuletzt darin begründet, daß die Perser die ihrer Herrschaft unterworfenen Völker toleranter behandelten als vorher die Assyrer und Babylonier. Die Perser gestatteten und förderten, sicher im eigenen Interesse, das Eigenleben der Untertanenvölker und vor allem deren angestammte Kulte. In einigen Fällen stellten die Perser lokale Kulte wieder her, die durch die Babylonier unterbunden worden waren.

Abb. 19 Persische Krieger (Wandschmuck aus farbigen, glasierten Ziegeln im Palast Darius' I. in Susa).

Diese Grundhaltung der Perser wurde auch für den Jahwekult am Heiligtum in Jerusalem von Bedeutung, für die nach Babylon deportierten Judäer und für die jüdische Kolonie in Ägypten. Im Jahre 538 erließ Cyrus, wahrscheinlich auf Antrag nach Babylon deportierter Judäer, ein Edikt, in dem er den Wiederaufbau des Jerusalemer Heiligtums und die Rückgabe des durch Nebukadnezzar entwendeten Tempelinventars anordnete. Die Kosten für den Wiederaufbau sollten aus persischen Staatsmitteln bestritten werden. Der aramäische Originalwortlaut dieses Erlasses ist in Esr 6,3—5 erhalten. Mit der Rückführung der Tempelgeräte wurde ein gewisser *Scheschbazzar*, wahrscheinlich ein Judäer mit babylonischem Namen, beauftragt. Das Werk des Tempelaufbaus kam jedoch nicht in Gang. Die noch kümmerlichen Verhältnisse in Jerusalem und auf dem Lande, eine Dürre und die damit verbundene Mißernte ließen das Interesse für den Wiederaufbau des Heiligtums erlahmen. Ein jeder war zu sehr mit seinen eigenen Angelegenheiten beschäftigt, so daß die allgemeine Meinung lautete: »Die Zeit ist noch nicht gekommen, die Zeit, daß das Haus Jahwes gebaut werde« (Hag 1).

Den Anstoß zur Wiederaufnahme der liegengelassenen Aufbauarbeiten am Jerusalemer Tempel gaben die Propheten *Haggai* und *Sacharja*, 18 Jahre nach dem Cyruserlaß. Ihre Botschaft erfolgte auf dem Hintergrund der Thronwirren, die nach dem Tode des Kambyses (522) einsetzten. *Darius I.*, der aus einer Seitenlinie der Achämeniden stammte, hatte sich ein Jahr lang in heftigen Kämpfen gegen seinen Nebenbuhler Gaumata durchzusetzen. Angesichts dieser Wirren verkündigten Haggai und Sacharja, daß der Anbruch der Gottesherrschaft unmittelbar bevorstehe. Die Voraussetzung dafür aber sei der Wiederaufbau des Tempels. Die gegenwärtige Notzeit sei kein Hindernis, sie sei vielmehr ein Gericht Gottes für die Vernachlässigung des Tempelaufbaus. Haggai richtete dabei seine Botschaft einmal direkt an den Hohenpriester Josua und an *Serubbabel*, den Statthalter von Jerusalem, einen Enkel Jojachins. Mit diesem Nachkommen der Dynastie David verknüpften Haggai und Sacharja messianische Hoffnungen. Haggai bezeichnet ihn als »Siegelring Jahwes« (Hag 2,23), d. h. als den Erwählten, durch den Jahwe seine Pläne ausführt. Es ist uns nicht bekannt, welchen Anklang diese Botschaft beim Volke fand, wie Serubbabel selbst dazu stand und die Perser darauf reagierten. Auf alle Fälle hat Serubbabel im Jahre 520 den Tempelwiederaufbau in die Hand genommen (Hag 1,12; Esr 5,1f).

Abb. 20 Darius I. auf Löwenjagd (Abrollung eines Zylindersiegels).

Die Aufbauarbeiten am Jerusalemer Heiligtum blieben von persischer Seite nicht unbemerkt. In Esr 5,6–6,12 ist uns ein Briefwechsel zwischen Tattenai, dem Satrapen von Transeufrat, und Darius I. in Aramäisch, der Amtssprache für das Gebiet von Palästina-Syrien und Ägypten, erhalten. Tattenai setzt in seinem Bericht den Großkönig von den im Gang befindlichen Bauarbeiten am Tempel in Kenntnis, berichtet ferner davon, daß sich die Ältesten von Jerusalem auf einen Erlaß des Cyrus berufen, und bittet um Weisung des Großkönigs in dieser Angelegenheit. In seinem Antwortschreiben zitiert und bestätigt Darius ausdrücklich das Cyrusedikt, befiehlt seinerseits nachdrücklich, die Bauarbeiten zu fördern, und fügt hinzu, daß die Ausgaben für den täglichen Opferbetrieb aus staatlichen Mitteln zu bestreiten seien. Damit war der Tempel zu Jerusalem, wie schon in vorexilischer Zeit, wieder als Staatsheiligtum gekennzeichnet.

Wie einst die Davididen oder, in der Zeit assyrischer Vorherrschaft, die Könige von Assur, so war jetzt der persische Großkönig der Kultherr des Tempels. Während aber die assyrischen Könige verlangten, daß dem assyrischen Staatskult der erste Platz im Tempel eingeräumt wurde, stellte Darius keine Forderung dieser Art, gab vielmehr, der Religionspolitik der persischen Könige entsprechend, die ausdrückliche Weisung, daß der Jerusalemer Tempel allein dem Jahwekult nach der herkömmlichen Weise zu dienen habe, mit der einzigen Auflage des täglichen Gebetes für den Großkönig.

Die Arbeiten am Tempel gingen daraufhin zügig voran. Im Frühjahr des Jahres 515 konnte das wiedererstandene Jerusalemer Heiligtum eingeweiht werden. Israel hatte nun wieder eine eigene Kultstätte und einen gemeinsamen Mittelpunkt. »Israel« — das konnte nun nicht mehr Bezeichnung des Zwölfstämmeverbandes sein, der ja in der ursprünglichen Form gar nicht mehr existierte. »Israel« war auch nicht mehr Bezeichnung eines Staates wie etwa in den Tagen Sauls für den Gesamtstaat oder wie in der Zeit nach der Staatentrennung für den Nordstaat. Die Bezeichnung »Israel« wurde hinfort für die Kultgemeinde gebraucht, die sich um das Jerusalemer Heiligtum versammelte und durch die Teilnahme an diesem Kult zusammengehalten war. Zu dieser Kultgemeinde fühlten sich auch die nach Babylon Deportierten gehörig. Diese Deportierten hielten in der Fremde strenger an den alten Überlieferungen fest, als das weitgehend in der Heimat der Fall war. So gingen in der Folgezeit von den Deportierten starke Impulse für die Neugestaltung der Jerusalemer Kultgemeinde aus.

Zur toleranten Politik der Perser ihren Untertanenvölkern gegenüber gehörte es auch, daß sie die Härtemaßnahmen der Babylonier rückgängig machten. Im Zuge dieser Wiedergutmachung liegt es, daß die Perser den nach Babylon deportierten Judäern die *Rückkehr* in die Heimat erlaubten. Wir besitzen keine authentischen Nachrichten darüber, wann und durch wen die offizielle Erlaubnis zur Repatriierung gegeben wurde und wann die ersten Rückwanderungen stattfanden. Der ursprüngliche Wortlaut des Cyrusediktes (Esr 6,3—5) enthält keine Anweisungen dieser Art. Es ist jedoch durchaus möglich, daß mit der Rückführung der Tempelgeräte durch Scheschbazzar auch erste Rückwanderungen verbunden waren, wie das in der durch den Chronisten erweiterten Form des Cyrusediktes (Esr 1,3ff) vorausgesetzt wird. Auf alle Fälle müssen spätestens in der ersten Hälfte des 5. Jahrhunderts Rückwanderungen erfolgt sein. Das geht aus dem in Esr 4, 7—22 im aramäischen Originalwortlaut erhaltenen Schriftwechsel zwischen samarischen Regierungsbeamten und dem König *Artaxerxes I.* (465—424) hervor. In einem Schreiben machen Regierungsbeamte von Samaria, wohl Angehörige der einst von den Assyrern eingesetzten fremden Oberschicht, den Großkönig darauf aufmerksam, daß die Judäer auf Veranlassung der Heimkehrer im Begriff seien, die Stadtmauer von Jerusalem wieder aufzubauen; die Befestigung Jerusalems aber berge die Gefahr von gefährlichen Unruhen und Unbotmäßigkeiten in sich. Auf diese Intervention hin untersagte Artaxerxes den Wiederaufbau der Mauer. Diese Episode ist ein Beispiel dafür, welch starke Initiative von den Heimkehrern ausging und welchen Einfluß sie auf die im Lande Verbliebenen auszuüben vermochten. Sie zeigt ferner, wie sehr die führenden Männer in Samaria die Konkurrenz eines wiedererstarkenden Jerusalem fürchteten.

2. *Nehemia (ab 445)*

Quellen: Die Memoiren Nehemias, Neh 1,1–7,5; 11,1f; 13,4–31.

Lit.: *M. Noth*, Überlieferungsgeschichtliche Studien, 1957[2], S. 110–180; *U. Kellermann*, Nehemia, Quellen, Überlieferung und Geschichte, 1967.

In der richtigen Erkenntnis, daß ungeordnete Verhältnisse den Keim zu Unruhen in sich tragen, daß aber andererseits eine von außen aufgezwungene Ordnung Unzufriedenheit hervorruft und daher ebenfalls Gefahren in sich birgt, förderten die Perser alle Maßnahmen, die geeignet waren, den ihnen untertanen Völkern Ordnungen zu geben, die in der Tradition des betreffenden Volkes wurzelten und der Eigenart des Volkes gerecht wurden. Auf diesem Hintergrund ist die *Sendung Nehemias und Esras* zu sehen. In den ersten Jahrzehnten der Perserherrschaft hatte Judäa keine eigene Verwaltung, da es keine eigene Provinz, sondern ein Teilgebiet der Provinz Samaria bildete und daher dem Statthalter von Samaria unterstand. Dieser Tatbestand war die Ursache zu dauernden Spannungen und Mißhelligkeiten, da die alte Rivalität zwischen dem ehemaligen Nord- und dem ehemaligen Südstaat weiterlebte. Die Spannungen wurden dadurch verstärkt, daß in Samaria eine fremde, einst von den Assyrern hierher verpflanzte Oberschicht herrschte und sich mit dem Volk vermischt hatte.

Um eine eigene Provinz mit selbständiger Verwaltung bilden zu können, bedurfte Judäa einer eigenen, befestigten Hauptstadt. Jerusalem aber lag in Trümmern, war zum großen Teil entvölkert, die Befestigungsanlagen waren zerstört. Diesem Mißstand abzuhelfen, galten die Bestrebungen *Nehemias*. Über seine Tätigkeit besitzen wir eine authentische Quelle, nämlich seinen eigenen Rechenschaftsbericht, die »Memoiren Nehemias«, Neh 1,1–7,5; 11,1f; 13,4–31. Nehemia bekleidete das Amt eines Mundschenks am Hofe des Königs *Artaxerxes I.* (465–424) in Susa. Es gelang ihm, den König von der Notwendigkeit einer Neuordnung der Verhältnisse in Judäa zu überzeugen. So wurde Nehemia im 20. Jahr Artaxerxes', also im Jahre 445, mit königlichen Vollmachten versehen, als »Statthalter von Juda« (Neh 5,14) nach Jerusalem gesandt, um die Stadt zu befestigen und wiederaufzubauen. Die Ernennung Nehemias zum Statthalter von Juda bedeutete, daß Juda in den Rang einer selbständigen Provinz erhoben wurde. Der Wiederaufbau der Mauer hatte daher nicht nur fortifikatorische, sondern auch politische Bedeutung: Jerusalem wurde damit zur Provinzhauptstadt. Nehemia stieß bei der Erfüllung seines Auftrages von vornherein auf die Feindschaft *Sanballats*, des Statthalters von Samaria, zu dessen Provinz Juda bisher gehört hatte und dessen Machtbereich durch die Konstituierung Judas als eigene Provinz eingeschränkt wurde. Dieser fand einen Bundesgenossen in *Tobija*, dem Statthalter des Ostjordanlandes, der sich offenbar durch die unmittelbar in seiner Nachbarschaft entstehende Provinz bedroht fühlte.

Um den Mauerbau möglichst schnell durchzuführen, zog Nehemia die Landbevölkerung zur Mitarbeit heran, teilte die Mauer in zahlreiche Bauabschnitte ein, an denen das Werk zugleich vollführt wurde (Neh 3). Als Nehemia bekannt wurde, daß Sanballat und Tobija einen geheimen Überfall auf Jerusalem planten, um das schnell voranschreitende Werk des Mauerbaus gewaltsam zu verhindern, traf Nehemia rechtzeitig Sicherheitsmaßnahmen, organisierte ein wirksames Warnsystem und hielt einen Teil der Bauarbeiter in ständiger Alarmbereitschaft (Neh 4). Der Versuch Sanballats, Nehemia in eine Falle zu lokken, um ihn zu beseitigen, mißlang. Auch die Drohung, Nehemia beim König des Aufruhrs zu bezichtigen, verfehlte ihre Wirkung. So wurde das Werk trotz aller Widerstände in der kurzen Zeit von 52 Tagen vollendet. Jerusalem war nun nicht nur das kultische Zentrum der nachexilischen Gemeinde, es war darüber hinaus als befestigter Statthaltersitz der politische Mittelpunkt der Provinz Juda. Die bei der Katastrophe von 587 stark zerstörte Stadt hatte eine große Einbuße an Einwohnern erlitten und war noch immer dünn besiedelt. Nehemia ließ darum den zehnten Teil der Bevölkerung der übrigen Städte und Dörfer Judas in Jerusalem ansiedeln (Neh 7,4f; 11,1f).

Offenbar gleich zu Beginn seiner Statthalterschaft ergriff Nehemia Maßnahmen, um Mißstände auf sozialem Gebiet zu beheben. Nach der Deportation der Oberschicht hatten sich unter den im Lande Verbliebenen sehr schnell wieder soziale Gegensätze herausgebildet. Als Mißernten und Hungersnöte eintraten, waren Angehörige der ärmeren Schichten gezwungen, ihre Äcker zu verpfänden oder gar zu verkaufen und sich schließlich, oft mit ihren Kindern, in die Schuldsklaverei zu begeben. Die Situation wird durch die Rückwanderer, die wieder Anspruch auf ihren alten, nunmehr von anderen übernommenen Grundbesitz erhoben, sicher noch komplizierter geworden sein. Diese Mißstände gefährdeten ernstlich die wirtschaftliche Stabilität der neuen Provinz. Darum ordnete Nehemia einen allgemeinen Schuldenerlaß an und verpflichtete die Gläubiger, die verpfändeten oder verfallenen Grundstücke zurückzugeben und die Schuldsklaven freizulassen. Nehemia selbst verzichtete auf die Statthaltereinkünfte, die durch Besteuerung der Bevölkerung hätten aufgebracht werden müssen (Neh 5).

Nehemias Tätigkeit als Statthalter von Juda dauerte zunächst zwölf Jahre. Dann kehrte er, im Jahre 433, nach Babylon zurück. Später begab er sich wieder nach Jerusalem, um einige Mißstände zu beseitigen, die sich während seiner Abwesenheit eingestellt hatten. Der Hohepriester *Eljaschib*, der mit dem Statthalter von Samaria (Sanballat) weitläufig verschwägert und mit Tobija, dem Statthalter von Transjordanien, verwandt war, hatte seinem Verwandten Tobija einen Nebenraum des Jerusalemer Tempels zur Nutzung überlassen. Die Bevölkerung kam ihrer Abgabenpflicht dem Heiligtum gegenüber nur sehr lässig nach. Das Kultpersonal war dadurch gezwungen, teilweise selbst für seinen Unterhalt zu sorgen, und vernachlässigte seine kultischen Pflichten. Am Sabbat trieb man Handel mit ausländischen Kaufleuten, Mischehen mit Ausländern waren an der Tagesordnung. In einer schriftlichen Verpflichtungsurkunde ließ Nehemia das Volk geloben, die Abgabepflicht dem Heiligtum gegenüber pünktlich zu erfüllen, den Sabbat einzuhalten und die Nachkommen nicht mit Ausländern zu verheiraten. Darüber hinaus traf Nehemia feste Regelungen in bezug auf die Ablieferung der kultischen Abgaben und die Versorgung des Heiligtums mit Holz. Um die Einhaltung der Sabbatruhe zu gewährleisten, ordnete er an, daß die Stadttore am Sabbat verschlossen blieben (Neh 13; Verpflichtungsurkunde: Neh 10). Einen Enkel des Hohenpriesters Eljaschib, der mit einer Tochter des samaritanischen Statthalters Sanballat verheiratet war, verwies Nehemia des Landes.

3. *Esra*

Quellen: Amtsanweisungen für Esra: Esr 7,12–26; Maleachi.

Lit.: *H. H. Schaeder*, Esra, der Schreiber, 1930; *M. Noth*, Die Gesetze im Pentateuch, 1940 (Ges. Stud.², S. 112–136, »Das Gesetz« als absolute Größe in der Spätzeit); *G. v. Rad*, Theologie des AT, 1969⁶ (S. 98–105, Die Konstituierung der nachexilischen Kultgemeinde); *H.-J. Kraus*, Gottesdienst in Israel, 1962² (S. 264–272, Die nachexilische Kultgemeinde); *U. Kellermann*, Erwägungen zum Problem der Esradatierung, ZAW 80, 1968, S. 55–87; ders., Erwägungen zum Esragesetz, a. a. O., S. 373–385.

Das Werk Nehemias bestand, von den zuletzt genannten Maßnahmen auf kultischem Gebiet abgesehen, in der politischen Neuordnung der Verhältnisse in Jerusalem und Juda. Die Aufgabe, der nachexilischen Gemeinde eine feste kultische Ordnung zu geben, fiel *Esra* zu. Das zeitliche Verhältnis zwischen Esra und Nehemia ist nicht mehr mit Sicherheit zu klären, da die alten Quellenstücke hierüber keine direkte Auskunft geben. Die Anordnung des Überlieferungsmaterials in der

Reihenfolge Esra — Nehemia geht auf den Chronisten zurück, den Verfasser eines Geschichtswerkes, das gegen Ende des 4. Jh. v. Chr. entstand und die beiden Chronikbücher sowie die Bücher Esra und Nehemia umfaßt. Die Tatsache, daß Nehemia Maßnahmen auch auf kultischem Gebiete treffen mußte, führte zu der Annahme, daß die Sendung Esras später erfolgte als die Nehemias (M. Noth). Diese Argumentation ist jedoch nicht völlig stichhaltig, da es denkbar ist, daß auch trotz einer Neuordnung des Kultwesens durch Esra nicht alle Mißstände auf kultischem Gebiet behoben werden konnten. Für die vom Chronisten überlieferte Reihenfolge hat man geltend gemacht, »daß die Redaktion die Geschehnisse nicht völlig durcheinander gebracht haben wird« (S. Herrmann, Geschichte Israels, S. 379) und daß die Entsendung Esras nicht voraussetze, daß Judäa bereits eine besondere Provinz unter eigenem Statthalter war (H. J. Gunneweg, Geschichte Israels, S. 135).

Daß die nachexilische Kultgemeinde einer festen Ordnung ermangelte und zahlreiche Mißstände auf kultischem Gebiet bestanden, geht vor allem aus dem Buche *Maleachi* hervor. In Form von Diskussionsworten wirft der Prophet der Kultgemeinde vor: mangelnde Gottesfurcht, Darbringung minderwertiger Opfertiere, lässigen Dienst des Kultpersonals, leichtfertige Ehescheidung, Lässigkeit in der Abgabe des Zehnten.

Über Esras Tätigkeit sind wir durch den in Esr 7,12—26 im aramäischen Originalwortlaut mitgeteilten königlichen Erlaß des Artaxerxes (wahrscheinlich Artaxerxes I.) unterrichtet, der die Amtsanweisungen für Esra enthält. Esra, der zur deportierten Priesterschaft gehörte, wird nach Juda gesandt in der Eigenschaft als »Schreiber des Gesetzes des Himmelsgottes«. Der Titel »Schreiber« ist in der persischen Amtssprache die Bezeichnung für einen Beamten oder Staatskommissar. »Der Himmelsgott« ist die offizielle persische Bezeichnung für Jahwe, den Gott Israels. Esra erhält offiziellen persischen Auftrag und alle dazu nötigen Vollmachten, in Juda und Jerusalem das »Gesetz des Himmelsgottes« bekanntzumachen und ihm Geltung zu verschaffen. Wer zur nachexilischen Kultgemeinde gehört, steht unter dem Rechtsschutz dieses staatlich anerkannten Gesetzes, er hat sich allerdings auch den Verordnungen dieses Gesetzes zu unterstellen. Auf diese Weise wurde die Jerusalemer Kultgemeinde zu einer staatlich legitimierten Sondergemeinschaft, die ihre Angelegenheiten nach einem eigenen, vom Staat anerkannten Gesetz regelte. Der persische Staat sah hierin offenbar die beste Gewähr für geordnete und stabile Verhältnisse in der Provinz Juda. Beim Laubhüttenfest ließ Esra das Gesetz verlesen und verpflichtete die Gemeinde darauf. Um welches Gesetz es sich dabei handelte, läßt sich nicht mehr mit Bestimmtheit sagen. Man hat an das »Heiligkeitsgesetz« (Lev 17—26), an Kultvorschriften wie die in Lev 1—7.11—15, an die Priesterschrift oder gar an

den gesamten Pentateuch gedacht. Für letztere Annahme könnte sprechen, daß die nachexilische Gemeinde auf der einen Seite stark von der Priesterschrift geprägt war, daß aber, wie sich aus dem chronistischen Geschichtswerk schließen läßt, auch das Deuteronomium einen starken Einfluß ausübte.
Mit der Entsendung Esras waren einige weitere Privilegien verbunden: die offizielle königliche Erlaubnis zur Rückkehr nach Juda für jeden der Deportierten, eine einmalige, größere Gabe des Königs für den Tempel zu Jerusalem, die Erlaubnis für Esra, unter den Deportierten freiwillige Geld- und Sachspenden für die Belange des Jerusalemer Heiligtums zu sammeln, die Wiederholung der einst von Darius gegebenen Weisung, daß die Ausgaben für den Opferbedarf des Jerusalemer Tempels z. T. aus Staatsmitteln aufzubringen seien, schließlich die Steuerfreiheit für das gesamte Kultpersonal.
Der Anstoß zum Tempelbau unter Scheschbazzar, die Konstituierung Judas als Provinz unter Nehemia und schließlich die kultische Neuordnung der nachexilischen Gemeinde unter Esra lassen deutlich werden, wie stark das Interesse der Deportierten für die Heimat war und daß Impulse zum Wiederaufbau und zur Neugestaltung nach dem Exil vor allem von den Deportierten bzw. von den Heimkehrern ausgingen.
Durch die Reform Esras erhielt die Jerusalemer Kultgemeinde das Gepräge, das sie im wesentlichen über Jahrhunderte hin behalten sollte. Der Kultus war stark bestimmt durch das Programm der Priesterschrift. An der Spitze der Gemeinde stand der Hohepriester. Der gesamte Opferdienst war den Laien entzogen und lag in den Händen der zadokidischen Priester. Die Leviten fungierten als clerus minor. Sie hatten die Opfer vorzubereiten und taten als Türhüter und Sänger Dienst. Den Tempelsklaven (hebr.: nethînîm) oblag die Tempelmusik. Der Vollzug des Opfers geschah vornehmlich unter dem Aspekt der Sühne. Unter den Festen spielte vor allem der große Versöhnungstag, an dem die Sühne der Gemeinde rituell auf den »Sündenbock« übertragen und getilgt wurde, eine besondere Rolle (Lev 16).
Das Gesetz wurde seit Esra zu einer absoluten, das ganze Leben regelnden, konstitutiven Größe. Man empfand das Gesetz nicht als Last, sondern als höchste Gabe Gottes. Die Freude am Gesetz durchklingt einige Psalmen (1.19.119). Um alle Bereiche des Lebens vom Gesetz her regeln zu können, waren aber Gesetzeskenntnis, Gesetzesauslegung und Belehrung aus dem Gesetz nötig. So bildete sich der neue Stand des Schriftgelehrten, dessen Aufgabe es war, das Gesetz auszulegen und anzuwenden. Neben dem ans Jerusalemer Heiligtum gebundenen Opfergottesdienst bildete sich im Laufe der persischen Zeit der Gottesdienst im Lehrhaus, in der Synagoge, heraus, der nicht an den Kultort gebunden war und in Gesetzesverlesung, Gesetzesauslegung und Gebet bestand. Dadurch gewannen die heiligen Schriften

immer mehr an Bedeutung. Spätestens im Laufe des 4. Jahrhunderts, möglicherweise schon etwas früher, erfolgte die Endredaktion des Pentateuch, der Fünf Bücher Mose. Der Endredaktor legte seiner Arbeit die Priesterschrift mit ihrem chronologischen Gerüst zugrunde und arbeitete Jahwist und Elohist, die schon in vorexilischer Zeit miteinander verwoben waren, ein. Der Pentateuch gewann nunmehr kanonische Autorität und galt in seiner Gesamtheit hinfort als »das Gesetz«, die Tora. Im Laufe des 3. Jahrhunderts erfolgte die Kanonisierung der Propheten und schließlich auch der übrigen Schriften des Alten Testaments.

Da die Zugehörigkeit zur nachexilischen Kultgemeinde nicht von völkischen Gegebenheiten, sondern von der Stellung zum Gesetz abhängig war, bestand jetzt auch für Angehörige fremder Völker die Möglichkeit, als Proselyten Glieder der Jerusalemer Kultgemeinde zu werden, indem sie sich dem Gesetz unterstellten und die Beschneidung annahmen.

Nach dem Tode des Statthalters Bagoas, des Nachfolgers Nehemias, übertrugen die Perser die Verwaltung Judas einem Ältestenrat, dem später sogenannten Synhedrium, das aus Priestern und Laien bestand und dessen Haupt der Hohepriester war. Damit fielen dem Hohenpriester auch politische Funktionen zu. Er wurde auch zum politischen Repräsentanten der Jerusalemer Kultgemeinde. Wie Funde von Münzen mit der Aufschrift »jhd« (Juda) zeigen, erhielt die Jerusalemer Kultgemeinde im 4. Jahrhundert sogar Münzautonomie.

Abb. 21 Judäische Münze aus persischer Zeit. Das Bild (Eule) ist nach attischem Vorbild geprägt.

4. *Die jüdische Militärkolonie in Oberägypten*

Quellen: Elephantinepapyri, AOT² S. 450–462; *Pritchard*, Ancient Near Eastern Text, 1950, S. 222–223; TGI², Nr. 51.52; *E. G. Kraeling*, The Brooklyn Museum Aramaic Papyri, 1953 (Faksimile-Wiedergaben, aramäischer Text, engl. Übersetzung, Anmerkungen und ausführliche Einleitung).

Über das Ergehen der judäischen Gruppe in Unterägypten in persischer Zeit haben wir keine Kenntnis. Wir erfahren aber etwas über eine Gruppe von Juden in Oberägypten durch die *Elephantine-Papyri*, aramäisch abgefaßte Urkunden aus dem 5. Jahrhundert, z. T. Briefe, zumeist Rechtsurkunden, wie Kaufverträge, Ehekontrakte, Urkunden über Schenkung, Erbschaft, Sklavenkauf und -loskauf, Zinsgeschäfte (Verzinsung bis zu 60% p. a.). Die Nilinsel Elephantine liegt gegenüber von Syene (heute Assuan), unterhalb des ersten Nilkataraktes, der die Grenze zwischen Ägypten und Nubien bildet. Hier war bereits im 6. Jahrhundert eine jüdische Söldnertruppe in ägyptischen Diensten stationiert. Die Ägypter gestatteten den jüdischen Söldnern, ihrem eigenen Kultus nachzukommen und ihrem Gott Jahu, das ist die in den Elephantinepapyri vorkommende Form für Jahwe, einen Tempel zu errichten, was freilich gegen die deuteronomische Forderung der Kultzentralisation verstieß und auf Ablehnung der Jerusalemer Priesterschaft stoßen mußte. Seit der Unterwerfung Ägyptens durch Kambyses im Jahre 525 v. Chr. standen die jüdischen Söldner in persischem Dienst. Persischer Religionspolitik entsprechend, ließ Kambyses den Jahu-Kult in Elephantine unangetastet. Darius II. gab im Jahre 419 v. Chr. dem Satrapen von Ägypten die Anordnung, daß in

Die Achämeniden; Übersicht über die persische Zeit

Cyrus	539–529	539	Cyrus nimmt Babylon ein
		538	Das Cyrusedikt – Scheschbazzar
Kambyses	529–522		
Darius I.	521–486		
		520	Haggai – Sacharja Serubbabel – Josua
		520–515	Tempelwiederaufbau
Xerxes I.	486–465		
Artaxerxes I.	465–424		
		445–433	Nehemias erste Tätigkeit in Jerusalem
		nach 432	Nehemias zweite Tätigkeit in Jerusalem Maleachi Esra
Darius II.	424–405		
			Elephantine-Papyri
		419	Paschaedikt Darius' II.
Artaxerxes II.	405–359		
Artaxerxes III.	358–338		
Arses	338–335		
Darius III.	335–330	333	Schlacht bei Issus

der jüdischen Kolonie von Elephantine jährlich vom 15. bis 21. Nisan nach der herkömmlichen Weise das Massotfest (Fest der ungesäuerten Brote) zu feiern sei. Neben dem Gott Jahu verehrten die Juden von Elephantine den Gott Ascham-Bet-El und die weibliche Gottheit Anat-Bet-El. Es ist ungeklärt, wo der Ursprung dieser höchst merkwürdigen Göttertrias zu suchen ist. Wenn es der Umgang mit Ägypten erforderte, scheute man sich nicht, auch bei ägyptischen Gottheiten zu schwören. Das Schafopfer der Juden erregte Anstoß bei der Priesterschaft des Chnum, des ägyptischen Schutzgottes von Elephantine, dessen heiliges Tier der Widder war. Während der Abwesenheit des Satrapen Arsam ließen sich die Chnumpriester vom Statthalter Widrang die Erlaubnis zur Zerstörung des Jahu-Tempels geben. Die Juden von Elephantine richteten eine Bitte um Hilfe an den Hohenpriester Johanan, die Priesterschaft und die Ältesten von Jerusalem, blieben aber ohne Antwort, da man in Jerusalem nicht geneigt war, dem synkretistischen Kult in Elephantine Unterstützung zu gewähren. Daraufhin wandten sich die Juden von Elephantine an die Söhne Sanballats, des Statthalters von Samaria, und Bagoas, den persischen Statthalter von Jerusalem, und erklärten sich bereit, künftig auf Tieropfer zu verzichten, um den Anstoß zu vermeiden. Bagoas und Delaja, ein Sohn Sanballats, empfahlen daraufhin dem nach Ägypten zurückgekehrten Satrapen Arsam, den Wiederaufbau des zerstörten Jahu-Tempels und die Wiederaufnahme des Kultes zu gestatten. Unter den Papyri von Elephantine sind sowohl die Bittschrift der Juden an Bagoas als auch dessen Schreiben an Arsam erhalten. — Zu Beginn des 4. Jahrhunderts, nachdem die Perser die Herrschaft über Ägypten verloren hatten, wurde der Jahu-Tempel in Elephantine wieder zerstört. Die Diasporagruppe in Oberägypten entschwindet damit aus unserem Blickfeld.

Weitere Literatur:
Fischer Weltgeschichte, Bde. V–VII, 1965–66; *P.R. Ackroyd*, Exile and Restoration, 1968; ders., Israel under Babylon and Persia, 1970.

PALÄSTINA
IN HELLENISTISCH-RÖMISCHER ZEIT
Berytos
Heliopolis
LIBANON-GEBIRGE
ANTILIBANON-GEBIRGE
Chalkis
PHÖNIKIEN
Sidon
HERMON-GEBIRGE
Damaskos
Parpar
Tyros
Paneas
GAULANITIS
BATANÄA
Kedes
Hazor
Seleukeia
Ptolemais
<Akko>
See von Genezareth
Raphon
Karnaim
Gamala
GALILÄA
KARMEL-GEBIRGE
Jesreel Ebene
Abila
Gadara
Caesarea
Skythopolis
<Beth Schan>
Dothan
Pella
GILEAD
SAMARIEN
Samaria
Sichem
Jordan
Gerasa
Garizim
Antipatris
PERÄA
AMMON
Alexandreion
Joppe
Thimna
Phasaelis
Modeïn
Adasa
Lydda
Beth-Horon
Bethel
Jaeser
Philadelphia<Rabba>
Iamnia
Geser
Jericho
Ekron
Michmas
Asdod
Jerusalem
Heschbon
JUDÄA
Askalon
Hyrkania
Madeba
Beth-Sacharje
Thekoa
Libba
Marisa
Beth-Zur
Machaerus
PHILISTER
Gaza
Adora
Hebron
Engedi
Raphia
MOAB
IDUMÄA
Masada
NABATÄER

9. Kapitel

Die hellenistische Zeit (332–65 v. Chr.)

1. *Die Herrschaft der Ptolemäer (301—198)*

Lit.: *A. Schlatter*, Geschichte Israels von Alexander dem Großen bis Hadrian, 1925³; *D. S. Russell*, Zwischen den Testamenten, 1962 (Neukirchener Studienbücher 1); *H. Bengtson*, Griechische Geschichte von den Anfängen bis in die römische Kaiserzeit, 1950 (Handbuch der Altertumswissenschaften III/4); *M. Hengel*, Judentum und Hellenismus. Studien zu ihrer Begegnung unter besonderer Berücksichtigung Palästinas bis zur Mitte des 2. Jahrhunderts v. Chr., 1969.

Die persische Vorherrschaft über Palästina nahm ein Ende, als *Alexander der Große* den Vorderen Orient eroberte und das persische Großreich zerschlug. Nach dem Sieg über Darius III. bei Issus (nördlich von Alexandrette-Iskenderun) im Jahre 333 v. Chr. zog Alexander an der syrisch-palästinensischen Küste nach Süden, wobei ihm nur die Inselfestung Tyrus und Gaza heftigen Widerstand leisteten, und unterwarf Ägypten seiner Herrschaft. Sein Feldherr Parmenio besetzte unterdessen Palästina und Syrien. Nur die Stadt Samaria verteidigte sich erbittert und wurde nach der Eroberung zerstört und von Perdikkas mit einer Garnison belegt. Im Jahre 331 v. Chr. zog Alexander über Palästina-Syrien ins Zweistromland. Nach der Entscheidungsschlacht bei Gaugamela lag Alexander der gesamte Orient zu Füßen.

Mit dem Tode Alexanders zerfiel sein Großreich in Teilstaaten, die von seinen Feldherren regiert wurden. Antigonos trat die Herrschaft über Kleinasien an, Seleukos über das Zweistromland und Nordsyrien, Ptolemäus über Ägypten. Seleukos machte das neugegründete Antiochia zur Hauptstadt seines Staates. Alexandria wurde zur Metropole des ägyptischen Ptolemäerstaates. Im Verlauf der nun entbrennenden Diadochenkämpfe wurden Palästina und Phönizien zum Streitobjekt zwischen Seleukiden und Ptolemäern. Nach wechselvollen Kämpfen fielen Palästina und Phönizien im Jahre 301 zunächst den Ptolemäern zu.

Mit der Eroberung des Vorderen Orients durch Alexander ging die Zeit des Alten Orients zu Ende, und das Zeitalter des Hellenismus nahm seinen Anfang. Hellenistische Kultur, hellenistischer Geist und hellenistische Lebensart durchdrangen den gesamten Vorderen Orient, wie auch umgekehrt orientalische Einflüsse auf den Westen zurückwirkten. Überall kam es zur Gründung von offenen, weiträumigen, nach dem hippodamischen System planmäßig angelegten Städten. Das Eigenleben der Juden in Palästina und in der Diaspora wurde nicht gewaltsam angetastet. Die Ptolemäer gewährten ihnen freie Ausübung des Jahwekultes. Auf die Dauer konnte freilich auch im Judentum hellenistischer Einfluß auf kulturellem und geistigem Gebiet nicht ausbleiben. In Palästina kam es in ptolemäischer Zeit zur Gründung von Städten nach hellenistischem Muster. Schon die Benennung dieser Städte läßt deren hellenistischen Ursprung erkennen: Philadelphia (benannt nach Ptolemäus II. Philadelphos) an Stelle der alten Ammoniterhauptstadt Rabbat Ammon (heute 'ammān), Ptolemaïs (an Stelle von Akko), Phileuteria (am See von Tiberias), Skytopolis an Stelle des alten Bet-Schean. Im Judentum Palästinas gab es Kreise, vor allem unter der Oberschicht und der Priesterschaft, die hellenistischer Lebensweise und hellenistischem Gedankengut durchaus offen gegenüberstanden. Sie hatten keineswegs im Sinn, die eigenen religiösen Überlieferungen und den Jahweglauben völlig aufzugeben, sie erstrebten vielmehr eine Angleichung des Jahweglaubens an hellenistische Denkweise und eine Anpassung an hellenistische Lebensweise im täglichen Leben, was freilich bei der das ganze Leben umfassenden religiösen Tradition Israels nicht ohne tiefgreifenden Wandel auf religiösem Gebiet möglich war. Die hellenistischgesonnenen Kreise der Judenschaft mühten sich auch auf politischem Gebiet um gutes Einvernehmen mit der hellenistischen Oberherrschaft.

Naturgemäß machte sich hellenistischer Einfluß vor allem in der Diaspora bemerkbar. Eine starke jüdische Diaspora gab es in Ägypten, wo sich vom 3. Jahrhundert an jüdische Synagogen nachweisen lassen. Im Laufe des 3. Jahrhunderts entstand eine jüdische Diaspora auch in Kleinasien. Antiochus III. ließ 2000 jüdische Familien aus Babylon nach Phrygien und Lydien verpflanzen. — In der Diaspora nahm man weitgehend hellenistische Lebensweise an. Man übernahm die griechische Sprache, gab den Kindern gräzisierte oder griechische Namen, gelegentlich auch solche, die Elemente heidnischer Gottheiten enthielten (Demetrius, Apollonius), man ging ins Theater und Gymnasium und beschäftigte sich mit griechischer Philosophie und Literatur. Die Verbindung zum Mutterland war durch den Tempel gegeben, wo der Kultus stellvertretend für alle Juden in der gesamten Welt dargebracht wurde. Diese Verbundenheit zum Tempelkult fand sichtbaren Ausdruck in der Entrichtung der Tempelsteuer und in gelegentlichen Wallfahrten zum Heiligtum an Festtagen.

Alexandria wurde bald zum geistigen Zentrum der griechisch sprechenden Diaspora. Hier entstand im Laufe des 3. Jahrhunderts die griechische Übersetzung zunächst des Pentateuch, später auch die der anderen Bücher des Alten Testaments, die *Septuaginta*, so genannt, weil sie der Legende nach in siebzig Tagen von siebzig jüdischen Gelehrten verfaßt wurde. Sie war zunächst für den gottesdienstlichen Gebrauch der griechisch sprechenden Diasporajuden, die den Originaltext nicht mehr verstanden, gedacht. Sie bot darüber hinaus die Möglichkeit, auf die griechisch sprechende Umwelt einzuwirken. So kam es nicht selten vor, daß Nichtjuden als Proselyten sich dem Gesetz unterstellten und zu Angehörigen der jüdischen Diasporagemeinden wurden.

Vom literarischen Schaffen der hellenistischgesonnenen Kreise sind wir nur durch fragmentarische Zitate bei den Kirchenvätern Origenes, Klemens von Alexandrien und Euseb unterrichtet. Als typisches Beispiel für die geistige Eigenart dieser Kreise sei der im 2. Jahrhundert v. Chr. in Alexandrien lebende jüdische Philosoph *Aristobul* genannt[1]. Er sucht nachzuweisen, daß Mose die Lehren der griechischen Philosophie bereits vorweggenommen habe, ja daß die griechischen Philosophen und Dichter, er nennt Pythagoras, Sokrates, Plato, Homer und Hesiod namentlich, von Mose abhängig seien. Wie man in der Stoa die alten griechischen Mythen und Sagen allegorisch interpretierte, um ihnen philosophische Ideen zu entnehmen, so verfährt Aristobul mit dem Alten Testament. Dadurch gelingt es ihm, die im Alten Testament enthaltenen, für den Griechen anstößigen Anthropomorphismen wegzuinterpretieren. Mit »Hand Gottes« sei Gottes Wirksamkeit gemeint; »Gott steht« besage, daß er der Welt Bestand schenke; »Gott ruht« bedeute: »Gott hat die Ordnung der Dinge festgestellt und für alle Zeiten befestigt.« Der Sabbat werde gefeiert »als Sinnbild unserer siebenfachen Vernunft«. Wenn die griechischen Dichter »Zeus« sagen, so beziehe sich das »dem Sinne nach auf den wahren Gott«. — Indem Aristobul den gleichen Ideengehalt im Alten Testament und im griechischen Schrifttum nachzuweisen sucht, verfolgt er das doppelte Ziel, dem Juden die Beschäftigung mit griechischer Literatur zu ermöglichen und umgekehrt der eigenen Tradition in der hellenistischen Umwelt Ansehen zu verschaffen.

Die Hellenisierungstendenzen in der Diaspora und im Mutterland stießen auf heftigsten Widerstand der gesetzestreuen Kreise unter Priestern und Laien. Diese an den alten Überlieferungen streng festhaltenden Gruppen schlossen sich zusammen unter der Bezeichnung *Hassidim* (Chassidim, Asidäer), »die Frommen«, aus denen später die Pharisäer und die Essener hervorgingen. Einen Blick in die geistige Welt der Hassidim erhalten wir durch die im Verlauf des 3. Jahrhunderts entstandenen, aber auf ältere Tradition zurückgehenden *Danielerzählungen* (Dan 1—6). Sie stellen in Daniel und seinen Freunden

1 Deutsche Übersetzung der von Aristobul erhaltenen Fragmente bei: *P. Rießler*, Altjüdisches Schrifttum außerhalb der Bibel, 1928, Nr. 12, S. 179—185.

Menschen vor Augen, die in heidnischer Umgebung allen Versuchen widerstehen, sich nicht durch Speise verunreinigen und selbst unter Todesdrohung an ihrem Gott und der überlieferten Weise, ihm zu dienen, festhalten. Diese Erzählungen legen Zeugnis ab von dem Gott, der die Seinen auch in äußerster Gefahr zu retten vermag.
Daß die Ablehnung des Fremden und Heidnischen sich bis zum Haß steigern konnte, zeigt das Buch *Ester*.

2. *Das samaritanische Schisma*

Quellen: Josephus, Antiquitates Judaicae XII, 5,5; Chronistisches Geschichtswerk (1/2 Chronika, Esra, Nehemia).

Lit.: *A. Alt*, Die Rolle Samarias bei der Entstehung des Judentums, 1934 (Kl. Schr. II, S. 316–337); *M. Noth*, Überlieferungsgeschichtliche Studien, 1957[2] (Kap. II, Das chronistische Werk, S. 110–180); *G. v. Rad*, Die levitische Predigt in den Büchern der Chronik, 1934 (Ges. Stud.[2], S. 248–261); ders., Theologie des AT, 1969[6] (S. 359–365, Das chronistische Geschichtswerk); *H. G. Kippenberg*, Garizim und Synagoge, 1971.

Gegen Ende des 4. oder im Verlauf des 3. Jahrhunderts trug sich ein Ereignis von weittragender Bedeutung zu, nämlich die Lösung der Samaritaner von der Jerusalemer Kultgemeinde und die damit verbundene Errichtung eines eigenen Heiligtums auf dem Garizim bei Sichem. Der genaue Zeitpunkt dieses Geschehens ist uns unbekannt. Es kann sich jedoch kaum in persischer Zeit zugetragen haben, da die Perser den Jerusalemer Kult förderten und schwerlich die Gründung eines Konkurrenzkultes geduldet hätten. Der Wechsel von der persischen zur hellenistischen Herrschaft hingegen war für das samaritanische Unternehmen günstig. Der Kult auf dem Garizim wird zum ersten Mal 2Makk 6,2 erwähnt, also für die Zeit Antiochus IV. (175–163), wobei vorausgesetzt ist, daß der Kult um diese Zeit schon eine gewisse Festigung erfahren und eine längere Geschichte hinter sich hat. — Das samaritanische Schisma ist ein Schlußstrich unter die dauernden Rivalitäten kultischer und politischer Art zwischen Süd und Nord. Die Nord- und Südstämme Israels hatten je ihre eigene Vorgeschichte und brachten eigene religiöse Traditionen mit, die jedoch in den Pentateuchtraditionen miteinander verschmolzen wurden. Die beiden oft in Spannung miteinander lebenden Staaten Israel und Juda besaßen je eigene Kultstätten. In nachexilischer Zeit war Judäa ein Teil der Provinz Samaria, was aber nicht die Spannung zwischen beiden Teilen aufhob, sondern zu ständiger Unzufriedenheit der Judäer Anlaß bot. Als die Bewohner von Samaria beim Wiederaufbau des Jerusalemer Tempels mitzuarbeiten begehrten, bekundeten sie ein

Interesse an kultischer Gemeinsamkeit, wurden aber von den Jerusalemern als »unrein« zurückgewiesen. Als es zur Gründung der Provinz Juda unter einem eigenen Statthalter kam, erfolgte die politische Trennung, die sich zu offener Feindschaft auswuchs. So war die Gründung des samaritanischen Kultes nur eine letzte Konsequenz aus der längst erfolgten politischen und inneren Trennung.
Die Samaritaner übernahmen von der Jerusalemer Kultgemeinde den damals schon als kanonisch geltenden Pentateuch als Heilige Schrift. Die übrigen Teile des Alten Testaments erlangten erst nach dem Schisma innerhalb der Jerusalemer Kultgemeinde und für die jüdische Diaspora kanonische Autorität, wurden aber von den Samaritanern nicht als kanonisch anerkannt. Das trug wesentlich zur inneren Entfremdung und zum Gegensatz zwischen samaritanischer und Jerusalemer Kultgemeinde bei.
Der Kult auf dem Garizim mußte selbstverständlich auf Ablehnung der Jerusalemer Kultgemeinde stoßen. Die Auseinandersetzung der Jerusalemer mit der samaritanischen Kultgemeinde erfolgte im *chronistischen Geschichtswerk.* Es umfaßt die beiden Chronikbücher sowie die Bücher Esra und Nehemia und gibt eine Darstellung der Geschichte des Jerusalemer Tempelkultes von seiner Gründung unter David bis zur Neugründung unter Esra und Nehemia in nachexilischer Zeit. Als Quellen für die Königszeit verwendet der Chronist vor allem das deuteronomistische Geschichtswerk, darüber hinaus Einzelurkunden (über Festungsbauten, Wehrverfassung, Krongutverwaltung, Levitenstädte u. a.) aus der Joschija-Zeit. Für die nachexilische Zeit standen ihm vor allem die Memoiren Nehemias zur Verfügung, ferner Listen und Genealogien. Es ist die Absicht des Chronisten, durch seine Geschichtsdarstellung der Jerusalemer Kultgemeinde die Gewißheit der alleinigen Legitimität des Jerusalemer Heiligtums und des dort geübten Kultes zu vermitteln, um dadurch die Gemeinde zur Freude am Gottesdienst und zu einem Leben in Gerechtigkeit und Gottesfurcht zu führen. Dieser Absicht dient die gesamte Darstellungsweise des Chronisten. So übergeht er die ganze Geschichte des Nordreiches, da hier nur illegitimer Kult geübt wurde. Die Polemik gegen Samaria ist in den Büchern Esra und Nehemia auf Schritt und Tritt zu spüren. Um zu zeigen, daß ungerechtes Handeln Gericht Gottes, gerechtes Handeln aber Segen nach sich zieht, läßt der Chronist lang und glücklich regierende Könige ihr Werk jeweils mit einer Kultreform beginnen, bei Königen mit kurzer Regierungszeit setzt er irgendein Vergehen voraus. Wie stark der Chronist den ihm vorgegebenen Stoff gestaltete, um ihn seinem Anliegen dienstbar zu machen, zeigt ein Vergleich zwischen den Samuelis/Königs- und den Chronikbüchern. So übergeht der Chronist alle negativen Ereignisse im Leben Davids und Salomos. Um die lange Regierungszeit Manasses zu erklären, erzählt er von einer Umkehr dieses Königs. Der unglückliche Ausgang des frommen

Joschija wird damit motiviert, daß er eine inspirierte Warnung des Pharao Necho nicht beachtete. Am deutlichsten kommt das theologische Anliegen des Chronisten, ähnlich wie beim Deuteronomisten, in eingestreuten Ansprachen, Predigten und Gebeten zum Ausdruck.

3. *Der Konflikt mit den Seleukiden (198—128)*

Quellen: 1. und 2. Makkabäerbuch; TGI² Nr. 54.

Lit.: *E. Bickermann*, Der Gott der Makkabäer, 1937; *H. L. Jansen*, Die Politik Antiochus IV., 1943; *O. Plöger*, Die Feldzüge der Seleukiden gegen den Makkabäer Judas (Aus der Spätzeit des AT, Studien, 1971, S. 134–164).

Während des ganzen dritten Jahrhunderts v. Chr. standen Palästina und Syrien unter ptolemäischer Herrschaft. Es war jedoch immer das Bestreben der Seleukiden, ihren Machtbereich über diese Gebiete hin auszudehnen. Unter *Antiochus III.* (223 bis 187 v. Chr.) erreichten die Seleukiden den Gipfel ihrer Macht. Antiochus vermochte Kleinasien seinem Herrschaftsgebiet einzugliedern. In der Schlacht bei Paneas (198) fügte er Ptolemäus V. Epiphanes eine derart entscheidende Niederlage zu, daß die Ptolemäer Palästina und Phönizien an die Seleukiden abtreten mußten. Die Jerusalemer Kultgemeinde stand in diesen Kämpfen auf der Seite der Seleukiden. Antiochus III. gestand ihnen darum in einem Erlaß, der bei Josephus, Antiquitates Judaicae XII 3.3 zitiert ist, weitreichende Privilegien zu. Unter anderem garantierte er ihnen staatliche Beihilfen zum Aufbringen des Opfermaterials, steuerfreie Lieferung von Opferholz, Leben der Kultgemeinde nach eigenen Gesetzen, völlige Steuerfreiheit für das gesamte Kultpersonal und darüber hinaus für die Ältesten und Schriftgelehrten — die hier zum ersten Mal urkundlich erwähnt werden — für die Bewohner von Jerusalem Steuerfreiheit für drei Jahre.

Gegen Ende seiner Regierungszeit unterlag Antiochus III. den Römern und mußte ihnen im Frieden von Apamea 189 v. Chr. die Herrschaft über Kleinasien abtreten. Nach seinem Tode setzte der Niedergang des Seleukidenreiches ein. Angriffe der Römer, Auseinandersetzungen mit den Ptolemäern, Aufstände der Parther im Osten und vor allem dauernde Thronwirren verzehrten in der Folgezeit die Kraft des Seleukidenstaates.

Der Sohn und Nachfolger Antiochus' III., Seleukos IV. Philopator, wurde im Jahre 175 v. Chr. nach zwölfjähriger Regierungszeit ermordet. Sein Bruder bestieg darauf als *Antiochus IV.* Epiphanes den Thron und überging dabei den rechtmäßigen Thronerben, nämlich Demetrius, den Sohn Seleukus' IV., der in Rom als Geisel lebte.

Abb. 22 Antiochus IV. (Porträtmünze).

Unter Antiochus IV. kam es zu einem folgenschweren Konflikt zwischen den Seleukiden und der Jerusalemer Kultgemeinde. Über diese Ereignisse berichten die beiden *Makkabäerbücher*, die in der Septuaginta Aufnahme fanden.

Als Antiochus IV. zur Herrschaft kam, hatte sich innerhalb der Jerusalemer Kultgemeinde der Gegensatz zwischen den Gesetzestreuen und den zum Hellenismus neigenden Kreisen verschärft und zugespitzt. Auf die Dauer war ein Nebeneinander beider Gruppen nicht möglich. Früher oder später mußte die Entscheidung fallen, welche von beiden die Oberhand behalten sollte. In diesen Auseinandersetzungen spielte auch der Kampf um das Amt des Hohenpriesters eine Rolle. Hellenistische Kreise versuchten vergeblich, bei Seleukos IV. eine Amtsenthebung des gesetzestreuen Hohenpriesters Onias zu erreichen. Bei Antiochus IV. kamen sie jedoch zum Ziel. Als Jason, der hellenistisch gesonnene Bruder des Onias, Antiochus reiche Geldgeschenke mit der Zusicherung anbot, die Hellenisierung der Jerusalemer Kultgemeinde zu fördern, setzte der König Onias ab und machte an seiner Stelle Jason zum Hohenpriester. Drei Jahre später ersetzte ihn Antiochus durch Menelaus, der noch größere Zahlungen anbot. Daß der seleukidische König in die internsten Angelegenheiten der Jerusalemer Kultgemeinde eingriff und eigenmächtig, wenn auch auf Veranlassung von Juden hin, den Hohenpriester ein- und wieder absetzte, daß er mit Menelaus sogar einem Nicht-Zadokiden ein Amt übertrug, das er nach geltendem Gesetz gar nicht hätte ausüben dürfen, mußte den Gesetzestreuen als Sakrileg erscheinen und zu stärkster Verbitterung Anlaß geben. Die hellenistische Gesinnung der von Antiochus eingesetzten Hohenpriester fand u. a. darin sichtbaren Ausdruck, daß sie in Jerusalem ein Gymnasium nach griechischem Vorbild errichten ließen. Diese Einrichtung erregte vor allem deswegen stärksten Anstoß bei den Gesetzestreuen, weil Sportwettkämpfe und griechischer Götterkult in enger Beziehung zueinander standen. Als Antiochus in Ägypten in Kämpfe mit den Ptolemäern verwickelt war, vertrieb Jason seinen Nebenbuhler Menelaus und riß das Amt des Hohenpriesters wieder an sich. Antiochus mußte in diesem Vorgehen eine Auflehnung gegen seine Macht sehen. Er kam persönlich nach

Jerusalem, um Menelaus wieder einzusetzen. Bei dieser Gelegenheit konfiszierte er den Tempelschatz und betrat sogar das Allerheiligste des Tempels. Abgesehen davon, daß Antiochus durch den Krieg in Ägypten in Geldnot war und seine Kasse aufzufüllen begehrte, wollte er durch dieses Vorgehen den Juden wohl auch seine Macht demonstrieren und sie einschüchtern.

All diese Maßnahmen riefen die höchste Empörung der Gesetzestreuen hervor und steigerten die Spannung aufs äußerste. In der Haltung der Gesetzestreuen, in der Sonderexistenz der jüdischen Kultgemeinde, in der Spannung zwischen Gesetzestreuen und Hellenisten innerhalb der Kultgemeinde sah Antiochus nunmehr eine akute Bedrohung. Um die Gefahr ein für alle Mal zu bannen, schritt Antiochus zu einem letzten Gewaltakt. Er eroberte Jerusalem, zerstörte die Befestigungsanlagen und befestigte den Südosthügel, die ehemalige Davidsstadt unmittelbar unterhalb des Tempelgeländes. Im Schutze seleukidischer Besatzung ließ er hier hellenistisch gesonnene Juden ansiedeln. Schließlich verbot er den Jahwekult in der herkömmlichen Weise. Er stellte das Halten des Sabbats, die Beschneidung, das Jahweopfer unter Todesstrafe und ließ die heiligen Schriften verbrennen. Den Jahwealtar des Jerusalemer Heiligtums ließ er mit einem Aufsatz versehen und verwandelte ihn so in einen dem Zeus Olympius geweihten Altar[2]. Das Heiligtum auf dem Garizim weihte er dem Zeus Xenius. Überall im Lande ließ er Zeusaltäre errichten und die Teilnahme am Zeuskult erzwingen. Eine derartige Zwangshellenisierung widersprach den Gepflogenheiten hellenistischer Herrscher. Sie ist nur zu erklären aus der politischen Situation des Seleukidenstaates. Bei den Spannungen zwischen Ptolemäern und Seleukiden wollte Antiochus IV. durch seine Zwangsmaßnahmen die Grundlagen für geordnete Verhältnisse im gefährdeten Süden seines Herrschaftsgebietes schaffen. Er erreichte damit aber das Gegenteil.

Der Jerusalemer Kultgemeinde waren die Grundlagen der Existenz genommen. Für die Gesetzestreuen war der status confessionis gegeben. Es blieb ihnen nur die Möglichkeit des Martyriums oder der offenen Rebellion. Das Zeichen zum Aufstand war gegeben, als sich in Modeïn, östlich Lod, ein Priester namens *Mattatias* (Mattathja) weigerte, dem Opferbefehl nachzukommen, und einen Juden, der das Zeusopfer darbrachte, samt dem seleukidischen Vollzugsbeamten erschlug. Mattathja zog sich mit seiner Familie und einer Schar Gleichgesinnter in die Wüste zurück. Zu ihnen stießen Angehörige der Hassidim. Die Aufständischen unternahmen zunächst kleinere Überfälle, rissen heidnische Altäre nieder, töteten Abtrünnige und erzwangen

2 Auf diese Ereignisse beziehen sich die Anspielungen in Dan 7,25; 8,8–13. – Zum politischen Hintergrund der Maßnahmen Antiochus' IV. vgl. die instruktiven Ausführungen bei *O. Plöger*, Theokratie und Eschatologie, 1962², S. 9–18.

die Beschneidung von Kindern. Um am Sabbat nicht wehrlos feindlichen Angriffen ausgesetzt zu sein, entschlossen sich die Aufständischen zur Freigabe der Verteidigung am Sabbat. Nach dem Tode Mattathjas im Jahre 166 v. Chr. ging die Führung über auf Mattathjas drittältesten Sohn *Judas*, der den Beinamen Makkabaios, der Hammergleiche, trug[3].

Während sich die Tätigkeit Mattathjas auf Aktionen gegen abtrünnige Juden beschränkte, kam es unter Judas zur entscheidenden Auseinandersetzung mit der seleukidischen Macht. In zwei kleineren Gefechten konnte Judas den Angriff erfolgreich abwehren. Antiochus, in Persien in Kämpfe mit den Parthern verwickelt, übertrug daraufhin die Niederwerfung des Aufstandes *Lysias*, dem Statthalter über Syrien und Palästina. Judas gelang es, die syrische Heeresmacht unter Befehl des Feldherrn *Georgias* bei Emmaus zu schlagen und im folgenden Jahr Lysias bei Bet-Zur zu besiegen. Die erstaunlichen Erfolge der Aufständischen gegen einen zahlenmäßig überlegenen, besser ausgerüsteten Gegner sind einmal zurückzuführen auf das taktisch geschickte Manövrieren des Judas, der den Syrern die bessere Lokalkenntnis voraus hatte, und vor allem auf den äußersten Einsatz seiner Anhänger, für die es um das Letzte ging.

Nach den Siegen bei Emmaus und Bet-Zur war Judas Herr der Lage in Judäa. Nunmehr konnte er daran denken, das Heiligtum in Jerusalem wiederherzustellen. Gegen Ende des Jahres 165 schloß er die syrische Besatzung in der Burg Akra auf dem Südosthügel von Jerusalem ein. Er ließ den entweihten Altar niederreißen, einen neuen Altar errichten, neue Kultgeräte herstellen und den Tempelbezirk befestigen. Am 25. Kislew, im Dezember des Jahres 165 v. Chr., am Jahrestag der Entweihung, konnte der Tempel neu geweiht und der legitime Opferdienst nach dreijähriger Unterbrechung wieder aufgenommen werden. Zur Erinnerung an dieses Ereignis wurde das Hanukka-Fest, das Fest der Tempelweihe, eingeführt, das seitdem im Judentum alljährlich acht Tage lang im Dezember gefeiert wird.

In Judäa konnte man nunmehr ungestört dem Jahwekult in der hergebrachten Weise nachkommen. Die gesetzestreuen Juden in Galiläa und im Ostjordanland standen jedoch weiterhin unter dem Druck des seleukidischen Religionsediktes. Judas schickte daher seinen zweitältesten Bruder Simon nach Galiläa und zog selbst mit seinem jüngsten Bruder Jonatan ins Ostjordanland, um die gesetzestreuen Juden aus diesen Gebieten nach Judäa zu holen. Judas unternahm ferner Streif-

3 Da Judas der Makkabäer im Kampf gegen die Seleukiden eine entscheidende Rolle spielte, pflegt man nach ihm die Makkabäerkämpfe, die Makkabäerzeit und das Geschlecht der Makkabäer zu bezeichnen. – Zum Verlauf der Makkabäerkämpfe vgl. *O. Plöger*, Die Feldzüge der Seleukiden gegen den Makkabäer Judas (Zeitschrift des Deutschen Palästinavereins 74, 1958, S. 158–188; jetzt in: Aus der Spätzeit des AT, Studien, 1971, S. 134–164).

züge und Überfälle nach Idumäa und Philistäa. Um in Jerusalem völlig freie Hand zu haben, schickte sich Judas an, die syrische Besatzung auf der Akra zu belagern. Inzwischen, im Jahre 164, war Antiochus IV. gestorben, gefolgt von seinem achtjährigen Sohn Antiochus V. Eupator, der unter der Vormundschaft des Reichsverwesers Lysias stand. Auf einen Hilferuf der syrischen Besatzung in Jerusalem und der hellenistischgesonnenen Kreise der Judenschaft zogen Antiochus V. und Lysias im Jahre 163 mit starker Heeresmacht von Süden her gegen Judas zu Felde, eroberten die von Judas befestigte Grenzsttadt Bet Zur, schlugen Judas in der Schlacht bei Bet Sacharja und belagerten ihn in Jerusalem. Da trat ein unverhofftes Ereignis ein, das Judas aus letzter Not rettete: In Persien erhob sich Philippus, der von Antiochus IV. zum Vormund seines Sohnes eingesetzt worden war, um die Macht an sich zu reißen. Nun war Lysias auf Frieden mit den Juden angewiesen. Auf seine Veranlassung hob Antiochus V. darum das Religionsedikt seines Vaters auf und gestattete offiziell die freie Ausübung des Jahwekultes.

Im Jahre 162 machte *Demetrius*, der Sohn Seleukus' IV., der einst von Antiochus IV. bei der Thronfolge übergangen worden war, alte Ansprüche geltend, veranlaßte die Ermordung von Antiochus V. und Lysias und bestieg als Demetrius I. Soter den Thron. Auch Demetrius suchte Frieden mit den Juden. Er setzte Alkimus, einen Angehörigen des alten Hohenpriestergeschlechts, zum Hohenpriester ein und sagte der Jerusalemer Kultgemeinde das Recht auf freie Ausübung des Jahwekultes nach überliefertem Gesetz zu.

Die Hassidim, für die damit das Ziel des Kampfes erreicht war, waren zum Frieden mit den Seleukiden bereit. Die Makkabäer und die ihnen Gleichgesinnten hingegen erstrebten jetzt auch die politische Unabhängigkeit von den Seleukiden und waren entschlossen, den Kampf bis zur Erreichung dieses Zieles fortzusetzen. So kam es zur Spaltung zwischen Hassidim und Makkabäern, was natürlich eine beträchtliche Schwächung der Makkabäer bedeutete.

Die Hassidim erkannten Alkimus als Hohenpriester an, da er aus hohenpriesterlichem Geschlecht stammte und gesonnen war, sich für die Jahweverehrung in der herkömmlichen Weise einzusetzen. Die Makkabäer hingegen lehnten ihn, der von der fremden Macht unter militärischer Bedeckung eingesetzt worden war, aus politischen Gründen ab. Die feindselige Haltung der Makkabäer nötigte Alkimus, bei Demetrius Hilfe zu suchen. Demetrius sandte daraufhin seinen Feldherrn Nikanor mit starkem Truppenaufgebot gegen Judas. Judas blieb siegreich in der Schlacht bei Kafar-Salama (10 km nordwestlich Jerusalem) und, im März des Jahres 161, in der Schlacht bei Adasa (7 km nördlich von Jerusalem), in der Nikanor fiel. Um seine Position zu stärken und seinem Kampf weltpolitische Ausmaße zu geben, suchte Judas Verbindung mit den Römern, den Erzfeinden der Seleukiden,

und schloß mit ihnen einen Vertrag. Im April 160 v. Chr. unterlag Judas in der Schlacht bei Elasa (Lage unbekannt) gegen Bakchides und verlor dabei sein Leben. Sein jüngster Bruder *Jonatan* übernahm nun die Führung der Aufständischen, deren Zahl immer mehr zusammenschrumpfte und die sich nach der Niederlage von Elasa in nahezu hoffnungsloser Situation befanden. Bakchides war Herr der Lage. Zur Sicherung seiner Machtposition ließ er überall im Lande Festungen anlegen. Jonatan mußte sich wieder in die Wüste zurückziehen und konnte den Syrern nur durch gelegentliche Störaktionen lästig werden. Seine Versuche, mit den Nabatäern in der südöstlichen Wüste positive Beziehungen anzuknüpfen, führten nicht zum Ziel.
Eine unverhoffte Wende trat ein, als im Seleukidenstaat wieder Thronstreitigkeiten ausbrachen. Ein gewisser *Alexander Ballas* gab sich als Sohn Antiochus' IV. aus und suchte Demetrius den Thron streitig zu machen. Im Bemühen um Bundesgenossen suchten beide Parteien die Unterstützung Jonatans; und Jonatan verstand es, aus dieser Lage Vorteile zu ziehen. Er ließ sich die Gunsterweisungen beider Parteien gefallen. Jonatan residierte zunächst in Michmas und legte sich, an alte Tradition anknüpfend, den Titel »Richter« zu. Demetrius erlaubte Jonatan, sich in Jerusalem niederzulassen, bewaffnete Truppen zu unterhalten und den Tempelbezirk zu befestigen. Im Herbst des Jahres 152 ließ sich Jonatan von Alexander Ballas das Amt des Hohenpriesters übertragen, das seit dem Tode des Alkimus (159) sieben Jahre lang unbesetzt geblieben war. Dieser Schritt mußte die Kluft zwischen Hassidim und Makkabäern vertiefen, da Jonatan kein Zadokide war, nach dem geltenden Gesetz also niemals Hoherpriester hätte werden können. Im Jahre 150 v. Chr. fiel Demetrius im Kampf gegen Alexander Ballas. Alexander hatte nun allein die Macht in Händen. Als Anerkennung für erwiesene Treue verlieh er nunmehr Jonatan das Amt und den Titel eines »Feldherrn« und »Teilherrschers«. Damit war die Herrschaft des einst als Aufrührer verfolgten Makkabäers vom Seleukidenstaat offiziell anerkannt. Als sich im Jahre 147 Demetrius, der Sohn Demetrius' I., gegen Alexander erhob, hielt Jonatan Alexander die Treue. Nach der Niederlage Alexanders im Jahre 145 v. Chr. verstand es Jonatan, Demetrius II. durch reiche Geschenke für sich einzunehmen. Demetrius bestätigte Jonatan in seinen Ämtern und erneuerte die Privilegien der Jerusalemer Kultgemeinde. Darüber hinaus gliederte er die drei Bezirke Afairema, Ramatajim und Lod, die bisher zu Samarien gehörten, dem Herrschaftsgebiet Jonatans ein, da die Bewohner dieser Bezirke sich nicht zum Kult auf dem Garizim, sondern zur Jerusalemer Kultgemeinde hielten.
Die Herrschaft des Demetrius wurde 145 durch einen gewissen *Diodotos Tryphon* angefochten, der sich angeblich für Antiochus, den unmündigen Sohn Alexander Ballas' einsetzte, in Wirklichkeit aber selbst nach der Macht strebte. Da Demetrius Jonatan die Bitte um

Abzug der seleukidischen Truppen aus der Akra in Jerusalem und der Festung Bet-Zur verweigert hatte, stellte sich Jonatan auf die Seite Tryphons und unternahm mehrere Kriegszüge, um ganz Palästina und Südsyrien der Herrschaft Tryphons zu unterwerfen. Nunmehr begann Tryphon die Konkurrenz des mächtig gewordenen Jonatan zu fürchten, zumal Jonatan Verbindung mit Rom und Sparta suchte, die Befestigung von Jerusalem verstärkte und überall im Lande Festungen anlegte. Tryphon lockte Jonatan in eine Falle, setzte ihn gefangen und ließ ihn schließlich im Jahre 143 ermorden.

Nach der Gefangennahme Jonatans übernahm sein Bruder *Simon*, der zweitälteste Sohn Mattathjas, die Führung. Simon brach die Beziehungen zu Tryphon ab und stellte sich auf die Seite Demetrius' II., der nunmehr den Judäern weitgehende Zugeständnisse machte und ihnen u. a. völlige Abgabenfreiheit gewährte. Damit verzichtete er weitgehend auf die Realisierung seiner Oberherrschaft über Judäa, die zwar offiziell weiterhin bestehen blieb, sich aber in keiner Weise auswirkte. Simon regierte praktisch als autonomer Herrscher. Er nannte sich mit Zustimmung des Volkes »großer Hoherpriester, Feldherr und Anführer der Juden«. Als es Simon Mitte 142 gelang, die seleukidische Besatzung der Burg Akra auf dem Südosthügel von Jerusalem zum Abzug zu zwingen, verschwand auch das letzte Zeichen seleukidischer Oberherrschaft. Simon verstärkte die Befestigungsanlagen des Tempelbezirks, legte weitere Festungen im Lande an und erweiterte sein Herrschaftsgebiet. Durch Eroberung der Hafenstadt Jafo (Jafa) erlangte er auch Zugang zum Meer. Die unter Judas und Jonatan angeknüpften Beziehungen zu Rom und Sparta erhielt Simon aufrecht. Simon hatte das Ziel erreicht, das sich die Makkabäer auf politischem Gebiet gesteckt hatten, nämlich die Unabhängigkeit von den Seleukiden. Er ließ Münzen prägen und machte das Jahr seines Herrschaftsantritts (143/42) zum Beginn einer neuen Zeitrechnung. Simon wurde zum Begründer der Dynastie der *Hasmonäer*, benannt nach Hasmon, einem Ahnherren dieses Geschlechts. Auf dem Tempelplatz ließ er eherne Tafeln errichten, die von den Taten der Makkabäer, vor allem aber von den Taten Simons, Kunde gaben.

Zu Beginn des Jahres 135 v. Chr. wurde Simon mit seinen Söhnen Mattatias und Judas von seinem Schwiegersohn Ptolemäus ermordet. Ptolemäus erstrebte selbst die Herrschaft und suchte Beziehungen zu Antiochus VII. Ehe jedoch Ptolemäus sein Ziel erreichte, wurde Johannes, ein Sohn Simons, vom Volk zum Nachfolger seines Vaters erhoben. Unter dem Namen *Johannes Hyrkanus I.* trat er seine Herrschaft an. Antiochus VII. versuchte erneut, seiner Vorherrschaft über Judäa Ausdruck zu verleihen. Es gelang ihm, das Land zu besetzen und Johannes Hyrkanus in Jerusalem einzuschließen. Durch die Parthergefahr im Osten bedrängt, mußte Antiochus das judäische Unternehmen auf dem Verhandlungswege zum Abschluß bringen. Er begnügte sich

Die seleukidischen Herrscher in Palästina

Antiochus III. 223–187
- Seleukus IV. 187–175
  - Demetrius I. 162–150
    - Demetrius II. 145–138, 129–125
    - Antiochus VII. 138–128
- Antiochus IV. 175–163
  - Antiochus V.

Alexander Ballas 150–145
- Antiochus VI.

damit, daß Johannes Hyrkanus einen hohen Betrag für die von Simon eroberten Gebiete, vor allem für Jafo, zahlte, und erkannte damit offiziell die Zugehörigkeit dieser Gebiete zu Judäa an. Als Antiochus VII. im Jahre 128 auf einem Partherfeldzug fiel, setzten im Seleukidenstaat erneut Thronwirren ein, die nicht mehr zum Abschluß kamen. Der Seleukidenstaat befand sich in einem dauernden Krisen- und Schwächezustand. Dadurch blieb in der Folgezeit bis zum Auftreten der römischen Macht im Vorderen Orient die unabhängige Herrschaft der Hasmonäerfürsten von außen unangefochten.

4. *Das Königtum der Hasmonäer*

Quellen: Für die Zeit von Johannes Hyrkanus I. bis zum Ende des Ersten Jüdischen Krieges (70 n. Chr.) sind wir auf die Werke des im 1. Jh. n. Chr. lebenden jüdischen Schriftstellers *Flavius Josephus* angewiesen. Hierfür kommen vor allem in Frage: Flavius Josephus, De Bello Judaico (im folgenden »Bell. Jud.« zitiert), entstanden 75/79 n. Chr.; Antiquitates Judaicae, entstanden 93/94 n. Chr. (im folgenden »Ant. Jud.« zitiert).
Textausgaben: *B. Niese*, Flavii Josephi Opera, 6 Bde., 1887–1895 (Neudruck 1956). – Übersetzungen: *H. Clementz*, Des Flavius Josephus Jüdische Altertümer, 2 Bde., 1899, Geschichte des Jüdischen Krieges, 1900. – *O. Michel, O. Bauernfeind*, Der Jüdische Krieg I–III, 1956.

Lit.: *E. Kautzsch*, Die Apokryphen und Pseudepigraphen des Alten Testaments, 2 Bde., 1900; zur Einleitung in die Apokryphen und Pseudepigraphen s. *O. Eißfeldt*, Einleitung in das AT, 1963^{3} (§§ 76–112); *D. S. Russell*, Zwischen den Testamenten, 1962.

Nach dem Tode Antiochus' VII. Sidetes konnte *Johannes Hyrkanus I.* in seinem Lande autonom regieren. Mit Hilfe von Söldnertruppen dehnte er seinen Machtbereich nach Norden, Süden und Südosten aus. Nach der Eroberung von Madeba besetzte er das südliche Ostjordanland, nahm Sichem ein, zerstörte das samaritanische Heiligtum auf dem Garazim und eroberte und zerstörte im Jahre 107 v. Chr. nach einjähriger Belagerung Samaria. Schließlich drang er in die Provinz Idumäa ein, eroberte Adora und Marescha und zwang die Idumäer, die Nachfahren der Edomiter, zur Annahme der Beschneidung und zur Eingliederung in die Jerusalemer Kultgemeinde.

Trotz all dieser Erfolge war Johannes Hyrkanus nicht vom Vertrauen des gesamten Volkes getragen. Seine militärischen Erfolge errang er nicht mit einem Heeresaufgebot aus dem Volk, sondern mit angeworbenen Söldnertruppen, die wohl auch die Hauptstütze seiner Macht nach innen darstellten. Hyrkan stieß vor allem auf die Kritik der *Pharisäer,* die die politischen Maßnahmen und das Machtstreben der Hasmonäer mißbilligten. Nach dem Bruch mit den Pharisäern wandte sich Hyrkan den Sadduzäern zu. Beide Gruppen werden hier urkundlich zum ersten Mal erwähnt.

Die *Sadduzäer* setzten sich aus Angehörigen der zadokidischen Priesteraristokratie zusammen, die sich zur Wahrung ihrer Interessen und Privilegien zu einem Standesverband zusammengeschlossen hatten. Sie waren theologisch »konservativ«, d. h., sie lehnten die Weiterbildung der Tora in der Auslegung der Schriftgelehrten ab, verwarfen die allegorische Auslegungsmethode und die neu aufkommende Lehre von Geistern, Engeln und Totenauferstehung. Sie erstrebten einen Staat nach hellenistischem Muster und standen daher politisch den in ähnlicher Richtung zielenden Hasmonäern nahe.

Die *Pharisäer* (hebr. p^{e}rusim, die »Abgesonderten«) gingen aus den Kreisen der Hassidim hervor, die sich von der makkabäischen Bewegung getrennt hatten, als die Makkabäer über die erlangte Religionsfreiheit hinaus auch politische Ziele im Auge hatten. Absonderung von allem Unreinen und Heidnischen, peinliche Gesetzeserfüllung in jeder Beziehung (im Alltag und im Kultus) waren die Hauptforderungen der Pharisäer. Auch die Laien unter den Pharisäern erfüllten freiwillig die für die Priester geltenden Reinheitsvorschriften. Sie bejahten die mündliche Tradition und Auslegung der Schriftgelehrten, von denen eine nicht geringe Anzahl zu den Pharisäern gehörte, und die sich bemühten, durch allegorische und kasuistische Schriftauslegung alle Bereiche des Lebens unter die Ordnung des Gesetzes zu stellen. Von ihrer Grundforderung her mußten die Pharisäer alle Erscheinungsformen hellenistischer Kultur aufs schärfste ablehnen. Politisch waren sie nicht direkt aktiv. Sie erhofften eine Wende nicht durch den Einsatz politischer Machtmittel, sondern von einem Eingreifen Gottes. Mit der Apokalyptik (s. u. S. 180f) erwarteten sie den

Anbruch des künftigen Reiches Gottes, lehnten aber deren Zahlenspekulationen und Berechnungen ab. Es ist nicht verwunderlich, daß die Pharisäer im Gegensatz zu den hellenistischgesonnenen, weltoffenen, moralisch z. T. sehr freizügig und skrupellos lebenden und nach Machterweiterung strebenden Hasmonäerfürsten standen. Wenn die Pharisäer auch politisch direkt kaum aktiv waren, so stellten sie doch einen politischen Faktor dar, der nicht übersehen werden durfte, da sie im Unterschied zu den auf die Aristokratie beschränkten Sadduzäern nicht an eine bestimmte soziologische Klasse gebunden waren, sondern Angehörige aus allen Schichten, besonders aus dem Mittelstand und den Handwerkern, zu ihnen gehörten.

Nach dem Tode Johannes Hyrkanus' (104 v. Chr.) bemächtigte sich sein Sohn *Aristobul* der Herrschaft, obwohl Hyrkanus seine Gattin als Nachfolgerin bestimmt hatte. Um seine Herrschaft zu sichern, ließ Aristobul seine Mutter und seinen Bruder Antigonus ermorden und drei seiner Brüder gefangensetzen. Aristobul legte sich als erster der Hasmonäer den Königstitel zu. Er unterwarf Teile von Galiläa seiner Herrschaft und zwang die dort ansässigen Ituräer zum Anschluß an die Jerusalemer Kultgemeinde.

Als Aristobul nach einjähriger Herrschaft starb (103 v. Chr.), befreite seine Gemahlin *Salome Alexandra* die drei Brüder Aristobuls aus dem Gefängnis, machte einen von ihnen, Jonatan, zum König und heiratete ihn. *Alexander Jannaius* — so nannte sich Jonatan als König — führte während seiner ganzen Regierungszeit Krieg, um sein Herrschaftsgebiet zu erweitern. Er mußte dabei manche schwere Niederlage hinnehmen, konnte aber schließlich ganz Palästina und Philistäa seiner Herrschaft unterwerfen. Wie sehr der hellenistischgesonnene und ausschweifend lebende Herrscher bei weiten Kreisen des Volkes verhaßt war, wird besonders darin offenbar, daß seine Gegner, zu denen vor allem die Pharisäer zählten, nach einer Niederlage Alexanders den Seleukiden *Demetrius III. Eukarius* um Hilfe gegen Alexander anriefen. Alexander wurde von Demetrius bei Sichem geschlagen, konnte dann jedoch den Seleukiden aus dem Lande vertreiben und seine Herrschaft wieder festigen. An seinen Gegnern nahm er furchtbare Rache. Nach Josephus ließ er 600 von ihnen in Jerusalem kreuzigen. Nach außen hin hatte sich Alexander Jannaius vor allem gegen die *Nabatäer* zur Wehr zu setzen, die ihr Gebiet südöstlich des Toten Meeres nach Norden und Nordwesten auszuweiten suchten. Der Nabatäerkönig *Aretas* fügte ihm bei Adida, östlich von Lod, eine schwere Niederlage zu und ließ sich nur durch weitgehende Zugeständnisse zum Abzug bewegen. Vor seinem Tode riet Alexander Jannaius seiner Gemahlin, sich mit den Pharisäern auszusöhnen, da der dauernde Streit mit dieser einflußreichen Partei die Festigkeit des Königtums untergraben mußte.

Salome Alexandra (76—67 v. Chr.), die Gemahlin Alexander Jannaius', übernahm nach dem Tode ihres Gatten (76 v. Chr.) die Herrschaft und übertrug das Amt des Hohenpriesters ihrem Sohn Hyrkanus II. Auf den Rat ihres verstorbenen Gemahles hin führte sie die Versöhnung der Hasmonäer mit den Pharisäern herbei. Von nun an mußten die Sadduzäer im Synhedrium die Sitze mit den Pharisäern teilen. Das hatte wiederum eine Verstimmung auf seiten der Sadduzäer zur Folge.

67 v. Chr. trat *Hyrkanus II.* die Nachfolge seiner Mutter auf dem Königsthron an, wurde jedoch bald von seinem ehrgeizigen und zielstrebigen Bruder *Aristobul,* der die Sadduzäer auf seine Seite zu bringen wußte, gezwungen, das Amt des Königs und Hohenpriesters an ihn abzutreten. Auf die Seite Hyrkans trat der Idumäer *Antipater,* dessen Vater unter Alexander Jannaius und Salome Alexandra Statthalter von Idumäa gewesen war. Antipater veranlaßte Hyrkan, beim Nabatäerkönig *Aretas* Hilfe zu suchen. Auf das Versprechen Hyrkans, im Ostjordanland Gebiete an die Nabatäer abzutreten, zog Aretas gegen Aristobul zu Felde und belagerte ihn in Jerusalem. Die Entscheidung fiel jedoch nicht durch die Nabatäer, sondern durch das Vordringen der Römer im Vorderen Orient, die für die Folgezeit den Lauf der Ereignisse entscheidend bestimmen sollten.

Während der Zeit des hasmonäischen Königtums war »Israel« ein eigenständiger, souveräner Staat, der nicht unter der Vorherrschaft fremder Mächte stand. Das war seit den Tagen Joschijas nicht mehr der Fall gewesen. Die Hasmonäer verfügten zeitweilig über ein Gebiet, das dem Umfang des Großreiches unter David und Salomo nahekam. Dieser Zustand war nur möglich durch den Niedergang und die Schwäche des Seleukidenreiches und dadurch, daß der Vordere Orient nicht unter der Herrschaft einer Großmacht stand. Als die Römer ihre Hand auf den Vorderen Orient legten, änderten sich die Verhältnisse grundlegend. Die politische Eigenständigkeit »Israels« blieb ein kurzes Zwischenspiel, das knapp vier Jahrzehnte währte. Dann wurde Israel wieder zum Vasallen einer Großmacht.

Auch von innen her stand das hasmonäische Königtum nicht auf festen Füßen. Es war nicht vom Vertrauen des gesamten Volkes getragen. Die makkabäischen Befreiungskriege waren gegen die Hellenisierung des Judentums geführt worden. Die Hasmonäer, die die Früchte dieser Kämpfe ernteten, waren nun ihrerseits zu Verfechtern des Hellenismus geworden. Eine der Ursachen, die zum Konflikt unter Antiochus IV. geführt hatte, war die Einsetzung eines nichtzadokidischen Hohenpriesters. Die Tatsache, daß die Hasmonäer als Nichtzadokiden das Amt des Hohenpriesters innehatten, die Verkoppelung von weltlichem Königtum und Hohenpriestertum und die damit verbundene innere Entleerung des geistlichen Amtes, das politische Machtstreben der Hasmonäer, die Skrupellosigkeit in der Wahl ihrer Mittel, die mit Intrigen und Mord verbundenen Kämpfe um den Kö-

nigsthron — all das mußte im höchsten Maße auf den Widerstand der gesetzestreuen Kreise stoßen.
In den *Psalmen Salomos*, die im 1. Jh. v. Chr. in pharisäischen Kreisen entstanden sind, wird ein vernichtendes Urteil über die Hasmonäer gefällt:

»Wegen unserer Sünde erhoben sich Gottlose wider uns;
es fielen uns an und stießen uns aus, Leute,
denen du keine Verheißung gegeben.
Sie raubten mit Gewalt und gaben nicht deinem herrlichen Namen Ehre.
Prunkend setzten sie sich die Krone auf in ihrem Stolz,
verwüsteten Davids Thron in prahlerischem Übermut« (17,5f).

Die Hasmonäer entfalteten eine reiche *Bautätigkeit*. Wahrscheinlich schon Jonatan errichtete an der Nordwestecke des Tempelplatzes, an der Stelle der späteren Burg Antonia, die Burg Baris. Unter Simon oder Hyrkanus I. erfolgte der Bau des Königspalastes auf dem Südwesthügel von Jerusalem. Überreste der makkabäischen Befestigungsanlagen, der wichtigen und oft umkämpften Grenzfestung Bet-Zur, sind bei archäologischen Grabungen zutage getreten. Es ist eine Eigenart der Hasmonäerfürsten, daß sie zur Sicherung ihrer Herrschaft nicht nur überall im Lande Städte zu Festungen ausbauen ließen, sondern darüber hinaus in der Wüste auf steilen, schwer zugänglichen Felsen in verkehrsungünstiger Lage Burgen errichteten, die im Notfalle als Fluchtburgen dienen konnten, aber darüber hinaus die Macht ihres Erbauers demonstrieren und seinem Namen ein Denkmal setzen sollten. So erbaute Jonatan die Burg Masada am Westufer des Toten Meeres, 30 km von der Südspitze entfernt, Johann Hyrkanus I. errichtete in der östlich von Betlehem gelegenen Ebene buḳeʿa die nach ihm benannte Burg Hyrkania (heute chirbet el-mird). Auf Alexander Jannaius gehen das nach ihm benannte Alexandreion auf dem ḳarn eṣ-ṣarṭaba am Westufer des Jordan an der Mündung des wādi farah und die Burg Machärus an der Ostseite des Toten Meeres (zwischen wādi zerka maïn und wādi mōdschib) zurück, die als Grenzfestung gegen die Nabatäer diente. Masada, Hyrkania und Machärus bildeten ein Festungsdreieck um das Tote Meer. Im Notfall konnte man schnell das Tote Meer erreichen und von einer zur anderen Burg fliehen. All diese Felsburgen wurden später von den Römern zerstört und von Herodes neu errichtet. Von den hasmonäischen Bauten blieb kaum etwas erhalten, da sie von den gewaltigeren herodianischen Bauwerken überlagert wurden[4].

4 *O. Plöger*, Die Makkabäischen Burgen, 1955 (in: Aus der Spätzeit des AT, S. 102–133).

Das Geschlecht der Hasmonäer

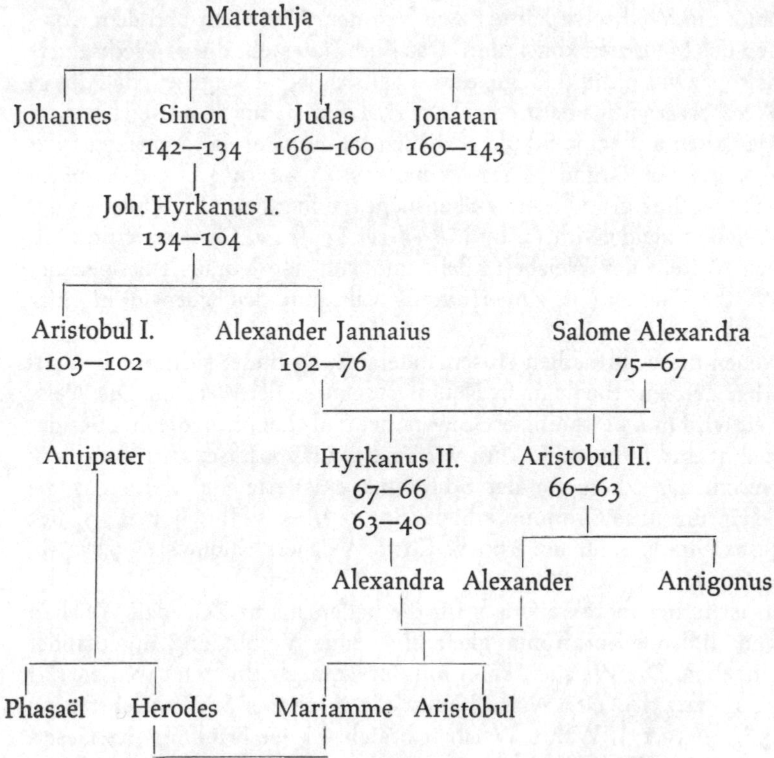

5. *Das geistige Leben in hellenistischer Zeit*

Quellen: *E. Kautzsch*, Die Apokryphen und Pseudepigraphen des Alten Testaments, 2 Bde., 1900; zur Einleitung in die Apokryphen und Pseudepigraphen vgl. die auf S. 13 genannten Werke zur Einleitung in das Alte Testament.

Lit.: *D. S. Russell*, Zwischen den Testamenten, 1962.

Eine Reihe von literarischen Erzeugnissen auf dem Gebiet der Weisheitsliteratur, der Apokalyptik und der Geschichtsschreibung geben uns einen lebendigen Eindruck von dem regen und vielgestaltigen geistigen Leben in hellenistischer Zeit.

Die Begegnung mit der hellenistischen Welt brachte ein neues Aufleben der *Weisheitsliteratur* mit sich[5]. In nachexilischer Zeit erfolgte

5 *G. v. Rad*, Theologie des AT I, 1969[6], S. 395–429 (zu Ijob), S. 454–473, Die theologische Weisheit Israels, Die Skepsis; ders., Weisheit in Israel, 1970.

zunächst eine kritische Auseinandersetzung mit grundlegenden Lehren der vorexilischen Weisheitsliteratur. Die vorexilische Weisheit hatte ein Wechselverhältnis zwischen dem Verhalten und dem Ergehen des Menschen konstatiert. Das Buch Ijob stellt dieses Wechselverhältnis zwar nicht in Frage, es wendet sich jedoch dagegen, daß dieses Wechselverhältnis nachrechenbar sei, daß man aus dem Unglück eines Menschen auf seine Schuld schließen könne oder daß umgekehrt der Fromme auf Grund seines Verhaltens Anspruch auf Wohlergehen habe. — Eine grundlegende Skepsis gegenüber den Möglichkeiten der Weisheit meldet sich im Buch *Prediger* (3. Jh. v. Chr.) zu Wort: Mit den Mitteln der Weisheit allein und von den Voraussetzungen der Weisheit her ist eine sinnerfüllte Bewältigung des Lebens nicht möglich.

Neben dieser kritischen Auseinandersetzung findet sich in hellenistischer Zeit eine theologische Neuinterpretation der Weisheit. Die Weisheit wird nun personifiziert. Sie erscheint als Lehrerin, die ihre Schüler mahnt und lockt. Schließlich wird sie zur Hypostase, zum Zwischenwesen, das schon vor der Schöpfung existierte und durch das die Schöpfung ihre Ordnung erhielt (Spr 1—9, 4./3. Jh.; Ijob 28, 3. Jh.; Jesus Sirach 1.24, um 190 v. Chr.; Weisheit Salomos 6—9, 1. Jh. v. Chr.).

Es ist ferner charakteristisch für die hellenistische Zeit, daß Weisheit und jüdische Torafrömmigkeit eine enge Verbindung miteinander eingehen. Die Weisheit kann mit der Tora gleichgesetzt werden (Sir 24,1—22.23ff). Der Weise nimmt die Züge des Schriftgelehrten an (38,24—39,11). Wahre Weisheit besteht in der Erfüllung des Gesetzes (19,20; Ps 19.119). Im Buch *Tobit*, einer weisheitlichen Lehrerzählung, werden die handelnden Personen als Vorbilder echter Frömmigkeit dargestellt. Sie zeichnen sich aus durch Gottesfurcht und Gottvertrauen, Ehrfurcht vor den Eltern, Pietät gegenüber den Toten, Mildtätigkeit an Armen. Ihr Tun ist begleitet von Lobpreis und Gebet. An ihrem Ergehen soll deutlich werden, daß Gott dem Frommen Führung, Bewahrung und Segnung zuteil werden läßt. Im Buch der *Weisheit Salomos* (1. Jh. v. Chr.) macht sich ein Einwirken griechischer Philosophie auf die jüdische Weisheitslehre bemerkbar. Die Weisheit wird als Lehrerin der vier stoischen Kardinaltugenden σωφροσύνη, φρόνησις, δικαιοσύνη, ἀνδρεία (Maßhalten, Einsicht, Gerechtigkeit, Mannhaftigkeit) gepriesen (7,25f). Die platonische Lehre von der Präexistenz und Unsterblichkeit der Seele klingt in Weish 8,20 an. Schließlich sind Einflüsse der Apokalyptik auf die Weisheit unverkennbar (Weish 10—19).

Die *Apokalyptik* (griech. apokalypto, enthüllen) tritt das Erbe der alttestamentlichen Prophetie an. Die Apokalyptiker, die ihre Botschaft zumeist einer Gestalt der Vorzeit in den Mund legen, nehmen die bei den Propheten hier und da enthaltenen Endzeiterwartungen auf, richten hierauf ihr ganzes Augenmerk und deuten den ganzen Verlauf der Weltgeschichte von diesem endzeitlichen Geschehen her[6].

Einteilung des Weltgeschehens in verschiedene Perioden, Zahlensymbolik und Zahlenspekulation, allegorische, bildhafte Redeweise, Dualismus zwischen dieser und jener Welt, zwischen dem jetzigen und dem kommenden Äon, zwischen Licht und Finsternis, ausgebildete Engel- und Geisterlehre, messianische Hoffnungen, Naherwartung des unmittelbar bevorstehenden Weltendes mit Endgericht, Totenauferstehung und Anbruch der ewigen Herrschaft Gottes sind einige Merkmale der jüdischen Apokalyptik, in der neben alttestamentlichen, vor allem prophetischen Traditionen, auch indo-iranische Vorstellungen ihren Einfluß ausübten.

Den ersten Schritt in dieser Richtung stellt die im 3. Jh. entstandene Erzählung vom Traum Nebukadnezzars von den vier Weltreichen (Dan 2) dar. Hieran knüpfen die *Visionen Daniels* (Dan 7—12) an, die in der Zeit der Bedrängnis unter Antiochus IV., noch vor der Wiedereinweihung des Tempels, entstanden sind und mit den im 3. Jh. entstandenen Danielerzählungen (Dan 1—6) verbunden wurden. Die Danielerzählungen, die die Überlegenheit des Gottes Israels über die gottfeindlichen Weltmächte bezeugen, mußten in der Zeit der Anfeindung durch Antiochus IV. neue Aktualität gewinnen. — In den Visionen Daniels wird die Weltgeschichte als eine von Gott gelenkte Aufeinanderfolge von Weltreichen gedeutet, an deren Ende die Vernichtung der Weltmacht und die Aufrichtung der ewig währenden Gottesherrschaft steht. Auch die jetzige Notzeit, in der es zur letzten Aufgipfelung der gottfeindlichen Weltmacht kommt[7], hat Gott in seine lenkende Vorausschau eingeschlossen. Sie ist nur das Zeichen für den unmittelbar bevorstehenden Anbruch der Gottesherrschaft. — Die Visionen des Danielbuches übten eine nachhaltige Wirkung aus. Sie weckten bei den Bedrängten neue Hoffnungen und stärkten ihre Widerstandskraft. Die Botschaft von der Auferstehung der Toten beim Anbruch des Gottesreiches (Dan 12,2), die hier zum ersten Mal aufklingt, wird entscheidend mit zum todesmutigen Einsatz der Aufständischen beigetragen haben.

Im Verlauf des 2. und 1. Jahrhunderts v. Chr. entstand eine ganze

6 *M. Noth*, Das Geschichtsverständnis der alttestamentlichen Apokalyptik, 1953 (Ges. Stud.², S. 248—273); *G. v. Rad*, Theologie des AT II, 1961⁴, S. 314—328, Daniel und die Apokalyptik; *D. Rössler*, Gesetz und Geschichte, 1962²; *O. Plöger*, Theokratie und Eschatologie, 1962²; *H. H. Rowley*, Apokalyptik. Ihre Form und Bedeutung zur biblischen Zeit, 1965³; *W. H. Schmidt*, Alttestamentlicher Glaube, 1975², § 15, Die Apokalyptik; *W. Schmithals*, Die Apokalyptik. Eine Einführung, 1973; *J. M. Schmidt*, Die jüdische Apokalyptik. Die Geschichte ihrer Erforschung von den Anfängen bis zu den Textfunden von Qumran, 1975².

7 Dan 8,8—13 bezieht sich auf das Opferverbot Antiochus' IV. und die Entweihung des Heiligtums durch den Zeusaltar.

Reihe von apokalyptischen Schriften, die aber nicht, wie das Buch Daniel, Aufnahme in den Kanon des Alten Testaments fanden, sondern zu den sog. Apokryphen bzw. Pseudepigraphen des Alten Testaments zu rechnen sind, so der äthiopische Henoch, das Testament der Zwölf Patriarchen, das 3. der sibyllinischen Bücher, die »Kriegsrolle« der ḳumran-Gemeinschaft.

Ein Zeichen für die Bedeutung, die man den Ereignissen der makkabäischen und der hasmonäischen Zeit beimaß, ist die Tatsache, daß es seit den Tagen Davids und Salomos zum ersten Mal wieder zu einer Aufzeichnung der Ereignisse, die sich in der Gegenwart bzw. jüngsten Vergangenheit des Geschichtsschreibers zugetragen hatten, kam. Das in 1Makk 16,24 genannte »Tagebuch des Hohenpriestertums Johannes Hyrkanus« und das fünfbändige Geschichtswerk Jasons von Zyrene über »den Makkabäer Judas und dessen Brüder« (2Makk 2,19) sind uns nicht mehr erhalten. Das zu Beginn des 1. Jahrhunderts v. Chr. entstandene, ursprünglich hebräisch geschriebene, jetzt aber nur in griechischer Übersetzung erhaltene *1. Buch der Makkabäer* behandelt das Geschehen von 175 bis 135 (Antiochus IV. bis Simon). Es hat zum Ziel, die Taten der Makkabäer zu verherrlichen und ihren Weg als den von Gott gewollten darzustellen. Das *2. Makkabäerbuch*, vor 60 v. Chr. griechisch verfaßt, stellt einen Auszug aus dem Werke Jasons von Zyrene dar. Es beschränkt sich auf den Beginn der Makkabäerkämpfe und umspannt die Zeit von Seleukos IV. bis zum Sieg über Nikanor (161). Neben historisch zuverlässigen Einzelnachrichten enthält es viel legendäres Material.

Neben den Werken der Literatur spielte von der hellenistischen Zeit an die mündlich erteilte und zunächst auch mündlich weitergegebene *Schriftauslegung* der Rabbinen eine immer größere Rolle. Den Vorgang der Schriftauslegung nannte man *Midrasch* (von hebr. darasch, suchen), wobei man zwischen *Halacha* (von hebr. halach, wandeln), der Auslegung des Gesetzes, und *Haggada* (von hebr. higgid, kundtun, erzählen), der Auslegung erzählender Partien des Alten Testaments, unterschied. Von der Voraussetzung aus, daß in der Tora Anordnungen für alle Bereiche und Wechselfälle des Lebens gegeben seien, war es die Aufgabe rabbinischer Schriftauslegung, aus der Tora neue Regeln abzuleiten und zu begründen, um für den Einzelfall genau und bindend festzulegen, was der Wille Gottes, was erlaubt und verboten sei. Man glaubte, in der Auslegung nur das zu entfalten, was in der Tora selbst schon enthalten war. Darum maß man der Auslegung der Rabbinen die gleiche Autorität bei wie der Tora, zumal man die Auslegungstradition auf Mose selbst zurückführte. »Mose empfing das Gesetz vom Sinai und überlieferte es dem Josua, Josua den Ältesten und die Ältesten den Propheten, und die Propheten überlieferten es den Männern der großen Synagoge. Diese sagten dreierlei: Seid vorsichtig beim Richten! Stellt viele Schüler heraus! Macht einen Zaun um das Gesetz!« (Abbot 1,1–3, zitiert bei C. K. Barrett, Die Umwelt des NT, 1959, N. 127, S. 148.) Mit dem »Zaun ums Gesetz« sind sichernde Zusatzgebote gemeint, die ein versehentliches Übertreten des Gesetzes verhindern sollen. Die Tora enthält z. B. die Anordnung, einen Schuldigen zu nicht mehr als 40 Stockhieben zu verurteilen (Dtn 25,3). Um dieses Gebot nicht durch Verzählen zu übertreten, geboten die Rabbinen, dem Delinquenten nur 39 Schläge zu verabreichen. – Eine erste schriftliche Sammlung rabbinischer Toraauslegung unternahm Rabbi Akiba gegen Ende des 1. Jh. v. Chr. Die endgültige Kodifizierung erfolgte im Laufe des 2. Jh. n. Chr. in der *Mischna*[8].

In der zweiten Hälfte des zweiten Jahrhunderts v. Chr. bildete sich innerhalb des Judentums neben Sadduzäern und Pharisäern eine weitere Gruppe, nämlich die bei Josephus, Philo und Plinius erwähnten *Essener*[9]. Ein Zweig dieser Gruppe war auch die Gemeinschaft, die sich am Nordwestufer des Toten Meeres in der Nähe der Mündung des wādi ḳumran auf einer Mergelterrasse angesiedelt hatte. Durch die aufsehenerregenden Handschriftenfunde in elf Höhlen am Nordwestufer des Toten Meeres im Umkreis des wādi ḳumran sind im weiten Umfange Originaldokumente dieser Gruppe, die uns bisher vor allem durch Sekundärquellen bekannt war, zutage getreten. Hier sind vor allem zu nennen: die Sektenregel, die Einblick in Lehre und Leben der Gruppe gewährt, der Habakukmidrasch, der einen Eindruck von der Schriftauslegung dieser Gruppe vermittelt, die psalmenartigen Loblieder von ḳumran, die Kriegsrolle, eine apokalyptische Schrift, die vom Kampf der Söhne des Lichtes gegen die Söhne der Finsternis am Ende der Tage spricht, und schließlich das aramäisch geschriebene Genesistargum. Wie die Pharisäer, so sind auch die Essener aus der Bewegung der Hassidim hervorgegangen. Die Essener standen in schroffem Gegensatz zur offiziellen Priesterschaft. Dem amtierenden Hohenpriester warfen sie vor, er habe sich gegen das Gesetz Gottes empört, um Reichtums willen mit den »Männern des Unrechtes« und den Heiden paktiert und die »Kultsitten der Götzen verübt«. Darum trennte sich diese Gruppe, die zum großen Teil aus zadokidischen Priestern bestand, vom offiziellen Tempelkult und siedelte sich am Nordwestufer des Toten Meeres an, wo sie eine klosterartige Gemeinschaft bildete.

8 Eine Fülle von Beispielen für rabbinische Schriftauslegung findet sich in: *H. L. Strack, P. Billerbeck*, Kommentar zum Neuen Testament aus Talmud und Midrasch, 4 Bde., 1922–1928 (Neudrucke 1954–1956); *H. Bunte* (Hg.), Texte zur Religion des Judentums aus Talmud und Midrasch, 3 Bde., 1972.

9 *K. Schubert*, Die Gemeinde vom Toten Meer, Ihre Entstehung und ihre Lehren, 1958 (weitere Literatur daselbst); *J. Maier*, Die Texte vom Toten Meer, 1960, Bd. I, Übersetzung, Bd. II, Anmerkungen; *E. Lohse*, Die Texte aus Qumran. Hebräisch/Deutsch. Übers., Einführung und Anmerkungen, 1971².

Sie hält sich für das wahre Israel und bezeichnet sich selbst als »die Gemeinde Gottes«, »die Gemeinde der Wahrheit«, »die Gemeinde des Neuen Bundes«, als »Kinder des Lichtes«, »Kinder der Wahrheit«, im Gegensatz zum übrigen Israel, das im Verderben liegt. Zwischen dem »Lehrer der Gerechtigkeit«, der offenbar der Gründer der Gruppe, auf alle Fälle aber eine prägende Persönlichkeit war, und dem amtierenden Hohenpriester, der als »Frevelpriester« bezeichnet wird (es handelt sich dabei entweder um Simon Makkabäus, um Jonatan oder Johannes Hyrkanus), kam es zu einem schweren Zusammenstoß. Die jetzige Zeit ist nach der Lehre der ḳumran-Leute die »Zeit der Ruchlosigkeit«, in der die »Geister der Wahrheit« mit den »Geistern der Verderbtheit« um die Herrschaft kämpfen. Angesichts des nahenden Endgerichtes gilt es, sich von den »Kindern der Finsternis«, den »Kindern der Verderbtheit«, zu trennen. Zu den Grundforderungen der Gemeinschaft gehört: »Leben in der Ordnung der Gemeinde, Gott suchen mit ganzer Seele und ganzem Herzen, tun, was gut und recht vor ihm ist, wie er durch Mose und seine Diener, die Propheten, befohlen hat; alles lieben, was er erwählt hat, aber alles hassen, was er verworfen hat; sich fernhalten von allem Bösen, aber festhalten an allen guten Werken; . . . alle Kinder des Lichtes lieben, aber alle Kinder der Finsternis hassen.« Zweijährige Probezeit, mehrere Aufnahmeprüfungen, Aufnahmeeid, das jährliche Fest der Bundeserneuerung, totale Lebens- und Gütergemeinschaft, hierarchische Rangordnung, rituelle Reinheit durch tägliche Tauchbäder, strenge Tageseinteilung in Gebet, Arbeit und Schriftlesung, absoluter Gehorsam gegenüber Höhergestellten, Geheimhaltung der Sektenlehre, gemeinsame kultische Mahlzeiten, rigorose Gemeindezucht gehören zu den Elementen des Lebens dieser Gemeinschaft. »Alle, die sich für seine Wahrheit willig beweisen, sollen all ihr Wissen, Können und Besitztum in die Gemeinde Gottes einbringen.« »Gemeinsam sollen sie essen, gemeinsam danksagen, gemeinsam beraten.«

Die Gemeinde von ḳumran glaubt, daß ihr die rechte Schriftauslegung geoffenbart wurde. Bei ihr findet sich eine noch weitergehende Verschärfung der Toraforderungen und eine noch größere Strenge in der Befolgung der Gesetze als bei den Pharisäern. Durch allegorische Auslegung versteht sie die Botschaft des Propheten Habakuk als eine Voraussage der Geschehnisse ihrer Zeit. So wird z. B. Hab 2,17 auf die Untaten des Frevelpriesters gedeutet, »die er an den Armen getan hat . . . denn ›der Libanon‹, das ist der Rat der Gemeinde, ›und das Vieh‹, das sind die Einfältigen Judas, des Täters des Gesetzes«. — Bei den Ausgrabungen von chirbet ḳumran, 5 km südwestlich der Nordspitze des Toten Meeres, fand man das Gemeinschaftszentrum dieser Gruppe. Ein starker Befestigungsturm, ein großer Gemeinschaftsraum, ein Schreibersaal mit Bänken und Tintenfässern, ein Backofen, ein Töpferofen, Getreidemühlen, Wirtschaftsräume, zahlreiche Zisternen und

Bäder und, östlich der Siedlung, ein Friedhof mit etwa 1000 Gräbern kamen dabei zutage. Aus Münzfunden geht hervor, daß die essenische Siedlung von ḳumran um 130 v. Chr. gegründet, um 30 v. Chr. durch Erdbeben zerstört, später wiederaufgebaut und um 70 n. Chr. beim ersten jüdischen Aufstand gewaltsam zerstört und dann von den Essenern verlassen wurde. — Die Damaskusschrift läßt erkennen, daß es neben der in klosterartiger Gemeinschaft lebenden Gruppe von ḳumran noch andere essenische Gruppen gab, die nicht in so strenger Gemeinschaft lebten, vor allem nicht die Forderung persönlicher Besitzlosigkeit erhoben.

Weitere Literatur:
Fischer Weltgeschichte, Bde. V–VII, 1965–66; *A. Schalit* (Hrsg.), The Hellenistic Age. The World History of Jewish People, VI, 1976.
Zum Chronistischen Geschichtswerk:
P. Welten, Geschichte und Geschichtsdarstellung in den Chronikbüchern, 1973; *Th. Willi*, Die Chronik als Auslegung, 1972.
Zur Apokalyptik:
K. Koch, Ratlos vor der Apokalyptik, 1970; ders., Das Buch Daniel (Erträge der Forschung 144), 1980 (Lit.!); *K. Koch, J.M. Schmidt*, Apokalyptik (Wege der Forschung 365), 1982; *O.H. Steck*, Überlegungen zur Eigenart der spätisraelitischen Apokalyptik, Festschr. H.W. Wolff, 1981, S. 301–315.
Zu Hiob:
H.-P. Müller, Das Hiobproblem (Erträge der Forschung 84), 1978.

10. Kapitel

Die römische Zeit (65 v. Chr.–135 n. Chr.)

Lit.: *E. Schürer*, Geschichte des jüdischen Volkes im Zeitalter Jesu Christi, I–III[4], 1901, 1907, 1909; *A. Schlatter*, Geschichte Israels von Alexander dem Großen bis Hadrian, 1925[3]; C. K. *Barrett*, Die Umwelt des Neuen Testaments, Ausgewählte Quellen, 1959; *M. Avi-Yonah*, *Z. Baras*, Society and Religion in the Second Temple Period. The World History of the Jewish People, VIII, 1977.

1. *Unter römischer Herrschaft*

Quellen: Josephus, Ant. Jud. XIV,1–16; Bell. Jud. 1,6–20.

Im Jahre 66 v. Chr. gelang es *Pompejus*, die römische Herrschaft in Kleinasien zu festigen und den armenischen König Tigranes zu unterwerfen. Sein Ziel war nunmehr, den ganzen Vorderen Orient unter römische Herrschaft zu bringen. Im Jahre 65 v. Chr. ließ Pompejus seinen Legaten M. Aemilius Scaurus in Syrien einmarschieren, setzte den Seleukidenkönig Antiochus XIII. ab und bereitete ohne große Schwierigkeit dem Seleukidenstaat ein Ende. Damit begann auch für die Geschichte Israels eine neue Epoche. Die beiden miteinander um die Herrschaft streitenden Brüder Aristobul und Hyrkanus buhlten um die Gunst der Römer und wandten sich mit der Bitte um Hilfe zunächst an Scaurus. Im Jahre 63 v. Chr. erschienen sie mit reichen Geschenken persönlich vor Pompejus in Damaskus. Pharisäische Kreise sandten eine Abordnung an Pompejus mit der Bitte, der Herrschaft der Hasmonäer ein Ende zu machen und die Priesterherrschaft in der alten Form wiederaufzurichten. Als Pompejus die Entscheidung hinauszögerte und erst den Nabatäerfeldzug hinter sich bringen wollte, zog Aristobul unwillig ab, um auf eigene Faust seine Herrschaft aufzurichten. Pompejus folgte daraufhin Aristobul mit starker Heeresmacht nach Judäa und zwang ihn, die Festung Alexandreion zu übergeben. Als Pompejus schließlich vor Jerusalem erschien, unterwarf sich Aristobul den Römern. Seine Parteigänger setzten jedoch den Widerstand fort. Erst nach dreimonatiger Belagerung gelang es Pompejus, den befestigten Tempelbezirk einzunehmen. An den Verteidigern nahm er furchtbare Rache. Zum Entsetzen der gesetzestreuen

Juden betrat er mit seinen Begleitern das Allerheiligste des Tempels, befahl jedoch, am nächsten Tag den Tempelkult wiederaufzunehmen, und bestätigte Hyrkanus als Hohenpriester. Aristobul und seine Söhne Alexander und Antigonus führte er als Gefangene nach Rom. Damit fand die Herrschaft der Hasmonäer ein schnelles und unrühmliches Ende.

In pharisäischen Kreisen sah man die Eroberung Jerusalems und den Sturz des Hasmonäergeschlechtes als ein gerechtes Gericht Gottes über die Zuchtlosigkeit der Hasmonäer an.

»In seinem Übermut stürzte der Sünder (Pompejus) mit dem Widder feste Mauern, und du hindertest es nicht. Fremde bestiegen den Altar, betraten ihn übermütig mit den Schuhen, dafür, daß die Söhne Jerusalems das Heiligtum des Herrn entweihten, die Opfer Gottes in Gottlosigkeit schändeten« (PsSal 2,1–3). »Gott brachte ihre (der Hasmonäer) Sünden ans Tageslicht, die ganze Welt mußte Gottes Gericht als gerecht erkennen.« Sie »ließen keine Sünde mehr übrig, die sie nicht schlimmer als die Heiden übten« (PsSal 8,8–13).

Pompejus machte das Gebiet von Palästina und Syrien zur römischen Provinz Syria und setzte Scaurus als Statthalter ein. Dem Hohenpriester unterstellte er die Gebiete, deren Bevölkerung zur Jerusalemer Kultgemeinde gehörte, nämlich Judäa mit Idumäa, Galiläa und Peräa im Ostjordanland. Von Judäa trennte Pompejus die Küstenstädte ab, die die Hasmonäer einst erobert hatten. Den hellenistischen Städten des Ostjordanlandes, die Alexander Jannaius der hasmonäischen Herrschaft unterworfen und zur Annahme der jüdischen Religion gezwungen hatte, gab Pompejus die Selbständigkeit wieder und machte sie zu freien Reichsstädten, die dem Statthalter unmittelbar unterstellt waren. Diese Städte schlossen sich zum freien Bund der Dekapolis (»Zehn Städte«) zusammen. Zu ihnen gehörten u. a. Philadelphia (ʿammān), Gerasa, Pella, Gadara, Hippos, Abila und Skytopolis (früher Bet-Schean) im Westjordanland. Stadt und Land Samaria, deren Bevölkerung zur samaritanischen Kultgemeinde um das Heiligtum auf dem Garizim gehörte, faßte Pompejus zu einem eigenen Bezirk zusammen, der nicht der Herrschaft des Hohenpriesters von Jerusalem unterstand. Durch diese Maßnahme wurde Galiläa von Judäa und Peräa, den beiden zusammenhängenden Gebieten des Jerusalemer Hohenpriesters, räumlich getrennt. Der Statthalter Gabinius ging im Jahre 57 v. Chr. noch einen Schritt weiter. Er entzog dem Jerusalemer Hohenpriester jegliche politische Befugnis und beließ ihm nur sein kultisches Amt. Das Gebiet der Jerusalemer Kultgemeinde teilte er in die fünf Verwaltungsbezirke Jerusalem, Gazara, Jericho, Amathus (= Peräa) und Sefforis (= Galiläa), die dem Provinzstatthalter unmittelbar unterstellt waren.

Aristobul und seinen Söhnen gelang die Flucht aus der römischen Gefangenschaft. Bei dem Versuch, sich gegen die römische Herrschaft aufzulehnen und Hyrkanus aus seinen Ämtern zu verdrängen, fanden Aristobul und seine Söhne die Unterstützung weiter Kreise des Volkes. Im Jahre 57 v. Chr. gelang es jedoch Gabinius, Aristobul und Antigonus wieder in seine Gewalt zu bekommen und gefangen nach Rom zurückzusenden. Auch Alexander wurde von Gabinius geschlagen. Im Verlauf dieser Kämpfe ließ Gabinius die Hasmonäerfestungen Alexandreion, Machärus und Hyrkania, die die Hauptstützpunkte Aristobuls und seiner Söhne waren, zerstören. Um die Macht Hyrkanus' gegenüber seinen eigenen Volksgenossen zu stärken, hob Gabinius die Einteilung des Gebietes der Jerusalemer Kultgemeinde in fünf Bezirke wieder auf und unterstellte ihm wieder das ganze Gebiet. Als Hoherpriester stand er an der Spitze des Synhedriums, das aus Oberpriestern, Ältesten und Schriftgelehrten zusammengesetzt war und die oberste jüdische Behörde in weltlichen und geistlichen Angelegenheiten darstellte. Das Synhedrium war auch der oberste jüdische Gerichtshof, in dessen Händen die Rechtsprechung lag.

In der Folgezeit verquickten sich die Rivalitäten zwischen den Familien Aristobuls einerseits und denen Hyrkanus' und Antipaters andererseits mit den Machtkämpfen innerhalb des römischen Staates zwischen Pompejus und Cäsar, Antonius und Octavian. Dabei waren die rivalisierenden Parteien des Judentums bemüht, die jeweils stärkste unter den um die Macht ringenden römischen Parteien für sich zu gewinnen.

Als im Jahre 49 v. Chr. der Kampf um die Macht zwischen Cäsar und Pompejus entbrannte, entließ Cäsar Aristobul aus der Gefangenschaft und sandte ihn mit Truppenunterstützung nach Syrien, um die Position des Pompejus zu schwächen. Aristobul wurde jedoch von den Parteigängern des Pompejus vergiftet, sein Sohn Alexander in Antiochien enthauptet. Im Jahre 48 v. Chr. wurde Pompejus von Cäsar bei Pharsalus besiegt und bald darauf in Ägypten ermordet. Hyrkanus und Antipater, die zuvor Parteigänger des Pompejus waren, verstanden es, die Gunst Cäsars zu gewinnen. Als Cäsar in Alexandrien hart bedrängt wurde, unterstützte ihn Antipater mit Hilfstruppen, und Hyrkanus wies die Juden in Ägypten an, auf die Seite Cäsars zu treten. Als Cäsar im Jahre 47 v. Chr. nach Syrien zog, belohnte er Antipater und Hyrkanus für die ihm erwiesene Unterstützung, indem er Hyrkanus zum erblichen Hohenpriester und Ethnarchen ernannte, Antipater aber das römische Bürgerrecht verlieh und ihn zum Prokurator von Judäa machte. Der Jerusalemer Kultgemeinde verlieh er eigene Gerichtsbarkeit, gab die Hafenstadt Jafo an Judäa zurück und gestattete die Wiederbefestigung von Jerusalem.

Der immer mehr Macht gewinnende Antipater übertrug seinem älteren Sohn *Phasaël* die Verwaltung von Judäa und Peräa, seinem jüngeren Sohn *Herodes* unterstellte er Galiläa. Als Herodes durch Bekämpfung des Räuberunwesens in Galiläa nicht nur das Wohlwollen der Bevölkerung, sondern auch die Gunst Sextus Cäsars, des Statthalters von Syrien, erlangte, begann der Hohe Rat in Jerusalem seine wachsende Macht zu fürchten. Auf Veranlassung führender Kreise in Jerusalem stellte Hyrkanus Herodes vor Gericht, weil er bei der Hinrichtung der Räuberbanden die Zuständigkeit des Jerusalemer Gerichtshofes übergangen und seine Befugnisse überschritten habe. Da aber Herodes unter der Protektion Sextus Cäsars stand und vor Gericht mit seiner eigenen Leibgarde auftrat, kam es nicht zu einer Verurteilung. Als Herodes daraufhin, von Sextus Cäsar unterstützt, mit Truppen in Judäa erschien, um für den ihm angetanen Schimpf Rache zu nehmen, konnte ihn nur der energische Einspruch seines Vaters Antipater und seines Bruders Phasaël von seinem Vorhaben abbringen. Herodes gab sich damit zufrieden, in Judäa seine Macht demonstriert zu haben.

Nach der Ermordung Cäsars im März 44 v. Chr. wurde C. Cassius Longinus, einer der Mörder Cäsars, Statthalter der Provinz Syrien. Antipater und seine Söhne gewannen schnell die Gunst des neuen Statthalters, indem sie die Steuern, die er dem Lande auferlegt hatte, eifrig eintrieben. Dadurch bildete sich unter der Bevölkerung eine starke Opposition, der Antipater durch Giftmord zum Opfer fiel. Antigonus, der Sohn Aristobuls, suchte sich daraufhin der Herrschaft zu bemächtigen, wurde aber von Herodes geschlagen und vertrieben. Um seine Stellung zu festigen, verlobte sich Herodes mit der Hasmonäerin Mariamme, einer Enkelin Aristobuls, wodurch er in verwandtschaftliche Beziehungen zum ehemaligen Königshaus geriet. — Als im Jahre 43 v. Chr. die Mörder Cäsars in der Schlacht bei Philippi von M. Antonius und C. Julius Cäsar Octavian besiegt wurden und Antonius die Herrschaft über die östliche Hälfte des Reiches antrat, versuchten jüdische Gesandtschaften bei Antonius die Absetzung Phasaëls und Herodes' zu bewirken. Herodes aber erschien persönlich vor Antonius und gewann ihn für sich, zumal sich der Hohepriester Hyrkanus für die Antipatersöhne aussprach. Antonius ernannte Phasaël und Herodes zu Tetrarchen und übertrug ihnen die Herrschaft über Judäa. — Antigonus kam noch einmal zum Zuge, als die *Parther* im Jahre 40 v. Chr. in Syrien einfielen, die er durch große Versprechungen auf seine Seite zu bringen verstand. Mit Unterstützung der Parther zog er gegen Jerusalem. Es gelang ihm, Phasaël und Hyrkanus in seine Gewalt zu bringen. Hyrkanus ließ er die Ohren abschneiden, um ihn dadurch für das Amt des Hohenpriesters für alle Zeiten untauglich zu machen. Phasaël gab sich daraufhin selbst den Tod. Antigonus ließ sich nunmehr von den Parthern zum König und Hohenpriester einsetzen. Diese Ämter bekleidete er drei Jahre lang.

Als Antigonus in Jerusalem die Oberhand bekam, gelang Herodes die Flucht. Nachdem er seine Familie auf der Felsenfestung Masada in Sicherheit gebracht hatte, suchte er die Hilfe des Nabatäerkönigs zu gewinnen, wurde aber schroff abgewiesen. Nunmehr begab sich Herodes direkt nach Rom, um in eigener Sache vorstellig zu werden. Da Antigonus mit Hilfe der Parther und im Gegensatz zu Rom zur Macht gekommen war, mußten die Römer sein Königtum von vornherein als illegitim ansehen und auf der Seite Herodes', des Gegners des Antigonus, stehen. Es war günstig für Herodes, daß seine Ziele und die politischen Interessen der Römer auf einer Linie lagen. So wurde auf Veranlassung von Antonius und Octavian durch Senatsbeschluß Herodes im Jahre 40 v. Chr. zum König von Judäa ernannt. Die erste Aufgabe, die ihm zufiel, war die, sein Königreich, das noch unter der Herrschaft des Antigonus stand, zu erobern. Das war ihm freilich nur mit römischer Hilfe möglich. Im Jahre 39 v. Chr. konnte er zunächst Jafo einnehmen und seine von Antigonus in Masada belagerte Familie befreien. Da die Römer im Jahre 38 einen Parthereinfall abzuwehren hatten, konnte Herodes erst gegen Ende des Jahres mit römischer Hilfe Galiläa und dann die übrigen Teile seines Herrschaftsgebietes Antigonus abringen. Erst im Jahre 37 v. Chr. eroberte Sosius, der römische Statthalter von Syrien, nach längerer Belagerung Jerusalem für Herodes. Nachdem Antigonus von den Römern gefangengenommen und auf Wunsch des Herodes hingerichtet worden war, hatte Herodes sein Ziel erreicht. Er war nunmehr der alleinige, von den Römern offiziell anerkannte Beherrscher von Judäa.

2. *Herodes (37—4 v. Chr.)*

Quellen: Josephus, Ant. Jud. XIV,15–XVII,8; Bell. Jud. 1,17–33.

Lit.: *S. Perowne*, Herodes der Große, 1957; *A. Schalit*, König Herodes, 1969.

Als Herodes im Jahre 37 v. Chr. das ihm von den Römern zugesprochene Königtum antreten konnte, verfügte er über Judäa mit Idumäa, Peräa und Galiläa einschließlich einiger Dörfer der Jesreelebene. Seiner Herrschaft drohte jedoch Gefahr durch die Königin Kleopatra von Ägypten, der Freundin des Antonius, die als letzter Sproß des Ptolemäergeschlechtes Ansprüche auf Palästina und Arabien geltend machte. Antonius machte ihr Jericho und die Hafenstädte Palästinas zum Geschenk. An der Entscheidungsschlacht zwischen Antonius und Octavian bei Actium (2. September 31 v. Chr.) nahm Herodes nicht teil, da er sich auf Betreiben der Kleopatra auf einem Feldzug gegen die Nabatäer befand. So entging er dem Schicksal, mit dem unterlegenen Antonius ins Verderben gerissen zu werden. Nach der Niederlage und dem bald darauf erfolgenden Selbstmord seines Gönners Antonius war indes auch die Stellung Herodes' aufs äußerste gefährdet. Hero-

des nutzte jedoch die nächste sich bietende Gelegenheit, um bei dem siegreichen Octavian, der sich nunmehr *Augustus* nannte, vorstellig zu werden. Herodes unterwarf sich dem Sieger und stellte ihm seine Krone zur Verfügung. Augustus hielt es für das günstigste, Herodes in seinem Amt zu belassen und sich ihn durch Gunsterweisungen zu verpflichten. So gab er an Herodes die palästinensischen Besitzungen Kleopatras, nämlich Jericho und die Küstenstädte, zurück und schlug zu seinem Herrschaftsgebiet ganz Samaria, die ursprünglich zur Dekapolis gehörenden Städte Gadara und Hippos sowie das ganze Ostjordanland mit Ausnahme der Dekapolis. Herodes beherrschte nun ein Gebiet, das fast dem Großreich Davids entsprach.
Innerhalb des Römischen Reiches nahm Herodes die Stellung eines »verbündeten Königs« ein. Er brauchte keinen Tribut zu zahlen, war vom Provinzstatthalter unabhängig, unterstand direkt dem Kaiser. In seinem Herrschaftsgebiet hatte er die Grenzen des Reiches zu schützen

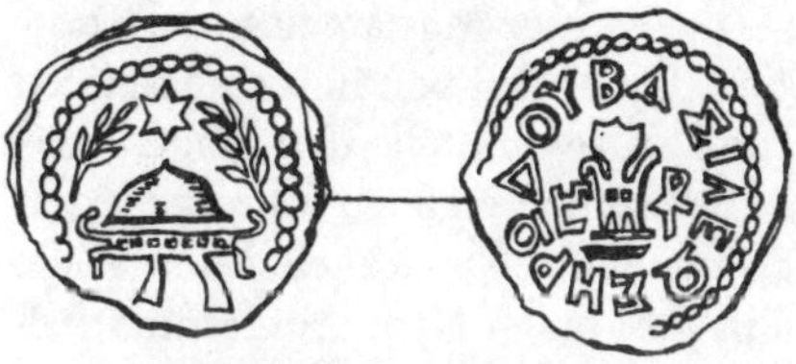

Abb. 23 Münze Herodes' des Großen. Die Aufschrift lautet: »Basileos Herodou« (= von König Herodes).

und im Kriegsfall Hilfstruppen zu stellen. Außenpolitische Handlungen bedurften der Bestätigung bzw. der Weisung des römischen Oberherren. In innerpolitischen Fragen hatte Herodes freie Verfügungsgewalt. Er hatte nur die Weisung, für Frieden und Ordnung nach innen zu sorgen. Die Wahl des Nachfolgers war Herodes freigestellt, bedurfte allerdings der Bestätigung durch die Römer. Herodes war während seiner ganzen Regierungszeit in eigenem Interesse Augustus treu ergeben. Mehrere Male kam es zu persönlichen Begegnungen zwischen Augustus und Herodes. Durch zahlreiche Bauten, die er Augustus zu Ehren errichtete oder nach ihm benannte, hat Herodes seinen römischen Oberherrn geehrt. Seine Söhne ließ er in Rom erziehen, um ihnen römische Bildung angedeihen zu lassen. Nur einmal kam es wegen der Eigenmächtigkeit der herodianischen Kriegsführung gegen die Nabatäer zum Zerwürfnis zwischen Augustus und Herodes, das aber bald beigelegt werden konnte.
Herodes war ein hochbegabter Herrscher, voll Tatkraft, Energie und Wagemut. Er zeichnete sich aus durch körperliche Tüchtigkeit, hohes diplomatisches Geschick, politische Klugheit und Wendigkeit sowie durch strategische Begabung. Herrschsucht und Ehrgeiz waren seine hervorragendsten Charaktereigenschaften. Er war skrupellos in der Wahl seiner Mittel, bis zur Brutalität. Bedenkenlos wechselte er von einer Partei zur anderen, von Pompejus zu Cäsar, von Cäsar zu Cas-

sius, von Cassius zu Antonius und schließlich von Antonius zu Octavian, um sich dem jeweils Stärkeren anzuschließen. Mehrere Male gelang es ihm, in gefährlicher Lage durch persönliches Erscheinen den jeweiligen Sieger für sich zu gewinnen, wobei er unerschrockenes Auftreten mit einfühlsamem Eingehen auf die Eigenart des Mächtigeren geschickt zu verbinden wußte. Verhängnisvoll wirkten sich sein Argwohn und sein Mißtrauen aus. Sie führten zur Tragödie innerhalb seiner Familie.

Als Emporkömmling aus nichtköniglichem Geblüt und als Idumäer, der seinem Volke immer als Fremdling galt, fürchtete Herodes die Machtansprüche der Überlebenden des hasmonäischen Königshauses. Um in verwandtschaftliche Beziehungen zu den Hasmonäern zu kommen, hatte Herodes die Hasmonäerin *Mariamme,* eine Enkelin des ehemaligen Hohenpriesters Hyrkanus und des zeitweiligen Königs und Hohenpriesters Aristobul, geheiratet und Alexander und Aristobul, die beiden »in Purpur geborenen« Söhne Mariammes, zur Thronfolge bestimmt[1]. Alexandra, die Mutter Mariammes und Tochter Hyrkanus, erreichte bei Herodes, daß er den von ihm eingesetzten Hohenpriester Hananel absetzte und an seine Stelle den jungen Aristobul, einen Bruder Mariammes, also seinen eigenen Schwager, zum Hohenpriester machte. Als aber Aristobul sehr schnell beim Volke beliebt wurde, fürchtete Herodes in ihm einen Nebenbuhler und ließ ihn in Jericho beim Baden ertränken.

Den Argwohn Herodes' gegen die hasmonäischen Angehörigen seiner Familie nutzten Salome und Pheroras, die Geschwister Herodes', und Antipater, der älteste Sohn Herodes', der aus der Ehe mit der Jerusalemerin Doris stammte und wegen seiner »bürgerlichen« Herkunft nicht als Thronerbe vorgesehen war. Durch Verleumdung und Intrigen, die Unvorsichtigkeiten Mariammes und ihrer Söhne geschickt nutzend, erreichten sie es, daß Herodes zunächst Mariamme und ihre Mutter Alexandra und schließlich die beiden Söhne der Mariamme hinrichten ließ und Antipater zum Thronerben bestimmte. Als der ehemalige Hohepriester Hyrkanus, der Großvater Mariammes, der einst von seinem Bruder Aristobul verstümmelt und den Parthern ausgeliefert worden war, als achtzigjähriger Greis aus parthischer Gefangenschaft zurückkehrte, fürchtete Herodes, Hyrkanus könne alte Ansprüche geltend machen, und ließ ihn hinrichten. Damit hatte Herodes den letzten Angehörigen der Hasmonäerdynastie aus dem Wege geräumt. Kurz vor seinem Tode deckte Herodes schließlich auch das Intrigenspiel Antipaters auf, stellte ihn vor ein römisches Gericht und ließ ihn hinrichten.

1 Zur Verwandtschaft Hyrkanus', Aristobuls und Mariammes mit dem Hasmonäergeschlecht s. Tabelle S. 194.

Ein wesentliches Merkmal der Herrschaft des Herodes war seine ausgedehnte *Bautätigkeit*, von der noch heute imposante Überreste zeugen. Die alte Königsstadt Samaria ließ er als rein hellenistische Stadt völlig neu bauen und benannte sie nach Augustus mit dem Namen Sebaste (Sebastos ist die griechische Bezeichnung für Augustus). Den an der Küste gelegenen kleinen Ort Stratonsturm baute er zu einem weiträumigen, künstlich angelegten Hafen aus, dessen Anlagen die von Athen an Größe übertrafen, und gab der Stadt dem Kaiser zu Ehren den Namen Caesareia, den Hafen nannte er Sebastos-Hafen. Das Andenken seines Vaters ehrte er durch Anlage der Stadt Antipatris nördlich von Lod, das seines Bruders durch die Stadt Phasaelis in der Jordanebene nördlich von Jericho. In Jericho schuf er sich eine Winterresidenz mit prächtig angelegten Gärten. Die alten Hasmonäerfestungen Hyrkania, Masada, Machärus und Alexandreion, die von Gabinius zerstört worden waren, ließ er stärker und prächtiger als zuvor erstehen und fügte diesem Festungssystem zwei neue Anlagen ähnlicher Art hinzu, nämlich die nach seiner Mutter benannte Festung Kypros am Abfall des Gebirges westlich von Jericho und das auf einem steil aufragenden Bergkegel südöstlich von Betlehem gelegene Herodeon, durch das er seinem eigenen Namen ein Denkmal setzte. Die altehrwürdigen Stätten des Abrahamgrabes in Hebron und des Abrahamheiligtums von Mamre stattete er mit Umfassungsmauern aus. Sein Hauptaugenmerk aber galt dem Ausbau Jerusalems zu einer gutbefestigten hellenistischen Metropole. Nordwestlich des Tempelplatzes errichtete er die nach seinem alten Gönner benannte Burg Antonia und auf der höchsten Stelle des Südwesthügels, in der Nähe des heutigen Jafatores, die mit Gärten und Prachtsälen ausgestattete, durch drei wuchtige Türme befestigte Herodesburg. Den krönenden Abschluß seiner Bautätigkeit bildete die 20 v. Chr. begonnene, aber erst 64 n. Chr. zum Abschluß gekommene Restaurierung und Erweiterung des Jerusalemer Tempels. Die Fläche des Tempelvorhofes ließ Herodes beträchtlich erweitern und von allen Seiten mit einer starken Mauer und Säulenhallen umgeben. Dazu waren gewaltige Substruktionen im Süden und Felsbearbeitungen im Norden notwendig. Noch heute sind diese Substruktionen und Teile der aus ungeheuren Steinquadern errichteten Umfassungsmauern erhalten[2]. Den auf das salomonische Heiligtum zurückgehenden Kernbau des eigentlichen Tempelgebäudes ließ Herodes im wesentlichen unverändert, erweiterte ihn aber durch Anbauten und brachte ihn durch ein Obergeschoß auf die Höhe von etwa 50 m. Die Gesamtanlage des herodianischen Hei-

2 Die Quadersteine an der Südostecke der Umfassungsmauer des herodianischen Tempels haben eine Höhe bis zu 1,78 m und eine Länge zwischen 9 und 12 m. – Näheres zum herodianischen Tempel: *A. Parrot,* Der Tempel von Jerusalem, 1956 (Bibel und Archäologie II), S. 63–94; zu den herodianischen Bauten in Samaria: *A. Parrot,* Samaria, 1957 (Bibel und Archäologie III), S. 83–99.

ligtums wurde zu einer der weiträumigsten und prächtigsten im ganzen Vorderen Orient. So umfaßt der Vorhof des herodianischen Heiligtums eine Fläche, die mehr als viermal so groß ist wie die der Akropolis von Athen. — Über seine Bautätigkeit in Palästina hinaus machte Herodes in zahlreichen Städten Syriens, Phöniziens, Kleinasiens und Griechenlands Stiftungen, indem er Bäder, Theater, Gymnasien, Säulenstraßen und Tempel erbauen ließ.

In diesen Bauten finden die Prachtliebe, der Ehrgeiz und die Ruhmsucht, aber auch die Organisationskraft und der Kulturwille des Herodes sichtbaren Ausdruck. Er wollte es anderen hellenistisch-römischen Herrschern gleichtun und den Städten seines Landes das Gepräge hellenistischer Kultur geben. Darum ließ er in Jerusalem, Jericho, Samaria und Cäsarea Gymnasien, Theater und Hippodrome anlegen und stiftete Kampfspiele in Jerusalem und Cäsarea. Seine große Stunde war gekommen, als er Agrippa, dem einflußreichen Schwiegersohn des Augustus, bei dessen Besuch im Jahre 15 v. Chr. seine Prachtbauten zeigen konnte. Daß er auf der einen Seite den Jahwetempel in Jerusalem neugestalten und in Hebron und Mamre Abrahamsheilig-

Herodes und seine Nachkommen (die Tab. ist nicht vollständig)

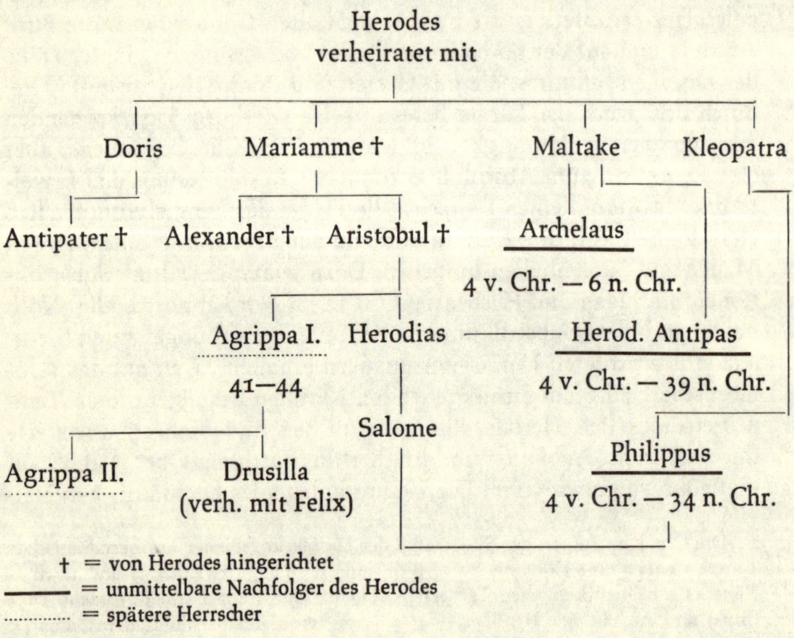

tümer erbauen ließ, daneben aber Augustusheiligtümer in Samaria, Cäsarea und bei Banjas in der Nähe der Jordanquellen errichtete und im Ausland den Bau von Tempeln heidnischer Götter förderte oder sie mit Weihgeschenken bedachte — das alles zeigt die religiös liberale, synkretistische Gesinnung des Königs, ist aber auch ein Beispiel dafür, wie er sich sowohl den Juden als auch dem römischen Kaiser erkenntlich zu zeigen suchte. Diese aufwendigen und kostspieligen Bauten lassen schließlich ahnen, welch straffes Regiment Herodes geführt haben muß und welche Steuerlast er seinem Volke aufbürdete, um die immensen Baukosten bestreiten zu können.

Freilich bot die Herrschaft des Herodes auch manche Annehmlichkeit für das Volk. Nach den nicht abreißenden Wirren der vorangegangenen Jahrhunderte blieb es während seiner ganzen Regierungszeit von Kriegen nach außen und Aufständen im Inneren verschont. Letzteres ist freilich vor allem darauf zurückzuführen, daß Herodes die Macht fest in Händen hatte und jede Auflehnung schon im Keime erstickte. Der Bau von Bewässerungsanlagen machte eine bessere Bodennutzung möglich. Handel und Wirtschaft nahmen einen Aufschwung. Beim Ausbruch einer Hungersnot (25/24. v. Chr.) bot Herodes alle Mittel auf, um der Not zu steuern. Vor Augustus und Agrippa trat er für die Juden in der Diaspora ein und schützte sie vor Übergriffen. Als die Pharisäer ihm und dem Kaiser den Eid verweigerten, achtete er ihre religiöse Überzeugung, indem er ihnen nur eine Geldbuße auferlegte. Beim Bau des Tempels sorgte er dafür, daß keine religiösen Vorschriften verletzt wurden. Mit Stolz wiesen die Juden auf den Prachtbau des Jerusalemer Tempels (s. z. B. Mk 13,1).

Dennoch ist Herodes immer unbeliebt geblieben, ja gehaßt worden. Man sah ihn als Fremdling und Römerfreund an. Seine despotische, autokratische Gewaltherrschaft und seine hellenistische Gesinnung stießen auf Ablehnung. Daß er seine tatsächlichen oder vermeintlichen Gegner, ja sogar seine nächsten Angehörigen durch Mord aus dem Wege räumte, daß er willkürlich Hohepriester ein- und absetzte, ja vor dem Mord an einem Träger dieses Amtes nicht zurückschreckte, mußte im höchsten Maße Anstoß bei den Gesetzestreuen erregen. Als kurz vor seinem Tode die Pharisäer den goldenen Adler vom Portal des Tempels rissen und damit offen ihr Mißfallen an herodianischen Maßnahmen demonstrierten, rächte sich Herodes an ihnen durch ein blutiges Strafgericht.

Bei aller Zwielichtigkeit war Herodes die letzte kraftvolle Herrscherpersönlichkeit auf judäischem Königsthron. Seine Regierungszeit war, nach außen hin gesehen, die letzte Glanzzeit der Geschichte Israels. Darum gab man ihm auch den Beinamen »der Große«. Nach schmerzhafter Krankheit starb Herodes im Jahre 4 v. Chr. in Jericho und wurde nach eigenem Wunsch im Herodeon beigesetzt.

3. *Die Nachfolger des Herodes*

Quellen: Josephus, Ant. Jud. XVII,9–XIX,9; Bell. Jud. II,1–12.

Lit.: *S. Perowne*, Herodier, Römer und Juden, 1958; *L. Goppelt*, Christentum und Judentum im ersten und zweiten Jahrhundert, 1954 (S. 16–29, Das Judentum zur Zeit Jesu); *C. K. Barrett*, Die Umwelt des Neuen Testaments, 1959 (Quellensammlung).

Nach dem Tode des Herodes erschien vor Augustus eine Gesandtschaft der jüdischen Kultgemeinde, um zu erreichen, daß die Herrschaft der Herodianer aufgehoben werde. Auch die zur Thronfolge vorgesehenen Söhne des Herodes wurden in Rom vorstellig, um möglichst großen Anteil am Erbe des Vaters zu gewinnen. Augustus aber entschied im wesentlichen nach dem Testament des Herodes, das eine Aufteilung des herodianischen Reiches unter seine Söhne Archelaos, Antipas und Philippos vorsah. *Archelaus*, Sohn der Samariterin Maltake, wurde zur Herrschaft über Judäa mit Samaria bestimmt, erhielt aber, entgegen dem herodianischen Testament, nicht den Titel eines Königs, sondern den eines Ethnarchen. Die hellenistischen Städte Gaza, Gadara und Hippos wurden seiner Herrschaft entnommen. An *Antipas*, den Vollbruder des Archelaus, fielen Galiläa und Peräa, an *Philippus*, den Sohn der Jerusalemitin Kleopatra, die im nördlichen Ostjordanland liegenden Gebiete Trachonitis, Batanaia und Auranitis. Beide erhielten den Titel eines Tetrarchen (»Vierfürsten«). *Salome*, die Schwester Herodes', wurde mit Jamnia, Aschdod und der Neugründung Phasaelis im Jordangraben bedacht.

Während der Abwesenheit der Thronanwärter brachen in Palästina Unruhen gegen die Herodianer und die Römer aus, die von *Varus*, dem Statthalter von Syrien, niedergeschlagen wurden. — *Archelaus* konnte seine Herrschaftsstellung nicht lange halten. Auf Grund einer Beschwerde der Judäer und Samaritaner über die grausame Willkürherrschaft des Fürsten setzte Augustus Archelaus ab und schickte ihn in die Verbannung nach Gallien. Judäa und Samaria wurden der Provinz Syria eingegliedert und einem Prokurator unterstellt, der seinen Sitz in Cäsarea hatte. Die Burg Antonia in Jerusalem und zahlreiche feste Städte wurden mit römischer Besatzung belegt.

Philippus, der Tetrarch des nördlichen Ostjordanlandes, wird von Josephus als milder und gerechter Herrscher beurteilt. Er gründete die Stadt Cäsarea Philippi in der Nähe der östlichen Jordanquelle und machte sie zu seiner Residenz. Er war zuletzt mit seiner Nichte Salome, der Tochter des Antipas, verheiratet. Nach seinem Tode im Jahre 34 n. Chr. wurde sein Gebiet ein Teil der Provinz Syria.

Herodes Antipas, der Beherrscher von Galiläa und Peräa, residierte zunächst in Sefforis in Untergaliläa. Er baute den Ort Betaramfta im Ostteil des unteren Jordangrabens zur Festung Julias (später Livias) als Schutz gegen die Nabatäer aus und gründete um 20 n. Chr. die nach Tiberius benannte Stadt Tiberias am Westufer des Sees Gennesaret und machte sie zur Hauptstadt seines Gebietes. Antipas war zunächst mit einer Tochter des Nabatäerkönigs Aretas verheiratet. Zum Verderben wurde ihm die ehrgeizige Herodias, eine Tochter des von Herodes hingerichteten Aristobul, also eine Enkelin des Herodes und der Mariamme. Herodias war in erster Ehe mit einem unbedeutenden Herodessohn, der ebenfalls Herodes hieß, verheiratet. Auf Veranlassung der Herodias brachte Antipas die Scheidung zwischen seinem Stiefbruder Herodes und der Herodias zustande, verstieß seine eigene Gemahlin, die Tochter des Nabatäerkönigs, und heiratete Herodias. Salome, die Tochter der Herodias, heiratete später den Tetrarchen Philippus. Sie spielte auch eine Rolle bei der Enthauptung Johannes des Täufers, den Antipas auf der Festung Machärus hatte einkerkern lassen, weil Johannes die doppelte Unrechtmäßigkeit der Ehe zwischen Antipas und Herodias gegeißelt hatte. Um die Verstoßung seiner Tochter zu rächen, führte der Nabatäerkönig Aretas Krieg (36 n. Chr.) gegen Antipas und brachte ihm eine empfindliche Niederlage bei. Antipas ließ sich schließlich von Herodias dazu bestimmen, beim Kaiser Caligula um den Königstitel nachzusuchen. Antipas wurde jedoch von Herodes Agrippa, einem Vollbruder der Herodias, der Vorbereitung des Abfalls von Rom verdächtigt, von Caligula 39 n. Chr. abgesetzt und nach Gallien verbannt.

Herodes Agrippa war wegen seiner Sympathiekundgebungen für Caligula von Tiberius eingekerkert worden. Als Caligula Kaiser wurde (37 n. Chr.), belohnte er seinen Freund Agrippa, indem er ihm den Königstitel verlieh und ihm die ehemals von Philippus beherrschten Gebiete im nördlichen Ostjordanland, dazu das Gebiet von Abila nordwestlich von Damaskus unterstellte. Nach der Absetzung des Antipas, die Agrippa durch seine Verdächtigung geflissentlich betrie-

Abb. 24 Münze Herodes' Agrippas I. Die Vorderseite trägt die Umschrift: »Der große König Agrippa, der Kaiserfreund.« Auf der Rückseite ist Tyche, die Schicksalsgöttin, dargestellt.

ben hatte, erhielt Agrippa auch noch Galiläa und Peräa. Im Jahre 41 n. Chr. wurde Caligula ermordet. Agrippa setzte sich dafür ein, daß Claudius Kaiser wurde. Zum Lohn dafür bestätigte ihn Claudius nicht nur in seinem bisherigen Amt, sondern betraute ihn auch noch mit

der Herrschaft über Judäa, Idumäa und Samaria. Damit war Agrippa König über das Gebiet, das einst sein Großvater Herodes beherrscht hatte.
Agrippa gab sich den Anschein eines gesetzestreuen Juden und ließ keine Gelegenheit ungenutzt, seine Frömmigkeit zu demonstrieren. Er erwarb sich dadurch die Sympathien der Jerusalemer Kultgemeinde. Apg 12,1ff berichtet von einer Christenverfolgung, der er stattgab, um bei den Juden Gefallen zu erwerben. Außerhalb seines Herrschaftsgebietes gebärdete er sich wie ein hellenistischer Herrscher. Auf Münzen bezeichnet er sich mit dem Titel: »Der große König Agrippa, der Freund des Kaisers.« Aber auch seiner Verfügungsgewalt waren Grenzen gesetzt. Er wollte die Befestigung Jerusalems durch eine dritte Nordmauer verstärken. Der syrische Statthalter untersagte jedoch den Weiterbau des bereits begonnenen Werkes, von dem heute noch Überreste vorhanden sind. Als Agrippa im Jahre 44 n. Chr. in Cäsarea festliche Spiele abhalten ließ und von der Menge als leibhaftiger Gott begrüßt wurde, befielen ihn heftige Schmerzen, und er starb nach wenigen Tagen (Apg 12,21—23). Dieses Ereignis hinterließ bei den Juden einen tiefen Eindruck.
Nach dem Tode Agrippas setzten die Römer seinen erst 17jährigen Sohn, der ebenfalls den Namen Agrippa trug, nicht zum Nachfolger ein, sondern schlugen das gesamte Gebiet Agrippas zur Provinz Syria und unterstellten es einem Prokurator. Als Agrippa II. volljährig geworden war (50 n. Chr.), übertrug ihm Claudius die Herrschaft über das Königreich Chalkis in der Senke zwischen Libanon und Antilibanon. Dazu verlieh er ihm das Recht, die kultischen Angelegenheiten der Jerusalemer Kultgemeinde zu regeln und den Hohenpriester einzusetzen. 53 n. Chr. konnte er sein kleines Herrschaftsgebiet gegen das Gebiet der ehemaligen Tetrarchie des Philippus eintauschen, nämlich das nördliche Ostjordanland und die Abilene. Nero fügte diesem Gebiet Teile von Galiläa und Peräa, u. a. die Städte Tiberias, Tarichea und Betsaida-Julias, hinzu. Einige Male trat Agrippa II. vor den Römern für die Interessen der Jerusalemer Kultgemeinde ein, fand aber dennoch nicht die Zustimmung gesetzestreuer Juden. Durch sein undurchsichtiges Verhältnis zu seiner Schwester Bernike war er übel beleumdet. Seine Schwester Drusilla war nach Scheidung ihrer ersten Ehe mit dem Prokurator Felix verheiratet (Apg 24,24; 25,13ff; 26,1ff).
In den ersten Jahrzehnten des 1. Jh. v. Chr. kam die rabbinische *Schriftgelehrsamkeit* zu hoher Blüte. Die Lehre von der wörtlichen Inspiration jedes einzelnen Schriftwortes war die Voraussetzung für die kasuistische Schriftauslegung der Rabbinen. Man erörterte alle nur möglichen Fälle und suchte bindende Regeln für alle Lebensbereiche abzuleiten. Darf man ein Ei, das ein Huhn am Sabbat legte, essen? Darf man am Sabbat einem in den Brunnen gefallenen Esel

Hilfe leisten? Rabbi *Hillel* und Rabbi *Schammai* waren zu Beginn des Jahrhunderts zwei angesehene Schulhäupter und anerkannte Autoritäten. Hillel stellte sieben Regeln für rechte Schriftauslegung auf. Hillels Nachfolger wurde sein Schüler und Enkel, Rabbi *Gamaliel*, der Lehrer des späteren Apostels Paulus[3].

Einen Einblick in die *Messiaserwartungen*, die unter den Pharisäern und darüber hinaus im Volke lebendig waren, geben uns die im 1. Jh. v. Chr. entstandenen Psalmen Salomos, Kap. 17.18. Mit dem Anbruch der messianischen Herrschaft erwartet man die Befreiung vom Joch der Römer: »Sieh' darein, o Herr, und laß ihnen erstehen ihren König, den Sohn Davids, zu der Zeit, die du erkoren, Gott, daß er über deinen Knecht Israel regiere. Und gürte ihn mit Kraft, daß er ungerechte Herrscher zerschmettere, Jerusalem reinige von den Heiden, die es kläglich zertreten« (17,21f). Der Messias selbst wandelt in Vollkommenheit und schafft ein von Sünden gereinigtes Volk:

»Und er ist rein von Sünde, daß er herrschen kann über ein großes Volk, in Zucht halten die Obersten und wegschaffen die Sünder mit mächtigen Worten. Auch wird er nie in seinem Leben straucheln gegen seinen Gott; denn Gott hat ihn stark gemacht an Heiligem Geist und weise an verständigem Rat mit Tatkraft und Gerechtigkeit« (17,36f). »Dann wird er ein heiliges Volk zusammenbringen, das er mit Gerechtigkeit regiert, und wird richten die Stämme des vom Herrn, seinem Gott, geheiligten Volkes« (17,26). »Selig, wer in jenen Tagen leben wird und schauen darf das Heil des Herrn, das er dem kommenden Geschlecht schafft!« (18,6).

4. *»Als die Zeit erfüllet ward«*

Lit.: *R. Bultmann*, Jesus, 1970[4]; *M. Dibelius*, Jesus, 1949[2]; *G. Bornkamm*, Jesus von Nazareth, 1974[9] (Urban-Bücher 19); *E. Stauffer*, Jesus, 1957 (Dalp-Taschenbücher 332).

In die Regierungszeit des Herodes Antipas fällt die Wirksamkeit *Jesu von Nazaret*. Sie spielte sich zunächst vor allem in Galiläa im Umkreis des Sees Gennesaret ab. Kafarnaum und Chorazin waren Brennpunkte seines Wirkens. Mit der Botschaft »Tut Buße, denn das Reich der Himmel ist nahe herbeigekommen« (Mt 4,17) trat er in die Öffentlichkeit. Seine Verkündigung bedient sich weitgehend der Vorstellungswelt seiner Zeit und nimmt in mancher Hinsicht auch Inhalte der pharisäischen und essenischen Lehre auf. Eine charakteristische Eigenart seiner Botschaft ist die Tatsache, daß sie eng mit seiner eigenen Person verknüpft ist. Das Reich Gottes, dessen Anbruch unmit-

3 Zur rabbinischen Literatur vgl. *C. K. Barrett*, Die Umwelt des Neuen Testaments, 1959, S. 148–184, Die rabbinische Literatur und das rabbinische Judentum.

telbar bevorsteht, ist eine künftige Größe — aber im Werk und der Verkündigung Jesu wirft das Reich Gottes seine Strahlen voraus, ja ist in seinem Reden und Handeln schon Gegenwart geworden. »Wenn ich aber durch den Finger Gottes die Dämonen austreibe, so ist das Reich Gottes zu euch hingekommen« (Lk 11,20). Indem er die Armen, die Trauernden, die nach Gerechtigkeit Hungernden und Dürstenden selig preist, ist der Trost des künftigen Reiches für sie Gegenwart geworden. Indem er zu den Sündern, den Zöllnern und Dirnen geht, widerfährt ihnen die vergebende und schenkende Gnade Gottes. In der unumschränkten Gnade Gottes, die in der Begegnung mit Jesus Ereignis wird, sind auch die radikalen Forderungen Jesu begründet. Weil in der durch Jesus zuteil werdenden Vergebung die totale Liebe Gottes begegnet, darf auch die Liebe des Menschen vor dem Feind nicht Halt machen. Weil der Mensch völlig auf die schenkende Gnade Gottes angewiesen ist, ist jeder Anspruch des Menschen, jede verdienstliche Leistung ausgeschlossen. Das Doppelgebot der Liebe zu Gott und zum Nächsten ist nicht neu. Neu hingegen ist, daß Jesus das Doppelgebot der Liebe zum obersten aller Gebote erhebt, alle anderen Gebote diesem einen unterordnet und das gesamte Handeln des Menschen unter die Bestimmung dieses Gebotes stellt. Das ist das Ende aller Kasuistik. Die Einzelforderungen Jesu sind keine neuen kasuistischen Gesetze, sondern Beispiel für die Entfaltung des Liebesgebotes. Die kasuistische Auslegung der Schriftgelehrten bezeichnet Jesus als »Menschensatzungen«, die geradezu dazu führen können, daß sie der Mensch vorschiebt, um sich dem Willen Gottes zu entziehen (Mk 7, 6—13). Die kasuistisch verstandene Erfüllung des Gesetzes wird dann tödlich, wenn sie dem Menschen sein totales Angewiesensein auf die Gnade Gottes verdunkelt (Lk 18,10—14; 15,7). Die Sicheren und Satten, die meinen, der Gnade nicht zu bedürfen, ziehen sich durch Ablehnung des durch Jesus ergehenden Geschenkes das Gericht zu. So stellte Jesu Gnadenruf den Menschen in die Entscheidung. Auch Israel muß seine Erwählung in der Antwort auf den Ruf Gottes, der durch Jesus ergeht, bewähren. Darum zieht Jesus nach Jerusalem, um hier die Obersten, die Repräsentanten Israels, in die Entscheidung zu stellen. Mit seiner Botschaft von der Gewaltlosigkeit, mit seiner Stellung dem Staat gegenüber mußte Jesus auf Ablehnung bei den Zeloten stoßen. Seine Kritik an der Kasuistik und Legalistik mußte den Widerspruch der Pharisäer hervorrufen. Jesu freie Haltung gegenüber dem Sabbat, den Reinheitsvorschriften und dem Gebot kultischer Abgaben (Mk 2,23ff; 3,1ff; 7,1—23) war nicht in laxer Haltung, sondern in einem letzten Ernstnehmen des Liebesgebotes als oberster Forderung Gottes begründet. Die Pharisäer vermochten darin nur sträflichen Gesetzesbruch zu sehen. Wenn er sein »Ich aber sage euch ...« autoritativ neben das Gebot der Tora stellte, wenn er den Menschen in letzter Gewißheit die Vergebung der Sünden erteilte, dann sprach und handelte er, wie es nur Gott zusteht. Er erhob damit den Anspruch, in letzter göttlicher Autorität zu handeln und zu reden. Diesen Anspruch vermochten die Pharisäer und Schriftgelehrten nur als Anmaßung und Gotteslästerung anzusehen und forderten darum seinen Tod. Bei der römischen Behörde bezichtigten sie ihn des Widerstandes gegen die Staatsgewalt. Der Statthalter Pontius Pilatus verurteilte ihn daraufhin zum Tode am Kreuz. Seine Anhänger aber erkannten, daß sein Anspruch zu Recht bestand, daß er der Messias, »der Sohn des lebendigen Gottes«, war. Von der Begegnung mit dem Auferstandenen her verkündigten sie, daß in seinem Tode Gott die Sünde der Welt gerichtet und der Welt das Heil zugewandt hat. Das Reden und Handeln Gottes in der Geschichte Israels und durch die Geschichte Israels lief auf ihn zu, fand in ihm sein Ziel. Durch ihn ergeht das letztgültige Reden Gottes nicht nur an Israel, sondern an die ganze Welt. Die alte Verheißung, daß durch Israel der Segen über alle Völker kommen solle, geht in ihm in Erfüllung (Gal 3,8). Die alte Bundeszusage: »Ich will euer Gott sein« ist nun nicht mehr auf Israel beschränkt, sondern gilt als Zusage und Angebot für alle.

5. *Der erste jüdische Aufstand*

Quelle: Josephus, Bell. Jud. 2,9–7,11.

Lit.: *M. Hengel*, Die Zeloten, 1961.

Das Königtum Agrippas I. war nur ein kurzes Zwischenspiel von drei Jahren. Nach seinem Tode wurde ganz Palästina der Provinz Syria eingegliedert und der Herrschaft eines Prokurators unterstellt. Judäa und Samaria hatten schon in der Zeit von der Amtsenthebung des Archelaus (9 n. Chr.) bis zum Königtum Agrippas (41 n. Chr.) einem Prokurator unterstanden. Der Prokurator befehligte die Besatzungstruppen. Er hatte die Aufgabe, für Ruhe und Ordnung zu sorgen und die Steuererhebung zu regeln. Ihm oblag auch die Rechtsprechung in letzter Instanz. Im übrigen lag die Verwaltung in den Händen der Juden. Die Steuern wurden von jüdischen Steuereinnehmern (»Zöllnern«) eingezogen und an die Römer weitergeleitet. Das Synhedrium übte weiterhin seine eigene Gerichtsbarkeit aus. Todesurteile blieben jedoch dem Prokurator vorbehalten.

Die Römer waren bemüht, auf die Besonderheiten der jüdischen Kultgemeinde Rücksicht zu nehmen, und respektierten ihre religiösen Traditionen. Die Juden allein waren vom Kaiserkult befreit. Der Statthalter residierte nicht in Jerusalem, sondern in Cäsarea, um den Kaiserkult vom Kultzentrum der jüdischen Gemeinde fernzuhalten. Die römischen Truppen hatten Anweisung, keine Standarten und Kaiserbilder mit nach Jerusalem zu nehmen und den Tempel nicht zu betreten. Dennoch kam es in Judäa bereits in der Zeit zwischen 9 und 41 n. Chr. zu Spannungen und ernsten Konflikten zwischen der römischen Besatzungsmacht und den Angehörigen der jüdischen Kultgemeinde. Die Juden standen den Römern als Fremdmacht von vornherein feindlich gegenüber. Die römischen Prokuratoren ließen es oft an der nötigen Rücksicht fehlen, sie ließen sich manchmal Willkürhandlungen zuschulden kommen und suchten aus den Steuerforderungen möglichst viel Gewinn für sich selbst herauszuschlagen. Der vom ersten Statthalter *Quirinius* zur Steuererfassung durchgeführte Census rief eine scharfe antirömische Stimmung hervor. *Pilatus* (26—36) stieß auf heftigen Widerstand, als er vergoldete Schilde mit einer dem Kaiser gewidmeten Weiheinschrift in Jerusalem aufstellen wollte. Für den Bau einer Wasserleitung nach Jerusalem nahm er den Tempelschatz in Anspruch. Wegen Übergriffen gegen die Samaritaner wurde er abberufen und zur Rechenschaft gezogen. — Als Kaiser *Caligula* sich selbst als Gott ausgab und überall im Reich die Teilnahme am Kaiserkult forderte, gerieten die Juden in harte Bedrängnis, da sie sich selbstverständlich weigerten, dem nachzukommen. In Alexandria suchte man im Jahre 38 n. Chr. die Teilnahme der Juden am Kaiserkult zu erzwingen. Man stellte gewaltsam Kaiserbilder in den Synagogen auf, andere Synagogen wurden verbrannt, eine blutige Judenverfolgung setzte ein. Auf seiner Durchreise wurde Agrippa I. in Alexandrien öffentlich verhöhnt. — Im Jahre 39 n. Chr. zerstörten gesetzesstrenge Juden einen Kaiseraltar, der von heidnischen Bewohnern in Jamnia errichtet worden war. Caligula befahl daraufhin die Aufstellung eines Kaiserbildes im Jerusalemer Tempel. Die zutiefst entsetzten Juden bestürmten den Statthalter Petronius in Sidon und Tiberias flehentlich. Petronius sah voraus, welche unabsehbare Folgen eine gewaltsame Einführung des Kaiserkultes nach sich ziehen würde. Vergeblich baten Petronius und Agrippa den Kaiser um Aufhebung des Kultbefehles. Daraufhin wagte es Petronius, den kaiserlichen Befehl zu übergehen. Durch die Ermordung Caligulas (41 n. Chr.) entging die Jerusalemer Kultgemeinde der drohenden Katastrophe und Petronius dem Vollzug des schon ausgesprochenen Todesurteils. Kaiser *Claudius* war einsichtig genug, den Angehörigen der jüdischen Kultgemeinde die Teilnahme am Kaiserkult zu ersparen. Damit fand auch die Bedrängnis der Juden in Alexandrien ein Ende. Die Sonderstellung in kultischen Angelegenheiten trug den Juden allerdings den Haß im ganzen Römischen Reich ein.

Die antirömische Stimmung jener Zeit fand ihren extremsten Ausdruck in der Partei der *Zeloten* (»Eiferer«), die in der Zeit nach dem Census des Quirinius entstand. Die Zeloten gingen aus den Kreisen der Pharisäer hervor, mit denen sie das Anliegen strenger Gesetzeserfüllung und die Erwartung der messianischen Zeit teilten. Beide Gruppen waren davon überzeugt, daß messianisches Reich und Befreiung von der römischen Fremdherrschaft untrennbar miteinander verbunden seien. Während aber die Pharisäer die Römerherrschaft als eine Geißel Gottes, um deren Abwendung man nur beten könne, geduldig ertrugen, den Anbruch der messianischen Zeit und die Befreiung von den Römern allein von einem Eingreifen Gottes erhofften und darum jegliche Anwendung von Gewalt ablehnten, suchten die Zeloten durch aktives Handeln die messianische Zeit herbeizuführen und mit Waffengewalt das römische Joch abzuschütteln. Die Oberherrschaft eines heidnischen Kaisers anzuerkennen, galt ihnen als ein Verstoß gegen das Gebot der ausschließlichen Verehrung des einen Gottes. Darum lehnten sie es ab, an die Römer Steuern zu zahlen. Natürlich konnten die Zeloten zunächst nur als »Untergrundbewegung« existieren. Sie traten anfangs nur durch kleinere Störaktionen hervor und stifteten überall im Lande Unruhe.

Unter der Verwaltung der Prokuratoren nach dem Tode Herodes Agrippa verschärfte sich die Spannung zwischen den Römern und Juden immer mehr. Unbesonnenheiten, Härten und Übergriffe der Statthalter hatten zur Folge, daß die Anhängerschaft der Zeloten wuchs. Racheakte, Ausschreitungen und Gewaltmaßnahmen der Zeloten zogen wiederum Repressalien der Römer nach sich.

Unter dem Prokurator *Ventidius Cumanus* (48–52 n. Chr.) reizte ein römischer Soldat während des Paschafestes die Juden durch schamloses Betragen zur Empörung, die Cumanus gewaltsam niederhalten mußte. — In der Nähe von Bet-Horon wurde ein Sklave des Kaisers überfallen und beraubt. Bei Vergeltungsmaßnahmen gegen die umliegenden Dörfer vernichtete einer der eingesetzten römischen Soldaten eine Torarolle. Der Statthalter konnte die darob aufs äußerste erbosten Juden nur durch Hinrichtung des Soldaten zur Ruhe bringen. — In der Gegend von Samaria wurden galiläische Festpilger von Samaritanern ermordet. Da der Statthalter die Täter nicht zur Rechenschaft zog, griffen die Zeloten zur Selbsthilfe und durchstreiften Samaria mit Mord und Brand. Als Cumanus hiergegen einschritt, kam es zu gefährlichen Unruhen, die sich erst legten, als Kaiser Claudius auf Anraten Agrippas II. führende Samaritaner und einen römischen Offizier hinrichten ließ und Cumanus seines Amtes enthob.

Unter dem Prokurator *Antonius Felix* (52–60 n. Chr.) bildete sich die Untergrundbewegung der *Sikarier*, benannt nach dem kurzen Krummdolch (sica), den sie ständig unter dem Gewand verborgen trugen. Durch Meuchelmord beseitigten sie jeden, der sich nicht an der antirömischen Bewegung beteiligte. So scheuten sie nicht vor der Ermordung des Hohenpriesters Jonatan zurück. — Die ohnehin gespannte Lage wurde verschärft durch schwärmerische Personen, die mit prophetischem Anspruch auftraten und messianische Hoffnungen er-

weckten. Schwärmerische Bewegungen, die sie hervorriefen, hielten die Römer blutig nieder.
Korruption, Mißwirtschaft und rücksichtslose Ausbeutung des Landes fanden ihren Höhepunkt unter den Prokuratoren *Albinus* (62—64) und *Gessius Florus* (64—66). Es bedurfte nur noch eines geringfügigen Anstoßes, um die allgemeine Empörung zum offenen Aufstand werden zu lassen. In Cäsarea kam es zwischen Juden und Syrern zum Streit um das Bürgerrecht. Florus nahm zwar von den Juden Bestechungsgelder an, verwies aber beide Parteien vor das kaiserliche Gericht in Rom. Als die Juden den Prozeß verloren und sich den Belästigungen durch die Syrer nur durch Verlassen der Stadt entziehen konnten, stieg die Empörung aufs äußerste. Der letzte Anstoß zum offenen Aufstand war gegeben, als Florus 17 Talente aus dem Tempelschatz forderte. Die öffentliche Verhöhnung des Statthalters in Jerusalem durch die Juden beantwortete Florus mit dem Befehl, einen Teil der Stadt zu plündern und vornehme Bürger zu kreuzigen. Alle Versuche des Hohenpriesters, der Pharisäer und Sadduzäer, dem Aufstand zu wehren, schlugen nunmehr fehl. Die Aufständischen unter *Eleasar*, einem Sohn des Hohenpriesters, besetzten den Tempelbezirk und rissen die Verbindungshallen zwischen Antonia und Tempelbezirk nieder. Agrippa II. eilte nach Jerusalem und mahnte vergeblich zur Mäßigung. Als die Aufständischen die Einstellung des täglichen Opfers für den Kaiser erzwangen, war der Bruch mit den Römern endgültig. Der Hohepriester und besonnene Kreise der Pharisäer und Sadduzäer suchten dem Aufstand gewaltsam zu wehren. Auf ihren Hilferuf sandte Agrippa 3000 Reiter, die aber gegen die Aufständischen nichts auszurichten vermochten und sich in die Herodesburg zurückziehen mußten, von wo ihnen freier Abzug gewährt wurde. Der Hohepriester wurde ermordet. Die Aufständischen steckten den Palast des Hohenpriesters, den Palast des Agrippa und die Antonia in Brand. Den Überlebenden der römischen Besatzung, die sich in die befestigten Türme der Herodesburg geflüchtet hatten, sagte man zwar freien Abzug zu, metzelte sie aber nieder, nachdem sie ihre Waffen abgelegt hatten.
Inzwischen war es den Aufständischen gelungen, die Festungen Masada und Herodeon, die nur mit schwacher Besatzung belegt waren, in ihre Hand zu bekommen. Überall im Lande flammte nunmehr der Aufstand auf. In Cäsarea, Aschkelon, Skytopolis, Damaskus und Alexandrien kam es daraufhin zu blutigen Judenverfolgungen. Da der Prokurator Florus den Aufstand nicht mehr niederzuhalten vermochte, zog im Herbst 66 n. Chr. der Statthalter von Syrien, C. Cestius Gallus, mit einer Legion nach Judäa. Er drang in die nördliche Vorstadt von Jerusalem ein, vermochte jedoch nicht den Tempelbezirk einzunehmen. So mußte er sich wieder zurückziehen, wurde bei Bet-Horon von Aufständischen überfallen und erlitt schwere Verluste.

Ein großer Teil der Waffen und des Gepäckes wurde zur Beute der Aufständischen, die sich durch die Niederlage der Römer in ihrem Freiheitsstreben bestärkt sahen.

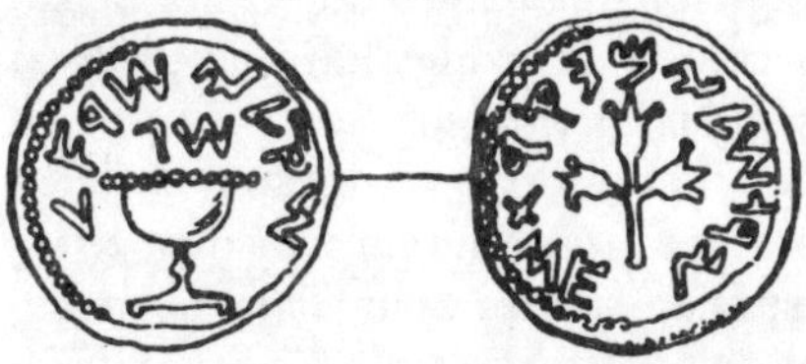

Abb. 25 Jüdische Aufstandsmünze (67 n. Chr.). Auf der Vorderseite ist ein Kelch, auf der Rückseite sind drei Granatäpfel dargestellt. Umschrift auf der Vorderseite: »Ein Schekel von Israel«, auf der Rückseite: »Das Heilige Jerusalem«.

Freilich stand der eigentliche Krieg noch bevor. Bei einer ernsthaften Auseinandersetzung waren die Aufständischen von vornherein im Nachteil, da sie schlecht gerüstet, mangelhaft ausgebildet und obendrein untereinander uneins waren. In Galiläa war Joseph, der Sohn des Matthias, der später unter dem Namen *Josephus* als Geschichtsschreiber bekannt wurde, der Führer des Aufstandes. Im Gegensatz zu ihm stand *Johannes von Gischala*, der Führer der Zeloten. Josephus bereitete den Krieg gut vor. Er ließ u. a. in aller Eile eine Reihe von Städten befestigen und das Land in verschiedene Verteidigungsbezirke einteilen.
Im Winter 66/67 beauftragte der Kaiser Nero seinen erfahrenen Feldherrn *T. Flavius Vespasianus* mit der Niederwerfung des Aufstandes. Ihm standen drei gut gerüstete Legionen mit einer Anzahl von Hilfstruppen zur Verfügung. Im Frühjahr 67 bat die vorwiegend heidnische Bevölkerung des wichtigsten Stützpunktes Sefforis in Untergaliläa um römische Besatzung. Beim Nahen der Römer zogen sich die Aufständischen sofort in die befestigten Städte zurück, so daß den Römern das offene Land kampflos in die Hand fiel. Nach 47tägiger Belagerung gelang es Vespasian, die befestigte Stadt Jotapata, in die sich Josephus mit einem großen Teil der Aufständischen zurückgezogen hatte, zu erobern. Josephus ging zu den Römern über und wurde milde behandelt. Nach der Einnahme von Tiberias, Taricheä, Gamala, Gischala und des Tabor im Herbst 67 hatte Vespasian ganz Galiläa in der Hand und konnte seine Truppen Winterquartiere beziehen lassen.
Johannes von Gischala war es im letzten Augenblick gelungen, aus seinem belagerten Heimatort nach Jerusalem zu entfliehen. Hier riß er mit Hilfe der Idumäer die Herrschaft über die Stadt an sich und übte ein Terrorregiment aus. Im Frühjahr 68 n. Chr. besetzte Vespasian nacheinander Peräa, die Küstenebene, das judäische Hügelland, Idumäa, Samaria und eroberte Jericho. Die Belagerung von Jerusalem zögerte er hinaus, als die Nachricht vom Tode Neros (9. Juni 68 n. Chr.) eintraf. Inzwischen trugen die Aufständischen in Jerusalem

blutige Machtkämpfe untereinander aus. Der Bandenführer *Simon bar Giora* und der Zelotenführer Johannes von Gischala kämpften um die Herrschaft. Schließlich besetzte Johannes den Tempelbezirk, während Simon die übrige Stadt beherrschte.

Im Laufe des Jahres 69 n. Chr. folgten nacheinander die Kaiser Galba, Otho und Vitellius auf dem Kaiserthron, bis schließlich am 1. Juli 69 n. Chr. Vespasian von den Truppen im Orient zum Kaiser ausgerufen wurde und im Sommer 70 n. Chr. seine Herrschaft in Rom antreten konnte. Durch diese Vorgänge war ein Stillstand im jüdischen Krieg eingetreten, dessen Führung Vespasian seinem Sohn *Titus* übertrug. Im Frühjahr 70 n. Chr., kurz vor dem Paschafest, als die Stadt durch Festpilger überfüllt war, begann Titus mit fünf Legionen die Belagerung von Jerusalem. Er bezog auf dem Skopushügel nördlich von Jerusalem Quartier. Durch tapfere Ausfälle setzten die Belagerten den Römern schwer zu. Da Jerusalem auf den übrigen drei Seiten von Tälern umgeben ist, konnte der Angriff nur von Norden her erfolgen, wo die Stadt allerdings durch drei Mauerzüge am stärksten befestigt war. Angesichts der bedrohlichen Lage einigten sich die streitenden Parteien in Jerusalem zu gemeinsamer Verteidigung. Titus gelang es verhältnismäßig schnell, mit Hilfe von Belagerungsmaschinen die beiden nördlichen Mauerzüge zu durchbrechen und die nördlichen Bezirke der Stadt einzunehmen. Die schwierigste Aufgabe aber stand noch bevor. Um die Stadt von der Umwelt abzuriegeln, ließ Titus einen Belagerungswall errichten. Hunger und Seuche wüteten in der Stadt. Dennoch dachte man nicht an Übergabe, da man immer noch auf ein göttliches Wunder hoffte. Mit Sturmwällen und Rammböcken ging Titus gegen die Antonia vor, die im Juli 70 nach heftigem Kampf fiel. Nunmehr stand den Angreifern der Tempelvorplatz frei. Das tägliche Opfer mußte eingestellt werden. Da die Tempelmauern den Belagerungsmaschinen trotzten, sah sich Titus genötigt, die Torgebäude in Brand zu stecken. Dadurch fing auch das Tempelgebäude Feuer und ging in Flammen auf. Die Römer opferten auf dem Tempelvorplatz vor ihren Feldzeichen. Ein Teil der Aufständischen konnte in die Herodesburg entkommen, die von den Römern berannt und im September 70 n. Chr. eingenommen wurde. Die Sieger plünderten und zerstörten die Stadt, richteten ein furchtbares Blutbad an und legten die Befestigungsanlagen mit Ausnahme der drei Türme der Herodesburg nieder. Hier bezog die Besatzungstruppe Quartier. Johannes von Gischala und Simon ben Giora fielen den Römern lebend in die Hände. Titus feierte im folgenden Jahr seinen Sieg durch einen Triumphzug in Rom, bei dem er auch die beiden Anführer des Aufstandes mit sich führte und, wie aus Abbildungen auf seinem Triumphbogen hervorgeht, die kostbaren Geräte des Jerusalemer Heiligtums als Beutestücke zur Schau stellte.

Nun trotzten nur noch die drei Felsenfestungen Herodeon, Machärus und Masada den Siegern. Die Besatzung des *Herodeon* ergab sich kampflos, die von *Machärus* nach kurzer Belagerung. Die Belagerung der auf einem steilen Felsen gelegenen Festung *Masada* hingegen nahm fast ein Jahr in Anspruch (Sommer 72 n. Chr. bis Frühjahr 73). Die Besatzung bestand aus einer Gruppe von Zeloten unter Führung von Eleasar, die jede Übergabe ablehnte und sich mit letztem Verzweiflungsmut verteidigte. Die ganze Kunst römischer Belagerungstechnik mußte zur Eroberung der Burg aufgeboten werden. Die Römer errichteten einen Belagerungswall, um Ausfälle unmöglich zu machen, und mußten einen gewaltigen Damm aufschütten, um mit den Belagerungsmaschinen überhaupt an die Befestigungsmauer heranzukommen. Überreste der circumvallatio und der römischen Lager

Abb. 26 Der Siebenarmige Leuchter (Relief aus Gadara).

sowie der Belagerungswall sind noch heute vorhanden[4]. Als die Römer eine Bresche in die Mauer geschlagen hatten und der Fall der Burg unabwendbar war, setzten die Belagerten die Gebäude in Brand und gaben sich selbst den Tod. Damit war das letzte Bollwerk der Aufständischen gefallen und der jüdische Aufstand endgültig niedergeschlagen. Nach dem Siege ließ Vespasian Münzen schlagen, auf denen ein siegreicher römischer Soldat, ein Palmbaum als Symbol Israels und eine trauernde Frau dargestellt waren. Sie trugen die Aufschrift: »Judaea capta«. Vespasian trennte Judaea von der Provinz Syria und machte es zu einer kaiserlichen Provinz unter der Verwaltung eines Statthalters, der seine Residenz in Cäsarea hatte.

Durch die Zerstörung des Tempels war die Jerusalemer Kultgemeinde ihres legitimen Kultortes beraubt. Nun war es nicht mehr möglich, Opfer darzubringen. Damit verlor auch das Priestertum seine Bedeutung. Die Tempelsteuer mußte gleichwohl weiter entrichtet werden, und zwar an den Jupiter Capitolinus. All das bedeutete einen tiefen Einschnitt in das religiöse Leben der Jerusalemer Kultgemeinde, aber

4 *A. Schulten*, Masada. Die Burg des Herodes und die römischen Lager (Zeitschrift des Deutschen Palästinavereins 56, 1933, S. 1–185); *M. Avi-Yonah* u. a., Masada, Survey and Excavations, 1955–56, 1957; *Y. Yadin*, Masada, 1967.

keineswegs deren Ende. Sie stand weiterhin unter dem Schutz einer religio licita. Für den Fortbestand des Judentums war es von grundlegender Bedeutung, daß es schon vor der Zerstörung des Tempels neben dem Opfergottesdienst im Zentralheiligtum eine Form des Gottesdienstes gegeben hatte, die auch unabhängig von der Kultstätte

Abb. 27 Vespasians Münze »Judaea capta«.

geübt werden konnte, nämlich die Form des Synagogengottesdienstes. Sie war hinfort die einzig mögliche. An die Stelle des Tempels trat die Synagoge, an die Stelle des Opfers traten Schriftlesung, Auslegung, Gebet und Liebestätigkeit. Der Schriftgelehrte, der bisher neben dem Priester gestanden hatte, nahm nun dessen Stelle ein und wurde zur einzigen religiösen Autorität. Die Sadduzäer, die dem alten Priesteradel entstammten, verloren völlig ihre Bedeutung. Die pharisäischen Schriftgelehrten waren die einzigen, die auch nach der Katastrophe noch als Gruppe bestanden. Sie wurden nun richtungweisend für das Judentum. Dem Schriftgelehrten *Johanan ben Sakkai*, einem Schüler Hillels, war es während der Belagerung Jerusalems gelungen, zu den Römern zu entkommen. Sie erlaubten ihm noch während des Krieges, in Jabne (Jamnia), südlich von Jafo, ein Lehrhaus zu gründen. Hierher hatten die Römer schon andere vornehme Juden, die sich von den Aufständischen distanziert hatten, angesiedelt. So wurde Jamnia zum neuen Mittelpunkt des jüdischen Geisteslebens. Johanan wurde zum Schulhaupt des Rabbinentums. In Jamnia konstituierte sich das Synhedrium neu, das nunmehr ausschließlich aus pharisäischen Schriftgelehrten bestand und keinerlei politische Funktionen mehr hatte. Ihm oblag zwar noch die Gerichtsbarkeit in internen Angelegenheiten der jüdischen Kultgemeinde; seine Hauptaufgabe aber bestand in der autoritativen Auslegung des Gesetzes. Das Synhedrium legte die Regeln für rechte Auslegung und die Normen für gesetzestreues Leben fest[5]. Da die Heilige Schrift nunmehr die einzige Grundlage des religiösen Lebens war, bedurfte man eines fest abgegrenzten Kanons und eines autoritativen Textes. Beide wurden um 90 n. Chr. auf der Synode zu Jamnia festgelegt.

5 Eine erste schriftliche Sammlung der bis dahin vornehmlich mündlich weitergegebenen rabbinischen Tradition erfolgte gegen Ende des 1. Jh. n. Chr. durch den hochangesehenen Rabbi *Akiba*.

Auch für die *Diaspora* bedeutete die Zerstörung des Tempels, daß die Tempelsteuer nicht mehr an das Jerusalemer Heiligtum, sondern an den Jupiter Capitolinus zu entrichten war. Damit lockerte sich die Verbindung zum Mutterland. Andererseits war nun der Unterschied zwischen Mutterland und Diaspora aufgehoben; denn wie bisher in der Diaspora, so war jetzt auch im Mutterland die Form des Synagogengottesdienstes die einzig mögliche. Im Mutterland selbst lebte man gleichsam in der Diaspora.
Über die Ereignisse der folgenden Jahrzehnte besitzen wir nur sporadische Nachrichten (Cassius Dio, LXVII 32; Euseb., Hist. eccl. IV,2), da die Darstellung des Josephus mit dem Jahre 73 n. Chr. abbricht. — Trotz der Niederlage im ersten jüdischen Aufstand wird man wohl nicht die Hoffnung auf eine Änderung der Verhältnisse aufgegeben haben. Das bezeugen vor allem die apokalyptischen Schriften, die innerhalb des Judentums nach dieser Zeit entstanden, so das Buch *Baruch*, das *4. Buch Esra* und das *4. Buch der Sibyllinischen Orakel.* Man erwartete das Ende Roms und das Erscheinen des Messias. — Die flavischen Kaiser Tiberius und Domitian sorgten mit straffer Hand für Ruhe und Ordnung. Nerva (96—98) entband die Juden von der Pflicht, Steuer für den Jupiter Capitolinus zu zahlen.
Als sich unter Kaiser *Trajan* (98—117) im Osten die Parther erhoben, kam es in Zyrene, Alexandrien, Zypern und im Zweistromland zu Judenaufständen, wobei die Juden vor allem in Zyrene und Zypern blutig und grausam gegen die heidnische Bevölkerung vorgingen. Trajan schlug die Aufstände nieder. Seinen Feldherrn Lusius Quietus, der diese Aufgabe in Mesopotamien erfüllt hatte, machte Trajan zum Statthalter von Judäa. Das läßt vielleicht darauf schließen, daß es auch dort zu Aufständen gekommen war, obwohl wir darüber nichts Sicheres wissen (Cassius Dio LXVIII,32; Euseb, Hist. Eccl. IV,2).

6. *Der Aufstand unter Hadrian*

Quellen: Cassius Dio LXIX,12—14; Eusebius, Hist. Eccl. IV,6 (abgedruckt bei Barrett, Umwelt des NT, 1959, Nr. 122—124). Die Bar-Kochba-Briefe aus dem wādi murabbaʿāt.

Lit.: Eine kurze Zusammenfassung der Funde vom wādi murabbaʿāt findet sich in: Religion in Geschichte und Gegenwart[3], Art. Qumran, 6 (C.-H. Hunzinger); *Y. Yadin*, Bar Kochba, 1971.

Zu einem letzten jüdischen Aufstand gegen Rom, über den wir allerdings nur sehr bruchstückhaft unterrichtet sind, kam es unter Kaiser *Hadrian* (117—138 n. Chr.). In den Jahren 130/31 unternahm Hadrian eine Reise in den Orient, wobei er auch Palästina besuchte. Nach

Cassius Dio verfügte Hadrian im Zusammenhang mit dieser Reise den Wiederaufbau von Jerusalem, das noch immer in Trümmern lag. Dabei plante er, ein Jupiterheiligtum an die Stelle des zerstörten Jahwetempels zu setzen. Cassius sieht hierin die Ursache des Aufstandes, der nach der Abreise Hadrians (132 n. Chr.) ausbrach. Spartianus (Hadr. 14) führt den Aufstand darauf zurück, daß Hadrian das schon von Domitian erlassene Kastrationsverbot auch auf die Beschneidung ausdehnte.

Führer in diesem Aufstand war ein gewisser *Simon-Ben-Kosba*. Die ursprüngliche Form dieses Namens ist erst kürzlich durch den Fund von Originalbriefen und Erlassen Simons im wādi murabbaʿat, 25 km

Abb. 28 Brief Ben Kosbas aus dem wādi murabba'āt. Der Text lautet: »Von Simon Ben Kosba an Jeschua / Ben Galgula und die Männer der Festung, / Grüße! Ich rufe den Himmel zum Zeugen an gegen mich, daß, / wenn einer der Galiläer, die bei euch sind, mißhandelt wird, werde ich Eisen / an eure Füße legen, wie ich es getan habe / dem Ben Aphlul. / (S)imon B(en Kosba) für ...«

südöstlich von Jerusalem, bekanntgeworden. In rabbinischen Schriften wird sein Name polemisch abgewandelt in Bar Koziba = »Lügensohn«. Nach christlichen Schriftstellern gab ihm Rabbi Akiba den Ehrennamen Bar Kochba, um ihn damit als den Erfüller der messianisch verstandenen Verheißung vom »Sternensohn«, Num 24,17, zu bezeichnen. Wie beim ersten Aufstand, so waren auch dieses Mal die Aufständischen zunächst erfolgreich. Es gelang ihnen, Jerusalem zu erobern und das ganze Land zu besetzen. Man glaubte, eine neue Ära sei angebrochen, und begann eine neue Zeitrechnung. Simon ließ Münzen mit der Aufschrift prägen »Simon, der Fürst von Israel«. Andere Münzen trugen die Aufschrift »Der Priester Eleasar«, woraus hervorgeht, daß das Priestertum wieder seine Bedeutung erhielt. Wahrscheinlich hat man einen provisorischen Altar errichtet und mit dem Opferdienst wieder begonnen.

Die Statthalter von Judäa und Syrien vermochten zunächst nichts gegen die Aufständischen auszurichten, da sie sich in feste Städte und verborgene Schlupfwinkel zurückgezogen hatten, von wo aus sie in Guerillakämpfen den Römern lästig wurden. Die Römer kamen zum Zuge, als Hadrian seinem bewährten Feldherrn Julius Severus die

Aufgabe übertrug, den Aufstand niederzuwerfen. Severus vermied offene Feldschlachten, hungerte die Aufständischen in den von ihnen besetzten Städten aus und säuberte systematisch eine Höhle nach der anderen. Nach regelrechter Belagerung und Berennung fiel zuletzt um 135 n. Chr. der befestigte und schwer zugängliche Ort Bet-Ter (heute

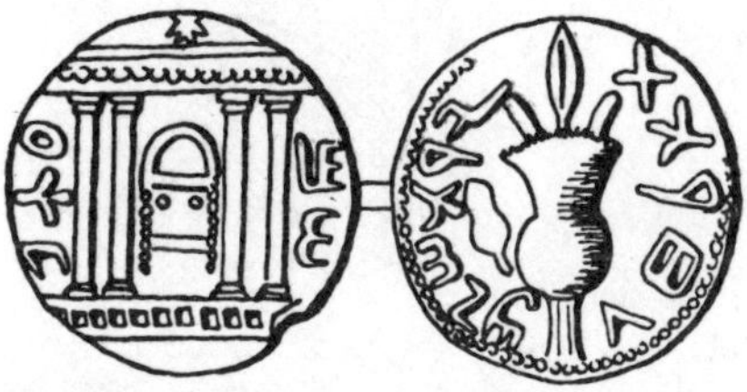

Abb. 29 Münze Ben Kosbas. Auf der Vorderseite ist der Tempel oder eins der Tempeltore dargestellt. Aufschrift auf der Vorderseite: »Simon«, auf der Rückseite: »Jerusalem – für die Freiheit.«

chirbet-el-jehud bei bittir, 10 km westlich von Jerusalem), wo sich Simon mit dem Rest der Aufständischen erbittert verteidigte. Simon kam dabei ums Leben. Rabbi Akiba wurde hingerichtet. Er galt in der Zukunft als der Prototyp des Märtyrers. Im Verlauf des Aufstandes war das ganze Land schwer verwüstet worden. Die Aufständischen, die lebend in die Hand der Römer fielen, wurden im Abrahamheiligtum von Mamre und in Gaza als Sklaven verkauft. Hadrian machte Jerusalem zu einer rein heidnischen Stadt mit dem Namen Colonia Älia Capitolina. Auf dem Tempelplatz, ebenso wie auf dem Garizim, wurde ein dem Jupiter Capitolinus geweihtes Heiligtum und an der Stelle der späteren Grabeskirche ein Venustempel errichtet. Den Juden war das Betreten ihrer ehemals heiligen Stadt bei Todesstrafe verboten. Um auch die letzte Erinnerung an das frühere Bestehen eines jüdischen Staates auszulöschen, erhielt die Provinz Judäa den neuen Namen Philistäa, eine Bezeichnung, die bisher an der Küstenebene haftete und an die Philister, die ehemaligen Todfeinde Israels, erinnert. Sie ist in der heutigen Bezeichnung Palästina erhalten. Der Nachfolger Hadrians, Antonius Pius (138–161 n. Chr.), hob das Verbot der Beschneidung wieder auf. Sefforis und Tiberias in Galiläa wurden zu Zentren der Schriftgelehrsamkeit. Daneben begann die Schriftgelehrtenschule in Babylon eine immer größere Rolle zu spielen. Bald überflügelte sie die galiläischen Lehrhäuser an Bedeutung.

Nach den Katastrophen von 70 und 135 schloß sich das Judentum immer mehr von fremden Einflüssen ab und zog sich immer stärker auf sich selbst zurück. Rabbi Meïr setzte die von Rabbi Akiba begonnene Sammlung rabbinischer Traditionen fort. Im Laufe der zweiten Hälfte des zweiten Jahrhunderts erfolgte die endgültige Fixierung und Kanonisierung rabbinischer Traditionen in der *Mischna* durch den in Sefforis lebenden Rabbi Jehuda ha-Nasi, der die Vorarbeiten des Rabbi Meïr verwertete. Die Mischna enthält Diskussionen über kultisch-rituelle Vorschriften und über Rechtssätze. Historische und prophetische Traditionen spielen in ihr keine Rolle. Mit der Mischna, in der der Nomismus des Judentums seine charakteristische Ausprägung fand, war dem Judentum die Grundlage für seine Eigenexistenz unter den Völkern gegeben. In den folgenden Jahrhunderten wurden die Sätze der Mischna weiter diskutiert und kommentiert. Diesen

Abb. 30 Jerusalem-Münze Hadrians. Sie stellt den Jupiter Capitolinus dar und trägt die Umschrift: »COL(onia) AEL(ia) CAP(itolina).«

Vorgang nannte man *Gemara*, die Kommentatoren der Mischna Amoräer. Mischna und Gemara zusammen bilden den *Talmud*, genauer gesagt die beiden Talmude, denn man hat zu unterscheiden zwischen dem palästinensischen Talmud, der im 3. und 4. Jh. entstand, und dem babylonischen Talmud, der um 500 zum Abschluß kam und größeres kanonisches Ansehen genoß als der palästinensische Talmud. Mischna und Gemara gaben dem Judentum sein Gepräge. Durch zähes Festhalten an der eigenen Tradition gelang es dem Judentum, durch all die Jahrhunderte in fremder Umgebung trotz ungünstigster Umstände seine Eigenart zu wahren. Bei aller Anpassungsfähigkeit wurde das Judentum nicht von seiner Umwelt aufgesogen und blieb ein Fremdling unter den Völkern.

Das alte und das neue Gottesvolk

Lit.: R. *Bultmann*, Theologie des Neuen Testaments, 1961^4, §§ 5–8.11; ders., Das Urchristentum im Rahmen der antiken Religionen, 1949 (jetzt in: rowohlts deutsche enzyklopädie Bd. 157/8, 1962); L. *Goppelt*, Christentum und Judentum im ersten und zweiten Jahrhundert, 1954; G. *Strecker*, Christentum und Judentum in den ersten beiden Jahrhunderten (Evangelische Theologie 16, 1956, S. 458–477); K. L. *Schmidt*, Die Judenfrage im Licht der Kap. 9–11 des Römerbriefes, 1947^2.

Am Ende einer Geschichte Israels stellt sich die Frage: In welchem Verhältnis stehen das Gottesvolk des Alten Bundes und die Gemeinde Jesu Christi zueinander? Welche Bedeutung hat die Geschichte Israels für die Gemeinde Jesu Christi?

Die ersten Jünger Jesu und die Glieder der Jerusalemer Urgemeinde waren fast ausschließlich Juden. Sie nahmen am Tempelkult teil, hielten das Gesetz und hatten in keiner Weise die Absicht, sich aus der Gemeinschaft des Judentums zu lösen oder gar eine neue Religion zu gründen. Durch das Handeln Gottes in Jesus Christus sahen sie sich in ein neues Gottesverhältnis, in eine neue Lebenswirklichkeit hineinversetzt. In Jesus war ihnen die radikale Forderung und zugleich die schrankenlose Gnade Gottes begegnet. Im Lichte der Osterereignisse verkündigte die Urgemeinde, daß Gott den Gekreuzigten durch die Auferstehung zum Messias erhöht habe, »um Israel Buße und Vergebung der Sünden zu geben« (Apg 5,31). Ein urchristliches Bekenntnis, das Paulus zitiert, spricht von Jesus, »der aus der Nachkommenschaft Davids hervorgegangen ist . . ., der eingesetzt ist zum Sohne Gottes voll Macht . . . durch die Auferstehung aus den Toten« (Röm 1,3f). Und wenn die Urgemeinde bekannte, »daß Christus für unsere Sünden gestorben ist, nach den Schriften, und daß er begraben und daß er auferweckt ist am dritten Tag, nach den Schriften« (1Kor 13, 3.4), so werden damit Tod und Auferstehung Jesu als Heilsereignis, als Erfüllung göttlicher Verheißung, die das Alte Testament bezeugt, gekennzeichnet. Mit der Erfüllung ist die eschatologische Heilszeit angebrochen. Die Urgemeinde erwartete, daß der Auferstandene in Kürze als Messias, als der bei Daniel geweissagte Menschensohn vom Himmel kommen werde, um das Weltende herbeizuführen, das Endgericht zu vollziehen und die Herrschaft auf Erden anzutreten. Darum verstand sich die judenchristliche Urgemeinde auch nicht als eine neue Sonderrichtung des Judentums, sondern als das eschatologische Gottesvolk, als die Heilsgemeinde der Endzeit, als Repräsentation des wahren Israel. Sie richtete ihre Verkündigung zunächst nur an Juden, um ganz Israel unter das neue Gottesverhältnis zu rufen und zur Ankunft des Messias zuzubereiten.

Zur Jerusalemer Urgemeinde gehörte eine Anzahl von »Hellenisten«. Damit sind griechisch sprechende Diasporajuden gemeint, die nach Jerusalem zurückgekehrt waren. Als diese hellenistischen Judenchristen, deren Exponent Stephanus war, ihrer freien Stellung zu Gesetz und Kultus wegen aus Jerusalem vertrieben wurden, richteten sie in der Diaspora die Botschaft von Christus auch an Heiden. Dadurch kam es in Antiochien, später auch anderwärts in Syrien, Phönizien und Zilizien zur Gründung von Gemeinden, die aus Juden, Proselyten und Heiden bestanden. Die zum Glauben an Jesus Christus gekommenen Heiden wurden in die Gemeinde aufgenommen — ohne daß man von ihnen den Übertritt zum Judentum, also Beschneidung und Unterwerfung unter das Gesetz, forderte. Damit stand die judenchristliche Gemeinde vor der schwerwiegenden Frage, ob und wie Gemeinschaft mit Gemeinden möglich sei, zu denen Glieder gehörten, die im Sinne des Gesetzes unrein waren, ob die Zugehörigkeit zur Kirche und die Teilhabe am Heil abhängig seien von der Eingliederung ins Judentum. Umgekehrt standen die heidenchristlichen Gemeinden vor der Frage nach ihrem Verhältnis zur judenchristlichen Gemeinde und zum Zeugnis von der Offenbarung Gottes, die an das alte Bundesvolk ergangen war.

In der Jerusalemer Gemeinde gab es eine Richtung, die die Beschneidung der Heidenchristen, ihre Unterwerfung unter das Gesetz und den Anschluß an das Judentum zur Bedingung für den Empfang des Heils und für die Gemeinschaft mit den Heidenchristen erhob. Es war von weittragender Bedeutung, daß, nach anfänglicher Ablehnung, die »Säulen« der Jerusalemer Gemeinde, Petrus, Johannes und der Herrenbruder Jakobus, die Missions- und Gemeindepraxis der hellenistischen Gemeinden und die gesetzesfreie Verkündigung des Heidenapostels Paulus anerkannten (Gal 2,6—10; Apg 15). Damit war der Rahmen des Judentums gesprengt. Das Christentum blieb davor bewahrt, zu einer jüdischen Sekte zu werden. Die heidenchristlichen Gemeinden verpflichteten sich ihrerseits, die Gemeinschaft mit der Jerusalemer Gemeinde und damit mit der Trägerin der Tradition vom geschichtlichen Jesus aufrechtzuerhalten, was in der Liebestätigkeit für die Armen der Jerusalemer Gemeinde sichtbaren Ausdruck fand. Damit blieb, trotz aller Unterschiede in Gemeindepraxis und Verkündigung, die Einheit der Gemeinde gewahrt.

Die Missionspraxis der hellenistischen Gemeinden und das gesetzesfreie Evangelium, das Paulus verkündigte und vor allem im Galater- und Römerbrief entfaltete, sind letztlich begründet in einem konsequenten Ernstnehmen des Kreuzesgeschehens. Durch das Kreuz ergeht das Gericht Gottes über den Menschen, und zugleich widerfährt ihm die schrankenlose Gnade Gottes. Das Kreuz enthüllt, daß Juden und Heiden in gleicher Weise schuldig geworden und völlig auf die Gnade und Barmherzigkeit Gottes angewiesen sind. Durch das Kreuz wird das Gesetz als göttliche Forderung zwar bestätigt, im Lichte des Kreuzes wird aber offenbar, daß der Mensch am Gesetz nur scheitern kann. Errettung wird dem Menschen nicht durch eigene verdienstvolle Leistung, sondern allein durch den Glauben zuteil, indem der Mensch das Urteil, das am Kreuz vollzogen wurde, über sich ergehen läßt und sich durch die vergebende Gnade, die am Kreuz Ereignis wurde, beschenken läßt. Durch das Kreuz ist das Gesetz als Heilsweg endgültig abgetan. Wenn das Kreuz die schrankenlose Liebe Gottes offenbart, dann ist auch der Heide nicht vom Heil ausgeschlossen. Wenn aber auch der Jude nicht durch Gesetzesgehorsam, sondern allein durch den Glauben des Heils teilhaftig wird, dann ist es geradezu ein Irrweg, wenn man die Unterwerfung unter das Gesetz zur Vorbedingung des Heils für den Heiden erhebt. Wenn Gott durch das Kreuz die Versöhnung bewirkt hat, dann ist jede menschliche Sühneleistung, sei es durch kultisch-rituelle Handlungen, sei es durch ethische Anstrengung, ausgeschlossen. Darum würde sich der Heidenchrist außerhalb des Gnadenhandelns Gottes in Jesus Christus stellen, wenn er den Zugang zum Heil in der Beobachtung jüdischer Zeremonial- und Kultordnungen suchte (zum Ganzen vgl. Röm 3; Gal 3.5).

Während das Gesetz als Heilsweg durch das Kreuzesereignis ausgeschlossen ist, behält das Alte Testament als Zeugnis vom Handeln Gottes in der Geschichte und der dadurch ergangenen Verheißung für die Gemeinde Jesu Christi bleibende Bedeutung. Das Reden und Handeln Gottes in der Geschichte Israels weist über sich selbst hinaus, geht auf ein Ziel zu, enthält Verheißung auf ein umfassendes Heilshandeln, auf ein letztgültiges Reden Gottes. Nimmt man das Christusgeschehen ernst als Ziel des Weges, den Gott mit Israel gegangen ist, so bekommt das Alte Testament seine Bedeutung als Zeugnis vom Weg, der zu diesem Ziel führte; denn zum rechten Verstehen des Zieles ist es nötig, daß man den Weg im Auge behält, der zu diesem Ziel führte, wie sich auch umgekehrt vom Ziel her neue Perspektiven im Blick auf den Weg eröffnen. Wenn die Gemeinde Jesu Christi das Handeln Gottes in der Geschichte, das das Alte Testament bezeugt, nicht aus dem Auge verliert, wird sie vor dem Abgleiten in gnostischen Mythos, in heidnischen Naturalismus und in den Synkretismus bewahrt. Wie Gottes Reden und Handeln an Israel, so vollzog sich das Reden und Handeln Gottes durch Jesus Christus nicht in der mythischen Sphäre, sondern im Bereich der Geschichte. Die Erlösung durch

Christus setzt keinen naturhaften Verwandlungsprozeß in Bewegung, sondern wie Gottes Geschichtshandeln Israel immer neu in die Entscheidung rief, so ergeht durch das Kreuzesgeschehen der Anruf Gottes, der den Menschen immer neu in die Entscheidung stellt.
Israel hat den Anruf Gottes, der durch Jesus Christus erging, überhört und hat es abgelehnt, in Jesus den Messias, die Erfüllung alttestamentlicher Verheißung, zu sehen. Das christliche Gesetzesverständnis stieß auf heftigen Widerstand des Judentums. Die Judenchristen, die sich zur Synagoge hielten, wurden, wie Paulus, zunächst mit Synagogenstrafen belegt, schließlich aus der Synagoge ausgestoßen. Nach der Katastrophe von 70 verschärfte sich der Gegensatz. Die Christen wurden als Häretiker bezeichnet. Jeder Umgang, jede theologische Disputation mit ihnen wurde verboten. Das Achtzehnbittengebet, das jeder Jude dreimal täglich zu beten hatte, enthielt in seiner ursprünglichen Form einen Fluch gegen die Christen. Die polemische Haltung des Judentums gegen das Christentum hatte Rückwirkungen auf die Entwicklung des Judentums. Die Auseinandersetzung mit dem christlichen Gesetzesverständnis spielte eine entscheidende Rolle bei der Ausprägung und Verfestigung des jüdischen Nomismus.
Die Tatsache, daß Israel Jesus nicht als Messias anerkannte und damit an dem Heil vorbeiging, das Gott durch ihn anbietet, wirft schwere Fragen auf, mit denen Paulus in den Kapiteln 9—11 des Römerbriefes ringt: Ist nun die Verheißung Gottes an Israel hinfällig geworden? Hat Gott Israel verworfen? Hört nun Israel auf, Gottes Volk zu sein? Nur mit tiefem Schmerz kann Paulus vom Unglauben seiner Brüder, seiner Verwandten nach dem Fleisch, sprechen, denn es bleibt bestehen: »Sie sind Israeliten, denen die Annahme an Sohnesstatt angehört und die Gegenwart Gottes und die Bündnisse und die Gesetzgebung und der Gottesdienst und die Verheißungen, denen die Väter angehören und von denen Christus dem Fleisch nach herstammt« (Röm 9,4f). Ihnen zuerst stand das Heil offen. Daß dennoch nicht Israel, sondern die Heiden, die nicht nach Gott fragten, ihn nicht suchten, bei denen keinerlei Voraussetzungen vorhanden waren, das Heil erlangten, macht deutlich, daß Gottes Gnadenhandeln in keiner Weise errechenbar und an keinerlei Voraussetzungen geknüpft ist. Gottes Erwählung bleibt ein unergründbares Geheimnis. Israel hat sich mit Eifer um das Heil bemüht; da es aber das Gesetz zu einem Mittel der Selbstbehauptung machte und die Gerechtigkeit auf Grund eigener Leistung erstrebte, hat es am Gekreuzigten Anstoß genommen, hat sich der Botschaft von der Gerechtigkeit aus Glauben verschlossen und ist, blind für die Gabe Gottes, am Heil vorbeigegangen.
Das bedeutet aber nicht, daß Gottes Verheißung hinfällig geworden wäre. Die Tatsache, daß eine Anzahl von Israeliten, darunter auch Paulus selbst, als der verheißene »Überrest« zum Glauben an Jesus Christus kam, ist ein Zeichen dafür, daß Gott sein Volk nicht versto-

ßen hat. Die teilweise Verstockung Israels ist nur die Kehrseite des Heilshandelns Gottes an den Heiden. Gott hat den Unglauben Israels in seinen Heilsratschluß mit einbezogen. Die Ablehnung des Heils durch Israel ist der Weg, auf dem Gott den Heiden das Heil zugewendet hat. Den Juden steht jederzeit der Weg zum Heil offen. Paulus faßt auch sein Heidenapostolat als Dienst an Israel auf. »Inwiefern ich nun Apostel der Heiden bin, suche ich meinen Dienst herrlich zu gestalten, um zu versuchen, ob ich vielleicht meine Volksgenossen zur Nacheiferung reizen und einige von ihnen retten könnte« (11,13f). Aber Gottes Heilshandeln läuft auf ein noch weiter gestecktes Ziel zu. Durch eine Offenbarung ist Paulus ein Blick in ein göttliches »Geheimnis« zuteil geworden: Wenn »die Vollzahl der Heiden eingegangen sein wird«, wird »ganz Israel« errettet werden. Paulus ergeht sich nicht in Spekulationen darüber, wie das geschehen wird. Das bleibt allein dem Handeln Gottes vorbehalten. Wenn schon die Verwerfung Israels den Heiden den Weg zum Heil öffnete, wird die Errettung Israels die Heilsvollendung für die Welt bedeuten. »Gott hat alle zusammen in den Ungehorsam hineingebannt, um an allen Barmherzigkeit zu erweisen« (11,32).

Darum besteht keinerlei Grund für den Heidenchristen, geringschätzig auf die Juden, die nicht an Christus glauben, herabzuschauen. Damit würde der Heidenchrist die Grundlage seines Heils preisgeben. Wer sich selbstgefällig über andere, die nicht im Glauben stehen, erhebt, schreibt das Heil seinem eigenen Verdienst zu und läßt außer acht, daß er selbst aus dem Unglauben kam und das Heil als unverdienbares Gnadengeschenk empfing. Aus der Geschichte Israels ergeht eine eindringliche Warnung an den Heidenchristen: Wer aus der Gnadenzuwendung Gottes unumstößliche Privilegien ableitet und die Gnadenerweisungen Gottes für einen verfügbaren Besitz hält, der steht in Gefahr, das Reden Gottes zu überhören und am Heil vorbeizugehen. »Wenn die Wurzel heilig ist, dann sind es auch die Zweige. Wenn jedoch einige der Zweige ausgebrochen worden sind, du aber, der du von einem wilden Ölbaum stammst, unter ihnen eingepfropft worden bist und an der saftreichen Wurzel des Ölbaums mit Anteil bekommen hast, so rühme dich nicht wider die Zweige, rühmst du dich aber wider sie, so wisse: nicht du trägst die Wurzel, sondern die Wurzel dich« (11,16–18). Das Heil, das dem Heiden in Christus widerfuhr, ist nicht ablösbar vom Heilshandeln Gottes in der Geschichte Israels. Der Heide ist in das Heil hineingenommen, das Gott Israel zugewendet hat, ist Teilhaber der Segensverheißung geworden, die Gott Israel am Anfang seiner Geschichte gab. — Hätte die Kirche diese Tatsache allezeit im Auge behalten — ihr Verhalten dem Judentum gegenüber wäre ein anderes gewesen. Die Kirche wäre vor schwerer Verfehlung bewahrt worden, dem Judentum wäre unsagbares Leid erspart geblieben.

Abkürzungsverzeichnis

ANET	J. B. Pritchard, Ancient Near Eastern Texts relating to the Old Testament, 1950
AOB	H. Greßmann, Altorientalische Bilder zum Alten Testament, 1927²
AOT	H. Greßmann, Altorientalische Texte zum Alten Testament, 1926²
BHH	Biblisch-Historisches Handwörterbuch I–III, 1962–1966
Ev.Theol.	Evangelische Theologie
Kl. Schr.	A. Alt, Kleine Schriften zur Geschichte des Volkes Israel, I 1953, II 1953, III 1959
M. Noth,	Ges. Stud.² — M. Noth, Gesammelte Studien zum Alten Testament, 1961²
G. v. Rad,	Ges. Stud. — G. von Rad, Gesammelte Studien zum Alten Testament, 1961²
RGG	Die Religion in Geschichte und Gegenwart
TGI	K. Galling, Textbuch zur Geschichte Israls, 1950, 1968²
ThLZ	Theologische Literaturzeitung
ThZ	Theologische Zeitschrift, Basel
VT	Vetus Testamentum
VT Suppl.	Vetus Testamentum, Supplementband
ZAW	Zeitschrift für die alttestamentliche Wissenschaft
ZDPV	Zeitschrift des Deutschen Palästina-Vereins
ZThK	Zeitschrift für Theologie und Kirche

Register der Bibelstellen

Genesis (Gen)

1, 1—2, 4a 147
2, 1ff 147
6—9 147
9 147
10, 14 47
12—36 24
12, 1ff 100
12, 6—8 26
12, 6 70
12, 8 24
12, 20ff 31
13, 3 70
14, 7 29
15, 6—11 72
15, 13 112
15, 17f 72
17 147
17, 11 141
18 25
20, 8 112
22, 14 112
22, 20—24 68
23 25
24, 10ff 22
25, 20 22
25, 27—34 19
26, 1ff 31
26, 14ff 19
26, 18—35 23
26, 23—25 25
28, 2 5ff
28, 10—22 25
28, 18 112
28, 22 112
29 41. 71
29, 1—5 22
29, 31—30, 24 40
30 41. 71
31, 13 112
31, 20—24 22
31, 42 24
31, 44 19
31, 45 112
31 51—54 19
31, 53 24
32, 2f 25
32, 22—32 25
33, 18—20 25
34 19. 41
35 41
35, 5 112
35, 14 112
35, 20 112
35, 22—26 40
35, 23 41
36, 10—14 68
36, 20—30 68
42, 1ff 31
42, 6 71
42, 18 112
43, 1ff 31
46, 1ff 31
46, 3f 112
48 71
49 37. 40
49, 3 41
49, 7 41
49, 13 43
49, 14.15 42
49, 20 43
49, 24 24
50, 20 112

Exodus (Ex)

1—14 30
1, 11 32
1, 21 112
2 34
2, 11.13 31
3, 1 28. 34
6, 3 26

12 67
12, 13 23. 67
13, 18 33
14 32
14, 2 33
14, 5a 32
14, 9 33
14, 9b 32
14, 31 34
15, 21 30. 32. 33
15, 23 23
15, 27 23
16, 1 23
17, 16 78
17, 8–16 23
18, 12 28
19 26f
19, 1ff 147
19,18 26
19, 19 27
20 26
20, 2 32
20, 14–17 68
20, 22–23, 33 29
22, 9 36
23, 14–17 66
23, 15 66
23, 19 77
24 26f
24, 1 33
24, 5 27
24, 6.8 27. 72
24, 9–11 72
24, 9 33
24, 10f 27
24, 11 33
24, 15–18 147
25, 31 147
34 27
34, 14–28 29

Leviticus (Lev)

1–7 156
1ff 65
8–10 147
11–15 156
11, 7 77
13, 8–28 65
16 157
17–26 29. 156
19, 7 65
19, 29 77
23 66
23, 42f 67
26, 12 72

Numeri (Num)

1–4 147
1 41
1, 5–15 40
5, 12ff 66
7–10 147
13–14 37f. 42. 69. 71
13, 26 35
13, 36 23
14, 45 23
20, 1.14.16 35
20, 17.19 24
20, 22 35
21 38
21, 1–3 69
21, 10–33 69
21, 14 78
21, 27–30 40
24, 17 210
26 41
26, 5–15 37
26, 5 41
26, 31b 73
27, 14 35
32 37f
32, 1ff 45
32, 8 35
32, 39–42 45
33, 36f 35
34 37f

Deuteronomium (Dtn)

1–3 71. 143
1, 22ff 42
2, 1 33

2, 23 47
4—11 71
5, 3 132
5, 15 36
6 30
6, 4 132
6, 26 37
12—26 71
12 132
12, 5 142
14, 8 77
16 60. 69
16, 1—8 67
16, 2 69
16, 3 66
16, 11 69
16, 13 67
16, 15 69
16, 16—19 72
16, 16 67. 69
17, 8—13 66
23, 17f 77
25, 3 183
25, 18—21 135
25, 22—26 135
26 30
26, 5—9 18. 66
27—31 71
29, 11ff 72
30, 19 132
33 37
33,2 26. 29
33, 19—24 43

Josua (Jos)

1—9 43
1, 1—15 40
2—10 69f
2—9 37
2 40. 43f
3—6 72
3ff 65
4, 19—24 35
4, 23 33
5, 9 44
6 43
6, 25 44
7, 26 44
8 40
8, 28 44
8, 29 44
8, 30 65
9 43. 73
9, 27 44
10 74
10, 27 44
11 37. 69
11, 19 38
13—21 37
13—19 40f
13 133
13, 15ff 45
13, 15—23 42
13, 29—33 45
14, 6—15 42
15 133
15, 6 42
15, 15—19 42
15, 21—32 41
16, 1—17, 18 45
16, 10 39
17, 1ff 45
17, 12ff. 16 39
17, 13 40
17, 14—18 37. 45
18 133
18,7 42
19 133
19, 2—8 41
19, 10—16 43
19, 24—31 43
19, 32—39 43
20, 7 43
23 143
24, 2—13 18
24, 11 44

Richter (Ri)

1 39
1, 2 41

1, 3 41
1, 10—15 40
1, 17ff 41
1, 17—36 37f
1, 19f 39
1, 22—26 40
1, 34f 45
2, 6—19 143
3, 12—30 80
4—5 40
4 79
5 70. 79
5, 4 29. 26. 28
5, 5 26
5, 12f 41
5, 14 45
5, 15f 42
5, 17 43
6—8 80
6, 19 65
6, 25—32 76
8, 3 72
8, 22f 83
9 74
9, 4 72
9, 27 66
9, 46 72
10, 1—5 47. 79
10, 17—12, 33 80
12, 4 45
12, 7—15 47. 79
13—16 45. 81
13, 19ff 65
18 45
18, 2 45
20, 27f 65
21, 19 66

1. Samuel (1Sam)

2—4 66
1, 3ff 66
2, 13 65
4, 1b—7, 1 82
4, 1 90
4, 4 65
7, 17 66
8, 5 84
8, 12 143
8, 20b 85
9, 1—16, 13 82
9, 13 65
11 84
11, 6 84
13—14 85
13, 3 83
13, 8ff 85
13, 9 85
13, 16ff 84
13, 19—22 77
13, 19ff 84
14, 18f 85
14, 24ff 85
14, 29f 85
14, 36 85
14, 50 85
14, 52b 85
15 85
15, 9 85
15, 20 85
15, 38 85
16, 14—23 85
16, 14 82. 86. 99f
16, 21 87
17, 5—7 82
17, 17ff 85
17, 47 78
18, 1—4 87
18, 5 87
18, 6 87
18, 14 93. 100
18, 17 78
18, 30 87
22, 2 82. 87
22, 7 85
23, 1—5 87
23, 1 84
25 87
25, 28 78
27 87
28 86

23, 30 131
23, 33–35 131
24, 1 135
24, 2a 135
24, 10–17 135f
25 140
25, 27–30 140

2. Chronik (2Chr)
11, 5–12 102. 104
26, 9 113
27, 4 113
32, 30 123
33, 14 123
36, 10 136

Esra (Esr)
1, 3ff 152
4, 7–22 149. 152
5, 1 151
5, 6–6, 12 151
6, 3–5 149f. 152
6, 6–12 149
7, 12–26 155f

Nehemia (Neh)
1, 1–7, 5 153
3 154
4 154
5 154
5, 14 153
7, 4 154
10 155
11, 1f 153f
13 155
13, 4–31 153

Ijob
28 180

Psalmen (Ps)
1 157
2 90
15 29
19 157. 180
24 29
24, 8–10 65
50 29
68, 9 26
81 29
89, 39–46 142
106 18
119 157. 180
105 18
132 90
135 18
136 18
137 140f

Sprüche (Spr)
1–9 180
30, 18–19 98
30, 24–31 98

Jesaja (Jes)
1, 2–3 113
1, 4–9 123
1, 7–9 126f
1, 10–31 113
1, 10–17 127
1, 21–23 127
2, 6–22 113
2, 11 127
3, 1–9 113
3, 12–4, 1 113
3, 16 127
5, 1–23 113
5, 8–23 127
5, 8 117
5, 12 128
5, 19 127f
5, 25–30 120
5, 26 128
6, 1–11 113. 127
6, 3 129
7, 1–9, 7 120. 127
7, 1–17 121

7, 4—9 128
7, 16 146
7, 18 128
7, 20 128. 145
8, 16f 129
8, 23—9, 6 93
9, 7—20 120
10, 1—4 113
10, 5—19 123. 128
10, 15 128. 145
10, 20—27 146
11, 1—6 93
14, 24—27 123. 129
14, 28—32 123. 127
17, 1ff 127
17, 1—6 120
17, 10 128
17, 12—14 128
18, 1—7 123
18, 1—6 124
18, 1—3 127
18, 4—6 129
20, 1—6 123f
22, 1—19 123
22, 1—14 126f
22, 15 139
28, 1—4 120. 127
28, 7—22 123
28, 23—29 123
29, 1—14 123
29, 7f 128
29, 13 127
29, 15—16 123
30, 1—14 128
30, 1—7 123
30, 1—5 125
30, 8—17 123
30, 8—11 127
30, 15—17 128
30, 27—33 123
31, 1—9 123
31, 1—3 125
31, 1 128
31, 2 128
31, 4—9 128
32, 9—14 123. 127
36—39 123
40—55 140. 146
40, 26 148
40, 28 148
43, 10 148
44, 28 146
44, 8b 148
45, 1ff 146
52, 1—12 146
64, 6ff 142

Jeremia (Jer)

1—6 131
7—20 131
7 145
7, 4 142
7, 10 142
7, 12 83
7, 14 83
22, 15f 133
26, 6 83
26, 9 83
26, 24 139
27—29 137
29 140
30, 9 93
31, 31ff 146
31, 33 72
34, 7 137
35, 1—19 111
37 137
39—44 140
44, 17—19 142
52, 28 136
52, 29 138
52, 30 138

Klagelieder (Klgl)

1, 2 139
1, 11 139
1, 18 142
1, 20c 138
2, 6ff 142
2, 8f 139
2, 11 139

2, 17 143
2, 20 139
3, 35f 139
3, 38—44 143
4, 4 139
4, 6 142
4, 10 139
4, 17 142
5, 4 139
5, 7 142
5, 9 139
5, 10f 139
5, 13 139
5, 16 142

Ezechiel (Ez)
1 141
1, 1 140
1, 3 140
2, 59 140
3, 15 140
7 145
8, 1 140
14, 1 140
20, 1 140
20, 12 141
20, 20 141
33, 30f 140
34, 23ff 93
37 146
37, 24 93
40—48 146

Daniel (Dan)
1—6 164. 181
6, 10 141
7—12 181
7, 25 169
8, 8—13 169
12, 2 181

Hosea (Hos)
1 113
1, 2 119
1, 9 72. 119
2, 4—17 113
2, 8 118
2, 19 145
2, 20 145
3, 1—5 113
4—5 119
4, 1—5, 7 113
4, 1f 66
5—8 119
5, 12—24 119
5, 13 119
7, 9 119
7, 11—13 119
8, 1 72
8, 4 119
8, 5 108
8, 6 108
8, 9 119
9—12 119
12, 2 119
13—14 119f
13, 7 119
13, 8 119
13, 11 119

Amos (Am)
1, 6—8 116
1, 13 114
2, 6ff 117
3, 2 145
4, 12 145
5, 7 117
5, 10 117
5, 12 117
5, 15 146
5, 21—24 118
6, 1—6 117
8, 4—6 117
9, 7 47

Micha (Mich)
1 123
2, 1—2 117
3, 9—12 118

3, 11 142
3, 12 145
5, 1 93
7, 9 142

Habakuk (Hab)
2, 17 184
3, 3 26

Haggai (Hag)
1 150
1, 12 151
2, 23 151

Sacharja (Sach)
1—8 149
7, 2 138
8, 19 138

Maleachi (Mal) 155

1. Makkabäer (1Makk)
16, 24 182

2. Makkabäer (2Makk)
2, 19 182

Tobias (Tob)
25 180

Weisheit Salomos (Weish)
6—9 180
8, 20 180
10—19 180

Jesus Sirach (Sir)
1 180
19, 20 180
24 180
24, 1—22. 23ff 180
38, 24—39, 11 180

Psalmen Salomos (PsSal)
2, 1—3 187

8, 8—13 187
17 199
17, 5f 178
17, 26 199
17, 36f 199
18 199
18, 6 199

Mattäus (Mt)
4, 17 199

Markus (Mk)
2, 23ff 200
3, 1ff 200
7, 1—23 200
7, 6—13 200

Lukas (Lk)
11, 20 200
15, 7 200
18, 10—14 200

Apostelgeschichte (Apg)
5, 31 213
12, 1ff 198
12, 21—23 198
24, 24 198
25, 13ff 198
26, 1ff 198

Römer (Röm)
1, 3f 213
9—11 216
9, 4f 216
11, 13f 217
11, 16—18 217
11, 32 217

1. Korinther (1Kor)
13, 3 213
13, 4 213

Galater (Gal)
3, 8 201

Register der Namen und Sachen

Abdi Chepa 17
Abib 66
Abigajil 87
Abija 105f
Abila, Abilene 187. 197f
Abimelech 74
Abjatar 90. 93f
Abner 85. 88
Abraham 24–26. 70. 72. 147
Abraham, Gott des 25
Abrahamgrab 193
Abrahamheiligtum 211
Abrahamsüberlieferung 23. 25. 69f
Abschalom 92. 100
absolutistisch 112
Achämeniden 149. 151. 159
Achisch 87
Achor 44
Achtzehnbittengebet 216
Ackerbaufeste 77
Actium 190
Adadnirari III. 130
Adar 136
Adasa 171
Adida 176
Adonija 93f
Adoniram 103
Adoniskult 77
Adora 175
Adschlun 14. 45
Adyton 95f
Ägäis 47
Ägypten, Ägypter, ägyptisch 15–19. 28–36. 41. 47. 66f. 76. 90. 96–98. 119. 121f. 124–126. 134f. 137. 139f. 142. 144. 146. 149–151. 159f. 162f. 168. 188. 190
Ägyptenaufenthalt 23
Älia Capitolina (Jerusalem) 211f
Älteste 33. 74f
Äthiopien 124
Ätiologie 44
Afairema 172
Afek 39. 83. 86
Agrippa I. 194f. 201–203
Agrippa II. 194. 198. 203f
Ahab 107–113. 116
Ahas 121. 124. 127. 130
Ahasja (Israel) 107. 110f
Ahasja (Juda) 111f. 116
Ahija 103f
Ahikam 139
Ahinoam 87
Ahitofel 100
Ai 16. 37. 40. 43f. 74
Ajalon 38. 45
Akaba, Golf von 26. 29. 33. 91. 96. 110. 116
Akiba, Rabbi 208. 210f
Akkad, akkadisch 92. 131. 136
Akklamation 84. 105. 112
Akko 34. 43. 163
Akra 170f. 173
Akropolis (Athen) 194
Albinus 204

Alexander Ballas 172. 174
Alexander der Große 162
Alexander Jannaius 176—179. 187
Alexander, Sohn Aristobuls II. 179. 188
Alexander, Sohn Herodes' und Mariammes 192. 194
Alexandra 179. 192
Alexandrette (Iskenderun) 162
Alexandreion 178. 186. 188. 193
Alexandria, Alexandrien 163f. 188. 202. 204. 209
Alkimus 171f
Allerheiligstes 169. 187
Altes Testament 67. 164. 182. 213. 215
Alter Orient, altorientalisch 113. 162
Amalekiter 23. 39. 80. 85
Amarnabriefe 38. 40. 42
Amathus 187
Amazja 115f. 130
Amenophis III. 17. 28
Amenophis IV. 17
Amman (Rabbat Ammon, Philadelphia) 15. 47. 103. 125. 163. 187
Ammon, Ammoniter, ammonitisch 22. 47. 80. 83f. 91. 114f. 126. 136. 139. 148. 163
Amnon 92
Amon 130f
Amoräer 212
Amoriter 22. 73
Amos 113. 115. 117. 118. 146
Amose 34
Amphiktyonie 12. 49—52. 67—69
Amulett 76
Anat 75
Anat-Bet-El 160
Anthropomorphismus 164
anti-assyrisch 113
Antigonos, Feldherr Alexanders d. Großen 162
Antigonus, Sohn Johannes Hyrkanus' I. 176
Antigonus, Sohn Aristobuls II. 179. 187. 189f
Anti-Libanon 13. 47. 198
Antiochia, Antiochien 162. 188. 214
Antiochus III. 163. 167. 174
Antiochus IV., Epiphanes 165—172. 174. 177. 181f
Antiochus V., Eupator 171. 174
Antiochus VI. 174
Antiochus VII. 173—175
Antiochus XIII. 186
Antipas 196
Antipater 177. 179. 188f. 192. 194
Antipatris 193
Antiquitates Judaicae 167
Antonia 178. 193. 196. 204. 206
Antonius 188. 190. 192
Antonius Felix 203
Antonius, M. 189
Antonius Pius 211
Apamea 167
apodiktisch 76
Apokalyptik, apokalyptisch 175. 179f. 182. 209
Apokryphen 182
Apollonius 163
Araba 28
Arabien 98. 190
arabische Halbinsel 22
Aram, Aramäer, aramäisch 18f. 22. 47. 73. 82f. 91. 96f. 106. 109f. 114f. 121. 136. 151f. 159. 183
Aram-Zoba 97
Archelaos 194. 196
Aretas 176f. 197

Aristobul, Philosoph 164
Aristobul I. 176f. 179
Aristobul II. 186—189. 192
Aristobul, Bruder der Mariamme 192. 194
Armenien 149. 186
Arnon 14. 45. 47. 80
Arsam 160
Arses 159
Artaxerxes I. 149. 152f. 156. 159
Artaxerxes II. 159
Artaxerxes III. 159
Aruma 74
Asa 105f. 111
Asarja (Ussija) 115f. 130
Asaël 88
Ascham-Bet-El 160
Aschdod 47. 124f. 196
Ascher (Stamm) 41. 43. 73. 79
Aschera 75
Aschkelon (Askalon) 42. 47. 125. 204
Aseka 137
Asidäer (Chassidim, Hassidim) 164
Assarhaddon 126. 130f
Assur, Assyrer, assyrisch 25. 91. 110. 113—115. 119—135. 139f. 150. 152
Assur, Gott 120. 122. 128
Assurbanipal 122. 130f
Assurdan III. 130
Assur-etil-ilani 130f
Assurnirari 130
Assur-uballit II. 130. 134f
Astarte 75—77. 118
Astralgottheit 126. 132
Astyages 149
Atalja 109. 112. 116. 130
Athen 193f
Auferstehung 181f. 213
Aufklärung, salomonische 98
Aufstand, 1. jüdischer 201—209
Aufstand, 2. jüdischer 209—212
Aufstandsmünze 205 (Abb. 25)
Aufstieg, Davids 99f
Augustus (Octavian) 191—196
Auranitis 196
Auslegung, allegorische 184
Auszug aus Ägypten 19. 32. 66. 77. 146
Auszugsüberlieferung 30. 35f. 46. 69f
Awaris 16
Awil-Marduk (Evil-Merodach) 140

Baal, Baalreligion 36. 75—77. 109. 119
Baal-Astartekult 76f. 118
Baal-Berit 72
Baal-Heiligtum 109
Baal-Sebul 110
Baal-Stele 76
Babylon, Babylonier, babylonisch 16. 121. 123. 125. 131. 134—142. 145—152. 155. 159. 163. 211f
babylonische Chronik 131. 135f
babylonisches Reich 139
Bagoas 158. 160
Bakchides 172
Balkan 47
Banjas 194
Bann 85
Barak 79
Bar-Koziba (Bar-Kochba) 210
Baruch (Buch) 209
Bascha (Baesa) 105f
Batania 196
Batseba 93
Baumheiligtum 25
Beduinenstämme 31. 139
Beerot 73
Beerscheba 15. 25. 35. 77

Bekenntnis 18. 22. 30
el-belką 14
Bellum-Judaicum 201
Benaja 91. 94
Ben-Aphlul 210
Ben-Hadad I. 106. 114
Benjamin, Benjaminit (en) 37 40f. 43f. 46. 70—74. 79f. 84. 89. 92. 106
Bernike 198
Berufsheer 84
Berufskrieger 85
Berufung 78. 84. 100. 116
Berufungsvision 127. 141
Beschneidung 141. 147. 158. 169f. 210f. 214
Besitzverzeichnis, negatives 38
Betaramfta 196
Bet-El 24—26. 37. 40. 45. 65. 70. 74. 77. 103f. 108. 118. 133
Bet-Horon 203f
Bet-Jera 16
Betlehem 40. 42. 46. 83. 87. 178. 193
Bet-Rehob 91
Betsaida-Julias 198
Bet-Schean 15f. 38f. 43. 73. 86. 90. 104. 163. 187
Bet-Schemes 45
Bet-Ter 211
Bet-Zur 74. 170f. 173. 178
Bilderverbot 96
Bilha 41
Bittersee 33
bittir 211
Bronzezeit, frühe 16. 44
Bronzezeit, mittlere 15. 44
Bronzezeit, späte 15f. 38. 44. 74. 77
Brunnenheiligtum 25
Brunnennutzung 23
Buke'a 178
Bund 71f. 112. 119. 147
Bund, alter 146. 213
Bund, neuer 146
Bundesbuch 29
Bundeserneuerungsfest 184
Bundesformel 72
Bundeslade 44. 103. 138
Bundesmahl 72
Bundesrecht 71
Bundesschluß 27. 71f
Bundesschlußfest 71. 132
Bundestheologie 72
Bundesvolk 214
Bundesvorstellung 72
Bundeszeichen 141

Cäsar 188f. 191
Cäsarea 193f. 196. 198. 201. 204. 207
Cäsarea Philippi 196
Caligula 197. 202
Cassius 191f
Cassius Dio 210
Census 202
Chalkis 198
Chaoswasser 148
Charismatiker, charismatisch 78f. 81. 84
Chassidim (=Hassidim) 164
Cherubenthroner 65
Chirbet-el-jehud 211
Chirbet el-mird 178
Chirbet ḳumran 184
Chnum 160
Chorazin 199
Chorsabad 123
Christenverfolgung 198
Christus 214
Chronik 157
Chronik, babylonische 131. 135f
Chronikbücher 156. 166
Chronist, chronistisches Geschichtswerk 156. 166f
Churriter 68
circumvallatio 207
Claudius 197f. 202f

Colonia Älia Capitolina (Jerusalem) 211f
Cyrus 146. 149f. 159
Cyrusedikt 149. 151f

Damaskus 47. 91. 97. 109f. 113f. 116. 121f. 127. 186. 197. 204
Damaskusschrift 185
Dan, Daniten 15. 41. 45f. 74. 78. 81. 103f. 108
Daniel 213
Danielbuch 181f
Danielerzählungen 164. 181
Daniel, Visionen 181
Darius I. 149—152. 157. 159
Darius II. 159
Darius III. 159. 162
David 71. 82. 85—93. 95. 97. 99. 102f. 112. 133. 140f. 166. 177. 182. 199. 213
Davids Aufstieg (Aufstiegsgeschichte) 86. 99f
David, Dynastie 115. 151
Davids Thronfolge 92f. 96. 99f
Davididen 126. 133. 151
davidisches Großreich 92. 94. 97. 103. 110. 177. 191
davidisches Königtum 142. 144
davidisch-salomonische Zeit 98—100. 140
Davidstadt 89. 169
Debir (Kirjat-Sefer) 40. 42. 74
Debora 79
Deboralied 41. 70. 72
Dekalog 29. 32
Dekalog, kultischer 29
Dekapolis 187. 191
Delaja 160
Demetrius 163
Demetrius I. Soter 167. 171—174
Demetrius II. 172—174
Demetrius III. Eukarius 176
Deportation, Deportierte, deportieren 121. 123. 138. 141. 152. 154. 157
Deuterojesaja 141. 146. 149
Deuteronomium 20. 66. 71f. 132. 140f. 143. 157
deuteronomisch 67. 69. 159
deuteronomisches Gesetz 131—133. 143
deuteronomische Reform 131. 133. 142
deuteronomisches Geschichtswerk, Deuteronomist 102. 132. 135. 142—144. 147. 166f
Diaspora 163f. 166. 195. 209. 214
Dibon 110
Dina 19. 41
Diodotos Tryphon 172f
Domitian 209
Dor 38f. 121
Doris 192. 194
Drusilla 194. 198
dscholān 14
Dynastie, 18. ägyptische 16
Dynastie, 19. ägyptische 17
Dynastie, 26. ägyptische (saïtische) 134
Dynastie, David 115. 151
Dynastie, Hasmonäer 173
Dynastie, Jehu 113—120
Dynastie, Omri 107—112

Ebal 15
Eben Ezer 83
Edom, Edomiter, edomitisch 19. 22. 28. 47. 83. 91. 96f. 103f. 110. 116. 175. 124f
Efraim (Stamm), Efraimit, efraimitisch 37. 43. 45f. 70f. 74. 79. 80. 92f. 119. 121
Efraim, Gebirge 15. 45f
Eglon 80

Ehud 80
Eisenzeit 19. 77
Ekron 47. 110. 125. 133
El 57. 75
El-Berit 72
El, Bet-El 24
Ela 105f
Elasa 172
Elat 96. 116
Eleasar 204. 207. 210
Elephantine 160
Elephantine-Papyri 159
Elteke 125
Elija 109. 111
Elijaerzählungen 107
Eljakim 134. 136
Eljaschib 155
Elim 23
Elischa 109
Elischaerzählungen 107
Elohim 20
Elohist, elohistisch 20f. 29. 32f. 72. 112. 158. 267
Emmaus 170
Endgericht 213f
Endzeit, endzeitlich 181. 214
Endzeiterwartung 180
'En Mischpat 29
Enthaltungsgelübde 85
Epiphanes 167
erbliches Königtum 106
Erlösung 215
Erstgeburt 67
Erwählung 127. 216
Erzväter 24f. 46
Erzvätererzählungen 22f. 100
Erzväterüberlieferung 25. 69
Esau 19
eschatologisch 213f
Eschbaal 88
Esra 153. 155—157. 159
Esra, Bücher 166
Esra, 4.Buch 209
Essener, essenisch 164. 183. 185. 199
Ester, Buch 165
Ethnarch 188. 196
etruskisch 69
Eufrat 17. 22. 47. 91. 135
Euseb 164
Evil-Merodach (Awil-Marduk) 140
Exil, exilisch 20. 77. 132. 138. 140—148. 157
exilisch-nachexilisch 21f
Exodus (s. a. Auszug) 146
Ezechiel 135. 140f. 145f
Ezjon-Geber 96

Familiengottheit 25
Fasten 138
Felix 194. 198
Fest, Hanukka 170
Fest, Herbst- 71
Fest, Hütten- 67. 156
Fest, Lese- 66f
Fest, Pascha- 203. 206
Fest der Schnitternte 66
Festkalender 66. 68f. 77
Festungsbauten 104
Feudalordnung 16f. 74. 82
Finsternis, Söhne der 183
flavisch 209
Fluch 71f
Fluterzählung 147
Formgeschichte, formgeschichtlich 20f
formkritisch 37
Fremdkult 76. 133
Fruchtbarkeitskult, kanaanäischer 118. 126

Gabinus 187f. 193
Gad 40—42. 45f
Gadara 187. 191. 196. 207
Galaterbrief 215
Galba 206
Galiläa, galiläisch 46. 121. 133. 170. 176. 187f. 190. 196—199. 203. 205. 210f
Galiläisches Gebirge 42

Galiläisches Meer 14. 43
Gallien 196f
Gallus, C. Cestius 204
Gamala 205
Gamaliel, Rabbi 199
Garizim 15. 165. 169. 172. 175. 187. 211
Garnisonstädte 95
Gat 47. 87. 116
Gau 94
Gaugamela 162
Gaumata 151
Gaza 47. 121. 162. 196. 211
Gazara 187
Geba-Benjamin 106
Gebirge, efraimitisches 15. 45f
Gebirge, galiläisches 43
Gebirge, judäisches 14f. 40. 87. 89
Gebirge, samarisches 15. 25. 39. 45
Gebot, Doppelgebot der Liebe 200
Gedalja 139. 142
Gemara 212
Gemeinde 157. 184. 214
Gemeinde, heidenchristlich 214
Gemeinde, Heilsgemeinde 214
Gemeinde, Jerusalemer Urgemeinde 213f
Gemeinde Jesu Christi 213
Gemeinde, judenchristliche Urgemeinde 214
Gemeinde, Kultgemeinde 201f. 207f
Gemeinde, Jerusalemer Kultgemeinde 154—158. 198
Gemeinde von ḳumran 184
Gemeinschaftsmahl
Genealogie 146
Genesistargum 183
Gennesaret, See 14. 197. 199
Georgias 170
Gerasa 187
Gericht 119. 128. 144—146. 166
Geschichtsbezogenheit 59f
Geschichtsschreibung 99f. 179
Geschichtswerk, chronistisches 166
Geschichtswerk, deuteronomistisches 102. 166
Gesellschaftsordnung 74
Geser 38. 42. 95
Gesetz 132. 157f. 184. 208. 213—215
Gesetz Gottes 183f
Gesetz, apodiktisches 76
Gesetz, deuteronomisches 127. 131—133
Gesetz, kasuistisches 200
Gesetzbuch 132
Gesetzesbruch 200
gesetzesfrei 214. 215
Gesetzesreihe 132
Gesetzestreue 169
Gesetzesverständnis 216
Gessius Florus 204
Gewaltiger Jakobs 24
Gewittergott 75
Gibea 74. 83. 85
Gibeon 37. 43. 73f
Gibeoniten 44
Gideon 80. 83
Gideongeschichte 76
Gilboaberge 15. 86
Gilead 14. 45. 80. 84. 111. 121
Gilgal 35. 37. 43f. 65. 68. 70. 72. 77. 84. 92
Ginat 106
Gischala 205
Gischala, Johannes von 205f
Gnade Gottes 213. 215
gnostisch 215
Götterkult, griechischer 168
Göttin 76
Göttin, Fruchtbarkeits- 75f

Göttin, Kriegs- 75f
Göttin, Liebes- 75
Göttin, Mutter- 75f
Göttin, Schicksals- 197
Götzendienst 104
Goliat 82
Gomorrha 126
Gott 26. 35f. 46. 93. 112. 117—119. 127—129. 141—148. 151. 164f. 166. 180—184. 199—201. 215—217
Gott Abrahams, Isaaks und Jakobs 26
Gott Israels 57
Gott der Väter 24—26
Gott, Reich Gottes 199
Gottesbefragung 85
Gottesberg 27f. 72
Gottesfurcht 112
Gottesherrschaft 151
Gotteslästerung 201
Gottesmann 84
Gottesrecht 109. 117
Gottesreich 181
Gottesvolk 75. 144. 146. 213f
Gottheit 113. 132
Gottheiten, astrale 132
Gottheiten, heidnische 163
Gottheit, kanaanäische 75. 118
Grabeskirche 211
Grenzstreitigkeiten 104
Griechenland 68. 194
griechisch 24. 67. 68f. 163. 168. 182
Großkönig 94. 96. 149. 151f
Großfamilie 74
Großreich Davids 97. 103. 110
Großreich, davidisch-salomonisches 140
Gymnasium 168

Habakuk 184
Habakukmidrasch 183
Ḫabiru 31
Halbnomaden 22—24. 28. 30f. 33f. 47
Hadad 75. 97
Hadad-Eser 91
Hadrian 209—211
Häretiker 216
Haggada 182
Haggai 150f. 159
Halacha 182
Halys 149
Hamat 91. 110. 121. 123. 135
Hananel 192
Handelsbeziehungen 96
Hanukka-Fest 170
Harodquelle 86
Haroschet 79
Hasmon 173
Hasmonäer, Dynastie der 173—193
Harran 134f
Hassidim (=Chassidim) 164. 169. 171
Hathor 76
Ḫattu-Land 136
Hattusil 17
Hauran 24
Hazor 40. 95
Hebräer 31f. 36
hebräisch 73. 182
Hebron 14. 25f. 40. 42. 70. 77. 87—89. 92. 193f
Heerbann 78—80. 83—85. 91f. 94f. 108. 111. 121
Heerkönigtum 85
Heidenapostel 214. 217
Heidenchristen 217
heidnische Gottheiten 163
Heil 214—217
Heilige Schrift 166. 169. 208
Heiliger Israels 127. 129
Heiligkeit 127. 147
Heiligkeitsgesetz 29. 156
Heiligtum 65—71. 83. 89. 108. 112. 118. 125. 138. 146. 149—151. 155. 157. 163.

165f. 169. 175. 187. 193f. 206. 209. 211
Heiligtum, Abrahamheiligtum 211
Heiligtum, Jerusalemer 96. 133. 142. 170
Heiligtum, Jupiter- 210
Heiligtümer, kanaanäische 77. 113
Heiligtümer, phönizische 113
Heilsgemeinde 214
Heilsgeschichte 77. 146
Heilshandlung 217
Heilsweissagung 145
Heilszeit 213
Heilszusage 146
Held 78
Hellenisierung 164. 177
Hellenismus, Hellenisten, hellenistisch 162f. 165. 168f. 171. 179f. 182. 193f. 196. 198. 214
Henoch, äthiopischer 182
Herausführung 18
Herbstfest 71
Hermongebirge 14
Herodeon 193. 195. 204. 206f
Herodes »der Große« 178—198
Herodes, Sohn des 197
Herodes Agrippa 197f
Herodes Antipas 194. 196—199
Herodesburg 193. 204. 206
Herodias 194. 197
Herrenbrüder 214
Hasaël 114. 116
Heschbon 40
Hesiod 164
Hetiter, hetitisch 17. 31. 47. 72. 77. 91. 96
Hillel, Rabbi 199. 208
Himmelsgöttin 142
Himmelsgott 156
hippodamisch 163
Hippos 187. 191. 196
Hiram von Tyrus 91. 96
Hiskija 123—125. 130
Hofhaltung 94
Hoherpriester 151. 155. 157f. 160. 168. 171—173. 177. 182—184. 187—189. 192. 195. 198. 203f
Hoher Rat 189
Homer 164
Horma 23
Hoschea (König) 120—122. 124. 130
Hosea (Prophet) 118f. 145
Hüttenfest 67
Ḫulesee 14
Humanismus, salomonischer 98
Hyksos 16
Hyrkania 178. 188. 193
Hyrkanus I. (Johannes Hyrkanus) 173—176. 178f. 184
Hyrkanus II. 177. 179 186—189. 192

Idumäer 171. 175. 177. 187. 190. 192. 198. 205
Ijob 180
indo-iranisch 180
Iran 149
iranisch-armenisch 135
Isaak 22. 24f
Isaakerzählung 23
Isaak, Gott des 25
Isaaküberlieferung 25. 69f
Isai 85. 87
Isch-Baal 76
Ischtar 114
Isebel 108. 111f
Ismael 139
Israel 11. 54. 57—59. 110. 130. 140. 152
Israel, Staat 91. 177
Israel, wahres 184

Issachar 40. 42. 46. 73. 79
Issus 159. 162
italisch 67
Italien 68
Ittobaal 108
Ituräer 176

Jabbok 14. 45. 80. 84. 103. 114
Jabesch-Gilead 84. 86. 89
Jabin 40
Jabne 208
Jafa 173f
Jafator 193
Jafo 39. 173. 188. 190. 208
Jahu 159f
Jahwe 18. 20. 26. 28—30. 32. 34—37. 46. 57—60. 66f. 78f. 93. 99f. 109f. 112. 117—119. 127—129. 132. 141—148. 151
Jahwealtar 122. 169
Jahwebild 59. 104
Jahwebund 71
Jahwe, der Cherubenthroner 65
Jahwe, Gesalbter 146
Jahweglaube 26. 70. 77. 127. 141
Jahwe, Heiligkeit 127. 147
Jahweheiligtum 108f. 127. 132
Jahwe(s) Knecht 146
Jahwekrieg 71. 78. 85. 90ff
Jahwekult 28. 118. 123. 133. 150. 152. 169ff
Jahwename 59f
Jahweoffenbarung 26
Jahweopfer 169
Jahwepriesterschaft 112
Jahwereligion 70
Jahwe(s) Siegelring 151
Jahwe(s) Treue 144
Jahweverehrer 26. 34
Jahweverehrung 113. 132. 144. 171
Jahwe Zebaot 65
Jahwist 20f. 27. 29. 32f. 72. 100. 158
Jakob 19. 22. 24f. 41. 43. 71
Jakoberzählung 23
Jakobssegen 40—42
Jakobsöhne 40. 43
Jakobüberlieferung 25. 69f
Jakobus 214
Jam 75
Jamnia 196. 208
Jamnia, Synode zu 208
Ja'osch 137
Jarmuk 14
Jason 168
Jason von Zyrene 182
Ja'ukinu 140
Jebusiterstadt 89
Jehu 106. 111f. 114. 116. 130
Jehu, Dynastie 113. 115f. 120
Jehuda ha-Nasi, Rabbi 211
Jemna 39
Jenoam 42
Jephta 80
Jeremia 137. 139. 141. 145f
Jericho 14. 16. 37. 40. 43f. 65. 80. 133. 138. 187. 190—193. 205
Jerobeam I. 97f. 103—108
Jerobeam II. 114f. 117. 130
Jerubaal 74. 76
Jerusalem 17. 38. 40. 42. 71. 85. 87. 89f. 92. 95f. 103f. 112. 116. 118. 121. 124—127. 132. 136—139. 141. 145f. 149—158. 160. 167. 169—171. 173. 176—178. 186—190. 192—195. 199—201. 204—211. 214
Jerusalemer Heiligtum 133. 142. 165
Jerusalemer Kultgemeinde (nachexilisch) 21. 154—158. 165—168
Jerusalemer Urgemeinde (judenchristlich) 214

Jerusalem-Münze 212
Jesaja 117. 121. 123f. 126f. 129. 146
Jeschua Ben Galgula 210
Jesreel 86. 108f. 111
Jesreelebene 15. 43. 45. 73. 79f. 86. 133. 190
Jesus 199f. 213. 215f
Jibleam 39
Jiftach 80
Joab 88. 91. 93f
Joahas (Israel) 114. 130
Joahas (Juda) 130. 134. 136
Joasch 111f. 114—116. 130
Johanan (Hoherpriester) 160
Johanan ben Sakkai 208
Johannes Hyrkanus I. 173—176. 178f. 184
Johannes Hyrkanus, Tagebuch des 182
Johannes von Gischala 205f
Johannes (Makkabäer) 179
Johannes (»Säule« der Jerusalemer Gemeinde) 214
Johannes der Täufer 197
Jojachin 136. 140. 151
Jojakim 130. 134—136. 139
Jokneam 39
Jonatan, Sohn Sauls 85. 87. 89
Jonatan, Sohn Mattathjas, Hasmonäer 172f. 176. 178f. 189. 203
Joram (Israel) 107. 110f
Joram (Juda) 109—111. 116
Jordan 14. 37. 80. 178
Jordanfurt 43. 80
Jordangraben 15. 43. 193. 196f
Joschafat 105. 109—111
Joschija 67. 127. 130—136 166f. 177
Joschija, Kultreform 133
Josef 37. 40f. 71. 99
Josef, Haus 45. 73
Josefsgeschichte 71
Joseph, Sohn des Matthias 205
Josephus 167. 176. 183. 196. 205. 209
Josua 18. 159. 182
Josuabuch 37f. 40. 44. 143
Josua, Hoherpriester 151
Jotam 116. 130
Jotapata 205
Juda, Gebirge 14f. 39f. 42. 46. 87. 89
Juda, Haus 87
Juda, Provinz 166
Juda, Staat 88f. 91. 93f. 137. 142
Juda (Stamm) 39—42. 46. 71. 87. 92. 130. 163. 213
Judäa 153. 156. 158. 165. 170. 173. 186—190. 196. 198. 201f. 204. 207. 209—211
Judaea capta (Münze) 207f
Judäer, judäisch 71. 91. 139. 141. 195
judäisches Hügelland 81
Judas Makkabaios 170—173. 179
Jude, Juden, jüdisch 164. 166. 180. 185f. 188f. 195. 198. 201f. 204. 206f. 209. 211. 214f. 217
jüdische Kolonie 150
jüdische Kultgemeinde 169
Judenchristen 214. 216
Judentum 177. 183. 208f. 212. 214. 216
Judenverfolgung 202
Jünger Jesu 213
Julias 197
Jupiter Capitolinus 207. 209
Jupiterheiligtum 210

Kades, Oase, Heiligtum 23. 29. 35
Kadesch, Göttin 76
Kadesch am Orontes 17
Kafarnaum 199
Kafar-Salama 171

Kaftor 47
Kaijin 87
Kaiserkult 201f
Kalah (Nimrud) 113f
Kaleb, Kalebiter 40. 42. 87
Kambyses 149f. 159
Kamel 19
Kanaan, Kanaanäer, kanaanäisch 13. 22. 25. 38. 42. 73—77. 79f. 83. 91. 94. 108. 113. 118. 125f. 132
kanaanäische Stadtstaaten 82f. 90
Kanon, kanonisch, Kanonisierung 158. 166. 208. 211f
Karkar 11
Karkenisch 135
Karmel 15. 47. 86. 109
Karnak 104
ḳarn essartaba 178
Kartusche 104
Kaschkäer 68
Kastrationsverbot 210
Kasuistik 200
kasuistisch 75
Kaukasus 16
Kebar 140
Kedes 79
Kefira 73
Keilschrift, babylonische 17
Keniter 23. 28. 79. 87
el-kerak 14
Kereter 91
Kerubenfiguren 96
Kidrontal 95
Kirche 214. 217
Kirchenväter 164
Kirjat-Jearim 73. 89
Kisch 84
Kischon 79
Kislew 136. 170
Klagelied, Gattung 66
Klagelieder, Buch der 135. 138. 142. 147
Klagefeiern 138. 141
Klageliturgie 142
Klassenunterschied 97
Kleinasien 17. 47. 68. 149. 162f. 186. 194
Kleinstaaten 103. 110. 121. 124
Klemens von Alexandria 164
Kleopatra, ägypt. Königin 190f. 194
Kleopatra (Jerusalemitin) 196
klosterartige Gemeinschaft 183. 185
Knecht Jahwes 146
Königsannalen 99
Königsbücher 99. 104. 125. 132. 143. 166
Königtum 71. 82. 97. 103. 105f. 109. 125. 144
Königtum, davidisches 90. 141f. 144
Königszeit 41. 71. 102. 143
Kreta, kretisch-mykenische Kultur 47
Kreti und Pleti 91
Kreuz(esgeschehen) 215f
Krieg Jahwes, heiliger Krieg 78. 127
Kriegsrolle (von ḳumran) 182f
Kriegswagen, pferdebespannt 16. 32f. 58. 79
Kroisos 149
Küstenebene 73. 211
Küstenstädte 73
Kult, samaritischer 166
Kultbilder Jahwes 104
Kultgemeinde 152. 169. 171f. 175f. 187. 196. 198. 201f. 207f
Kultgemeinschaft 68
Kultort 141
Kultreform 127. 133. 166
Kulturland 25
Kultverordnungen 146

Kultzentralisation 67. 132. 159
ḳumran 182. 184f
Kypros 193

Labaja 17
Laban 19. 22
Lachisch 124f. 126. 137. 139
Lachischbriefe 135
Lade 65. 68. 71. 83. 89f. 96. 141
Ladepriester 83. 90
Lajisch 45
Landadel 134. 138
Landnahme 17. 19. 35—48. 66f. 71. 73. 77. 112
Landnahmeüberlieferung 70
Landverheißung 26
Landvolk 127
Laubhüttenfest 67. 156
Lea, Lea-Stämme 40. 43. 71
Lebo Hamat 115
Legalistik 200
Lehrer der Gerechtigkeit 184
Lesefest 66f
Levi 19. 40f. 43f
Leviten 127. 132. 157
Levitenstädte 166
Libanon 13. 96. 184. 198
Licht, Söhne des 183
Lidd 39
Liebesgebot 200
literarkritisch 20f. 37
Livias 197
Lod 169. 172. 193
Lokalheiligtum 69. 125. 133
Longinus, C. Cassius 189
Los 86
Lügensohn 210
Lusius Quietus 209
Lydien 149. 163
Lysias 170f

Maacha 91
Machärus 178. 188. 193. 197. 206
Machir 45. 79
Madeba 175
Märtyrer 211
Mahanajim 25. 70. 88
Makeda 44
Makkabäer 171—182
Makkabäerbücher 167f. 182
Makkabäerkämpfe 170
Maleachi 156. 159
Maltake 194. 196
Mamre 25. 193f. 211
Manasse 43. 45f. 71. 73f. 126f. 130f. 166
Manassit 74. 80
Mara 23
Marduk 148
Marduk-aplaiddin 124
Marescha 175
Mari 22
Mari-Briefe 24
Mariamme 179. 189. 192. 194
Martyrium 169
Masada 178. 189f. 193. 204. 207
Massotfest 66f. 72. 160
Massebe 112
Mattanja 136f
Mattathja 169f. 173. 179
Matthias 169. 173
Matthias (Vater des Josephus) 205
Medien, Meder 123. 131. 135. 149
Meerwunder 33
Mefiboschet (Merib-Baal) 76. 89
Megiddo 16f. 38f. 90. 95. 115. 121. 133f
Meïr, Rabbi 211
Melkart 108
Menahem 120f. 130
Menelaus 168f
Menschensohn 213
Merenptah (Merneptah) 42
Merib-Baal (Mefiboschet) 76. 89

Merodoch-Baladan 124
Meromsee 40
Mescha 107f. 110
Mesopotamien 123. 149. 209
Messias, messianisch 93. 151. 199. 201. 203. 209f. 213f. 216
Micha 117f. 145
Michael 89
Michmas 85. 172
Midianiter 19. 23. 28. 34. 39. 80. 83. 86
Midrasch 182
Milchzauber 77
Militärkolonie, jüdische 158
Mirjamlied 30. 32f
Mischna 183. 211f
Mittelmeer 13. 15. 96
Mittelpalästina 25. 35. 41. 43. 45. 68—70. 86. 88. 90
Mizpa 74. 80. 106
Moab, Moabiter, moabitisch 22. 47. 80. 83. 91. 103. 107f. 115. 124f. 136. 148. 164
Modeïn 169
Molochopfer 127
Mose 33f. 132. 147. 182. 184
Mosesegen 40. 43
Mose-Zeit 143
Mot 75
Münzautonomie 158
Mythos, Mythen 75. 147. 164. 215

Noach 147
Nomade 80
Nomismus 212. 216
Nordpalästina 69f. 88
Nabatäer, nabatäisch 24—26. 172. 176—178. 186. 189—191. 197
Nabonid 149
Nabopolassar 131
Nabot 109
Nabu-apal-usur 131
Nachasch 84
nachexilisch 146. 154—157. 165f. 179
Nadab 105f
Naftali, Gebirge 43. 46
Naftali, Stamm 40f. 43. 46. 79
Nagid 103
Name, Jahwes 59f
Nasiräer 84
Natan 90. 93
Natanweissagung 90. 93. 142
Nazaret 43. 199
Nebukadnezzar 135. 137f. 139f. 142. 149f. 181
Necho 134. 167
Negebwüste 14. 23. 104
Nehemia 153—156. 159
Nehemiabuch 166
Nehemiamemoiren 153
Nehustan 125
Nero 198. 205
Nerva 209
neuassyrisches Reich 110. 113
neubabylonisches Reich 131. 149
Nikanor 171. 182
Nil 16. 23. 30. 159
Nimrud (Kalah) 113f
Ninive 122. 126. 131. 134
Nippur 141
Nisan 160
Nordreich, Nordstaat 88. 90. 94. 103—105. 117. 139f. 143. 153. 166
Nordstämme 88. 165
Nordsyrien 17. 121. 162
Nordwestsemiten 22
Nubien 159

Obelisk, schwarzer 113
Oberägypten 158—160
Oberpriester 118
Ölberg 97. 108. 133
Octavian (Augustus) 188—190

Offenbarung 34. 147. 214. 217
Ofra 133
Omri, König 105—109. 111. 113f
Omri, Dynastie 107—112
Omriden 110. 116
Onias 168
Ono 39
Opfer 85. 144. 147. 157. 170. 208. 210
Orient, Vorderer, orientalisch 47. 68. 94. 96. 99. 110. 149. 162. 164. 177. 186. 194. 206. 209
Orontes 17. 91
Ostereignisse 213
Ostjordanland, ostjordanisch 14. 25. 33. 37. 40—43. 45. 69f. 80. 88. 92. 103. 110. 114. 121. 133. 138. 154. 170. 175. 191. 197—198.
Ostkanaanäer 22
Ostrakon 115. 137
Otho 206
Otniël, Otniëliter 40. 42. 87

Palästina, palästinensisch 13—17. 23. 25. 28. 30. 38. 68. 73. 77. 81. 83. 86. 90. 104. 120f. 162f. 167. 170. 173f. 176. 187. 190f. 194. 196. 201. 209. 211. 212
Palästinaliste Thutmosis' III. 38f
Palästina-Syrien 110. 120. 125. 134—136. 149. 151
Palastschatz 104
Palmyra 24
Paneas 167
Parmenio 162
Parther 170. 173f. 189f. 209
Pascha 23. 67. 203. 206
Paschaedikt Darius' II. 159
Patriarch 19. 100. 112
patriarchalisch 74
Patriarchenerzählung 25. 31
Partriarchenzeit 19
Paulus 199. 214—217
Pekach 120f. 130
Pekachja 120. 130
Peleter 91
Pella 187
Pentateuch 19—21. 27. 29. 32f. 38. 146. 157f. 163
Pentateuchtraditionen 165f
Penuel 25. 70. 103
Peräa 187f. 190. 196f. 205
Perdikkas 162
Persien, Perser, persisch 121. 140. 146. 149—159. 165. 170f
Personalunion 89. 103
Petra 24
Petronius 202
Petrus 214
Pharao 31f. 91. 104. 124. 134
Pharisäer, pharisäisch 175—178. 183f. 186. 195. 199—204. 208
Phasaël 179. 188—189
Pharsalus 188
Phasaelis 193. 196
Pheroras 192
Philadelphia (Amman) 163. 187
Phileuteria 163
Philippi 189
Philippos 196
Philippus 171. 194. 197f
Philistäa 171. 176. 211
Philister, philistäisch 19. 47. 65. 70. 77. 81—86. 90. 104. 115f. 121. 124—126. 133
Philo 183
Philopator 167
Phönizien, Phönizier, phönizisch 91. 95f. 108. 111. 113. 125. 162. 167. 194. 214
Phrygien 163
Pilatus 201f

Plato, platonisch 164. 180
Plinius 183
Pompejus 186–188. 191
Pontius Pilatus 201f
Prediger (Buch) 180
Predigt 141
Priester 65f. 90. 96. 119. 127. 132f. 141. 156. 175. 208. 210
Priester, zadokidische 157. 175
Priesteradel 175. 208
Priesterschaft 66. 133. 163f. 183. 186
Priesterschrift 20f. 27. 29. 32f. 146f. 156–158
Priestertum 210
Prophet(en), prophetisch 72. 79. 84. 86. 105f. 109. 115f. 119. 121. 123. 127. 135. 139. 145. 147. 150. 158. 180. 182. 184. 203
Prophetenerzählung 102. 107. 109
Proselyt 158. 164. 214
Prostitution, kultische 75. 77. 118
Protoaramäer 22
Psalmen 157. 183
Psalmen Salomos 178. 199
Pseudepigraph 182
Ptolemäer, ptolemäisch 162–169. 190
Ptolemaïs 163
Ptolemäus I. 163
Ptolemäus II. Philadelphos 163
Ptolemäus V. 176
Ptolemäus, Schwiegersohn des Makkabäers Simon 173
Pyramidenbauer, ägyptische 16
Pythagoras 164

Quirinius 202

Rabbat Ammon (Amman) 15. 47. 103. 125. 163. 187
Rabbi, rabbinisch, Rabbinentum 182f. 198. 208. 210f
Rabbi Akiba 183. 208. 210f
Rabbi Gamaliel 199
Rabbi Hillel 199. 208
Rabbi Jehuda ha-Nasi 211
Rabbi Meïr 211
Rabbi Schammai 199
Rahab 44
Rahel, Rahel-Stämme 35. 41–43. 65. 68–71. 88. 90
Rama 106
Ramatajim 172
Ramose 34
Ramot in Gilead 110f
Ramses II. 17. 28. 32. 34
Ramses III. 47
Ramses Miamun 32
ras schamra, Ugarit 31. 75f
Rechmire 31
Recht, Rechtsprechung 75. 78. 117. 139. 188. 201
Recht, apodiktisches 76
Recht, kasuistisches 75
Rechtstraditionen 61–63. 65. 127. 212
Refaim-Ebene 90
Reform, deuteronomische 131–133. 142
Rehabeam 102–104
Rehob 104
Reich Gottes 199
Rekabiten 111
religio licita 208
Religion 56–60
Religionsedikt, seleukidisches 170f
religionsgeschichtlich 25
Reson 97
Rest 146
Retter 78
Rezin 121
Ribla 138
Richter 78f. 84. 172
Richter, große 79
Richter, kleine 47. 79

Richterbuch 78. 143
Richtererzählungen 77
Richterzeit 49—81. 143
Ritteradel 82
Rom, Römer, römisch 167. 173. 177—199. 202—210
Römerbrief 215
Römisches Reich 191. 202
Rotes Meer 96
Ruben, Stamm 40—42. 46
Rückkehr aus dem Exil 152f. 157

Saba, Königin von 97
Sabbat 141. 147. 155. 164. 169f. 198. 200
Sacharja 115. 120. 130. 150. 151. 159
Sadduzäer 175—177. 183. 204. 208
»Säulen« der Jerusalemer Urgemeinde 214
saïtische Dynastie 134
Sakralordnung 91f
Sakraltradition 65. 99. 127
Sakralverband 69. 84
Salmanassar III. 107. 110. 113f. 120. 130
Salmanassar IV. 130
Salmanassar V. 122. 130
Salome, Tochter d. Herodes Antipas 194. 196f
Salome, Tochter Herodes' d. Großen 192
Salome Alexandra 176—179
Salomo 93—100. 102—104. 133. 144. 166. 177. 182
Salomogeschichten, Buch der 99
Samaria 108—115. 121—123. 127. 130. 133. 140. 152—155. 160. 162. 166. 172. 175. 187. 191. 193f. 196. 198. 201. 205
samarisches Gebirge 15. 25. 39. 45
Samaritaner, samaritanische Kultgemeinde 165f. 175. 202f
samaritanisches Schisma 165
Samas-sum-ukin 131
Samsi-Adad V. 130
Samuel 84f
Samuelisbücher 99. 143. 166
Sanballat 154f. 160
Sanherib 123—127. 130. 142
Sargon II. 120. 122—125. 130
Satrap 151
Saul 47. 82—89. 140. 152
Scaurus, M. Aemilius 186
Schaalbim 38
Schabaka 124
Schächten 147
Schallum 115. 120. 130
Schammai, Rabbi 199
Schasu 28
Scheba 92
Schefela 74
Schema 115
Scheschbazzar 150. 152. 159
Schicksalsgöttin 197
Schilfmeer 33
Schilo 65f. 74. 83. 103. 145
Schiloachinschrift, Schiloachkanal 125
Schisma, samaritisches 165
Schnitternte, Fest der 66
Schöpfung 146f
Schoschenk I. 104
Schrecken Isaaks 24
Schreiber 99. 156
Schriftauslegung 182
Schriften, heilige 169
Schriftgelehrter, Schriftgelehrsamkeit 157. 175. 188. 198. 201. 208. 211
Schunem 39. 42. 104
Schuppenpanzer 16
Schutzgottheit 25. 160
Sebaste 193
Sebastos-Hafen 193

Sebulon 40. 42f. 46. 73. 79
Sechsstämmeverband 68. 71
See, sirbonischer 33
See von Tiberias 163
Seevölker 47f. 86
Sefforis 187. 196. 205. 211
Segen 71f. 100. 201
Segenverheißung 217
Seher 84
Sekte 214
Seleukiden, seleukidisch 162—174. 177. 186
Seleukos I. 162
Seleukos IV. 167f. 171. 174. 182
semitisch 30
Septuaginta 164. 168
Serubbabel 151. 159
Seßhaftwerden 20. 21. 26. 35. 39. 74. 77
Sethos I. 17
Sextus Cäsar 189
Severus, Julius 210f
Seïr 26. 28f
sibyllinisches Orakel, Buch 182. 209
Sichelschwert 16
Sichem 15—17. 26. 41. 45. 65. 68. 70. 72—74. 77. 89. 102f. 112. 165. 175f
Sidon 38. 114. 202
Siegel 151
Siegesstele 104
Sihon, König von Heschbon 40
Silpa 41
Simeon, Stamm 19. 40. 43f. 46
Sikarier 203
Simon bar Giora 206
Simon-Ben-Kosba 210f
Simon Makkabäus 173f. 178. 182. 184
Simson, Simonsgeschichten 81
Sinai 20. 23. 26—29. 33. 71f. 105f. 147. 182
Sinai, Lokalisierung des 26
Sinaigeschehen 19. 26—29. 71. 146f
Sinaikult 34f
Sinaiüberlieferung 27. 29. 34. 46. 132
Sin-sar-iskum 130f. 134
Sinuhe 34
Sippe 74
Sippenverband 17
Sisera 79
Sklave, Sklaverei 116. 154. 157
Skopushügel 206
Skyten 134
Skytopolis 163. 187. 204
Socho 39
Sodom 126
Söldner 87—89. 91—95. 159. 175
Sokrates 164
Sonnenscheibe, geflügelte 114
Sosius 190
Spanien 96
Sparta 173
Spartianus 210
Staatengründung 82
Staatentrennung 77
Staatsheiligtum 96. 103. 118. 120f. 133. 151
Staatskult, assyrischer 122. 132f. 152
Staatsverträge, hetitische 72
Stadtkönig, Stadtkönigtum 17. 82. 89f. 102
Stadtmauer von Jerusalem 153f
Stadtstaat(en) 19. 73f. 79. 89. 109. 126
Stämme Israels 16. 49f
Stämme, mittelpalästinensische 46. 90
Stämmeverband 49—56. 67—72. 127
Stammesahnherren 40. 43. 71

Stammesgrenzen 37
Stammutter 22. 41. 43
Starker Jakobs 24
Statthalter 151. 153–156. 158. 160
Stempelsiegel 115. 139
Stephanus 214
Sternensohn 210
Stierbild 104. 108
Stoa 164
Stratonsturm 193
Streitwagen 32f. 79. 95. 110
Südpalästina, südpalästinensisch 35. 69–71. 125
südpalästinensische Stämme 90
Südstaat 90. 94. 153
Südstämme 86. 165
Sünde 127. 146
Sündenbock 157
Sühne 147. 157
Susa 150
Suezkanal 33
Syene 159
Synagoge 157. 163. 182. 202. 208f. 216
Synagogenstrafe 216
Synhedrium 158. 188. 201. 208
Synkretismus, synkretistisch 112f. 127. 132. 147f. 160. 195. 215
Synode zu Jamnia 208
Syria (Provinz) 198. 201. 207
Syrien, Syrer, syrisch 15–17. 22–24. 47. 68. 75. 91. 113f. 119–122. 135. 138. 162. 167. 170–173. 186–190. 194. 196–198. 204. 210. 214
syrisch-arabische Wüste 47. 121. 127
syrisch-efraimitischer Krieg 142

Taanach 38f. 79. 90. 104
Tabor 70. 79. 205
Tag Jahwes 117
Tagebuch der Könige von Israel 102. 105. 107. 119
Tagebuch der Könige von Juda 102. 105. 107. 113. 123. 131. 135
Talmud 212
Tamar 92
Tarichea 198. 205
Tarschisch 96
Tattenai 149. 151
Tebez 74
Tell Abib 140
Tell el-amarna 17
Tempel 103f. 112. 116. 118. 132. 138. 142. 144–146. 152. 155. 157. 163. 165. 169. 178. 186f. 202. 204. 206. 208f
Tempel, herodianischer 193f
Tempel, nachexilischer 150
Tempel zu Elephantine 159
Tempel zu Jerusalem, salomonischer 95
Tempel zu Schilo 64. 83
Tempelkult 183. 213
Tempelschatz 169. 204
Tempelweihe 96. 170
Tempelweihgebet 144
Tempelwiederaufbau 150f. 159. 165
Terebinthe 14. 112
Tetrarch, Tetrarchie 189. 196. 198
Testament der zwölf Patriarchen 182
Theben 31
Theophanie 27
Thron 141
Thronnachfolge Davids 92. 99f
Thronwagen 141
Thutmoses III. 16. 34. 38f
Tiberias 14. 197f. 202. 205. 211

Tiberius 197. 209
Tibni 106
Tiglatpileser III. 113. 119—122. 130
Tigranes 186
Tirza 103. 106. 108
Titus 206
Tob 80. 91
Tobija 154f
Tobit 180
Tora 158. 175. 180. 182—184. 200
Torarolle 203
Totenbeschwörer 86
Totenreich 75
Totes Meer 14. 26. 29. 38. 42. 47. 89. 115. 178. 183f
Trachonitis 196
Traditionen, Pentateuch 212
Traditionen, prophetische 165
Trajan 209
Transjordanien 155
Treue Jahwes 144
Tüllenaxt 16
Tyche 197
Tyrus 114. 162

Überlieferung, Auszugs- 33
Überlieferung, Landnahme- 33
Überlieferung, Pentateuch- 34f
Überlieferung, Sinai- 33—35
Überlieferung, Wüsten- 33
Überlieferung und Geschichte 18—21
Überlieferungsbildung 60f
Überlieferungsgeschichte, überlieferungsgeschichtlich 20f. 25. 37. 60f
Ugarit (ras schamra), ugaritisch 31. 75f
Umkehr 146
Ungesäuerte(n) Brote, Fest der 66
Unheilsbotschaft 145
Unterägypten 158
Urgemeinde, judenchristlich 213f
Urgeschichte 100
Usija 115—117. 127. 130

Varus 196
Vasall, Vasallenstaat 17. 88. 120f. 125f. 132. 136f
Vätergottheit 24f
Verheißung 25. 146. 201. 210. 213
Verwaltungsbezirke 94
Venustempel 211
Ventidius Cumanus 203
Vespasian 205—208
Vision 146
Vitellius 206
Volk Gottes 11
Volk Jahwes 57
vordeuteronomisch 72
vorexilisch 141. 145. 147. 151. 158. 180
vorisraelitisch 34
Vulkan (ausbruch) 26—28

Wahlkönigtum 105f
Wallfahrt (sfest) 66—69. 103. 163
Wallfahrtsheiligtum, nabatäisches 26
Wanderung, ägäische 47
Wanderung, aramäische 47. 87
Wadi el-araba 26
Wadi fahra 178
Wadi ḳumran 183
Wadi modschib 178
Wadi murabbaʿat 209f
Wadi zerka-main 178
Wehrbauten 113
Weidewechsel 23. 39
Weisheit Salomos 180
Weisheit (sliteratur) 98. 179
Westjordanland 14. 37. 42. 45. 187

Wiederaufbau des Tempels 150f. 159. 165
Wolkenreiter 75
Würgeengel 67
Wüste, Juda 15. 42
Wüste, syrisch-arabische 13. 23. 80. 82
Wüstendämon 23
Wüstenüberlieferung 33
Wüstenwanderung 33

Xerxes 159

Zadok, Zadokiden, zadokidisch 90. 96. 157. 172. 177. 183
Zahlensprüche 98
Zebaot 65. 90
Zeloten 200. 202f. 205. 207
Zentralkleinasien 68
Zentralheiligtum 67f. 70. 103. 126. 208
Zeus 164. 169
Zidikija 136–138
Ziklag 83. 87
Zilizien 214
Zion 126–128. 142
Zoba 91
Zöllner 201
Zweistromland 15f. 22f. 98. 135. 162. 209
Zwölfstämmeverband 45f. 67f. 78. 82. 88. 99. 138. 140. 152
Zypern 209
Zyrene 209